DER ENGLISCHE ASPEKT

WEGE DER FORSCHUNG

BAND CCLII

1974

WISSENSCHAFTLICHE BUCHGESELLSCHAFT

DARMSTADT

DER ENGLISCHE ASPEKT

Herausgegeben von
ALFRED SCHOPF

1974

WISSENSCHAFTLICHE BUCHGESELLSCHAFT

DARMSTADT

ⓦ Bestellnummer: 4761

© 1974 by Wissenschaftliche Buchgesellschaft, Darmstadt
Satz: Dr. L. Tetzner KG, Neu-Isenburg
Druck und Einband: Wissenschaftliche Buchgesellschaft, Darmstadt
Printed in Germany
Schrift: Linotype Garamond, 9/11

ISBN 3-534-04761-3

INHALT

EINLEITUNG

Die vorliegende Textsammlung zur Frage des englischen Verbalaspekts kann in ihrem begrenzten Umfang kein vollständiger Überblick über den Gang der Forschung im angesprochenen Sachbereich sein. Sie will lediglich eine umrißhafte Skizze der wichtigsten bisher zu diesem Problem entwickelten Fragestellungen darstellen, die dem Studierenden eine erste Orientierung in der überaus reichen Literatur ermöglichen soll. Die Textsammlung selber sowie die beigefügte Auswahlbibliographie enthalten deshalb jeweils nur einen Bruchteil des verfügbaren Materials.

Jede Einführung in die Frage der Entstehung der Opposition zwischen einfacher und erweiterter Verbform im Englischen und ihrer Funktionsbestimmung wird notwendigerweise auf die Problematik der Zuordnung dieser Erscheinung zur Kategorie des Verbalaspekts hinweisen. In seinem Aufsatz ›Is 'Aspect' an English Verbal Category?‹ (1962) äußert R. W. Zandvoort erhebliche Bedenken bezüglich der Anwendbarkeit des Aspektbegriffs, wie er ja zunächst zur Charakterisierung bestimmter Gegebenheiten slavischer Verbalsysteme geprägt worden ist, auf die Opposition zwischen einfacher und erweiterter Verbform des Englischen. Andererseits verwendet die neueste englische Grammatik, *A Grammar of Contemporary English* von Quirk, Greenbaum, Leech und Svartvik, den Aspektbegriff durchaus zur Bezeichnung eben dieser Sachverhalte (1972). Außerdem glaubt die Sprachwissenschaft die Kategorie des Verbalaspekts auch in Sprachen außerhalb des Indogermanischen entdeckt zu haben. Nach Serebrennikov findet sie sich auch im Finno-Ugrischen, nach Thomas Scovel im Thai und Mandarin und Rundgren beschreibt sie auch im Äthiopischen und Akkadischen.

Angesichts dieser Sachlage ergibt sich die Frage nach einem Kriterium für die „Aspektrelevanz" bestimmter Gegebenheiten in den Verbalsystemen der Einzelsprachen. Nach Wolfgang Pollak könnte

sie in der wengistens partiellen funktionalen Übereinstimmung bestimmter morphologischer Oppositionen einzelsprachlicher Verbalsysteme mit solchen in slavischen Sprachen im Inzidenzschema gesehen werden (1960, S. 40, 45).

Die nächste Frage, die sich hier anschließt, betrifft die Korrela-
tion der Kategorie des Verbalaspekts mit bestimmten allgemeinen
Gesetzlichkeiten des menschlichen Denkens. Nach J. Kuryłowicz
(S. 92) z. B. leitet sich das Gerüst jedes Verbalsystems aus unserer
geometrischen Zeitkonzeption mit ihrer grundsätzlichen Linearität,
d. h. aber der Durativität oder Imperfektivität der Gegenwart im
Gegensatz zum punktuellen oder perfektiven Charakter von Vergangenheit und Zukunft, ab. Die Frage scheint uns nicht ohne eine
eingehende Analyse des menschlichen Zeitbewußtseins auf breitester
Grundlage lösbar zu sein. Wir kommen weiter unten noch einmal
darauf zu sprechen.

Das Studium einer grammatischen Kategorie kann nicht gut ohne
eine Orientierung über die Diskussion im Bereich der relevanten
methodischen Grundsatzfragen angegangen werden. In diesem
Zusammenhang ist darauf hinzuweisen, daß zum Zwecke der Funktionsbestimmung grammatischer Kategorien zwei entgegengesetzte
Wege vorgeschlagen werden, der onomasiologische, wie er mit Entschiedenheit von Erwin Koschmieder (1951, abgedr. 1965, S. 84),
Klaus Heger (1963, S. 3 ff.) und William E. Bull (1968, S. 1—4) z. B.
befürwortet wird, und der semasiologische, wie die Sprachwissenschaft ihn bisher im allgemeinen bevorzugt hat. Für den letzten
methodischen Ansatz entscheiden sich z. B. in neuerer Zeit in Auseinandersetzung mit dem onomasiologischen Verfahren in Anlehnung an den Prager Strukturalismus Wolfgang Pollak (1960,
S. 19 ff.) und Gerhard Nickel (1966, S. 217).

Das onomasiologische Verfahren geht von gegebenen Begriffen
aus und fragt, mit welchen Mitteln diese in der zu untersuchenden
Sprache zum Ausdruck gebracht oder benannt werden. Koschmieder
stellt in diesem Zusammenhang das Postulat auf, daß die grammatischen Kategorien für die einzelnen Sprachen zu beschreiben sind
„aus dem Kreise der logischen Kategorien, der ebenso für alle Sprachen derselbe ist, wie der Kreis der möglichen artikulatorischen
Kombinationen, aus dem die Phoneme der Einzelsprachen zu be-

schreiben sind" (1945, S. abgedr. 1965, S. 20). Koschmieder geht also von der Annahme einer interlingual konstanten Noetik aus. Auch nach Klaus Heger soll der onomasiologische Begriffsapparat natürlich von Gegebenheiten der zu untersuchenden Sprache, z. B. von ihren grammatischen Kategorien, unabhängig, d. h. in diesem Sinne „apriorisch" sein. Heger fordert aber des weiteren, daß diese Begriffe auch von jeder Sachbezogenheit frei sein müßten (1963, S. 3 ff.). Gerade dieser letzten Forderung wird man widersprechen müssen, denn wie sollen „außersprachliche" Bezugssysteme gewonnen werden können, wenn nicht über eingehende Sachanalysen. Die Analyse und der Vergleich lexikalischer Systeme zur Bezeichnung der Verwandtschaftsgrade in unterschiedlichen Sprachen setzt die begriffliche Systematisierung der Gegebenheiten der biologischen Familie voraus, d. h. die begriffliche Durchdringung des zugeordneten Wirklichkeitsbereichs. Von diesem Verfahren her bleibt aber grundsätzlich unentscheidbar, ob das System der Verwandtschaftsnamen einer Sprache mit eben diesem bereitgestellten Begriffsrahmen erschöpfend analysiert werden kann, da ja nicht auszuschließen ist, daß ein System von Verwandtschaftsnamen zugleich auch auf andere Wirklichkeitsbereiche als die biologische Familie bezogen ist.

Im Falle der Verbalsysteme gehen wir, wohl mit Recht, von der übrigens aus semasiologischer Sicht gewonnenen, intuitiven Annahme aus, daß sie auf einen Wirklichkeitsbereich bezogen sind, den wir mit „Zeit" benennen. Dieser Bereich ist jedoch so vielschichtig, daß selbst bei der Übereinstimmung im methodischen, z. B. semasiologischen Ansatz das erstellte „apriorische" Begriffssystem von Fall zu Fall recht unterschiedlich ausfällt. Nach W. E. Bull z. B. setzt die Analyse von Verbalsystemen voraus "an accurate definition of time, a precise understanding of our traditional time concepts, an analysis of the referents of time vocabulary and of units of measurement, and a description of the structure of calenders" (1968, S. 3). Klaus Heger hingegen ist der Ansicht, man könne auf der Grundlage der nunc-tunc Opposition der temporalen Deixis ein apriorisches Begriffssystem von ausreichendem Umfang bereitstellen. Andere Aspektologen, wie z. B. Erwin Koschmieder, begründen ihren Begriffsapparat auf psychologischen oder denkpsychologischen

Ansätzen. Schon der unterschiedliche Umfang der drei hier erwähnten onomasiologischen Begriffssysteme muß als ausreichende Begründung für die oben geäußerten Bedenken gewertet werden.

Ein grundsätzlicherer Einwand gegen ausschließlich onomasiologische Verfahren ergäbe sich, wollte man mit Benjamin Lee Whorf (1956) annehmen, daß mit dem lexikalischen Bestand und dem grammatischen Kategoriensystem einer Sprache zugleich eine bestimmte Prägung oder gar Determination der perzeptiven und konzeptionellen Auseinandersetzung mit der Wirklichkeit gegeben sei. Die Entwicklung eines für alle Verbalsysteme ausreichenden Begriffsrahmens wäre dann von einer oder auch mehreren Sprachen her schlechterdings unmöglich. Aber selbst wenn man mit Max Black (1959) glaubt, Whorfs These in ihrer Extremform zurückweisen zu können, wird man zugestehen müssen, daß Kategorien, die weder im lexikalischen noch im grammatischen System der eigenen Sprache formal repräsentiert, für die adäquate Analyse einer fremden Sprache aber unerläßlich sind, unter Umständen sehr schwer zu finden sind. Eine Bestätigung für diese Befürchtung ist möglicherweise die verhältnismäßig späte Entdeckung der Koinzidenz.

Bedenken gegen einen ausschließlich onomasiologischen Ansatz ergeben sich auch, wenn man mit Karl Bühler (1934) davon ausgeht, daß das sprachliche Zeichen im Kommunikationsakt sowohl auf den außersprachlichen Sachverhalt wie auch auf den Sprecher und Hörer bezogen ist. Wenn man des weiteren berücksichtigt, daß das zu analysierende Zeichen für den Fall, daß es sich um eine Verbform handelt, neben dem grammatischen auch ein lexikalisches Element enthält, dann ergeben sich für seine Verwendung zumindest vier unterschiedliche Arten von Bedingungen, und zwar 1. Bedingungen, die im Sachverhalt begründet sind wie z. B. sein Zeitbezug, sodann 2. subjektive Gegebenheiten im Sprecher, z. B. eine bestimmte Auffassung des Sachverhalts, schließlich 3. Bedingungen, die sich aus dem Verhältnis des Sprechenden zum Angesprochenen ergeben, und endlich 4. Gegebenheiten, wie sie in der lexikalischen Struktur der verbalen Grundform beschlossen sind, insofern sie Bedeutungskomponenten enthalten kann, die mit bestimmten temporalen oder aspektuellen Kategorien vereinbar oder unvereinbar sind. Dem hier skizzierten komplexen Gefüge von Verwendungsbedingungen gegenüber scheinen die bisher von der Sprachwissenschaft vorgeschlagenen „außersprachlichen" Begriffssysteme für eine adäquate Analyse sprachlicher Verbalsysteme noch nicht vielschichtig genug.

Der semasiologische Ansatz zur Funktionsbestimmung grammatischer Kategorien war bislang von der Diskussion beherrscht, ob alle Verwendungsweisen einer Kategorie aus einer Grundfunktion ableitbar seien oder ob nicht vielmehr mehrere unterschiedliche, d. h. bedeutungsmäßig nicht auseinander herleitbare Verwendungstypen angenommen werden müßten.

Diese interessante methodologische Frage wurde insbesondere in der Romanistik im Zusammenhang mit der Funktionsbestimmung der französischen Vergangenheitstempora erörtert. Die Geschichte dieser Diskussion wird sowohl von Gerhard Dietrich (1955, S. 14 ff.) wie von Wolfgang Pollak (1960, S. 21 ff.) ausführlich dargestellt. Zu denselben methodischen Fragen nimmt mit Bezug auf das griechische Medium auch A. G. Hatcher Stellung (s. unten S. 189 ff.).

Bemerkenswert ist die Begründung, die Gerhard Dietrich für seine Entscheidung zugunsten der These von einer jeder grammatischen Kategorie zugrunde liegenden einheitlichen Grundfunktion gibt. Die Richtigkeit dieser Voraussetzung leitet er aus der Eigenart des menschlichen Geistes ab, „in der Mannigfaltigkeit der Erscheinungswelt immer als tragendes Prinzip die Einheit suchen zu müssen, und zwar in der Weise, daß wir die Vielheit eben auf eine Einheit zurückzuführen bestrebt sind, denn wo keinerlei allgemeingesetzliche Verknüpfung mehr gegeben scheint, hat unser Begreifen ein Ende" (1955, S. 20). Man wird zugeben, daß unser Denken spontan in der Tat so verfährt, daraus aber zu folgern, daß die Wirklichkeit diesem Zug unseres Denkens auch ausnahmslos entspricht, wäre voreilig. Mit Bezug auf die Funktionsanalyse sprachlicher Zeichen oder Kategorien wird man insbesondere die Erscheinung ihrer metaphorischen Verwendung nicht übersehen dürfen. Die metaphorische Verwendung z. B. von lexikalischen Einheiten knüpft sehr häufig nicht am Begriffskern des Wortes, sondern an seinem konnotativen Hof an, woraus sich Bedeutungsentwicklungen ergeben, die eine begriffliche Brücke zwischen ursprünglicher und neuer Bedeutung unmöglich oder aber nur über eine in so hohem

Maße abstrakte Bedeutung möglich machen, daß sie von keinerlei deskriptivem Nutzen mehr ist.

Ein weiterer Einwand gegen die These der einheitlichen Grundfunktion ergibt sich, wenn man die unterschiedlichen Zuordnungsverhältnisse von Zeichen und Funktion in der Sprache berücksichtigt. Bei der Suche nach der Grundfunktion einer grammatischen Kategorie setzt man ja voraus, daß diese sich in allen ihren Verwendungen manifestiert. Nun ist aber die Sprachwissenschaft seit de Saussure und Trubetzkoy auf eine Erscheinung aufmerksam geworden, die man als Aufhebung von Oppositionen, d. h. als Neutralisation funktionaler Kontraste in bestimmten Kontexten bezeichnet. In dem Satzpaar

Der Hund jagt die Katze
Die Hunde jagen die Katze

ist mit dem Wechsel von Singular und Plural eine Sachverhaltsänderung verbunden. In dem Satzpaar

Der Hund ist ein Haustier
Die Hunde sind Haustiere

ist mit dem gleichen Wechsel keine Sachverhaltsänderung verbunden. Die Suche nach einer gemeinsamen Grundfunktion für den Singular in beiden Satzpaaren müßte einen Begriff finden, der das Einzelding und die Gattung einschließt. Ein solches Beginnen wäre von keinerlei deskriptivem Nutzen. Koschmieder spricht in diesem Zusammenhang von Leerlauffunktionen und macht den Versuch zwischen Haupt- und Nebenfunktionen zu unterscheiden (1945, abgedr. 1965, S. 55 f.).

Wenn wir im vorausgehenden gegen die These der einheitlichen Grundfunktion Bedenken vorgebracht haben, so sollte damit die Berechtigung dieses Ansatzes nicht grundsätzlich verneint werden. In sehr vielen Fällen lassen sich sogenannte „neue" Funktionen als kontextbedingte Variation oder Modifikation von „ursprünglichen" Funktionen oder Bedeutungen auffassen. Es wäre z. B. falsch, von einer neuen Funktion der erweiterten Form zu sprechen, wenn sie in Verbindung mit Verben punktuellen Charakters wie *find* dem ausgesagten Sachverhalt iterativen Charakter verleiht. Denn dieser läßt sich aus der Grundfunktion der erweiterten Form, sofern man sie als „Dauer" oder „Imperfektivität" auffaßt, und dem punktuellen Charakter des lexikalischen Verbums ohne weiteres ableiten. Aus ähnlichen Gründen wendet sich B. Panzer dagegen, den tschechischen Iterativa vom Typus psávati etc. im Präsens die allgemeingültige Aussage als eigene Funktion zuzuschreiben, weil die Wiederholtheit, die die Iterativa im Präteritum aussagen, „in der Gegenwart gar nicht möglich ist und sich darum automatisch in Allgemeinheit umdeutet" (1967, S. 78).

Wenn wir W. E. Bulls Forderung zustimmen, daß der Analyse von Verbalsystemen eine umfassende Analyse des Zeitbegriffs vorausgehen müsse, sieht man sich mit den Schwierigkeiten des heutigen Zeitverständnisses konfrontiert, die in den widersprüchlichen Aussagen der naturwissenschaftlichen und der natürlichen Zeitauffassung begründet sind. Nach Rudolf Meyer stehen sich heute also zwei Begriffe von Zeit gegenüber „Eine Zeit der Natur und eine Zeit des Menschen, und es ist immer schwieriger geworden, sie auf einen gemeinsamen Nenner zu bringen" (1964, S. 72).

Von den naturwissenschaftlichen Aussagen widersprechen im besonderen die folgenden dem natürlichen Zeitverständnis: (1) Die Relativitätstheorie behauptet, daß mit dem Begriff der absoluten Gleichzeitigkeit kein Sinn mehr zu verbinden ist, denn zwei Ereignisse, die in dem einen Bezugssystem als gleichzeitig gelten, sind es in einem anderen Bezugssystem nicht. Im Gegensatz dazu entsprach Newtons Theorie der absoluten Zeit und des absoluten Raumes mit einer für den ganzen Kosmos geltenden Gleichzeitigkeit dem natürlichen Zeitverständnis durchaus. (2) Die Relativitätstheorie behauptet des weiteren, daß dem Zentralbegriff der Zeitstufen oder Zeitmodi, dem Jetzt, keine bewußtseinsunabhängige Existenz zukommt. Für Hermann Weyl z. B. setzt jeder Versuch eines Verständnisses der Relativitätstheorie notwendigerweise die Zerstörung des Glaubens an die Wirklichkeit der Zeitstufen „Gegenwart", „Vergangenheit" und „Zukunft" voraus (Barrett, in Gale 1968, S. 30). Er sagt: „Die objektive Welt i s t schlechthin, sie geschieht nicht. Nur vor dem Blick des in der Weltlinie seines Leibes emporkriechenden Bewußtseins ‚lebt' ein Ausschnitt dieser Welt ‚auf' und zieht an ihm vorüber als räumliches in zeitlicher Wandlung begriffenes Bild" (1963, S. 87). (3) Mit der Leugnung des „Jetzt" als bewußtseinsunabhängiger Wirklichkeit hängt zusammen die Leugnung des „Werdens". Reichenbach charakterisiert diesen Aspekt der Relativitätstheorie wie folgt: "The structure of the space-time manifold is the same everywhere, and in both directions of time; the space of all world lines in it is determined by mathematical laws. This timeless universe is a four-dimensional Parmenidian Being, in which nothing happens, 'complete, immovable, without end ..., it is all at once, a continuous o n e'" (1956, S. 11). Und das Ergebnis seiner eigenen Untersuchung deutet er an mit den Worten: "And it will turn out that physics can account for time flow and becoming, that common sense is right, and that we can change the future" (1956, S. 17). Grünbaum allerdings bezeichnet die Interpretation der Relativitätstheorie durch Reichenbach im Sinne eines "block-universe" als Parodie und hält deshalb seinerseits an der Bewußtseinsabhängigkeit des „Jetzt" und des „Werdens", das ein Jetzt impliziert, fest. (4) Dem natürlichen Zeitverständnis widerstreben insbesondere Aussagen aus dem Bereich der Quantenphysik, die nahelegen, daß im Verhalten einzelner Teilchen Umkehrungen der zeitlichen Vorher-Nachher-Beziehung möglich seien, insbesondere behauptet die Feynman-Stückelberg-Hypothese, daß die Positronen sich in der Zeit „rückwärts bewegen". So kontrovers diese Thesen noch sind, immerhin wird bereits diskutiert, inwiefern sie unter Umständen zur Erklärung bestimmter parapsychologischer Erscheinungen wie z. B. der Präkognition beitragen könnten (Bender 1966, S. 736).

(5) Widersprochen wurde auch der Begründung der Irreversibilität der Zeit aus dem Entropiegesetz. Gernot Böhme z. B. weist darauf hin, daß der statistische Charakter dieses Gesetzes in Einzelfällen die Umkehr der Abläufe erlaubt, weshalb es zur Begründung der Irreversibilität der Zeit ungeeignet sei und diese sich vielmehr als Gegebenheit der transzendentalen Anschauungsform „Zeit" erweise.

Man wird angesichts dieser Theorie vielleicht fragen, in welchem Zusammenhang sie mit den Kategorien von Verbalsystemen stehen könnten, da doch wohl anzunehmen sei, daß nicht der naturwissenschaftliche, sondern der natürliche Zeitbegriff sich in diesen sprachlichen Systemen spiegele. Aber eben auch diese Annahme gilt es zu verifizieren, wozu die Kenntnis der naturwissenschaftlichen Aussagen über das Wesen der Zeit notwendig ist.

Gegen die Aussagen über das Wesen der Zeit aus dem Bereich der Relativitätstheorie und der Quantenphysik sind von seiten der philosophischen Zeitanalyse Einwände erhoben worden. Bemerkenswert ist die Analyse des unterschiedlichen Zeitbezugs von Wahrnehmung und Denken, wie sie Viktor von Weizsäcker schon 1942 vorgelegt hat. Manche seiner Aussagen sind von unmittelbarer Bedeutung für den Sprachwissenschaftler, so z. B. wenn er darlegt, daß in der Gestaltwahrnehmung ein „Synchronismus von objektiv nicht mehr Seiendem mit objektiv noch nicht Seiendem in einer Gegenwart" (1960, S. 54) vorliegt. Wichtig auch sein Hinweis auf das Verhältnis der „objektiven" (naturwissenschaftlichen) Zeit zur erlebten, menschlichen Zeit: „Die objektive Zeit, ein Grundbegriff der analytischen Naturwissenschaft (Mechanik, Bewegungslehre) zerstört die Realität der Gestalt; die biologische Zeit aber, als anamnestisch-proleptische Vergegenwärtigung der Lebensereignisse, setzt die objektive Zeit außer Kraft" (1960, S. 54).

An die Vertreter der These, daß das „Jetzt" keine bewußtseinsunabhängige Qualität der Naturprozesse sei, richtet R. M. Gale (1968, S. 300) die Frage: "... how can temporal becoming be intrinsic to mental events but not to physical events (such as events in the brain) with which these events are correlated and upon which they are, for a naturalist, causally dependent?" Wenn Adolf Grünbaum demgegenüber zu zeigen versucht, daß aus der unzweifelhaft für geistige Erlebnisse ("mental events") gegebenen Jetztqualität dieselbe Qualität in physikalischen Vorgängen nicht geschlossen werden darf, sieht er sich andererseits doch auch zu der Feststellung genötigt, daß eine zusammenfassende Synthese der beiden Aussagen, "a theoretical account of the place of mind in nature", noch ausstehe.

Eine grundsätzlichere Frontstellung gegen den naturwissenschaftlichen Zeitbegriff findet sich im Gefolge von Husserl und Heidegger bei William Barrett. Mit Kant weist er auf den ontologischen Charakter der Zeit hin, d. h. er betont ihren grundlegenden Charakter für die Möglichkeit menschlicher Welthabe überhaupt: "... the flow of time (as the persisting flow of consciousness) is a condition that a world can be given at all" (Gale 1968, S. 372). Und mit Husserls Lehre vom intentionalen Charakter des Bewußtseins geht er über Kant hinaus: "The flow of consciousness is always a flow *for* consciousness. It reveals itself to be a flow of the world and of objects within the world" (Gale, S. 372). Unter „Welt" versteht er allerdings nicht die Summe aller Dinge, sondern "the concrete structuring totality within which all the things of experience are found" (Gale, S. 373), und das Werden, "this flow of Being-Becoming is indeed a spontaneity, at least in the sense that we cannot go behind it and derive it from anything else" (Gale, S. 374). Und der naturwissenschaftlichen Betrachtungsweise gegenüber, die den Ereignissen lediglich einen Zeitstellenwert, d. h. ein Datum, zuschreibt, stellt er im Gefolge von Augustin und mit Martin Heidegger fest: ". . . the flow of time reveals itself as the inseparable and ceaselessly active union of Being and Non-Being" (Gale, S. 377).

Widersprüchliche Auffassungen bezüglich des Wesens der Zeit gibt es nicht nur zwischen den Naturwissenschaften und der Philosophie, auch innerhalb der Philosophie selbst, ja bei ein und demselben Philosophen werden natürlich unterschiedliche Zeitauffassungen sichtbar, ganz abgesehen davon, daß verschiedene Philosophen über den vordergründigen, „vulgären", Zeitbegriff hinaus zu einem eigentlichen und wahren vorzustoßen sich bemühen. So unterscheidet Bergson zwei Zeitbegriffe, "the one free from all alloy, the other surreptitiously bringing in the idea of space" (1960, S. 100). Die eigentliche Zeitanschauung enthüllt die reine Dauer (durée pure) und stellt sich ein "when our ego lets itself live, when it refrains from separating its present state from its former states" (1960, S. 100). Die Verräumlichung der Zeit, ihre Projektion in den Raum, ergibt sich dann, wenn wir sie als homogenes Medium auffassen, das seine Inhalte, die Bewußtseinsinhalte also, wohlgeschieden enthält. Bergsons Argument in dieser Richtung beruht auf seiner Zurückführung des Zahlbegriffes auf unsere Vorstellung von der Undurchdringlichkeit der Materie und damit auf den Raum: "as if the idea of the number 2, even the abstract number, were not already, as we have shown, that of two different positions in space" (1960, S. 89). Aus der reinen Dauer, in der wir aufeinanderfolgende Phasen unseres Bewußtseins als gleichsam ineinander verschmolzen, als organisches Ganzes, erfahren, wird durch die Verräumlichung der Zeit ein gleichzeitiges Nebeneinander: ". . .we set our states of consciousness side by side in such a way as to perceive them simultaneously, no longer in one another, but alongside one another; in a word, we project time into space, we express duration in terms of extensity, and succession thus takes the form of a continuous line or a chain, the parts of which touch without penetrating one another" (1960, S. 101). Man wird Bergson nicht in allen Punkten zustimmen, wichtig erscheint mir an seinen Darlegungen, daß er eine ursprüngliche oder spontane Zeitauffassung annimmt, aus der sich dann eine abgeleitete und abstraktere ergibt, die er als Verräumlichung bezeichnet und zugleich als Verfälschung der ursprünglichen Zeiterfahrung bewertet.

Für die Untersuchung des Verbalsystems einer Sprache auf onomasiologischer Grundlage ergibt sich dann die Frage, von welcher Zeitvorstellung auszugehen ist, von der spontanen im Sinne der *durée pure* oder von der abgeleiteten und abstrakten, wie sie sich im Bilde der euklidischen Geraden darstellt. In diesem Zusammenhang muß noch einmal auf J. Kuryłowicz hingewiesen werden, der, wie oben bereits erwähnt, in unserer „geometrischen" Zeitkonzeption die Grundlage für alle Verbalsysteme sieht (vgl. oben S. 2).

Eine ähnliche Problematik wie bei Bergson ergäbe sich, wollte man Heideggers Analyse der Zeit als Grundlage eines onomasiologischen Ansatzes für die Analyse von Verbalsystemen heranziehen. Auch er unterscheidet ein eigentliches und uneigentliches Zeitverständnis. Ein wesentliches Merkmal der ursprünglichen Zeitlichkeit ist, daß sie eine endliche Zukunft beinhaltet und sich aus der Zukunft „zeitigt". Diese Zeitigung bedeutet kein „Nacheinander der Ekstasen des Zeitfeldes: Die Zukunft ist *nicht später* als die Gewesenheit und diese *nicht früher* als die Gegenwart. Zeitlichkeit zeitigt sich als gewesende-gegenwärtige Zukunft" (1967, S. 350). Das Charakteristische der Zeit im vulgären Verständnis ist demgegenüber, „daß in ihr als einer puren, anfangs- und endlosen Jetztfolge der ekstatische Charakter der ursprünglichen Zeitlichkeit nivelliert ist" (1967, S. 329).

Eine unterschiedliche Akzentuierung bestimmter Aspekte des Zeitphänomens wird auch sichtbar, wenn man die „ursprüngliche" oder „eigentliche" Zeitauffassung Bergsons und Heideggers vergleicht, und zwar insofern, als bei Heidegger infolge der Betonung der Zukunft die Welt den Charakter des Herfließens aus der Zukunft erhält, während sie bei Bergson, insofern jede Wahrnehmung eigentlich immer schon Gedächtnis ist, eher den Charakter des Herfließens aus der Vergangenheit hat.

Aus dem Vorausgehenden ergibt sich, daß es methodisch bedenklich erscheinen muß, wenn für semasiologische Verfahren zur Funktionsbestimmung der Aspektkorrelation in bestimmten Sprachen jeweils nur die Zeitanalyse eines Philosophen, einer wissenschaftlichen Disziplin oder gar nur bestimmte Aspekte des komplexen Zeitphänomens zugrunde gelegt werden. Eine umfassende Bestandsaufnahme der Aussagen über das Wesen der Zeit wird unumgänglich sein. Andererseits wird man zunächst von der Vermutung ausgehen dürfen, daß es die unmittelbaren Gegebenheiten des menschlichen Zeitbewußtseins sind, die sich in den Kategorien der Verbalsysteme spiegeln. Solche Gegebenheiten sind z. B. das Phänomen der Dauer, das Jetzt, Veränderung und Beharren, Werden und Vergehen, darüber hinaus aber Sachverhalte wie die Sinneswahrnehmung, Bewußtsein, Gedächtnis, die Reflexion, Erinnerung und Erwartung. Mir scheint, daß eine umfassende Analyse dieser Sachverhalte und ihre Auswertung für den Sprachwissenschaftler noch aussteht.

Was nun das Phänomen der Dauer angeht, so begegnet es uns zunächst in unserem eigenen Dasein. Von seiner Zeitstruktur sagt Heidegger: „Solange das Dasein faktisch existiert, ist es nie vergangen, wohl aber immer schon *gewesen* im Sinne des ‚ich *bin* gewesen'. Und es kann nur gewesen sein, solange es ist. Vergangen dagegen nennen wir Seiendes, das nicht mehr vorhanden ist. Daher kann sich das Dasein existierend nie als vorhandene Tatsache feststellen, die ‚mit der Zeit' entsteht und vergeht und stückweise schon vergangen ist" (1967, S. 328). Damit deckt er einen Aspekt der Zeit auf, wie er dem naturwissenschaftlichen Zeitbegriff durchaus unzugänglich ist.

Dauer begegnet uns sodann in Sachverhalten oder Gegenständen wie Melodien, Handlungen, Bewegungen usw. Eine interessante Analyse dieser Art von Dauergegenständen gibt Gernot Böhme im abgedruckten Beitrag, der vielleicht geeignet ist, die Fragestellung in diesem Bereich anzuregen und weiterzutreiben. Wichtig erscheint mir seine Feststellung, die sich an Bergson anlehnt und mit Heideggers Ausführungen oben übereinstimmt, daß Gegenstände wie Me-

lodien usw. „sind, was sie sind, nur in ihrem Verlauf" (vgl. unten
S. 50, und daß die Zeit, „über die sie sich erstrecken, während sie
sind, kein Quantum ist", wogegen erst die Zeit, die sie als vergangene, als Zeitgestalten, umspannen, ein definitives Maß hat (vgl.
unten S. 50). Diese Feststellung erscheint mir deshalb so wichtig,
weil sie der Verwechslung von Dauer und Zeitquantum, wie sie die
einschlägige sprachwissenschaftliche Literatur mitunter kennzeich-
net, entgegenwirkt.

Anregend erscheint mir auch Böhmes Behauptung, daß von
Dauergegenständen wie Melodien, Bewegungen usw., solange sie
dauern, nicht behauptet werden darf, daß ein Teil von ihnen jeweils
schon vergangen sei. Es sei unberechtigt, von solchen Teilen zu sprechen, weil sie nicht existieren, denn „Feststellung von Zeitpunkten
(innerhalb einer Dauer) bringt jeweils eine Dauer zum Abschluß,
die, während sie dauerte, gegenwärtig war und mit der Feststellung
des Zeitpunktes als ganze und ungeteilte Vergangenheit wird" (vgl.
unten S. 52).

Damit mag das naive, unreflektierte Zeitbewußtsein getroffen
sein, Husserl kommt in seinen Untersuchungen von Dauergegenständen zu ganz anderen Ergebnissen. Während für Böhme vergangene Teile eines Dauerphänomens, solange dieses dauert, nicht
existieren, behauptet Husserl sie ausdrücklich. Von einem Gegenstand wie einem Ton z. B. behauptet er, daß dieser „und die Dauer,
die er erfüllt, in einer Kontinuität von Weisen bewußt ist" (Brand
1955, S. 24). Und ein Teil dieser Dauer ist als vergangen bewußt.
An anderer Stelle bringt Husserl diesen Gedanken noch deutlicher
zum Ausdruck, indem er sagt: „Jede wahrgenommene Zeit ist
wahrgenommen als Vergangenheit, die in Gegenwart terminiert"
(Brand 1955, S. 69). Diese Feststellung ist natürlich auf dem Hintergrund von Husserls Gesamtanalyse des menschlichen Zeitbewußtseins zu sehen, das er aufgebaut sieht aus Präsentation, Retention und Protention dergestalt, daß jede Urimpression, die das reine
Jetzt konstituiert, begleitet ist einerseits von Erwartung und andererseits von einer Abschattungsreihe primärer Erinnerung, in der
die Impression, z. B. ein Ton-Eindruck, gleichsam in die Vergangenheit zurückgeschoben, dabei kontinuierlich schwächer wird und
schließlich aus dem Bewußtsein entschwindet. Für das originäre

Zeitfeld ergibt sich nach Husserl eine ähnliche Begrenzung wie für das Gesichtsfeld in der Raumwahrnehmung.

Bei der Betonung eines lebendigen Quellpunktes und seiner retentionalen Abwandlung am Dauerphänomen übersieht Husserl nicht, daß dieses, d. h. das ganze Dauerphänomen gewissermaßen, Gegenstand „intentionalen Meinens" und kognitiven Identifizierens, d. h. Gegenstand eines „Auffassungszusammenhangs" sein kann. Wenn das aber so ist, dann ist bei der Auffassung eines Dauerphänomens, bei seiner Wahrnehmung, zu unterscheiden (1) die Sinnesimpression, die im Jetzt aufquillt und in ihrer retentionalen Abschattung sich als Dauer konstituiert, jedoch in keinem Punkte vollständig ist, solange sie dauert. Die Dauer ist kein Quantum. Neben dem lebendigen Quellpunkt haben Dauerphänomene immer einen Horizont von Vergangenheit. Die Sinnesempfindung aber ist sodann (2) immer begleitet von einem intentionalen Meinen, das die Sinnesempfindung als identisch mit sich selbst festhält, d. h. also von kognitiven Akten, in denen auf das Dauerphänomen im Gegensatz zur Empfindung, für die die Zeit konstitutiv ist, gleichsam punktuell Bezug genommen wird, punktuell deshalb, weil kognitive Akte dieser Art in jedem Punkte ihres Bestehens vollständig sind.

Dauerphänomene, insbesondere solche dynamischen Charakters, d. h. solche mit variablen Sinnesdaten, sind also komplexe Auffassungsphänomene, und man wird dementsprechend damit rechnen müssen, daß die einzelnen Sprachen in ihrem Verbalsystem nur bestimmte Aspekte morphologisieren, andere dagegen nur mitverstehen oder außer acht lassen.

Aber nicht nur das Phänomen der Dauer erweist sich als komplex und mehrschichtig, auch der Begriff des „Jetzt" ist mehrdeutig und bedarf der Klärung. Grundsätzlich zu unterscheiden ist das „reine" Jetzt, wie es Husserl als ideale Grenze an der retentionalen Abschattungsreihe beschreibt, vom deiktischen Jetzt. Dieses reine Jetzt ist bei Husserl sowohl unmittelbar impressional gegeben wie Ergebnis reflexiver und begrifflicher Akte. Auf den idealen Charakter dieses Jetzt ist ja immer wieder, wie z. B. schon von Augustinus, hingewiesen worden. Zu beachten ist, daß dieses Jetzt Urgegebenheit und absolute Größe ist im Gegensatz zum deiktischen Jetzt, das einen ausdehnungslosen Zeitpunkt ebenso meinen kann wie eine

Zeitperiode beliebiger Ausdehnung, solange diese das absolute Jetzt des Sprechers einschließt.

Das Jetzt als Urgegebenheit erschließt sich nach Husserl auch in der Reflexion: „Es scheidet sich immerfort das fungierende Ich, das fungierende Bewußtsein, indem das Ich auf das darin Bewußte gerichtet ist, sei nun das Thema Nicht-Ichliches oder das fungierende Ich selbst wie es soeben war. Ich bin mir also selbst gegenwärtig in der eigentümlichen Form des ‚Jetzt‘, ohne gegenständlich zu sein, nicht mich erkennend und erkenntnismäßig, sondern ganz unmittelbar. Indem ich aber mir selbst unmittelbar gegenwärtig bin, kann ich auch zugleich mir gegenständlich gegenwärtig sein, aber dann nicht so, wie ich eben in meinem Fungieren bin, sondern wie ich soeben war. Jedes Gerichtetsein ist selbst ungewahrte Gegenwart, ist unthematische, nicht-gewahrende Selbstgegebenheit" (Brand, S. 65).

An Husserls Analyse der Reflexion erscheinen für das Verständnis unseres Zeitbewußtseins zwei Dinge von Bedeutung, und zwar 1. die Unterscheidung von intentionalem (oder unreflektiertem, unthematischem) Ichpol und reflektiertem (oder gegenständlichem) Pol. Als Urphänomen des Ichlichen erscheint ihm „die wahrnehmend-gewahrende Selbstgegenwart des Ich in der Reflexion als zugleich gegenständliches und anonymes", (Brand, S. 66) und 2. die Aufdeckung von Zeit und Zeitlichkeit in der Reflexion: „Reflexion ist Verschiedenheit des Ich und Deckung, ist überbrückter Abstand, ist ursprünglichste Enthüllung eines ‚Jetzt‘ und eines ‚Soeben‘, Reflexion ist somit die ursprünglichste Enthüllung von Zeit und Zeitlichkeit" (Brand, S. 68). Zugleich wird sichtbar, daß der spontane Pol meines Ich, d. h. das Ich im absoluten Jetzt, grundsätzlich meinem erkennenden Zugriff entzogen bleibt. Husserl sagt hierzu: „Jetzt anonym seiend, bin ich derselbe, der soeben war, und weil ich mich ‚noch im Griffe habe‘ weil ich immer ‚noch derselbe‘ bin, kann ich auf mich zurückblicken als soeben gewesen und mich selbst zum Objekt nehmen in der Reflexion, dabei als reflektierendes immer anonym bleibend" (Brand, S. 69). Anzumerken ist hier, daß die Unzugänglichkeit unseres spontanen Ich schon Pascal mit religiöser Erschütterung verzeichnet hat. Husserl formuliert diesen Gedanken an anderer Stelle wie folgt: „... Auf mich selbst zurückkommen

kann ich aber nur, weil ich immer im vor-aus bin, in meinem Fungieren mir selbst und allem mir Seiendem vor-gehe, und sich voraus-
sein und zurückkommen können, das ist zeitlich sein" (Brand,
S. 68).

Eine umfassende Analyse des menschlichen Zeitbewußtseins hätte
schließlich darauf hinzuweisen, daß auch Vergangenes und Zukünftiges dem Bewußtsein in unterschiedlicher Weise gegeben sein kann.
Vergangene Dauer z. B., so müßte man paradoxerweise sagen, hat
keine Dauer, sondern ist als ein in seiner ganzen Erstreckung über-
blickbares „Quantum", als ein Totes gleichsam gegeben, wenn nicht
überhaupt als bloßes Faktum *gewußt* und wird lebendig nur in der
Reproduktion, d. h. der Erinnerung. Erinnerung und Gedächtnis
sind also durchaus unterschiedliche Formen, wie Vergangenes gegeben sein kann. Ebenso kann Zukünftiges imaginativ vorausgenom-
men, gewissermaßen im Tagtraum erlebt oder bloß in seiner Faktizität gemeint sein.

Die vorausgehenden Anmerkungen zu verschiedenen Zeitanaly-
sen haben den vollen Umkreis des Themas in keiner Weise abzu-
stecken vermocht. Vielleicht aber ist durch sie doch deutlich geworden, welch ein vielschichtiger und facettenreicher Komplex mit der
Frage nach der Zeit, dem menschlichen Zeitbewußtsein und den psychologischen Grundlagen dieses Bewußtseins gemeint ist. Zugleich
dürfte sich auch abgezeichnet haben, welcher Gewinn für die Funktionsanalyse von Verbalsystemen aus einem solchen Fragen erwachsen kann. Jedes Beginnen dieser Art wird zunächst von intuitiven
Einsichten hinsichtlich der Zuordnung bestimmter Wirklichkeitsbereiche, in unserem Falle desjenigen der Zeit, zu bestimmten morphologischen Strukturen, dem Verbalsystem, ausgehen. Bei der
Frage, welche Funktion oder Bedeutung den einzelnen Formen eines
Verbalsystems zugeordnet ist, wird sich immer wieder der Eindruck
ergeben, daß für die Erkenntnis und Bezeichnung der Funktionen
ein geeigneter Begriffsapparat fehlt. Eben dieser könnte möglicherweise durch eine umfassende Bestandsaufnahme aller Aussagen zum
Wesen der Zeit im oben skizzierten Sinne erbracht werden.

Die Beiträge im nächsten Abschnitt wollen in die Diskussion um
die Wesensbestimmung und gegenseitige Abgrenzung von Aktionsart und Aspekt einführen, die lange Zeit nicht unterschieden wur-

den. Das lag zum einen Teil an den Verhältnissen im Slavischen, wo morphologische Mittel zum Ausdruck der Aspekte verwendet werden, die auch und in erster Linie lexikalische Inhalte bezeichnen. Zum anderen hat einen nicht unerheblichen Beitrag zur Verwirrung in diesem Bereich W. Streitberg mit seinem Versuch geleistet, das slavische Aspektsystem im gotischen System der Aktionsartbildung wiederzufinden. Einen ersten Anstoß zur Klärung dieser Fragen gab Sigurd Agrell (1908). Allerdings beginnt sich die Ansicht vom lexikalischen Charakter der Aktionsarten und dem syntaktischen der Aspekte erst im Gefolge späterer Arbeiten, insbesondere Erwin Koschmieders, durchzusetzen. Im Bereich der Anglistik erfolgte eine erste entscheidende Klärung durch die Arbeit Else Hollmanns (1935). Die Geschichte dieser Diskussion ist ausführlich dargestellt bei Gerhard Dietrich (1955, S. 24 ff.), Wolfgang Pollak (1960, S. 30 ff.), Klaus Heger (1963, S. 15 f.) und Gerhard Nickel (1966, S. 213 ff.). In unserer Sammlung will der Beitrag von Josef Raith in diese Diskussion einführen, der vor allem auf die Thesen Max Deutschbeins und deren Interpretation und Weiterentwicklung bei H. Renicke Bezug nimmt. Man wird Deutschbein den Vorwurf nicht ersparen können, die Frage nach der Abgrenzung von Aktionsart und Aspekt nach dem klärenden Ansatz Else Hollmanns erneut dadurch kompliziert zu haben, daß er neben Aktionsart und Aspekt nicht nur zusätzlich vom „Zeitcharakter" als einer eigenen Kategorie spricht, sondern auch die Zahl der Aspekte auf drei erweitert hat. Neben dem imperfektiven Aspekt (*I am writing*) und dem perfektiven, den er im Englischen durch das Perfektum (*I have written*) repräsentiert sieht, glaubt er, einen prospektiven Aspekt (*I am going to write*) unterscheiden zu müssen. Josef Raith bezweifelt unseres Erachtens zu Recht, daß die Formen *I have written* und *I am going to write* als Aspekte anzusehen sind.

Die Diskussion um die Abgrenzung von Aktionsart und Aspekt ist heute insofern zu einem gewissen Abschluß gekommen, als im großen und ganzen Übereinstimmung darüber besteht, daß Aktionsarten lexikalische, die Aspekte aber syntaktische Kategorien sind. Allerdings verwenden auch noch neuere Arbeiten den Ausdruck ‚Aspekt' in der Bedeutung von Aktionsart. Keine Klärung zeichnet sich hingegen in der Diskussion um das Wesen und die

Funktionsbestimmung der Aspekte ab. Zu dieser Frage sind in unserer Sammlung zwei Beiträge abgedruckt. Der eine ist ein Teilabdruck von Erwin Koschmieders ›Studien zum slavischen Verbalaspekt‹ (s. unten S. 74 ff.), der andere aus Klaus Hegers Studie *Die Bezeichnung temporal-deiktischer Begriffskategorien im französischen und spanischen Konjugationssystem* entnommen.

Hegers Versuch der Funktionsbestimmung der Tempora und Aspekte ist streng onomasiologisch. Er versucht, ein „sprachunabhängiges" System begrifflicher Kategorien zu finden, dem dann die morphologischen Kategorien der Verbalsysteme einzelner Sprachen zugeordnet werden können. Die Grundlage für dieses System ist für ihn der Angelpunkt der temporalen Deixis, das Jetzt: „Mit der temporalen Deixis und der Fixierung ihres Koordinaten-Nullpunkts in dem Begriff des „Jetzt" sind wir bei dem Ausschnitt angelangt, dessen weitere Gliederung die gesuchten begrifflichen Kategorien und damit die Voraussetzung für eine onomasiologische Untersuchung von Konjugationssystemen erschließen soll" (1963, S. 19). Hinsichtlich der Begriffsbestimmung dieses Jetzt bleiben bei Heger aber insofern Unklarheiten bestehen, als er einerseits feststellt, daß das „jetzt" seinen Stellenwert selbst anzeigt, wenn es ausgesprochen wird, d. h. also immer und je das Jetzt eines Sprechenden ist, auf der anderen Seite aber die Anwendung der begrifflichen Opposition „jetzt / nicht jetzt" auf den ausgesagten Vorgang für möglich hält dergestalt, daß dann das „jetzt" zu einem Jetzt des Vorgangs wird, so daß es zu dessen Darstellung von einem innerhalb seines Ablaufs befindlichen Bezugspunkt führt, was zugleich die Funktion des imperfektiven Aspekts sei. Diese Argumentation wäre schlüssig, wenn es sich bei dem Jetzt nicht um das deiktische Jetzt handelte, sondern um das absolute Jetzt des menschlichen Zeitbewußtseins, dessen Grenzcharakter Husserl mit aller Deutlichkeit herausgearbeitet hat. Heger wählt aber ausdrücklich das deiktische Jetzt als Ausgangspunkt, das weder in seiner Quantität noch selbstverständlich hinsichtlich seines Zeitstellenwertes definiert ist. Es ist nicht einzusehen, wie die Anwendung dieses deiktischen Begriffs auf einen Vorgang zu dessen Darstellung von einem Bezugspunkt innerhalb seines Ablaufs führen soll. Meines Erachtens kann die Anwendung einer deiktischen Gebärde auf einen Vorgang nur zu seiner komplexiven Erfassung führen. Von diesen Erwägungen her erscheint es mir geboten, Klaus Hegers Ansatz auf dem Hintergrund der Analyse des menschlichen Zeitbewußtseins, wie sie Edmund Husserl eingeleitet hat, erneut zu überdenken.

Erwin Koschmieders Ansatz bei der Analyse des slavischen Verbalaspekts dagegen ist psychologischer Art, indem er die Grundlage für das Verständnis der Aspekte im menschlichen Zeit- und Ichbewußtsein sucht. In Anlehnung an R. Hoeningswald (1925) und William Stern (1897) stellt er fest, daß das menschliche Ichbewußtsein die Vergangenheit und Zukunft in der „streckenhaften" Präsenz verknüpfe dergestalt, daß „ich bin" zu verstehen, sei als „ich war eben und werde weiter sein" (s. unten S. 87). Eine weitere entscheidende Grundlage für Koschmieders Aspektenanalyse ist sodann der Begriff des Zeitstellenwerts, der zur Gegenüberstellung des Ich des Sprechers, das ohne festen Zeitstellenwert als herfließend aus der Vergangenheit erlebt wird, und der Ereignisse oder Sachverhalte (Tatbestände) der transeunten Zeit führt, die in festen Zeitstellenwerten auf der Zeitlinie lokalisiert und als herfließend aus der Zukunft, durch den Gegenwartpunkt sich hindurch bewegend vorgestellt werden (vgl. Koschmieder 1960). Die Beziehung dieser Analyse des Zeitbewußtseins zum polnischen Aspektsystem formuliert Erwin Koschmieder wie folgt: „Das Polnische besitzt in Perfektivität und Imperfektivität grammatische Kategorien, mit denen es ausdrückt, ob das im Verb Ausgesagte in der transeunten Zeit als Stellenwert, — oder in der psychologischen Gegenwart als dem in der Präsenz begründeten Ichbewußtsein konform angesehen werden soll" (s. unten S. 88). Mit Hilfe des imperfektiven Aspekts werden also Tatbestände zum Ausdruck gebracht, die mit dem Ich des Sprechers „währen". In seiner Analyse des Gegenwartsbewußtseins als der Grundlage des imperfektiven Aspekts zeigt Koschmieder Berührungspunkte sowohl mit Bergson wie mit Husserl, freilich darf man sich durch die divergierende Terminologie nicht beirren lassen: Was z. B. bei Koschmieder „währen" heißt, wird bei Bergson und Böhme „Dauer" genannt, wogegen unter „Dauer" bei Koschmieder eigentlich immer nur das gemessene Zeitquantum verstanden wird. Nach unserer Meinung ist Koschmieders Analyse des imper-

fektiven Aspekts auch für das Verständnis des englischen Aspektsystems von Nutzen, zumindest bis zu einem gewissen Grade.

Schwieriger zu verstehen ist Koschmieders Analyse des perfektiven Aspekts: Die Ereignisse mit festem Stellenwert auf der Zeitlinie wandern „der Präsenz des Beschauers entgegen und werden
von ihm ‚verstanden', indem sie in die Präsenz projiziert werden.
Durch diese Projektion in die Präsenz werden sie gewissermaßen in
einen Punkt verdichtet" (s. unten S. 89). Aus dieser Definition der
Perfektivität gewinnt dann Koschmieder auch eine Erklärung für
die Präsensunfähigkeit perfektiver Verben: Sachverhalte mit festem
Stellenwert, so argumentiert er, werden, auch wenn sie Dauer haben, jeweils als ein Ganzes erfaßt, haben also keine Ausdehnung im
Sinne eines „Währen". Gerade diese Definition des perfektiven
Aspekts hat Widerspruch hervorgerufen, weshalb sie in den Erläuterungen W. Schlachters zu Koschmieders System (1959) einen verhältnismäßig breiten Raum einnimmt. Wichtig erscheint mir Schlachters Hinweis, daß es sich beim Erfassen eines Sachverhalts mit Zeitstellenwert „um das Erlebnis der Veränderung des Wechsels selbst
in der Zeit, der Diskontinuität, um die Rezeption eines neuen Sachverhalts ohne Rücksicht auf dessen zeitliche Erstreckung" handelt
(1959, S. 41), mit dem er sich allerdings von Koschmieders Definition insofern entfernt, als sie keinen zwingenden Ausgangspunkt
für die Präsensunfähigkeit perfektiver Verben im Slavischen zu liefern scheint.

Während wir hinsichtlich Koschmieders Definition des imperfektiven Aspekts eine fruchtbare Anwendung auf das englische Verbalsystem ins Auge fassen konnten, ist dies bezüglich seiner Definition
des perfektiven Aspekts wohl nicht möglich. Denn von einer Präsensunfähigkeit der einfachen Verbform kann im Englischen, wie
Gerhard Dietrich mit Recht feststellt (1955, S. 63, Fußnote 40),
sicher nicht die Rede sein. Das liegt vor allem daran, daß im Englischen die einfache Form innerhalb der Aspektopposition als
aspektuell neutral anzusehen ist, was aus der Geschichte des englischen Verbalsystems verständlich wird.

Im nächsten Abschnitt sind einige Beiträge abgedruckt, die sich
mit der Funktionsbestimmung des Verbalaspekts im Englischen beschäftigen. Die Diskussion um die Funktion der einfachen und er-

weiterten Verbform des Englischen hat eine lange Geschichte. Sie ist
ausführlich dargestellt bei Gerhard Dietrich (1955, S. 31 ff.), A. G.
Hatcher (s. unten S. 179 ff.), R. B. Allen (1966, S. 28 ff.) und Gerhard Nickel (1966, S. 208 ff.).

Besondere Beachtung hat in der Forschung Jespersens These von
der Rahmenfunktion ("frame-time") der erweiterten Form gefunden. Im übrigen aber hat man bei der Funktionsbestimmung der
englischen Aspektopposition immer wieder auf psychologische Kategorien zurückgegriffen. Faddegon z. B. arbeitet mit Begriffen wie
Sympathie, Befriedigung, Enttäuschung usw., um die Verwendung
der einfachen und erweiterten Form im Englischen zu erklären.
Dasselbe gilt auch für J. van der Laan, wenn er die erweiterte
Verbform "the form of conscious attention" nennt (vgl. Dietrich
1955, S. 49). Psychologische Kategorien verwendet letzten Endes
auch A. C. Bodelsen in seinem Beitrag zur vorliegenden Sammlung.
Zwar läßt seine Terminologie ("fact", "event", "result" auf der
einen Seite und "action" auf der anderen) zunächst an lexikalische
Kategorien oder Klassen denken, aus seinen Ausführungen im ganzen aber geht klar hervor, daß er die subjektive Sicht des prädizierten Sachverhalts durch den Sprecher meint. Seine mißverständliche
Terminologie ist z. T. auch zurückzuführen auf eine seiner methodischen Grundvoraussetzungen, auf die Annahme, daß alle Verwendungsweisen der einfachen und erweiterten Form sich jeweils
aus einer einheitlichen Grundfunktion erklären lassen. Der zur Bezeichnung der jeweiligen Grundfunktion nötige Begriff wird dann
notwendigerweise so allgemein (z. B. action), daß er für den Lernenden keine Hilfe mehr darstellt, insofern als er keinen Hinweis
mehr geben kann, warum im Einzelfall die eine oder die andere der
beiden Verbformen gewählt wird. Man wird Bodelsen auch nicht
zustimmen können, wenn er den Bedeutungsunterschied zwischen
den beiden Formen gänzlich in die Sphäre der subjektiven Sicht
verlagern will: "... the two forms describe *exactly the same happening*, only seen from two different points of view" (1936/37,
S. 222), denn in Sätzen wie (1) *When I looked at him, he smiled*
und (2) *When I looked at him, he was smiling* ist der Wechsel der
Verbform unzweifelhaft mit einer Sachverhaltsänderung und nicht
nur mit einer unterschiedlichen Sicht des gleichen Tatbestands ver-

bunden. Bodelsen gibt in seinem Aufsatz ohne Zweifel eine ganze
Reihe feinsinniger Erläuterungen zur Aspektwahl im Englischen,
gegenüber bestimmten methodischen Vorentscheidungen wird man
Vorbehalte anmelden wollen, insbesondere gegen die Annahme einer
einheitlichen Grundfunktion für jede der beiden Aspektformen.

Eine methodische Neuorientierung wird im nächsten, in diesem
Abschnitt abgedruckten Beitrag, in Calvers ›The Uses of the Present-
Tense Forms in English‹ (s. unten, S. 163), sichtbar. Wie der Titel er-
kennen läßt, beschränkt Calver seine Untersuchung auf ein einziges
Tempus, auf das Präsens, was sich auch daraus erklärt, daß er von
der These der einheitlichen Grundfunktion für jede der beiden
Aspektformen abrückt. Freilich hält er an ihr für die einzelnen Tem-
pora, z. B. für das Präsens, fest und beschreibt sie für die einfache
Form als "constitution of things", für die erweiterte als "mere occurrence".

Anna Granville Hatcher, deren Artikel ›The Use of the Progressive Form in English‹ wir als nächsten in diesem Abschnitt abdruk-
ken (s. unten S. 177), billigt zwar Calvers methodischen Neuansatz,
wendet aber gegen seine Definition der einfachen Form, deren Bedeutung er ja mit "the constitution of things" beschreibt, ein, daß
sie auch Einzelereignisse bezeichnen kann, was sie unter anderen mit
dem Beispielsatz *My nose itches* belegt, und daß sie überhaupt das
neutrale, d. h. semantisch unbezeichnete Glied der Aspektopposition
darstelle, dem eine Vielzahl von Funktionen zugeordnet sei. Sie
selbst tut dann im Rahmen ihrer eigenen Untersuchung einen weiteren entscheidenden methodischen Schritt, indem sie nicht nur wie
Calver die Untersuchung auf ein Tempus beschränkt, sondern innerhalb eines Tempus, eine weitere Aufgliederung nach Leistungstypen
vornimmt. Für das Präsens stellt sie 6 solcher Leistungstypen auf:
(1) reference to the past and (2) future, (3) natural states, (4) temporary state, (5) habitual activity und (6) a single occurrence, und
wählt für ihre eigene Untersuchung nur den Typus (6), a single
occurrence. Eine weitere methodische Vorentscheidung trifft sie mit
der Annahme that "the choice of construction is determined by the
nature of the verbs themselves" (s. unten S. 194), womit die lexikalische Struktur der Verben ausdrücklich in den Bereich der Untersuchung mit einbezogen wird, und konsequenterweise ist der nächste

Schritt in ihrer Untersuchung die Frage, welche Verben zur Bezeichnung eines Einzelereignisses (a single occurrence), des aktuellen
Präsens also, die einfache, beziehungsweise die erweiterte Form als
Norm wählen. Aus den zwei Verbgruppen, die sich auf Grund dieser Fragestellung dann ergeben, soll dann jeweils "a least common
denominator" extrahiert werden, zwei Grundbedeutungen also, die
sich, nach Hatchers Annahme gegenseitig ausschließen. Das Ergebnis
ihres Verfahrens ist, daß die Verbgruppe, für die die einfache Form
als Norm im aktuellen Präsens anzusehen ist, einen gemeinsamen
kategorialen Zug in ihrer Bedeutung aufweisen, den sie als "non-
overt activity" charakterisiert. Die gemeinsamen Bedeutungskomponenten für alle die Verben hingegen, für die die erweiterte Form
als Norm anzusehen ist, beschreibt sie mit "overt or developing
activity or both" (s. unten S. 215). Einwenden wird man gegen ihr
Verfahren, daß undefiniert bleibt, was unter "activity" zu verstehen ist. Zwar ergibt sich aus ihren Ausführungen der Eindruck, daß
in erster Linie „Sichtbarkeit" und „Hörbarkeit" als Kriterien für
"overt activity" zugrunde gelegt werden. Wie aber ist das Verbum
think in seiner Bedeutung „nachdenken" zu klassifizieren? Zweifellos wählt es zur Bezeichnung eines aktuellen Präsens die erweiterte
Form: *I am thinking of my childhood days.* Inwiefern aber ist der
von ihm bezeichnete Sachverhalt "overt activity"? Ähnlich problematisch erweisen sich die Verben der Lage im Raum wie *lie, stand,
sit* etc, wenn sie von Dingen ausgesagt werden. Auch sie wählen zur
Bezeichnung eines aktuellen Präsens die erweiterte Form, aber nach
welchen Kriterien gehören sie zur lexikalischen Klasse der "activities"? Es ist ganz offensichtlich, daß Hatchers Methode der lexikalischen Klassifizierung von Verbinhalten der Weiterentwicklung bedarf. Wir haben in diesem Abschnitt einen Beitrag aufgenommen,
der die Diskussion in diesem Bereich anregen und weiterführen
kann, Zeno Vendlers Artikel ›Verbs and Times‹ (s. unten S. 217 ff.).
Seine Methode und seine Ergebnisse decken sich zwar in einigen
Punkten mit dem, was die Diskussion um die Aktionsarten im
deutschsprachigen Raum erarbeitet hat — man vergleiche hier die
übersichtliche Zusammenstellung bei Gerhard Dietrich (1955, S. 30)
— an anderen Stellen gehen Vendlers Analysen und Methoden wesentlich über das dort Erarbeitete hinaus. Das gilt besonders für

seine Methode der lexikalischen Analyse, die z. B. mit Folgesätzen arbeitet und zu sehr viel feineren Unterscheidungen führt. So weist er, unter anderem, nicht nur nach, daß das Verbum *know* zwei Bedeutungen hat, mit denen es zu zwei grundverschiedenen lexikalischen Klassen gehört, zu den "states" einerseits und den "achievements" andererseits, er zeigt auch, daß der durch *know* in seiner Bedeutung als "state" bezeichnete Sachverhalt zwar zeitliche Erstreckung haben kann, aber nicht durch die Zeit konstituiert wird, so daß man es in gewissem Sinne in seinem Zeitcharakter als punktuell bezeichnen kann insofern, als der Sachverhalt des „Wissens" in jedem Punkte seiner zeitlichen Erstreckung vollständig ist. Mir scheint, daß diese Analyse einen unmittelbaren Zugang zum Verständnis der Aspektwahl dieses Verbums eröffnet. Ähnlich differenziert ist seine Analyse des Verbums *see,* dem er, wenn es eine Sinneswahrnehmung bezeichnet, nicht weniger als 3 diskrete Bedeutungen zuschreibt. Mir will scheinen, daß mit diesem Ansatz zur genaueren lexikalischen Analyse von Verbinhalten ein versprechlicher Weg zu einem vertieften Verständnis der Funktion des englischen Aspekt- und Tempussystems beschritten ist, der verfolgt werden sollte.

Der letzte Beitrag in diesem Abschnitt, Ernst Leisis Aufsatz ›Die Progressive Form im Englischen‹ (s. unten S. 235 ff.) schlägt die Brücke zu literaturwissenschaftlichen Fragestellungen, wenn dort nach den Kombinationsmöglichkeiten für die beiden Aspektformen, der Funktion der jeweiligen Kombination und ihrer Auswertung in der modernen Romantechnik gefragt wird. Sprachwissenschaftlich interessant ist die Einbeziehung der lexikalischen Struktur der einzelnen Verben in den Umkreis der Fragestellung und der Hinweis auf die monosemierende Wirkung der Aspektwahl auf polyseme Verben. Gerade die Ergebnisse dieser Fragestellung haben einen unmittelbaren Bezug zur Funktionsbestimmung der englischen Aspektformen.

Die Diskussion um die Funktionsbestimmung der einfachen und erweiterten Form im Englischen ist in neuester Zeit in einer Reihe von Monographien über das englische Verbalsystem weitergeführt worden. Einen Überblick über diese Arbeiten gibt der Herausgeber dieses Bandes in seinem Beitrag ›Neuere Arbeiten zum Verbalaspekt des Englischen‹ (s. unten S. 248 ff.), in dem auch anzudeuten versucht wird, welche Fragestellungen geeignet erscheinen, die Forschung in diesem Bereich weiterzuführen.

Im Abschnitt B unserer Sammlung sind einige Beiträge zusammengestellt, die die Entstehung und die Geschichte des heutigen englischen Aspektsystems beleuchten wollen. Der erste Beitrag, ›Le Renouvellement de l'Aspect en Germanique‹ (s. unten, S. 309 ff.) von F. Mossé ist zwar in einer Reihe von Punkten überholt, und zwar vor allem deshalb, weil ihm die Scheidung von Aspekt und Aktionsart im Grunde noch fehlt und mit dem Rückgriff auf eine Aspektunterscheidung im Indogermanischen durchaus kontroverses Terrain betreten wird, wie Oswald Szemerényi erst kürzlich in seinem Artikel ›Unorthodox Views of Tense and Aspect‹, in welchem er eine Reihe neuerer Arbeiten zur Frage des Aspekts insbesondere im Slavischen und Indogermanischen bespricht, aufgezeigt hat. Mossés Arbeit bleibt aber als Versuch interessant, die Geschichte der Aspektunterscheidung im Englischen als einen Prozeß zu sehen, in dem zwar divergierende Tendenzen wirken, der aber nicht ohne inneren Zusammenhang und innere „Logik" ist. Unausgesprochen scheint seinen Ausführungen die Annahme zugrunde zu liegen, daß eine gewisse perennierende Tendenz zur Aspektunterscheidung vom Indogermanischen bis ins heutige Englisch lebendig ist, die sich von Periode zu Periode unterschiedlicher morphologischer Ausdrucksmittel bedient. Während im Griechischen z. B. die Aspektunterscheidung im Verbalstamm erfolge, bringe sie das Gotische durch Vorsilben, insbesondere durch das lexikalisch nahezu vollständig entleerte ga- zum Ausdruck und das Altenglische habe, so meint Mossé, im wesentlichen das germanische Aspektsystem bewahrt. Neben einer gewissen Aspektunterscheidung im periphrastischen Passiv durch die Hilfsverben, sei es vor allem das Präverb ge-, wie im Gotischen in der Regel ohne lexikalischen Inhalt, das zum formalen Mittel der Perfektivierung geworden sei: *seon — geseon*. Den Verfall dieses altenglischen Systems sieht Mossé durch die Tendenz herbeigeführt, das Präverb ge- ohne eigentliche aspekt- und bedeutungsdifferenzierende Funktion, d. h. also unter Umständen aus bloß stilistischen Gründen zu verwenden: *don — gedon, þolian — geþolian*. In dem Maße, in dem sich diese Tendenz verstärke, werde die mit dem Aspektsystem gegebene noematische Differenzierung verdunkelt, was schließlich den vollständigen Schwund von *ge-* und der übrigen perfektivierenden Präfixe zur Folge habe, so daß das Englische des 13. Jahrhunderts keinerlei morphologische Mittel zur Aspektunterscheidung mehr besitze.

Die Herausbildung des heutigen Aspektsystems im Englischen zeichne sich erst gegen Ende des 17. Jahrhunderts in deutlichen Konturen ab und sei darin begründet, daß nach dem Verfall des altenglischen Aspektsystems zwar eine geringe Anzahl ihrem lexikalischen Gehalt nach perfektiver Verben (*accept, reply*) und eine ebenso beschränkte Anzahl mit imperfektivem Charakter (*like, feel* etc.) vorhanden, die Masse des Verbbestands aspektuell aber neutral sei (*die, drink, run* etc.), was erneut das Bedürfnis nach aspektueller Differenzierung wecke und zur Herausbildung des heutigen Systems geführt habe, dessen beginnende Umwandlung und Auflösung sich allerdings bereits in affektiven, d. h. vorwiegend stilistisch verwendeten Formen wie *He is always coming here* andeute.

Als einen Prozeß mit innerer Logik sieht auch Gerhard Nickel in seinem Beitrag, den wir seiner Studie *Die Expanded Form im Altenglischen* entnehmen, die Entstehung des englischen Verbalaspekts. In enger Anlehnung an Kuryłowicz (1964) nimmt auch er eine gleichsam perennierende Tendenz zu bestimmten noematischen Differenzierungen im Bereich der Zeitauffassung an, die im Verbalsystem zur abwechselnden Betonung der Zeitstufen und Aspekte führe. Kuryłowicz postuliert für die Weiterentwicklung des indogermanischen Aspektsystems im Germanischen die Ablösung der Aspektopposition „Perfektivität-Imperfektivität" durch eine Zeitstufenopposition „Gleichzeitigkeit-Vorzeitigkeit" mit der sekundären Einführung eines Dentalpräteriums von Primärverben, welches die Gleichzeitigkeit mit einem vergangenen Zeitpunkt zum Ausdruck brachte. In einer späteren Stufe des Urgermanischen sei es dann zur Erneuerung des Aspektsystems mittels der terminativen Aktionsart (Präfigierung, insbesondere durch *ga-*) gekommen, wodurch starkes Präteritum (altes Perfekt) und Dentalpräteritum allomorphischen Status erhalten haben. Die Ablösung dieses Aspektsystems durch ein neues Zeitstufensystem werde in den germanischen Sprachen in der Neubildung eines periphrastischen Perfekts sichtbar, durch welches hinwiederum die Präfigierung funktionslos werde.

In diesem reduzierten System, in welchem wie z. B. auch im Altenglischen die Kategorie des Aspekts nur mehr in Resten vorhanden sei, erkläre sich die Bildung und starke Verbreitung der erweiterten Verbform (*he wæs feohtende*) aus dem Bedürfnis, die geschwächte Aspektkategorie zu stärken und das Aspektsystem erneut zu komplettieren.

In dieser Sicht kommt dem Funktionsverlust des Präverbs *ge-* keineswegs die Rolle des Motors der Entwicklung zu, die Mossé ihm zuweist. Nach Gerhard Nickel ist es vielmehr der Umbau des Aspektsystems in ein Zeitstufensystem, der für den Funktionsverlust des Präverbs verantwortlich ist. Bezüglich der Funktion des Präverbs ist im übrigen auf einige neuere Arbeiten zu verweisen, auf die Untersuchung von Herbert Pilch (1952/53) ebenso wie auf die Studie von P. Scherer (1958) und J. W. R. Lindemann (1965).

An Gerhard Nickels Theorie von der unmittelbaren Entstehung und starken Verbreitung der erweiterten Form im Altenglischen scheint des weiteren bemerkenswert, daß er neben der Entwicklungslinie vom attributiven über das appositive zum prädikativen Partizip die im Altenglischen häufige Konstruktion des Verbum Substantivum in Verbindung mit Nomina agentis verantwortlich macht, die mit dem prädikativen Partizip neben morphologischen Berührungspunkten die Genitivrektion gemeinsam hatte und mit diesem in die Akkusativrektion überging, womit ja die erweiterte Verbform im eigentlichen Sinne erst erreicht ist.

Auch hinsichtlich der Funktionsbestimmung der erweiterten Form im Altenglischen unterscheidet sich Gerhard Nickel von früheren Untersuchungen, indem er in Anlehnung an Ergebnisse von W. Adamus (1962) zunächst feststellt, daß die erweiterte Form die Kategorie "non-process" ausschließe. Innerhalb der Kategorie "process", die Adamus nach Perfektivität und Imperfektivität untergliedert, ist im letzteren Bereich die erweiterte Form bloße fakultative Variante der einfachen Form. Bei der Bezeichnung perfektiver Prozesse, die Adamus in "action", "contiguity" und "result" aufgliedert, schließt die erweiterte Form "contiguity" und "result" aus und ist im Bereich "perfective action" wiederum fakultative Variante der einfachen Form.

Innerhalb der so abgegrenzten Verwendungsmöglichkeiten für

die erweiterte Form schreibt ihr Gerhard Nickel sodann in zahlreichen Belegen die Funktion der Bezeichnung eines Zeitrahmens zu
und kommt schließlich zu dem Ergebnis, daß sich bereits im Altenglischen „klare Tendenzen zu einer dem Neuenglischen nicht un-
ähnlichen Verwendung" (1966, S. 266) abzeichnen.

Angesichts der Tatsache, daß für das Altenglische wegen des begrenzten Beobachtungsmaterials und des Umstands, daß es sich um
eine tote Sprache handelt, nur feststellbar ist, in welchen Verwendungen die erweiterte Form nicht belegt ist und keine Verwendung
bekannt ist, in der nicht auch die einfache Form stehen könnte, wird
man vielleicht die Frage, ob der erweiterten Form der Status einer
grammatischen Kategorie zuzuerkennen ist, mit Vorsicht zu beantworten suchen. Wenn Gerhard Nickel eine gewisse Einheitlichkeit in
ihrer Verwendung im Altenglischen und eine bestimmte Ähnlichkeit
mit dem heutigen Sprachgebrauch betont, dann darf auf der anderen Seite nicht übersehen werden, daß es Verwendungen im Altenglischen gibt, die der heutige Sprachgebrauch ausgeschlossen hat.
Curme betont, daß die erweiterte Form zur Bezeichnung eines We-
sensmerkmals — man vergleiche "Sume syndan creopende on eorðan
mid eallum lichoman, swa swa wurmas doð, Sume gað on twam
fotum . . ." im heutigen Englisch nicht mehr verwendbar ist (1913,
S. 162).

Wenn also die Funktionsbestimmung und auch die Entstehung
der erweiterten Form im Altenglischen doch eine ganze Reihe
außerordentlich schwieriger Fragen aufwirft, die doch noch nicht bis
in alle Einzelheiten als geklärt angesehen werden dürfen, wirft die
Geschichte der erweiterten Form im Mittelenglischen zusätzliche
Probleme auf. Insbesondere läßt das Partizip auf -ing, das die altenglischen Formen auf -ande, -ende, -inde ablöst, fragen, ob die mittelenglische Form als die Fortsetzung der altenglischen Konstruktion
anzusehen ist oder ob eine Neubildung angenommen werden muß.

Mit diesen Fragen setzt sich der Beitrag van der Gaafs auseinan-
der (s. unten S. 356 ff.). Skeptisch ist van der Gaaf gegenüber der
Theorie der Entstehung der erweiterten Form auf -ing aus
Konstruktionen mit dem Verbalsubstantiv des Typs "he is on
huntunge", und geht statt dessen der Frage nach, ob der Ersatz der
Partizipialendung -ende, -inde durch -ing als das Ergebnis einer Laut-

entwicklung angesehen werden könne. Wenn er ihn für möglich hält, dann vor allem deswegen, weil er auch in einer Reihe von Ortsnamen nachweisbar ist. Dementsprechend hält er auch an der Überzeugung von der Kontinuität der Entwicklung der erweiterten Form vom Altenglischen bis heute fest: "The progressive form never really disappeared; it only underwent a morphological change, which may after all be phonetic" (s. unten S. 361). Skeptisch äußert van der Gaaf sich auch bezüglich der Möglichkeiten einer entscheidenden Beeinflussung der Entwicklung durch das Normannische.

In unserem letzten Beitrag gibt F. Mossé (s. unten S. 377 ff.) nicht nur einen Überblick über die bis 1957 vorgetragenen Thesen zur Entstehung der erweiterten Form auf -ing sondern setzt sich auch eingehend mit der Arbeit von Ingerid Dal zu dieser Problematik auseinander: Skeptisch bleibt F. Mossé gegenüber ihrem Versuch, die Existenz eines Verbalsubstantivs mit verbaler Rektion (= Akkusativobjekt), das von allen Verben gebildet werden konnte, schon im Altenglischen und damit die Grundlage für die Entwicklung der erweiterten Form auf -ing aus dieser Konstruktion nachzuweisen. Auch gegenüber ihrer These einer keltischen Substratwirkung bei dieser Entwicklung und ihrem Hinweis auf sprachsoziologische Gegebenheiten bleibt er kritisch. Gegenüber allen Versuchen, das Problem der Entstehung der erweiterten Form auf -ing aus nur einer Ursache zu erklären betont er den komplexen Charakter dieses Prozesses, in dem die Annahme verbaler Rektion durch das Partizip Präsens bereits im Altenglischen und durch das Verbalsubstantiv im Frühmittelenglischen eine wichtige Rolle spielen. Gestützt wird dieser Prozeß durch lateinischen, aber auch keltischen und normannischen Einfluß. Entscheidend für die Herausbildung der mittelenglischen Form auf -ing aber ist der phonetische Zusammenfall der Endung -ende -inde mit -ing, wie ihn Rooth (1941/42) in einem weiten Bereich nachgewiesen hat. Nicht zuletzt aber war es die sich allmählich ergebende funktionale Identität (d. h.: Imperfektivität) der Konstruktionen des Verbum Substantivum mit Partizip und Verbalsubstantiv, die die Herausbildung der neuen erweiterten Form auf -ing gefördert hat.

Wenn man die umfangreiche Literatur zur Geschichte des eng-

lischen Verbalaspekts, insbesondere auch zur Genese der erweiterten
Form auf *-ing* überblickt, gewinnt man den Eindruck, daß, obwohl
abgesehen vielleicht von der mittelenglischen Periode die relevanten
Beobachtungsdaten registriert und eine entsprechend umfassende
Fragestellung entwickelt worden ist, methodische Neuansätze den
noch möglich sind und zu weiteren Einsichten führen könnten. Auch
nach der umfassenden Studie Mossés scheint die Herausbildung des
neuenglischen Aspektsystems noch nicht bis in alle Einzelheiten geklärt zu sein, insbesondere wäre zu untersuchen, welche Verben oder
Verbgruppen in die Bildungsmöglichkeit der erweiterten Form einbezogen oder von ihr ausgeschlossen werden. Wenn sich zeigen
ließe, daß die Herausbildung des heutigen Sprachgebrauchs durch
die Einbeziehung oder den Ausschluß ganz bestimmter lexikalisch
genau definierbarer Verbklassen erfolgt, wären daraus ohne Zweifel nicht nur Hinweise auf die Funktion der erweiterten Form im
heutigen Englisch zu gewinnen, es ergäbe sich möglicherweise auch
ein genaueres Bild von der einem solchen Entwicklungsprozeß inne-
wohnenden „Logik".

Alfred Schopf

A.

DER ENGLISCHE VERBALASPEKT ALS DESKRIPTIVES PROBLEM

Klaus Heger, Die Bezeichnung temporal-deiktischer Begriffskategorien im französischen und spanischen Konjugationssystem. (=Beihefte zur Zeitschrift für Romanische Philologie, 104. Heft). Tübingen: Max Niemeyer Verlag, 1963, S. 3—13. Mit Genehmigung des Max Niemeyer Verlages, Tübingen.

SEMASIOLOGIE UND ONOMASIOLOGIE

Von Klaus Heger

Ihre entscheidende methodologische Anregung verdankt die Fragestellung unserer Untersuchung den von der modernen Lexikologie entwickelten und mit Erfolg angewandten Arbeitsweisen. Ausgehend von dem fundamentalen Doppelcharakter eines jeden sprachlichen Zeichens, im Falle des Wortes der Unterscheidung von Wortkörper und Bedeutungsinhalt, sind dort als zwei einander entgegengesetzte und sich wechselseitig ergänzende Forschungsweisen die Semasiologie und die Onomasiologie entstanden[1]. Während die eine

[1] Wir zitieren hierzu die neuerliche Zusammenfassung dieser Fragen bei Baldinger 60, p. 522—523: „Der entscheidende theoretische Ausgangspunkt scheint mir das Ullmannsche Dreieck zu sein, das seinerseits auf Saussure und Ogden/Richards beruht:

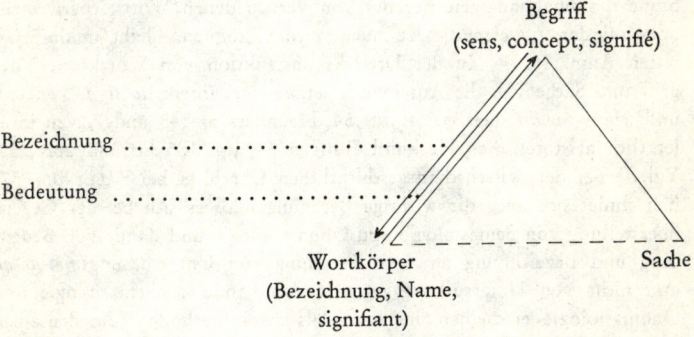

Begriff
(sens, concept, signifié)

Bezeichnung . . . .

Bedeutung . . . .

Wortkörper   Sache
(Bezeichnung, Name,
signifiant)

. . . Die *Bedeutung* ist an einen Wortkörper gebunden; der *Begriff* ist eine Abstraktion, die aus der individualistischen Vielzahl der sachlichen Realität *(Sache)* gewonnen, also eine *Vorstellung,* die theoretisch nicht an einen Wortkörper gebunden ist, aber praktisch nur mit Hilfe eines Wortkörpers faßbar wird (faßbar heißt kommunizierbar, d. h. mitteilbar, und die Mit-

von dem *Wortkörper* ausgeht und nach den von ihm *bedeuteten*
Begriffen fragt, ist für die andere der *Begriff* der Ausgangspunkt

teilung ist an die Sprache gebunden) . . . Aus dem gleichen Schema ergeben sich auch *Semasiologie* und *Onomasiologie* als zwei verschiedene,
gleichberechtigte, methodisch entgegengesetzte Betrachtungsweisen, als
zwangsläufige Konsequenz aus der Dualität des sprachlichen Zeichens. Die
Semasiologie geht vom Wortkörper aus und untersucht die Bedeutungen,
d. h. die Verbindungen von *einem* Wortkörper zu *verchiedenen* Begriffen
fen . . . Die Onomasiologie geht vom Begriff aus und untersucht die
Bezeichnungen, d. h. die Verbindungen von *einem* Begriff zu *verschiedenen* Wortkörpern . . ." Zu welchen Unklarheiten die Vernachlässigung
der von Baldinger betonten Unterscheidung zwischen Bedeutung und Begriff führen muß, sei zunächst nur an dem Beispiel von BLAKE 38 illustriert: "There are thus two possible ways of approaching the study of
language, corresponding to its two parts. We may either start with the
forms and study their meanings, or we may start with the meanings and
study how they are expressed by the various forms" (p. 241) und "Formal
grammar answers the question — What does this form mean?, semasio-
logical [= in unserer Terminologie „onomasiologisch"] grammar, the
question — What form is used to express this idea?" (p. 249); ob diese
meanings und *ideas* „an einen Wortkörper gebunden" sind oder aber im
Sinne des unabhängigen Begriffs von verschiedenen Wortkörpern mehr
oder minder zutreffend bezeichnet werden können, bleibt unklar. Cf.
unten Anm. 15. — Zu der Dreieckskonstruktion von Wortkörper, Begriff und Sache vgl. die Auseinandersetzung um *linguistic sign*, ,*concept*‘
und ,*thing-meant*‘ bei SANDMANN 54, besonders pp. 45 und 72, zu ihrer
letztlich aristotelischen Herkunft BÜHLER 34, pp. 185 bis 186 und 230.
Vgl. ferner den wissenschaftsgeschichtlichen Überblick bei BALDINGER 57;
hier findet sich auch die wichtige Betonung, daß es sich bei der Gegenüberstellung von Semasiologie und Onomasiologie und damit von Bedeutung und Bezeichnung um eine Trennung von Untersuchungs*methoden*
und nicht von Untersuchungs*gegenständen* handelt: „Semasiologie und
Onomasiologie erscheinen uns heute als zwei Methoden, die denselben
Gegenstand von verschiedenen Seiten her untersuchen" (p. 11). — Die
bibliographisch nützliche Arbeit QUADRI 52 ist für grundsätzliche Fragen
unergiebig, da sie sich auf eine schlichte Bejahung der Frage beschränkt,
„ob es vom wissenschaftlichen Standpunkt aus verantwortlich sei, die
onomasiologische Forschung zu pflegen, ohne sich als Linguist um die
[sprach-]philosophische Diskussion zu kümmern" (p. 3).

und der ihn *bezeichnende Wortkörper* der Gegenstand der Fragestellung.

Daß der Doppelcharakter des sprachlichen Zeichens keine spezifische Eigenart des Wortes ist, sondern sich als Dualität von *formaler* und *begrifflicher* Seite ein und desselben Phänomens überall dort
wiederfindet, wo mehr als bloß distinktive Funktionen vorliegen,
ist längst bekannt[2]. Dies gilt für den Bereich der Konjugationsfor-
men und -systeme nicht minder als anderswo.[3] Die sich auf Grund
dieser Feststellung anbietende Übertragung des in der Lexikologie
ausgebildeten Zusammenspiels semasiologischer und onomasiologischer Betrachtungsweisen scheint uns bislang jedoch nur selten[4] mit
der genügenden Konsequenz vorgenommen worden zu sein. Ein solches Zögern kommt nicht von ungefähr. Eine unmittelbar methodisch auswertbare Parallele zwischen Lexikologie und der Betrachtung der Konjugation einer Sprache scheint sich zunächst nur auf
der Ebene des isolierten Wortes und der isolierten Konjugations-
form und ihrer jeweiligen *formalen* und *begrifflichen* Seiten ziehen
zu lassen. Nun hat jedoch die grammatikalische Betrachtung der
Konjugation einer Sprache zeit ihres Bestehens sich mehr für das
gesamte Konjugationssystem als für einzelne isolierte Konjugations-
formen interessiert. Sie ist damit im Grunde schon immer von dem

[2] Vgl. hierzu den wissenschaftsgeschichtlichen Überblick bei BERNDT 56,
p. 13—14, der auch eine Zusammenstellung der zahlreichen Definitionen
gibt, die für die Opposition vorgeschlagen worden sind, für welche wir
die Termini *formal* und *begrifflich* gebrauchen.

[3] Zum Grundsätzlichen ist hier besonders auf TESNIÈRE 59, p. 35—36,
zu verweisen, dessen Unterscheidung von *exprimende* und *exprimé* und
von *sens* und *marquant* weitgehend derjenigen von *Begriff* und *Wortkörper* und von *Bedeutung* und *Bezeichnung* entspricht. An Arbeiten aus
dem engeren Bereich des Fragenkreises von Zeit und Aspekt, die diese
Unterscheidung in der einen oder anderen Form berücksichtigen, seien
hier SCHOSSIG 36 (bes. p. 207—208), YVON 51 (p. 265), RAITH 51 (p. 1)
genannt; vgl. auch unten Anm. 15.

[4] Besondere Erwähnung verdient hier die onomasiologische Darstellung
des neuspanischen Konjugationssystems durch BULL 60 (vgl. auch unsere
Besprechung dazu), der von einem theoretischen Zeitstufensystem als "non-
linguistic frame of reference" (p. 3—4) ausgeht. Sodann ist an die Arbeiten von E. Koschmieder, insbesondere KOSCHMIEDER 29, zu erinnern.

Prinzip der Systemhaftigkeit der Sprache ausgegangen, das in vielen anderen Bereichen der Sprachwissenschaft erst seit de Saussure Anerkennung gefunden hat. Gerade die Lexikologie befindet sich in einer fruchtbaren Auseinandersetzung mit diesem Prinzip, dort nämlich, wo sie sich auf die Suche nach neuen Kriterien zur Ordnung des Wortschatzes begeben hat, nachdem sich die herkömmliche alphabetische Ordnung als ungeeignet zur Widerspiegelung der in einer Sprache gegebenen formalen Struktur des Lexikons oder gar zur Wiedergabe einer begrifflichen Ordnung erwies[5].

Von hier aus erheben sich zwei Forderungen, die nicht nur in der Lexikologie gelten, sondern deren Berücksichtigung uns auch die Übertragung von Semasiologie und Onomasiologie auf die Betrachtung von Konjugationssystemen zu ermöglichen scheint. Die Voraussetzung für die semasiologische Betrachtung sprachlicher Systeme sind geeignete formale Kategorien, für die onomasiologische Betrachtung sind es entsprechend geeignete begriffliche Kategorien. Vor jeder Untersuchung des Konjugationssystems einer gegebenen Sprache hat somit eine Untersuchung der Kategorien zu stehen, mittels deren diese Untersuchung unternommen werden soll. Wichtigstes Postulat ist dabei, daß die benutzten Kategorien sich in einem einheitlichen System aufeinander zuordnen lassen. Diese Forderung hat nichts mit einem Versuch zu tun, sprachliche Gegebenheiten in die Zwangsjacke eines apriorischen Systems hineinzupressen: nicht um die Sprache, sondern um die zu ihrer Untersuchung benutzten Kategorien geht es in diesem ersten Stadium. Daß es keine Sprache gibt, die ausschließlich von dem Willen nach logischer Präzision geprägt wäre, ist eine bekannte Tatsache, die weder übersehen werden, noch aber zur Rechtfertigung eines Verzichts auf logische Präzision in der Sprachwissenschaft mißbraucht werden darf[6].

Aus der in Semasiologie und Onomasiologie gegebenen doppelten ist damit eine vierfache Fragestellung geworden. Zu der Frage nach dem Begriff, den eine gegebene formale Kategorie bedeutet,

[5] Cf. BALDINGER 60: neben die herkömmliche Erforschung lexikalischer *Mikrostrukturen* tritt diejenige der *Makrostrukturen* des Gesamtwortschatzes einer Sprache.

[6] Cf. unten Anm. 16, besonders die Zitate aus KOSCHMIEDER 45 und KOSCHMIEDER 51.

tritt die weitere nach der Stellung dieser Kategorie im formalen
System, zu derjenigen nach der Form, durch die eine gegebene Be-
griffskategorie bezeichnet wird, die weitere nach der Stellung dieser
Kategorie im begrifflichen System[7]. Dabei unterscheiden sich die
beiden neuen Fragen in einem wesentlichen Punkte von der ursprünglichen semasiologisch-onomasiologischen Fragestellung. Während
die Frage nach dem bedeuteten Begriff oder nach der bezeichnenden
Form nur unter dauernder Wahrung des engen Zusammenhangs
von Form und Begriff betrachtet werden kann, setzt die systematische Einordnung formaler bzw. begrifflicher Kategorien im
Gegenteil eine möglichst weitgehende Abstraktion von der jeweiligen Bedeutung bzw. Bezeichnung voraus[8]. Im Falle des formalen
Kategoriensystems bedeutet dies einen asemantischen Strukturalismus, im Falle des begrifflichen Kategoriensystems einen von sprachlichen Gegebenheiten sich möglichst freihaltenden Apriorismus[9].
Beides sind suspekte, aber notwendige Wege; suspekt, weil die in

[7] Die beiden „neuen" Fragestellungen entsprechen der Frage nach den
Makrostrukturen der Lexikologie (cf. Anm. 5); schematisch ließe sich ihr
Verhältnis zu den *Mikrostrukturen* in der folgenden Skizze verdeut-
lichen:

[8] Diese wechselseitige Unabhängigkeit bedeutet gleichzeitig, daß formale und begriffliche Systeme in keiner Weise einander zu entsprechen
brauchen. Daß im Gegenteil sogar strukturelle Gegensätze auftreten können, wird ein Beispiel belegen, das sich im Lauf unserer Einzelunter-
suchungen ergeben wird (cf. [Heger, Die Bezeichnung temporal-deiktischer
Begriffskategorien im französischen und spanischen Konjugationssystem,
Tübingen 1963] pp. 157—158 und 226—227).

[9] Es sei betont, daß es sich hier um ein logisches und nicht um ein
erkenntnistheoretisches oder denkpsychologisches *a priori* handelt. Ent-

ihnen wie in jedem Weg liegende Gefahr einer Verabsolutierung zu
einer völligen Trennung von Sprache und Sprachwissenschaft zu
führen droht, und notwendig, weil nur durch sie der Systemcharak-
ter der Sprache methodisch in den Griff kommt.

Im Grunde genommen ist die Anwendung dieser vier Fragestellungen auf die Untersuchung eines Konjugationssystems nicht neu.
Die Frage nach der systematischen Einordnung formaler Kategorien
wird in rudimentärer Form von jeder halbwegs übersichtlich ange-
ordneten Konjugationstabelle beantwortet, und die Frage nach der
Bedeutung der einzelnen Kategorien hat man sich durch deren häufig wechselnde Benennung zu klären bemüht. Schwieriger scheint es
auf den ersten Blick, herkömmliche Beispiele für onomasiologische
Fragestellungen zu finden. Genau wie in der Lexikologie liegt das
Zusammenspiel von Semasiologie und Onomasiologie jedoch automatisch jedem Vergleich zweier verschiedener Sprachen oder zweier
verschiedener historischer Epochen ein und derselben Sprache zugrunde. Die in einem solchen Vergleich sich dauernd stellende
Frage „welche Kategorie der Sprache A entspricht einer gegebenen
Kategorie der Sprache B?" braucht nur in die Form „welche Kategorie der Sprache A bezeichnet den von der gegebenen Kategorie
der Sprache B bezeichneten Begriff?"[10] umgesetzt zu werden, um
ihren onomasiologischen Charakter deutlich zu machen. Entsprechend kann man die immer wieder unternommene Anwendung der
Schemata der lateinischen Grammatik auf jede beliebige Sprache —
so unbewußt diese Anwendung auch erfolgen mag — als den Versuch ansprechen, ein verbindliches System begrifflicher Kategorien
wenn auch nicht aus sich selbst zu begründen, so doch aus einer bestimmten Sprache für alle anderen zu deduzieren. Zu welcher Kon-
fusion die jahrhundertelange methodisch nicht differenzierende An-

scheidend ist, daß die systematische Gliederung begrifflicher Kategorien
logisch richtig ist und sich von allen Gegebenheiten sprachlicher Bezeichnungsweisen freihält. Woher hingegen der einzelne Sprachwissenschaftler bei dem Vorgang des systematischen Gliederns die zu gliedernden
Begriffe bezogen hat, ist für das fertige System unerheblich.

[10] Die Legitimität derartiger Fragestellungen kann zwar theoretisch in
Zweifel gezogen, ihre Existenz, beispielsweise bei jeder Übersetzung, damit jedoch nicht aus der Welt geschafft werden.

wendung der vier Fragestellungen dabei geführt hat, zeigt noch
heute unsere grammatikalische Terminologie[11]. Der Mangel an me-
thodischer Differenzierung muß naturgemäß auch die Klarheit der
Ergebnisse beeinträchtigen: die schöne Übereinstimmung der for-

[11] Cf. TOGEBY 51, p. 11: « La grammaire traditionelle est incon-
séquente, elle emploie tantôt l'une, tantôt l'autre des analyses, comme il
ressort de sa terminologie: substantif (analyse sémantique), préfixe (analyse des signes), participe (analyse fonctionelle). » — Diese Erkenntnis der
Inkonsequenz der herkömmlichen Grammatik findet sich unter den verschiedensten Gesichtspunkten, so bei MEILLET 21, p. 181: « En donnant
les mêmes noms à des formes grammaticales de langues diverses et en
construisant autant que possible sur le même plan la grammaire de
langues différentes, les grammairiens ont beaucoup péché »; oder in
der resignierenden Haltung bei VENDRYES 21, p. 133: « Le désaccord entre
la grammaire et la logique consiste en ce que les catégories grammaticales
et les catégories logiques se recouvrent très rarement . . . Quand on essaie
de mettre de l'ordre dans les faits grammaticaux en les classant d'après la
logique, on est conduit à faire une répartition arbitraire: tantôt on ran-
gera en des catégories logiques distinctes des faits qui ont le même aspect
grammatical (ce qui est faire violence à la langue); tantôt on laissera
groupés sous la même catégorie grammaticale des faits qui n'ont logi-
quement rien de commun (ce qui est faire violence à la raison). Le plus
simple est donc de choisir entre les deux ordres de classement. Cela
justifie les grammairiens, dont la nomenclature, arbitraire et souvent
illogique, a cependant une valeur grammaticale. » —
Nur aus einem entsprechend undifferenzierten Vorgehen heraus lassen
sich Fragestellungen erklären wie die, ob in einer Sprache begrifflich verstandene Kategorien wie die von Aspekt oder Aktionsart „existieren“:
„ob es in einer gegebenen Sprache den Aspekt gibt, ist nur zu erkennen
durch die Morphologie; denn jede Bedeutungskategorie muß morpho-
logisch faßbar sein“ (PORZIG 27, p. 153); „. . . dürfen wir doch von einem
Aspektsystem nur dann sprechen, wenn die psychologische Kategorie auch
ihren formalen Ausdruck in einer grammatischen Kategorie gefunden
hat“ (HOLLMANN 37, p. 20); „. . . daß Aspekte nur da anzunehmen sind,
wo ein morphologischer Ausdruck für sie besteht“ (SCHLACHTER 59,
p. 23); usw. Begriffliche Kategorien können von einer gegebenen Sprache
bezeichnet werden oder in ihr unbezeichnet bleiben; sie „existieren“ jedoch ausschließlich im Rahmen begrifflicher Systeme — dort jedoch völlig
unabhängig von der Frage nach ihrer Bezeichnung (cf. oben p. 36—38).

malen mit den begrifflichen Systemen der Konjugationsschemata in der traditionellen Grammatik ist mit der völligen Zufälligkeit beider Systeme erkauft.

Wenn wir also nach der Anwendung der vier Fragestellungen in der bisherigen sprachwissenschaftlichen Untersuchung von Konjugationssystemen fragen, so können damit nur methodisch bewußte Anwendungen gemeint sein. Am eindeutigsten liegen solche vor im Bereich der Frage nach der systematischen Einordnung formaler Kategorien. Es ist dies das Arbeitsgebiet der gemeinhin als strukturalistisch bezeichneten Forschungsrichtung, die eine Vielzahl wichtiger Ergebnisse aufweisen kann, die aber auch in ihrer konsequenten Methodik bisweilen schon der oben aufgezeigten Gefahr zu erliegen und den Zusammenhang zwischen Sprache — als Ganzes verstanden — und Sprachwissenschaft aus den Augen zu verlieren droht[12]. Ebenso wird man von dem Vorhandensein von Untersu-

---

[12] Diese Gefahr tritt schon in der Darstellung der Gedanken L. Hjelmslevs, des Begründers der Kopenhagener Richtung des Strukturalismus, bei MARTINET 42 deutlich hervor: « Hjelmslev et ses disciples prétendent étudier les faits d'expression sans référence aucune à leur substance phonique, de même qu'ils envisagent les unités de contenu en faisant abstraction de la substance à laquelle elles correspondent, c'est-à-dire de leur signification » (p. 21). Zum Wesen wahrer Linguistik erhoben wird dieser Asemantismus bei HOLT 43: « S'il existe dans la linguistique un désaccord si profond concernant l'aspect, ceci est dû au fait qu'on s'est occupé de discuter les notions logiques de l'aspect et du temps plutôt que d'interpréter les formes linguistiques mêmes. Par ce procédé on a confondu les notions linguistiques avec les notions logiques ou les concepts psychologiques généraux. Or, les formes linguistiques constituent un système de notions dont chacune ne se rapporte pas à une notion logique, mais elles se rapportent d'abord à l'intérieur du système linguistique même, et c'est seulement comme un ensemble que le système des notions linguistiques répond à un système de notions logiques. Et nous ne savons rien de précis sur ce dernier rapport » (p. 13). Eine theoretische Begründung erfährt der asemantische Strukturalismus bei HARTMANN 59: „Hier gelangt man tatsächlich an eine Grenze, die durch zweierlei ausgezeichnet ist: durch strikteste Einsichten in einen formalen Schematismus von Zuordnung und Abhängigkeit, Geltung und Kombination — wobei sich die Stringenz gerade in ihrer Mechanistik zu

chungen sprechen dürfen, die von der Frage nach der begrifflichen
Kategorie ausgehen, welche von einer gegebenen formalen Kategorie bedeutet wird. Jedenfalls gibt es zahlreiche Arbeiten, die von
der Annahme der Existenz einer einheitlichen Grundbedeutung jeder formalen Kategorie, einer ihr zugrundeliegenden „Perspek-

offenbaren scheint; außerdem dadurch, daß sie zusammen mit völliger
Inhaltsentleerung erreicht wird" (p. 108; vgl. dazu auch unsere Besprechung p. 146—147). Kritische Gegenstimmen, die vor der drohenden Verabsolutierung einer unter mehreren möglichen Methoden war-
nen, sind nicht ausgeblieben: ". . . it is paradoxical and discouraging to
find that many structural linguists are uninterested in problems of meaning and reluctant to handle them. . . . As a result, linguistics tends to
become a purely formalistic discipline, a kind of ‚pseudo-mathematics'
devoid of any humanistic content. . . . Scientific precision would be
bought at too high a price if it meant disregarding the semantic side of
language" (ULLMANN 51, p. 317—321); oder "Both Togeby's procedures
and conclusions dramatically demonstrate the fundamental and fatal
weakness of empirical linguistics, that is, the analyst's inability to establish, outside his corpus of forms, a frame of reference which can serve
as a check upon his so-called objective observations. . . . It is, however,
persuasive proof that the linguist must approach his problems in precisely
the same fashion as any physical scientist, that is, he must, first of all,
establish a body of axioms which serve not only as a check upon his
observations but which can be used as a base for the construction of a
theory on the whole. . . . To conduct investigations without a theory of
the whole is to reduce the investigator to the rank of the medieval
alchemist who could discover truth only by stumbling upon it" (BULL
TOGEBY 57, p. 56). Eine von der gleichen Grundlage ausgehende Kritik
findet sich bei SÁNCHEZ RUIPÉREZ 54, p. 22—23: « . . . es insostenible el
postulado que exige que en la delimitación de los valores de los términos
de una „categoría" no se introduzcan las nociones de significación (esto
es, la „sustancia del contenido" en la terminología de Hjelmslev). . . . Del
mismo modo que no tendría sentido intentar definir los términos de la
oposición esp. *p/b* sin recurrir al concepto fonético de sonoridad, no es
posible definir los términos de una oposición significativa sin tener en
cuenta la noción básica.» Allerdings scheint uns M. Sánchez Ruipérez
auf halbem Wege stehenzubleiben, wenn er zwar die Existenz von
Synonymien, nicht aber die von Homonymien bzw. Polysemien theoretisch anerkennt: «En el sistema de signos de la lengua, no puede haber

tive" ausgehen[13] und in dem Auffinden dieser Grundbedeutung ihr
Ziel erblicken. Eine solche Zielsetzung steht in unverkennbarer
Nähe zu einer semasiologischen Fragestellung, wenn auch das Postulat nach einer überall vorhandenen einheitlichen Grundbedeutung nach den semasiologischen Erfahrungen auf dem Gebiete der
Lexikologie kaum aufrechterhalten werden kann. Es ist alles andere als ein terminologischer Zufall, daß allgemein nach *Bedeutungen*, nicht aber nach *bedeuteten Begriffen* resp. *Begriffskategorien*
gefragt wird. Von ausschlaggebender Bedeutung ist diese Unterscheidung in dem Moment, in dem die semasiologische Fragestellung
durch eine onomasiologische ergänzt werden soll und diese analog

una oposición de significados sin la correspondiente oposición de significantes. Por el contrario, puede haber una diferencia de significantes sin
la correspondiente oposición de significados. La primera parte de este
principio es evidente y se deriva del hecho de que en la función singifi-
cativa o señaladora, el contenido conceptual, que es el fin, necesita de
la expresión material, que es un medio, para su transmisión. No hay,
pues, diferencia de significados si no hay diferencia de significantes. En
este sentido hay que entender el principio metodológico según el cual la
base de partida de la gramática ha de ser formal » (ibd. p. 11).

[13] Eine solche Voraussetzung kann implizit erfolgen und sich in dem
Fehlen einer methodologischen Unterscheidung zwischen semasiologischen
und onomasiologischen Fragestellungen äußern (cf. unsere Besprechung zu
POLLAK 60). Nicht selten aber wird sie auch ausdrücklich ausgesprochen,
so von WEBER 54: „ ... [die] Annahme, die meiner Ansicht nach mehr als
ein bloßes Postulat ist, daß jedem Tempus eine einzige, bestimmte, einheitliche Perspektive zugrunde liegt ..." (p. 25); vgl. ferner den Überblick über die ältere Diskussion dieser Frage bei DIETRICH 55 (p. 14—18),
der sich auch selbst zu der Voraussetzung einheitlicher Grundbedeutungen
bekennt: „Nach diesen kritischen metaphysisch-psychologischen Vorerörte-
rungen zu dem allein zur Verfügung stehenden forschungsmethodischen
Arbeitsprinzip braucht der Verfasser nun wohl keine Bedenken mehr zu
tragen oder den Versuch zu scheuen, auch seinerseits dem Ziele der Feststellung einer einheitlichen Grundfunktion der E[rweiterten] F[orm] im
N[eu]e[nglischen] nachzugehen" (p. 23). Neuerdings haben beispielsweise
REID 55 ("It will have been observed that many of the tense-forms of
Modern French have been shown as occupying more than one place in
the framework which we have set up. ... Such a fragmentation of the

statt auf Begriffen auf Bedeutungen, *formes valorisées*[14] oder Ähn-
lichem aufbaut. So verstanden, finden sich auch in dem Bemühen um
eine Klärung dessen, was eigentlich der Verbalaspekt sei, „onomasiologische" Arbeiten. Sie fragen nicht nach dem von einer bestimmten
formalen Kategorie Bedeuteten, sondern nach den Bezeichnungen

field of employment of a given form is of course in direct opposition to
the postulate adopted by many scholars, that to each tense-form there
must correspond a single unified function or meaning. But this postulate
is justifiable only in synchronic structural linguistics, for which the meaning of a form is the totality of its uses. In descriptive linguistics on a psychological basis the assumption is as gratuitous as the exactly parallel
assumption that a preposition or conjunction such as *de* or *que* has a single
unified meaning; while for historical linguistics it is obviously false."
p. 33—34) und POLLAK 60 eindeutig gegen die Voraussetzung einer einheitlichen Grundbedeutung Stellung bezogen; aus einer eingehenden forschungsgeschichtlichen Übersicht zieht Pollak die Folgerung, daß „sich das Bemühen nach der Entdeckung einer allen syntaktischen Verwendungstypen
zugrunde liegenden Bedeutung als Illusion erwiesen hat" (p. 203).

Vielfach gründet sich die Annahme einer einheitlichen Grundbedeutung
auf die Idealvorstellung einer Identität von Form und Bedeutung, von
langue und *pensée*; vgl. dagegen jetzt KLEIN 59: „Es handelt sich also bei
der *servitude grammaticale* oder dem *mécanisme grammatical* um eine
grammatische Zwangsläufigkeit, die die Sprache (*langue* im Sinn von
Saussure) dem Sprechenden auferlegt, ohne daß die so erzwungene grammatische Form immer den Denknuancen des Sprechenden entspräche.
Langue ist also nicht gleich *pensée*, die Sprache ... gestattet dem Sprechenden nicht immer, jede Bedeutungsnuance durch eine adäquate Form auszudrücken" (p. 19; cf. BALDINGER KLEIN 60). Vgl. ferner BUYSSENS 60,
p. 21—46, der ausführlich die Ansicht begründet, daß « parole et pensée
ne s'identifient pas » (p. 23).

Verfehlt scheint uns schließlich auch der von MOIGNET 59 (bes. p. 97)
unternommene Versuch, nach dem Vorbild G. Guillaumes den Widerspruch zwischen dem Ideal einer einheitlichen Grundbedeutung und den
tatsächlichen sprachlichen Gegebenheiten durch eine Aufspaltung der begrifflichen Seite in *signifié de puissance* und *signifié d'effet* zu umgehen;
cf. unsere Besprechung dazu.

[14] In dieser Formulierung bei IMBS 60, cf. bes. 168; auch hier werden
die einer onomasiologischen Fragestellung als Ausgangspunkt dienenden
formes valorisées aus den formalen Gegebenheiten der untersuchten Ein-

der Aspekte. Was aber Aspekte sind, wird zunächst durch semasiologische Deutungen vorhandener Formen bestimmt, und damit
sind die Ergebnisse der anschließenden onomasiologischen Untersuchungen dazu verurteilt, bloße Tautologien zu bleiben[15]. Hingegen findet sich kaum je der Versuch, Aspekte und Zeitstufen als von
sprachlichen Gegebenheiten unabhängige begriffliche Kategorien zu

zelsprache deduziert, und das sie enthaltende *système de valeurs* ist im
Grunde eine semasiologische Interpretation des zuvor aufgestellten formalen Kategoriensystems. Cf. unsere Besprechung zu IMBS 60, p. 557 bis
558.

[15] Typische Beispiele für ein solches Vorgehen bieten neben der in
Anm. 14 zitierten Arbeit IMBS 60 die beiden folgenden programmatischen
Erklärungen: "... the subdivisions of the various categories ... cannot
be established ‚a priori', but must be discovered by the method of trial
and error, and then arranged in as logical a system as possible" (BLAKE
38, p. 246); und "What we need for the historical study of the French
tense-system is a system of categories, outside the language itself, to serve
as permanent coordinates against which we may plot the relative values
of the tense-forms at different periods, and in terms of which we may
state what changes have taken place. These categories cannot be based
on directly observable data; they will not be „scientific". They must rest
on deductions, from particular utterances and their context, about the
„meaning" of the tense-forms contained in the utterances. Like all categories of meaning, they will be psychological in character, and will consequently be liable to varying subjective interpretations" (REID 55, p. 24).
Die notwendige Folge einer solchen Gleichsetzung von Begriff und Bedeutung ist, daß die „onomasiologische" Fragestellung nur genau das zu-
tage fördern kann, was schon die semasiologische Untersuchung erbracht
hat: daß ein „Begriff", den ich als Bedeutung einer gegebenen formalen
Kategorie definiere, durch haargenau diese formale Kategorie bezeichnet
wird, ist eine tautologische Feststellung. Diesem — nicht selten erhobenen
— Vorwurf, zu bloß tautologischen Feststellungen zu führen, ist die mit
einer Gleichsetzung von Bedeutung und Begriff operierende „Onomasiologie" jederzeit und überall ausgesetzt. Daß er nicht immer so offenbare
Angriffsflächen wie in dem hier konstruierten Beispiel findet, liegt daran,
daß in vielen der hierunter fallenden Arbeiten der Aspekt-„Begriff" aus
einer Sprache — vorzugsweise einer slavischen (cf. [Heger, a. a. O.] Kap.
II, 4) — deduziert und auf eine andere Sprache onomasiologisch appliziert
wird. Es liegt aber auf der Hand, daß ein solches Verfahren wechselseiti-

definieren und so in einem System zu verankern, daß sie sich nicht dem Vorwurf purer Zufälligkeit ausgesetzt sehen[16].

ger Verabsolutierungen von sprachimmanenten Gegebenheiten nur zu einer völligen Relativierung und damit Entwertung der Begriffe führen kann, welche der jeweiligen „onomasiologischen" Untersuchung als Grundlage dienen.

[16] Die gleiche Forderung nach begrifflichen Kategorien, die von der Sprache unabhängig, d. h. ihr gegenüber apriorisch sein müssen, finden wir bei KOSCHMIEDER 45: „Ich weiß sehr wohl, daß die Sprache nicht logisch ist. Logisch aber ist das Kategoriensystem des Gemeinten, und in dieses System einzudringen ist die Aufgabe der synchronischen wissenschaftlichen Sprachbeschreibung. Alle die Begriffe, mit denen jede Sprachbeschreibung reichlichst arbeiten muß, wie Mehrzahl, Einzahl, Gegenwart, Zukunft, Vergangenheit usw. bilden Kategorien des Gemeinten und stehen ganz unabhängig von den sprachlichen Mitteln ihres Ausdrucks untereinander in festen logischen Beziehungen, die auch dadurch nicht geändert werden, daß etwa eine Sprache bestimmte Kategorien von ihnen nur aus dem Zusammenhange versteht oder sie anders ausdrückt als mit Hilfe von gr[ammatischen] Kat[egorien] ... Während nun das System der gr. Kat. dem Bezeichneten nach in einer Sprache vom Standpunkt der Logik aus durchaus lückenhaft und unlogisch zu sein pflegt, ist das System des Gemeinten für alle Sprachen dasselbe, vollständig und durchaus logisch" (p. 15). Die daraus gezogene Folgerung entspricht genau dem, was wir unter Onomasiologie und Semasiologie verstehen: „ ... ergeben sich zwei Fragestellungen: 1. Welche Strukturelemente verwendet die betreffende Sprache zum Ausdruck bestimmter Noeme? 2. Was für ein Noem soll durch jedes einzelne Strukturelement der betreffenden Sprache zum Ausdruck gebracht werden?" (KOSCHMIEDER 51, p. 23). — In polemischer Auseinandersetzung mit der Verabsolutierung immanent-strukturalistischer Methoden stellt diese Forderung nach unabhängigen begrifflichen Kategorien BULL 57 (p. 56, cf. oben Anm. 12).

Gegen diesen „Apriorismus" werden seit langem zwei Einwände vorgebracht. Der eine erkennt zwar die Notwendigkeit außersprachlicher Bezugspunkte an, will sie jedoch ausschließlich psychologisch begründet sehen. Grundsätzlich vertritt diesen Standpunkt HAVERS 31 (bes. p. 32—35), und aus dem Bereich der Diskussion um Zeitstufen und Aspekte sind zu ihm vor allem die auf der Hönigswaldschen Denkpsychologie aufbauenden Arbeiten E. Koschmieders und die *psycho-sémiologie* G. Guillaumes zu nennen. Der erstere führt in konsequenter Ausgestaltung zu einer

Bibliographie

(Die bei Zitaten benutzten abgekürzten Bezeichnungen — in den meisten Fällen Autor mit Jahreszahl — sind bei den jeweiligen Titeln in Klammern beigefügt, zusammen mit Verweisen auf die Stellen, an denen das betreffende Werk zitiert wird; nicht näher bezeichnete Zahlen beziehen sich auf die durchlaufend numerierten Anmerkungen.)

Kurt Baldinger, *Die Semasiologie. Versuch eines Überblicks,* Berlin (Deutsche Akademie der Wissenschaften zu Berlin, Vorträge und Schriften, Heft 61) 1957.
(BALDINGER 57: 1)
Kurt Baldinger, *Alphabetisches oder begrifflich gegliedertes Wörterbuch?,* in: Zeitschrift für Romanische Philologie LXXVI, 1960, p. 521—536.
(BALDINGER 60: 1, 5)
Kurt Baldinger, zu KLEIN 59, in: Zeitschrift für Romanische Philologie LXXVI, 1960, p. 585—586.
(BALDINGER KLEIN 60: 13)
Rolf Berndt, *Form und Funktion des Verbums im nördlichen Spätaltenglischen. Eine Untersuchung der grammatischen Formen und ihrer syn-*

---

völligen Psychologisierung der Sprachwissenschaft (so in der Arbeit SCHLACHTER 59, cf. unsere Besprechung p. 144—145). Guillaume hingegen benutzt die Psychologie zur Verbrämung einer in dem oben Anm. 15 dargestellten Sinne tautologischen „Onomasiologie", indem er seinen Arbeiten eine psychologische Deutung des französischen Konjugationssystems zugrunde legt (cf. unsere Besprechung zu MOIGNET 59).

Grundsätzlicher ist der zweite Einwand, der sich gegen einen Apriorismus an sich wendet. Als Beispiel für viele andere diene hier die Form, in der ihn POLLAK 60 in einer Auseinandersetzung mit den Arbeiten Koschmieders bringt, daß nämlich „dieses Operieren mit einem hintergründigen und für alle Sprachen identischen Denksystem meiner Meinung nach die Sprachtatsachen vergewaltigt" (p. 19). Pollak übersieht dabei, daß es sich bei diesen apriorischen Begriffskategorien — sofern sie richtig verstanden und angewandt werden — nicht um sprachliche, sondern um sprachwissenschaftliche Kategorien handelt (was übrigens auch die oben zitierte Stelle aus KOSCHMIEDER 45 eindeutig klarstellt). Daß aber die Inkongruenz von sprachlichen und logischen Kategorien keine Rechtfertigung für einen Verzicht auf logische Präzision in der Sprachwissenschaft darstellen kann, wurde oben p. 35 schon betont; vgl. auch [Heger, a. a. O.] Anm. 26.

taktischen Beziehungsbedeutungen in der großen sprachlichen Umbruchsperiode, Halle 1956.
(BERNDT 56: 2)

Frank R. Blake, *The Study of Language from the Semantic Point of View*, in: Indogermanische Forschungen LVI, 1938, p. 241—255.
(BLAKE 38: 1, 15)

Karl Bühler, *Sprachtheorie. Die Darstellungsfunktion der Sprache*, Jena 1934.
(BÜHLER 34: 1)

William E. Bull, zu TOGEBY 53, in Romance Philology XI, 1957, p. 48—58.

William E. Bull, *Time, Tense, and the Verb. A Study in theoretical and applied linguistics, with particular attention to Spanish*, Berkeley and Los Angeles 1960.
(BULL 60: 4)

Eric Buyssens, *Vérité et langue. Langue et pensée*, Bruxelles (Institut de Sociologie Solvay) 1960.
(BUYSSENS 60: 13)

Gerhard Dietrich, *Erweiterte Form — Präteritum und Perfektum im Englischen. Eine Aspekt- und Tempusstudie*, München 1955.
(DIETRICH 55: 13)

Peter Hartmann, *Die Konzeption einer kategorial orientierten Sprachwissenschaft*, in: Münchener Studien zur Sprachwissenschaft, Heft 13, 1959, p. 79—117.
(HARTMANN 59: 12)

Wilhelm Havers, *Handbuch der erklärenden Syntax*, Heidelberg 1931.
(HAVERS 31: 16)

Klaus Heger, zu BULL 60, in: Zeitschrift für Romanische Philologie LXXVI, 1960, p. 547—557.
(4)

Klaus Heger, zu: Münchener Studien zur Sprachwissenschaft, Heft 13 (= HARTMANN 59, KOSCHMIEDER 59 und SCHLACHTER 59), in: Zeitschrift für Romanische Philologie LXXVII, 1961, p. 142—148.
(12, 16)

Klaus Heger, zu: MOIGNET 59, in: Zeitschrift für Romanische Philologie LXXVII, 1961, p. 148—158.
(13, 16)

Klaus Heger, zu: POLLAK 60, in: Zeitschrift für Romanische Philologie LXXVII, 1961, p. 158—165. (13)

Klaus Heger, zu: IMBS 60, in: Zeitschrift für Romanische Philologie LXXVII, 1961, p. 555—562.
(14)

Else Hollmann, *Untersuchungen über Aspekt und Aktionsart (unter besonderer Berücksichtigung des Altenglischen)*, Würzburg 1937 (Teildruck Diss. Jena).
(HOLLMANN 37: 11)

Jens Holt, *Études d'aspect*, København 1943.
(HOLT 43: 12)

Paul Imbs, *L'emploi des temps verbaux en français moderne*, Frankfurt/Paris 1960.
(IMBS 60: 14, 15)

Hans Wilhelm Klein, *Servitude grammaticale und freier Ausdruck des Gedankens im modernen Französisch*, in: Grundsatzfragen der neusprachlichen Grammatik (Frankfurt 1959), p. 19—31.
(KLEIN 59: 13)

Erwin Koschmieder, *Zeitbezug und Sprache. Ein Beitrag zur Aspekt- und Tempusfrage*, Berlin 1929.
(KOSCHMIEDER 29: 4)

Erwin Koschmieder, *Zur Bestimmung der Funktionen grammatischer Kategorien*, München 1945 (Abhandlungen der Bayerischen Akademie der Wissenschaften, phil.-hist. Abteilung, Neue Folge, Heft 25).
(KOSCHMIEDER 45: 6, 16)

Erwin Koschmieder, *Die noetischen Grundlagen der Syntax*, München 1951 (Sitzungsberichte der Bayerischen Akademie der Wissenschaften, Jahrgang 1951, Heft 4).
(KOSCHMIEDER 51: 6, 16)

André Martinet, *Au sujet des „Fondements de la Théorie Linguistique" de Louis Hjelmslev*, in: Bulletin de la Société Linguistique de Paris XLII, 1942—45, p. 19—42.
(MARTINET 42: 12)

Antoine Meillet, *Linguistique historique et linguistique générale*, Paris 1921 (zitiert nach der Ausgabe der Société de Linguistique de Paris, Paris 1948).
(MEILLET 21: 11)

Gérard Moignet, *Essai sur le mode subjonctif en latin postclassique et en ancien français*, Paris 1959.
(MOIGNET 59: 13, 16)

Wolfgang Pollak, *Studien zum ,Verbalaspekt' im Französischen*, Wien 1960.
(POLLAK 60: 13, 16)

Walter Porzig, *Zur Aktionsart indogermanischer Präsensbildungen*, in: Indogermanische Forschungen XLV, 1927.
(PORZIG 27: 11)

Bruno Quadri, *Aufgaben und Methoden der onomasiologischen Forschung. Eine entwicklungsgeschichtliche Darstellung*, Bern (Romanica Helvetica 37) 1952.
(QUADRI 52: 1)

Josef Raith, *Untersuchungen zum englischen Aspekt*, München 1951.
(RAITH 51: 3)

T. B. W. Reid, *On the Analysis of the Tense-system of French*, in: Revue de Linguistique Romane XIX, 1955, p. 23—38.
(REID 55: 13, 15)

Martín Sánchez Ruipérez, *Estructura del sistema de aspectos y tiempos del verbo griego antiguo. Análisis funcional sincrónico*, Salamanca 1954.
(SÁNCHEZ RUIPÉREZ 54: 12)

Manfred Sandmann, *Subject and Predicate. A Contribution to the Theory of Syntax*, Edinburgh 1954.
(SANDMANN 54: 1)

Wolfgang Schlachter, *Der Verbalaspekt als grammatische Kategorie*, in: Münchener Studien zur Sprachwissenschaft, Heft 13, 1959, p. 22—78.
(SCHLACHTER 59: 11, 16)

Alfred Schossig, *Verbum, Aktionsart und Aspekt in der „Histoire du Seigneur de Bayart par le Loyal Serviteur"*, Halle (ZRPh Beiheft LXXXVII) 1936.
(SCHOSSIG 36: 3)

Lucien Tesnière, *Éléments de syntaxe structurale*, Paris 1959.
(TESNIÈRE 59: 3)

Knud Togeby, *Structure immanente de la langue française*, København 1951.
(TOGEBY 51: 11)

Stephen Ullmann, *The Principles of Semantics*, zitiert nach 2. Aufl. Glasgow/Oxford 1957 (1. Aufl. ibd. 1951).
(ULLMANN 51: 12)

J. Vendryes, *Le Langage*, Paris 1921 (zitiert nach Ausgabe Paris, Ed. A. Michel 1950).
(VENDRYES 21: 11)

Hans Weber, *Das Tempussystem des Deutschen und des Französischen. Übersetzungs- und Strukturprobleme*, Bern (Romanica Helvetica XLV) 1954.
(WEBER 54: 13)

Henri Yvon, *Convient-il de distinguer dans le verbe français des temps relatifs et des temps absolus?*, in: Le Français Moderne XIX, 1951, p. 265—276.
(YVON 51: 3)

Gernot Böhme, *Über die Zeitmodi* (Eine Untersuchung über das Verstehen von Zeit als Gegenwart, Vergangenheit und Zukunft mit besonderer Berücksichtigung der Beziehung zum zweiten Hauptsatz der Thermodynamik), Göttingen, 1966, S. 41—51.

ÜBER DIE ZEITORDNUNG

Von Gernot Böhme

Ich gehe wie Bergson aus von Gegenständen wie Melodie, Handlung, Bewegung. Sie sind, was sie sind, nur in ihrer zeitlichen „Erstreckung". Diese „Erstreckung" als ihre zeitliche Form heiße Dauer. Sind nun diese Gegenstände als Zeitgestalten anzusehen? Nein, denn zu einer Gestalt gehört wesentlich ihre Bestimmtheit. Diese Bestimmtheit erreichen Melodie, Handlung, Bewegung aber erst mit ihrem Ende. Man kann also sagen, daß die hier gemeinten Gegenstände als vergangene Zeitgestalten sind. Sie haben damit aber ihr eigentümliches Wesen verloren, denn sie sind, was sie sind, nur in ihrem Verlauf. Für die Zeit, über die sie sich „erstrecken", während sie sind, die Dauer nämlich, kann man mit Bergson sagen, daß sie kein Quantum ist. Die Zeit aber, die sie als vergangene, als Zeitgestalten umspannen, hat ein definitives Maß. Ich nehme also in bezug auf die Meßbarkeit der Dauer eine andere Haltung ein als Bergson. Er sagt (I, S. 90): „... in Wahrheit ist sie (die Dauer) überhaupt keine Quantität," — bis dahin folge ich ihm —, „und sobald man sie zu messen versucht, substituiert man ihr unbewußt Raum" — das leugne ich. Bergson ist der Ansicht, daß Messung immer Messung von Räumlichem ist. (I, S. 97): „... und wir werden endlich den durchlaufenen Raum messen, nämlich das Einzige, was in der Tat meßbar ist." Das ist schon von Heidegger kritisiert worden (I, S. 418). Die Dauer ist die zeitliche Form der Bewegung (usw.), solange sie geschieht. Sie hat als solche kein Maß, trotzdem kann man sagen, daß sie meßbar ist: Nur, als *gemessene* hat sie ihren spezifischen Charakter verloren. Dauer ist meßbar, aber unbestimmt, sie ist mögliches Quantum, insofern es möglich ist. Da Bergson durée mit Zeit überhaupt gleichsetzt, sagt er, in der Zeitmessung messe man eigentlich den Raum. Das ist aber nicht wahr: Nicht durch Raummessung messen wir die Zeit, sondern durch Ver-

gleich der Zeit, die der untersuchte Vorgang braucht, mit der Zeit
einer Vergleichsbewegung. D. h. also, man mißt die Zeit sogar als
Dauer, nämlich während der zu untersuchende Vorgang andauert:
Man läßt währenddessen einen anderen (periodischen) Vorgang ablaufen und stellt fest, wievielmal dieser Vorgang seine Dauer bis
zum Ende der Dauer des untersuchten Vorgangs vollendet[1]. Es gibt
also eine genuine Zeitmessung: Zeiten werden nur durch Zeiten ge-
messen, und zwar indem man Dauern miteinander vergleicht. Als
verglichene sind sie allerdings nicht mehr Dauer, sondern abge-
schlossenes, und das heißt vergangenes Zeitquantum[2].

Hier liegt eine der Schwierigkeiten der Auslegung der Gegenwart
durch den Begriff Dauer. Es klingt plausibel, wenn man sagt, eine
Melodie sei gegenwärtig, solange — besser: während sie dauert.
Mißt man nun die Dauer einer Melodie, so sind doch, während noch
die Melodie dauert, schon einige Perioden der Vergleichsbewegung
vergangen. Folgt daraus nicht, daß somit jeweils ein Teil der Melodie, also ein Teil ihrer Dauer, vergangen ist? Darauf ist zu antworten, daß man nicht berechtigt ist, von solchen Teilen zu sprechen, weil sie nicht existieren. Teile sind erst gegeben, wenn man
geteilt hat. Zerteilt man aber die Melodie, etwa durch irgendwelche
Zäsuren, durch Feststellung also bestimmter Zeitpunkte, so ist zwar
in der Tat der jeweils gewonnene Teil vergangen, das qualitative
Ganze der Melodie aber ist zerstört. Entweder also man unterläßt
es, in der Melodie selbst Teilungen zu vollziehen, dann ist die Melodie als ganze, wenn auch unbestimmte gegenwärtig, solange sie
dauert, und mit ihrem Abschluß als ganze und bestimmte vergan-

---

[1] Jeder Physiker weiß, daß Zeitmessung wesentlich auf der Beobachtung der Koinzidenzen der Abschlüsse von Vorgängen beruht. Interpola-
tion mit Hilfe räumlicher Skalen (Zifferblatt) unterliegt stets der Über-
prüfung durch die Koinzidenzmethode. Deshalb ist der Genauigkeit der
Zeitmessung auch praktisch eine Grenze gesetzt durch den kleinsten verfügbaren periodischen Vorgang.

[2] Mit dieser Kritik an Bergson möchte ich keineswegs jeden Bezug auf
Räumliches bei Zeitmessungen leugnen. So ist etwa die Feststellung eines
Zeitpunktes im allgemeinen mit der Feststellung eines Ortes verbunden.
In der Messung eines Zeitquantums wird aber niemals das Wievielmal
eines Raumes, sondern stets einer Zeit bestimmt.

gen. Oder aber man bringt Teilungen an, dann sind die Teile, solange sie dauern, gegenwärtig. Ob Teilungen in dichter Folge möglich sind, so daß die Zeit in eine Punktfolge aufgelöst werden kann,
die durch die reellen Zahlen beschrieben wird, in eine Punktfolge,
von der jeweils nur ein Punkt gegenwärtig ist, kann letzten Endes
nur unter Einbeziehung der Physik diskutiert werden. Für das natürliche Bewußtsein ist die Antwort klar: Feststellung von Zeitpunkten bringt jeweils eine Dauer zum Abschluß, die, während sie
dauerte, gegenwärtig war und mit der Feststellung des Zeitpunktes
als ganze und ungeteilte Vergangenheit wird.

Dauer ist als ganze die gegenwärtige Zeit, sie ist meßbar, aber
unbestimmt. Damit ergibt sich eine weitere Schwierigkeit für den
Begriff der Dauer: Wie kann sie ein Ganzes sein, wenn sie noch
nicht vollendet ist? Zuvor ist aber noch zu fragen: Worin liegt die
Einheit der Dauer begründet? Die Einheit der Dauer wird begründet durch die Einheit der Bewegung (usw.), deren Form sie ist. Dies
muß betont werden. Es liegt darin zweierlei: Man kann zwar ab-
strakt von Dauer sprechen, Dauer ist aber nichts ohne einen Gegenstand von der Art der Melodie oder sonstigen Bewegung, dessen
Form sie ist. Und: Bewegung (usw.) ist ursprünglicher als Dauer,
denn die Einheit der Bewegung ist die Bedingung der Möglichkeit
von Dauer. Von hier aus müßte man versuchen, die Priorität der
Bewegung gegenüber der Zeit zu interpretieren, wie sie bei verschiedenen Philosophen auftritt (Plato, Aristoteles, Kant), zumindest soweit sie nicht kosmologisch gemeint ist.

Jetzt ist die Frage nach der Ganzheit der Dauer zu wiederholen.
Inwiefern ist Dauer als unvollendete ein Ganzes? Diese Frage führt
jetzt auf die andere: Inwiefern ist eine Bewegung (Melodie usw.)
ein Ganzes, schon während sie geschieht (tönt)? Nur allzu leicht
fällt man bei der Beantwortung in die Annahme einer punktuellen
Gegenwart zurück und zerhackt die Melodie jeweils in einen vergangenen und einen zukünftigen Teil, wobei dann der eigentliche
dynamische Charakter verlorengeht. Man nimmt etwa an, daß,
während eine Melodie gespielt wird, beim Hörenden das jeweils
schon Gespielte sich zu einer Einheit verbindet, aus der der ver-
mutliche weitere Verlauf der Melodie extrapoliert wird. Die Einheit der Melodie bestünde dann, während sie gespielt wird, in der

jeweiligen Einheit von Erinnerung und Erwartung. So meint offenbar Bergson, das Problem zu lösen. Gut ist an dieser Lösung, daß die Einheit bereits eine solche ist, die Möglichkeit und Faktizität, Unbestimmtheit und Bestimmtheit enthält. Was sie aber als Lösung ausschließt, ist, daß das Wesen von Bewegung, Melodie etc. ja gerade im Übergang vom Möglichen ins Faktische, vom Unbestimmten ins Bestimmte besteht. Wenn man also beim Hören einer Melodie als Bewußtseinsinhalt die jeweilige Einheit von Erinnerung und Erwartung ansetzte, so müßte man noch eine weitere Bewußtseinsschicht annehmen, in der diese jeweiligen Zustände wiederum aufgefaßt würden, und darüber weitere Schichten bis ins Unendliche. Um die Veränderung im Bewußtsein bewußt zu machen, müßte jeweils eine höhere Bewußtseinsstufe verfügbar sein. Und dennoch würde in dieser immer nur das Bewußtsein einer faktischen Veränderung enthalten sein, niemals aber das Sich-Ändern selbst. Die Lösung dieses Problems scheint mir nur möglich zu sein, indem man das Bewußtsein selbst als etwas von der Art der Melodie oder Bewegung annimmt: Das Bewußtsein ist, was es ist, nur in seiner zeitlichen Erstreckung und nur während dieser Erstreckung.

Wenn man sagt: Das Bewußtsein ist ein Prozeß[3], so ist damit nichts anderes gesagt, man wird aber eher Zustimmung finden. Es gilt aber bei dieser leicht gegebenen Zustimmung, sich die Konsequenzen klarzumachen: Der zeitliche Querschnitt, d. h. der Inhalt des Bewußtseins zu einem Zeitpunkt, ist leer. Jeder Inhalt ist über eine Zeit erstreckt, zu einem Zeitpunkt ist kein Teil von ihm.

Wenn das Bewußtsein als ein Prozeß verstanden wird, ist es nicht nötig, ein primäres Gedächtnis anzusetzen, das die „schon vergangenen Teile" einer Melodie hergibt, damit sie zum Ganzen der Melodie vereint werden. Das Bewußtsein als Prozeß kann einen anderen längs der zeitlichen Erstreckung begleiten.

[3] Ich meine damit nicht den vielfach genannten „Strom" oder „Fluß" des Bewußtseins. Autoren, die davon reden, wollen im allgemeinen sagen, das Bewußtsein sei einem kontinuierlichen Wandel unterworfen, wobei aber, was bewußt ist, ein jeweiliger momentaner Inhalt ist. Ich will dagegen im Ausdruck „Prozeß" nicht die Kontinuität betonen, sondern sagen, daß jeder Inhalt über eine Zeit erstreckt ist.

Damit ist zunächst allerdings nur eine psychologische Hypothese durch eine andere ersetzt. Die Frage nach der Ganzheit wäre für das Bewußtsein ebenso zu stellen wie für andere Prozesse. Das ist aber durchaus als positives Ergebnis anzusehen: Die Frage nach der Möglichkeit der Bewegung kann nicht gelöst werden, indem man versucht, sie psychologisch zu begründen. Bergson geht diesen Weg, und es ergibt sich bei ihm die Bewegung als etwas Subjektives[4], das den Dingen[4] nicht zukommt: „Außerhalb meiner, im Raum, gibt es immer nur eine einzige Lage des Zeigers und des Pendels." — „Schalten wir nun einen Augenblick das Ich aus, das diese sukzessiv genannten Schwingungen denkt, so wird es immer nur eine einzige Pendelschwingung geben, sogar nur eine einzige Stellung dieses Pendels und folglich keine Dauer." (I, S. 91)

Die Unmöglichkeit, das Problem der Bewegung psychologisch zu lösen, zwingt dazu, die Möglichkeit der Bewegung mit der Möglichkeit des Bewußtseins, insofern es Prozeß ist, zugleich ontologisch zu begründen. Hier geht es zunächst um die Begründung der Einheit von Gegenständen wie Melodie, Bewegung, Prozeß, damit der Begriff Dauer klarer und haltbar wird. Ich sage also, die Einheit der Gegenstände von der Art der Melodie ist begründet durch eine Qualität. Damit bin ich wieder ganz nahe bei Bergson, der ja von qualitativer Mannigfaltigkeit spricht. Der Begriff der Qualität ist aber etwas irreführend, da man nicht an eine Eigenschaft denken darf, die einer Substanz anhängt. Die Gegenstände von der Art der Bewegung haben keine Substanz, d. h. etwas durch die Zeit identisch Bleibendes. Was Qualität genannt wurde, macht aus, was sie sind. Die Einheit der Bewegung ist also gegründet in dem, was sie ist, nämlich Bewegung. Eine Melodie ist als noch geschehende schon ein Ganzes durch den einenden Charakter dessen, was sie ist, nämlich Melodie. Der Spaziergang ist, während man spazierengeht, ein ganzer durch seinen Charakter als Spazierengehen.

Damit komme ich zum letzten, worin ich mich von Bergson un-

---

[4] Man beachte hier, daß ich nicht „Dinge an sich" im Kantischen Sinne meine. In Kantischer Sprechweise müßte ich sagen, daß den Dingen als Erscheinung ebenso wie dem Bewußtsein als Erscheinung Bewegung zukommt. „Subjektiv" ist hier also nicht transzendental gemeint.

terscheide. Dauer ist die Form einer ursprünglichen, dynamischen Synthesis. Ursprünglich ist diese Synthesis, insofern ihr nicht eine Mannigfaltigkeit vorgegeben ist — wie etwa bei Bergson erinnerte Zustände —, sondern sie aus ihrer Einheit erst mögliche Elemente entspringen läßt. Dynamisch ist sie, insofern das Ganze dieser Synthesis immer nur möglich und unbestimmt ist und insofern diese Synthesis Synthesis im Geschehen ist.

Ich glaube nicht, hiermit die bedeutenden Schwierigkeiten des Begriffs Dauer gelöst zu haben. Sie hängen zusammen mit den alten Schwierigkeiten, das Werden begrifflich zu erfassen, und könnten nur auf einer breiteren ontologischen Ebene gelöst werden.

Es ist in der Interpretation der Grammatik gezeigt worden, daß die gegenwärtige Zeit als Dauer verstanden wird. Für diese Aussage gibt es von seiten der Psychologie eine gewisse Bestätigung, aber doch nur eine gewisse. 1897 hat W. Stern[5] den Begriff der psychischen Präsenzzeit eingeführt. Die Beobachtung, daß aufeinanderfolgende Reize, etwa Töne, im Bewußtsein eine Einheit bilden, führte ihn dazu, eine ausgedehnte Präsenz anzunehmen (S. 334): „Der unmittelbaren Wahrnehmung ist eben ‚Gegenwart‘ . . . eine, wenn auch kleine, so doch positive und endliche Zeitstrecke." Charakteristisch ist hier, daß Stern, dem Interesse der positiven Wissenschaft folgend, bestimmte quantitative Aussagen zu machen, übersieht, daß „Gegenwart" als Gegenwart, also wenn sie noch andauert, keine bestimmte Größe haben kann. Das zeigt sich auch an den Versuchen, die „Größe" der Präsenzzeit zu bestimmen: Man stellt durch Selbstbeobachtung fest, welche Folge von Reizen als Einheit erscheint (z. B. Zusammenfassung der Geräusche der Uhr zum rhythmischen Uhrticken[6]) und mißt die zu dieser Folge gehörige Zeit. Die Einheit der Folge war aber bewußt *im* Erfolgen, ein bestimmtes Zeitquantum war ihr dagegen nur zuzuschreiben, nachdem sie erfolgt war. Das Phänomen, das Stern gesehen hat, ist aber offenbar das hier gemeinte.

---

[5] Siehe Auswahlbibliographie.

[6] Stern betrachtet in diesem Zusammenhang noch z. B. die Zeit, die erforderlich ist zum „Sich-Ausleben" eines Reizes, was m. E. nicht dasselbe Phänomen darstellt.

In diesem Zusammenhang wäre auch noch der Begriff des psychischen Moments zu nennen. Der psychische Moment ist die kleinste Zeit, die zwei aufeinanderfolgende Reize zumindest getrennt sein müssen, um noch als einander folgend aufgenommen werden zu können. Reize in schnellerer Folge werden zu einem verschmolzen. So wird es möglich, daß Bewegung ein ursprüngliches Datum der Empfindung ist (π-Phänomen), indem nämlich z. B. zwei optische, ortsverschiedene Reize einander folgen.

Die Aussagen der Psychologie über Präsenzzeit und psychischen Moment tragen aber wenig bei für die Behauptung, die gegenwärtige Zeit sei als Dauer auszulegen. Sie mögen höchstens als eine Bestätigung angesehen werden für die Hypothese, das Bewußtsein sei ein Prozeß, und damit der Aussage, die bewußte Gegenwart sei ausgedehnt. Auf dieser Hypothese ruht aber nicht der Satz: Gegenwärtige Zeit ist Dauer, und im sprachlichen Verstehen der Gegenwart ist auch nicht die Ausgedehntheit des Bewußtseins gemeint. Die Sprache ist philosophischer als die Psychologie. In der Sprache wird dem Begriff „Gegenwart" eine objektive Bedeutung gegeben, d. h. eine Bedeutung in den Objekten. Dem folgend legte ich „gegenwärtig" auch nicht als „simultan mit einem Bewußtsein" aus. Im Satz „Er geht" ist nicht primär eine Gleichzeitigkeit mit einem Sprechen ausgesagt, sondern behauptet, daß jemand „im Gehen" ist. Die Auslegung der Gegenwart als Dauer enthält also eine Abkehr von der Auffassung, die Zeitmodi seien nur Ausdrücke einer subjektiven Beziehung: Gegenwärtige Zeit ist die zeitliche Form einer Bewegung (usw.) als Bewegung. Sie gehört also zu den Konstituenten bestimmter Objekte[7]. Nun kann ein Sprecher allerdings etwas als in Bewegung befindlich nur aussagen, während es sich bewegt, d. h. als gleichzeitig mit ihm. Insofern ist also die Aussage von etwas als gegenwärtig sekundär auch der Ausdruck einer Gleichzeitigkeit von Sprecher und Besprochenem. Auch Vergangenheit und Zukunft sind entsprechend nicht primär der Ausdruck einer relativen Position von Sprecher und Besprochenem auf irgendeiner ima-

[7] Ich erinnere noch einmal daran, daß Objekte nicht Dinge an sich sind. Diese Auffassung ist durchaus verträglich mit der Ablehnung davon, Gegenwart sei Ausdruck für eine subjektive Beziehung.

ginären Achse, auf der alle „Ereignisse" aufgereiht sind, sondern
eine Aussage über die Objekte selber: Sie sind Tatsachen, bzw. Mögliches. Eine Handlung kann aber erst als Faktum ausgesagt werden,
nachdem sie abgeschlossen ist, und nur als mögliche, insofern in
einer Gegenwart ihre Möglichkeit gegründet ist. So sind also Vergangenheit und Zukunft sprachlich sekundär auch Ausdruck einer
Beziehung auf den Sprecher.

Die Auslegung der Gegenwart als Dauer stützte sich auf die
sprachliche Artikulation bei den Verben. Der Blick war darin vor
allem auf die Gegenstände von der Art Handlung, Bewegung, Melodie usw. gerichtet. Zur weiteren Ausarbeitung der Auslegung soll
jetzt auch noch nach anderen Gegenständen gefragt werden. Als
was wird die Gegenwart der Dinge des alltäglichen Umgangs verstanden? Was ist das Gegenwärtige der Umwelt als Gegenwärtiges?

Von der Auffassung der Gegenwart als eines ausdehnungslosen
Jetztpunktes her müßte man antworten: Das Gegenwärtige ist alles,
was in diesem Jetzt ist. Nun stellt man aber im Umgang mit den
Dingen gar nicht einen solchen Jetztpunkt fest, vielmehr bewegt
man sich zwischen den Dingen, hantiert mit ihnen: Die Dinge sind
einem gegenwärtig *in* der Dauer. Das wird deutlich in der Art, wie
man die Umwelt, die man sieht, beschreibt. Man sagt etwa: Da liegt
ein Buch. Da fährt ein Auto. Eine Beschreibung, durch die ein Ding
in einem Hier—Jetzt festgestellt wird, dem gewisse Eigenschaften
anhängen und dem Bewegung nur durch Zusammenfassung vieler
Augenblicke zukommt, wäre durchaus unangemessen. Die verbale
Sprechweise (liegt, fährt), durch die wir die Umwelt zu beschreiben
gewohnt sind, ist nicht als äußerlich und unwesentlich anzusehen.
Das, was die Dinge der Umwelt sind, können sie überhaupt nicht in
einem Zeitpunkt sein. Wir haben doch z. B. mit einem fahrenden
Auto zu tun oder mit einem dastehenden, nicht aber mit einem
Auto schlechthin. Damit soll gesagt sein: Bewegung gehört zu dem,
was die Dinge des alltäglichen Umgangs sind, wesentlich hinzu.
Dabei muß Bewegung so weit verstanden werden, daß der Begriff
auch ein ruhiges Dastehen umfaßt. Auch ein Dastehen wird ja nicht
verstanden als Existenz in einem bestimmten Hier—Jetzt, sondern
als träge sich hinziehende Anwesenheit in einer unbestimmten
Dauer. Es läßt sich dann allgemein sagen: Die Dinge, mit denen wir

im alltäglichen Umgang zu tun haben, sind „dynamische Gegenstände".

Diese Gegenstände werden am besten mit Hilfe von participia
praesentis bezeichnet. Sie sind also: fahrendes Auto, daliegende
Bücher, redende Menschen etc. Sie sind, was sie sind, weder in einem
Zeitpunkt — wie könnte ein fahrendes Auto in einem Zeitpunkt
sein? —, noch sind sie über eine Zeit erstreckt. Zwar erstreckt sich die
Veränderung, die sie durchlaufen, über eine Zeit, sie sind aber nicht
diese Veränderung, vielmehr sind sie das Sich-Ändernde. Ihre zeitliche Form ist also nicht die Dauer, sie sind *in* der Dauer. Dieses
„in" bleibt dabei völlig unbestimmt, es bedeutet keinesfalls die Da-
tierung zu einem festen Zeitpunkt. Vielmehr sind die dynamischen
Gegenstände zwar *in,* aber während der ganzen Dauer, ihr Sein ist
in der Gegenwart sein, d. h. Gegenwärtigsein. Daraus folgt, daß
man im faktischen Sprechen[8] diese Gegenstände nicht angemessen
erfassen kann. Faktisch redet man entweder über einen Zeitpunkt
oder über ein Zeitquantum. In einem Zeitpunkt kann man dem
Gegenstand eine Phase zuschreiben, aber der dynamische Gegenstand war nicht in dieser Phase, sondern durchlief sie. Für ein Zeitquantum kann man dem Gegenstand die in diesem Zeitquantum
vollzogene Veränderung zuschreiben, aber der dynamische Gegenstand war nicht diese Veränderung, sondern änderte sich um sie[9].
Dynamische Gegenstände sind weder in einem Zeitpunkt noch über
eine Zeit erstreckt, sie sind keine Tatsachen.

Wenn die Weise der Dinge der Umwelt zu sein Gegenwärtigsein
ist, so sind sie damit keineswegs das Nur-Flüchtige, Unbeständige,
dessen Sein etwa nur in der jeweiligen Zuwendung eines Subjektes
bestünde. Vielmehr bildet ihre unbestimmt sich hinziehende Dauer
den größeren Horizont, innerhalb dessen die jeweilige Gegenwart
unseres Handelns eingebettet erscheint. Wir leben und handeln im

[8] „Faktisch" ist hier terminologisch verwendet, also: Sprechen über
Fakten.
[9] Die Kenntnis der Quantentheorie richtet natürlich die Aufmerksamkeit auf diese Phänomene, sie sind aber längst bekannt. In der alten Philosophie werden die Dinge, mit denen wir zu tun haben, als τὰ γιγνόμενα
bezeichnet; es gilt ernst zu nehmen, daß es sich dabei um ein part. praes.
handelt.

Vertrauen auf die Beständigkeit der Dinge. Die Beständigkeit wird aber nicht verstanden als die Unveränderlichkeit des Immer-Seienden, auch hierin sind die Dinge dynamische Gegenstände, sondern liegt eher in ihrer unsere Gegenwart umfassenden Dauer begründet. Im jeweiligen Zuwenden des Umgangs werden sie so auch nicht als das Immer-Vorhandene, sondern als das Gewordene erfaßt. Solange man sich noch nicht dem Ding zugewandt hat, bildet es mit den anderen die unbestimmt sich hinziehende Gegenwart der Umwelt. Das hantierende Zufassen erfaßt das Ding aus dieser Umwelt und bringt damit seine bisherige Dauer zum Abschluß. Die bisherige Dauer wird damit die Vergangenheit des Dinges, aus der es geworden ist, als was es im hantierenden Zugriff erfaßt wird. Das so bestimmte Ding, das gegenwärtig ist im Handeln, enthält also seine Vergangenheit als Gewordenes (als Resultat).

In der Gegenwart des Handelns sind die Dinge aber zugleich erfaßt als Mittel und Möglichkeit zu... Als gegenwärtige ermöglichen sie so das, als was sie das Handeln, indem es zum Abschluß kommt, an die Umwelt entläßt oder anderem Handeln übergibt. Da dies das ist, was das Ding in Zukunft sein wird, enthält es als Gegenwärtiges seine Zukunft als Möglichkeit zu[10]... Man darf aber auch hier wieder nicht so denken, als hätte man mit einem wandernden Jetztpunkt zu tun, der Vergangenheit und Zukunft trennt. Das Werdende (der dynamische Gegenstand) ist Möglichkeit zu dem, was es nach Abschluß des Handelns sein wird, im Ganzen der Gegenwart des Handelns, die zugleich seine Gegenwart ist — also nicht kontinuierlich von Punkt zu Punkt —; und es ist Resultat von dem, was es vor Beginn des Handelns war, ebenfalls nicht von Punkt zu Punkt innerhalb des Handelns. Diese Punkte gibt es nicht.

Der Fortschritt des Werdens im Gegenwärtigen kann als Verbrauch gefaßt werden. Er ist Verbrauch von Möglichkeiten zu... Die Möglichkeit zu... geht im Werden ins Resultat über. Der Ausdruck „Verbrauch" paßt sehr gut auf die Art, wie Veränderung erfahren wird. Im nächsten menschlichen Umgang ist es ein Verbrauch

---

[10] Ich werde hierfür, obgleich es sprachlich manchmal unschön ist, die πρός τι-Sprechweise beibehalten, um terminologisch von „Möglichkeit" als der Modalität des Möglichen scheiden zu können.

von Energie, Lebensmitteln, von Kraft; Verschleiß, Vergehen und Altern aller Gegenstände. Aber auch in der weiteren Natur ist jede Bewegung eine zu Ende gehende, sie verbraucht ihre dynamische Kraft (Möglichkeit zu . . .). Der Trägheitssatz ist jeder natürlichen Erfahrung entgegen und muß deshalb gerade als große Leistung angesehen werden. Aber auch ein Erhaltungssatz der Energie ist dem natürlichen Bewußtsein fremd. Der Lauf der Zeit gilt sprichwörtlich als Vergehen. Aber auch bei Aristoteles steht dieser Satz — merkwürdig wenig begründet —, daß die Zeit eher als Ursache des Vergehens als des Entstehens angesehen wird. Schließlich sagt man es von der Zeit selbst, daß sie verbraucht wird. Resultat und Möglichkeit zu . . . geben der Dauer ihre Orientierung. Das Werden der Gegenwart hebt an mit dem aus der Vergangenheit Gewordenen und entwickelt sich auf das Mögliche der Zukunft zu. Ein Prozeß ist dem Wesen nach das Werden des Zukünftigen aus dem Ergebnis der Vergangenheit in der Gegenwart.

Von der Physik her wird man sagen, daß die Vorgänge, die der natürlichen Erfahrung gegeben sind, durchweg irreversibel sind. Dies darf aber nicht so gedeutet werden, als wäre die physikalische Tatsache Ursache für die Erfahrung der Veränderung als Verbrauch. Das natürliche Bewußtsein würde vielmehr, wenn es gelänge, einen streng reversiblen Prozeß durchzuführen, auch diesen in seinem dynamischen Charakter als Verbrauch erfahren: nämlich als den beständigen Übergang von Möglichkeiten zu . . . ins Resultat. Die Deutung seiner Erfahrungen mit Hilfe der Begriffe von reversiblen und irreversiblen Prozessen liegt dem natürlichen Bewußtsein fern. Und zwar liegt das nicht etwa daran, daß der Begriff des irreversiblen Prozesses fehlte, sondern daran, daß kein Begriff des reversiblen Prozesses da ist. Ein Prozeß hat Dauer und geht seiner Natur nach in der Gegenwart vor sich und entwickelt sich auf Zukünftiges hin. Die Vergangenheit ist, so wie sie das natürliche Bewußtsein versteht, auch nicht deshalb unwiederbringlich, weil dazu irreversible Prozesse umgekehrt durchgeführt werden müßten, sondern weil jeder Prozeß auf das Zukünftige hin geschieht und die Vergangenheit als erstarrtes Faktum zurückläßt.

Josef Raith, *Probleme der englischen Grammatik*, München: Manz Verlag 1969, S. 45—53.

AKTIONSART UND ASPEKT

Von Josef Raith

In dem Abschnitt Aktionsart und Aspekt des 1. Teils meiner Aspektuntersuchung (1951) habe ich versucht, einiges zur Klärung dieser beiden umstrittenen Begriffe beizutragen; auf dem Neuphilologentag in Würzburg (1958) habe ich mich mit dem System von Deutschbein-Klitscher, wie es in der Grammatik der englischen Sprache (1953: in späteren Auflagen nur unwesentlich verändert) niedergelegt ist, auseinandergesetzt und zu zeigen versucht, daß es so nicht geht. Wenn ich mich hier nochmals zu dieser leidigen Frage äußere, so deswegen, weil mich die Ausführungen von K. Klitscher auf der Arbeitstagung in Rhöndorf 1958 nicht überzeugt haben; ich bin vielmehr nach wie vor der Ansicht, daß die Deutschbeinschule sich hier in eine Sackgasse verrannt hat, aus der sie nicht mehr herausfindet.

I

Worum es geht? Es geht letzten Endes um zwei verschiedene Arten der Sprachbetrachtung, ausgehend vom sprachlichen Befund oder von einem begrifflichen Kategoriensystem, und in diesem Zusammenhang um das, was ich seinerzeit in Würzburg als „Entrümpelung der Grammatik" bezeichnet habe.

In der Englischen Grammatik von Alpers-Kampermann-Voges (1951) findet sich im Anschluß an die Tempora (Zeitstufen) und Modi (Aussageweisen) ein Abschnitt Aktionsarten, bei dem klärlich Deutschbein Pate gestanden hat. Es heißt u. a.: § 315 Inchoativa. a) Zur Bezeichnung des Anfangs einer Handlung gebraucht das Englische (ähnlich dem Deutschen) Verben wie *to begin, to start: he began to laugh, we startet to run.* b) Zur Bezeichnung des Übergehens aus einem Zustand in einen anderen gebraucht das Englische die Verben *to grow* und *to get* bei langsamem, allmählichem Übergehen usw.: *we grow old, it got cold.* c) Häufig werden zur Bezeichnung eines Übergangs auch von Adjektiven abgeleitete Verben verwendet: *to redden, to quicken, to shorten, to harden* (vgl. deutsch *erröten*). In seinem System der neuenglischen Syntax § 32 (Grammatik § 110) erläutert Deutschbein das Intensivum an dem Nebeneinander von *töten* und *morden*. Nach ihm bedeutet *morden*: a) die Tötung ist auf besonders grausame Weise vollzogen worden (intensive Aktionsart); b) der Sprechende kann seiner Erregung dadurch Ausdruck geben (emphatischer Aspekt).

Dazu ist folgendes zu sagen. Das Nebeneinander von *töten* und *morden* hat mit Syntax nicht das geringste zu tun. Was immer der Bedeutungsunterschied zwischen *Mord* und *Totschlag* sein mag, es handelt sich um lexikalische Bedeutungen und nicht um syntaktische Kategorien. Die beiden Wörter gehören natürlich irgendwie zusammen: sie haben ihren Platz in dem zugehörigen Bedeutungsfeld. Ein Gleiches gilt für Fälle wie *he began to laugh* und *we grow old.* Die sogenannte inchoative Bedeutung haftet am Wort (*begin* und *grow*): es sind lexikalische Bedeutungen und keine syntaktischen Kategorien (eine syntaktische Kategorie liegt vor in *we shall laugh*). Natürlich gehören die verschiedenen Zeitwörter, die den Übergang aus einem Zustand in einen anderen bezeichnen, irgendwie zusammen: sie haben ihren Platz in dem zugehörigen Bedeutungsfeld. Und auch die sogenannten Nasalverben wie *to redden* sind keine grammatischen Kategorien; sie gehören in die Wortbildungslehre: dort wäre über das Nebeneinander von kausativer und inchoativer Bedeutung zu handeln.

Ich fürchte, wir kommen nicht weiter, wenn wir in einem fort syntaktische und lexikalische Dinge in einen Topf werfen. Nach Renicke soll *der Baum blüht immer noch* kontinuativ sein. Zugegeben; aber das ist keine grammatische Kategorie. Nach Renicke soll *holen (er holt das Messer aus der Schublade)* ingressiv-progressiv sein; umgekehrt soll *bringen (er bringt ihm das Buch)* konklusiv sein. Er definiert das im ersten Falle so: „*holen* hat einen weiten Aktionsradius: von dem nur noch perzeptiv wahrnehmbaren Handlungseintritt über die nachfolgende, stark betonte Progressivität, die mit der angedeuteten Ingressivität zusammen die Aktionsart bildet, bis weiter zur Zielbestimmung, die aber nicht mehr eindeutig aktionell eingeschlossen ist, sich aber als weiterer Gesichtspunkt ergibt" (ich verstehe davon kein Wort); aber das ist eine Begriffsbestimmung des Wortes *holen*, damit wird der Bedeutungsgehalt dieses Wortes interpretiert: mit Grammatik hat das nichts zu tun. Auch verbale Zusammensetzungen werden von Renicke in dieses System hineingezwängt: es entsprechen sich *der Baum blüht auf* (inchoativ) bzw. *der Baum erblüht* (ingressiv) und *der Baum blüht aus* (konklusiv) bzw. *der Baum verblüht* (egressiv); *er bohrt das Brett an* (ingressiv) und *er durchbohrt das Brett* (egressiv) bzw. *er bohrt das Brett durch* (konklusiv): letzteres übrigens ein Mißverständnis, da *anbohren* nicht bedeutet ‚mit dem Bohren anfangen‘, sondern ein kleines Loch bohren, in das man hernach vielleicht eine Ringschraube hineinschrauben kann, und man ein Brett beim besten Willen nicht *durch'bohren*, sondern nur *'durchbohren* kann. Daß das alles keine grammatischen Kategorien sind, liegt auf der Hand.

Ich glaube, wir sollten genauer zwischen syntaktischer und lexikalischer Bedeutung unterscheiden. Der Bedeutungsgehalt eines Wortes (*holen, bringen; rot werden, erröten; verblühen, durchbohren*) ist etwas ganz anderes als der Bedeutungsgehalt einer grammatischen Kategorie (*I shall come, I am writing a letter*). Die Grammatik hat es mit grammatischen Kategorien zu tun und nicht mit lexikalischen Bedeutungen; was in das Wörterbuch gehört, hat in der Grammatik (Formenlehre, Satzlehre) nichts verloren.

Man kann natürlich, wie Deutschbein das tut, ein begriffliches Kategoriensystem konstruieren und damit an eine Sprache herantreten, um festzustellen, wie die Sprache dieses System „ausfüllt". In der einen Sprache wird einer begrifflichen Kategorie eine syntaktische Kategorie entsprechen (*I was writing a letter when he came in*), in der anderen Sprache nicht (*ich schrieb gerade einen Brief, als er hereinkam*): mit anderen Worten, die Aspektunterscheidung erfolgt in der einen Sprache auf syntaktischem Wege, in der anderen auf lexikalischem. Ich wiederhole: man kann mit einem abstrakten Begriffsschema, mit einem Fragebogen, an eine Sprache herantreten. Wir bekommen dann eine Grammatik, « où les faits ne sont plus rangés d'après l'ordre des signes mais d'après l'ordre des idées » (F. Brunot, La pensée et la langue). Das klassische Beispiel

dafür ist Deutschbeins System der Modi. Aber die Grammatik, die
mir vorschwebt, geht vom sprachlichen Befund aus: sie hat es mit
grammatischen Kategorien zu tun und nicht mit lexikalischen Bedeutungen; und in diesem Sinne trete ich für eine „Entrümpelung
der Grammatik" ein.

II

Wie sieht nun das Deutschbein'sche System der Aktionsarten und
Aspekte im einzelnen aus? Die folgende Übersicht ist der Grammatik der englischen Sprache (1953) entnommen (§§ 101—109
Aktionsarten und §§ 110—116 Aspekte), wobei aus der Vielzahl
der englischen Entsprechungen nur einige bezeichnende ausgewählt
sind. Es ist ein System, mit dem ich nichts anfangen kann, auch
wenn Klitscher im Vorwort versichert: „Hierfür wird eine auch für
den Unterricht verwertbare Scheidung der Begriffe versucht."

Aktionsarten

1. temporal
   a) ingressiv
      inchoativ — *it is getting cold; she fell ill; the sky reddens*
   b) progressiv
      kontinuativ — *prices are going up; when I entered the room the servants were clearing the table*
   c) egressiv
      konklusiv — *the flowers have faded; stop talking; sit down here*
   d) resultativ — *the door is shut; I have got an idea*
2. konsekutiv
   a) momentan — *the car stopped; he turned pale*
   b) iterativ — *I go there every two weeks; her eyes twinkled*
   c) frequentativ — *I always come home at six o'clock; children will play*
3. intentional
   a) kausativ — *do not awake him; you make me laugh*
   b) faktitiv — *they chose him president*
4. intensiv — *he did frighten me; mother will be wondering where we are*

Aspekte

1. temporal	Gegenwart	Vergangenheit	Zukunft
a) retrospektiv	*I have written*	*I wrote*	*I shall have written*
b) introspektiv	*I am writing*	*I was writing*	*I shall be writing*
c) prospektiv	*I am going to write*	*I was going to write*	*I shall have been writing*

2. modal (emphatisch) *she did come from God; I am telling the truth*

An diesem System fällt mehreres auf. 1. Daß es sich bei den Aktionsarten um keine grammatischen Kategorien handelt, mit Ausnahme der intensiven Fügung *he did frighten me*. 2. Daß es drei temporale Aspekte gibt, wobei die erste Spalte (*I have written — I am writing — I am going to write*) „die geschlossene Reihe der drei Gegenwartsaspekte" darstellt. 3. Daß es neben den drei temporalen Aspekten einen modalen Aspekt geben soll. 4. Daß es das einfache Präsens (*I write*) nicht zu geben scheint, ebensowenig das gewöhnliche Futur (*I shall write*). 5. Daß dieselbe grammatische Kategorie verschiedenen begrifflichen Kategorien zugeordnet ist. So ist die expanded form mehrdeutig; „sie kann ausdrücken: ingressivinchoaktive Aktionsart, progressiv-kontinuative Aktionsart, intensive Aktionsart, introspektiven Aspekt, prospektiven Aspekt, emphatischen Aspekt: jedes einzeln oder auch in wechselnder Verbindung." (§ 116 Anm. 3).

Grundsätzlich darf festgestellt werden: während die Aktionsart den Verbalbegriff irgendwie abwandelt, geht es beim Aspekt um eine gegensätzliche Auffassung (Ansicht) des Verbalvorgangs: als geschehend (imperfektiv) oder geschehen (perfektiv). Man kann es auch so ausdrücken: die Aktionsarten sind objektive Kategorien, die Aspekte subjektive Kategorien. Man darf nur nicht das Kind mit dem Bad ausschütten und behaupten: die Aktionsarten gehören in die Syntax, die Aspekte in die Stilistik (Klitscher 42) — ganz abgesehen davon, daß die Deutschbein'schen Aktionsarten zumeist ins Wörterbuch gehören.

Während der Aspektunterscheidung in der englischen Grammatik sehr große Bedeutung zukommt, gibt es kaum grammatische Kategorien für die Aktionsarten. Man kann, wenn man will, Anfang

und Ende einer Handlung bzw. eines Zustands als begriffliche
Kategorien aufstellen (*aufblühen, verblühen*); indes stellt die
Sprache dafür keine grammatischen Kategorien bereit, sondern be-
hilft sich mit Umschreibungen und Ableitungen. Nach Deutschbein
soll allerdings der Handlungsverlauf, die sogenannte progressive
Aktionsart, durch die Umschreibung *to be* + Partizip ausgedrückt
werden: dieselbe Fügung, die wir für den imperfektiven Aspekt
bemühen. Es stehen nebeneinander: (a) Progressive Aktionsart:
*prices are going up; I'm having a good time here; when I entered
the room the servants were clearing the table.* (b) Introspektiver
Aspekt: *I'm just seeing my friend off; I looked at the old man:
he was sitting at the table smoking a cigar; I shall be seeing you
tomorrow.* Ich halte den Ansatz einer progressiven Aktionsart (als
objektive Kategorie) neben dem imperfektiven Aspekt (als subjektive Kategorie) für verfehlt. Wie problematisch ein solcher Ansatz ist, ergibt sich übrigens aus dem Umstand, daß angeblich die
Umschreibung gleichzeitig progressiv und introspektiv gemeint sein
kann; so in dem Satz aus Hamlet: *Now might I do it, now he is
praying.* Man kann, wenn man will, kausativ und inchoativ als begriffliche Kategorien aufstellen (*hart machen* bzw. *werden*); aber
auch dafür stellt die Sprache keine grammatischen Kategorien bereit. Etwas anders liegen die Dinge bei der intensiven und der
iterativen Aktionsart. Hier handelt es sich um echte Aktionsarten,
denen grammatische Kategorien entsprechen. Die beiden gehören
augenscheinlich enger zusammen (die Grenze ist vielfach unscharf);
so dient in den idg. Sprachen die Reduplikation sowohl zur Bezeichnung der intensiven als auch der iterativen Aktion. Für die
iterative Aktion greift das Englische auf die einfache Verbalform
zurück; nachdem die (imperfektive) Gegenwart heute nur mehr
durch die umschriebene Verbalform (*I am writing*) ausgedrückt werden kann, wird die einfache Verbalform (*I write*) frei zur Bezeichnung zeitloser oder iterativer Tatbestände: *the sun rises in the east
and sets in the west; I go there every two weeks.* Neuerdings dient
bei bestimmten Verben die umschriebene Verbalform dazu, ein
wiederholtes Geschehen zu bezeichnen: *where have you been meeting her?* (Englische Grammatik § 249 Anm. 1). Daneben kann bekanntlich *will* (*would*) in der 3. Person eine gewohnheitsmäßige

oder bezeichnende Handlung ausdrücken (deutsch vielfach *pflegen*): *he will (would) sit there for hours doing nothing*. Für die intensive Aktion hat das Englische die Umschreibung mit *to do: he did frighten me*. Nicht damit zu verwechseln ist eine modale Kategorie: *she did come from God; I am telling the truth*. Der Unterschied liegt darin, daß im einen Fall die Aussage intensiviert werden soll, d. h. der Sprecher will einen besonderen Nachdruck in die Aussage hineinlegen (der Verbalvorgang als solcher bleibt davon unberührt): vgl. Saint Joan *She did come from God* (sie ist doch von Gott gesandt); *I am telling the truth*; daß im andern Fall der Verbalvorgang intensiviert werden soll: vgl. Candida *He did frighten me, I can tell you* (ich kann Ihnen gar nicht sagen, wie sehr er mich vorhin erschreckte). Der erste Fall gehört augenscheinlich in die Kategorie der Modi. Warum allerdings Deutschbein diese modale Kategorie an die Aspekte angehängt hat, ist nicht recht einzusehen. Außerdem ist die Fügung *to be* + Partizip (*I am telling the truth*) keine eigene grammatische Kategorie: es ist einfach die imperfektive Aspektkonstruktion mit dem Ton (wie üblich) auf dem Hilfszeitwort, um der Aussage einen gewissen Nachdruck zu verleihen: *it 'is awful, you 'will get hurt, I 'am telling the truth*; wo kein Hilfszeitwort verfügbar ist, kann die Aussage mit *to do* verstärkt werden: *'do come, I 'do love her*. Der zweite Fall ist eine intensive Aktionsart.

Beim Aspekt handelt es sich um die gegensätzliche Auffassung (Ansicht) des Verbalvorgangs als geschehend (imperfektiv) oder geschehen (perfektiv). Demgegenüber finden wir bei Deutschbein drei Aspekte: den perfektiven oder retrospektiven Aspekt (*I wrote*), den imperfektiven oder introspektiven Aspekt (*I was writing*), den prospektiven Aspekt (*I was going to write*). Wenn wir im Sinne Koschmieders den imperfektiven und perfektiven Aspekt als die beiden möglichen Arten des Zeitrichtungsbezugs verstehen, dann kann es keinen dritten Aspekt geben. Die Fügung *I am going to write* hat denn auch mit der Aspektunterscheidung nichts (oder nichts mehr) zu tun; sie ist längst eine temporale Kategorie geworden, vergleichbar franz. *je vais écrire*. Es stehen heute nebeneinander ein *shall/will*-Futur und ein *going to*-Futur, letzteres meist mit dem Nebensinn der Absicht: *Do you think he's going to sell*

his house? He'll sell it if you ask him. (W. S. Allen, Living English
Structure). Darüber hinaus soll diesem Dreisatz *I wrote — I was
writing — I was going to write* auf der andern Seite ein Dreisatz
I have written — I am writing — I am going to write entsprechen:
„das geschlossene System der drei Gegenwartsaspekte". Daß *I am
going to write* natürlich nicht Gegenwart ist, haben wir eben gesehen. Nun soll aber auch *I have written* Gegenwart sein. Mit-
nichten: *I have written a letter* ist Vergangenheit. Diese Vergangenheit kann abgeschlossen sein (the finished use), sie kann an die
Gegenwart heranreichen bzw. in die Gegenwart hereinreichen (the
unfinished use); aber sie bleibt unter allen Umständen Vergangenheit. Die englische Bezeichnung present perfect ist übrigens genauso
sinnlos wie die deutsche Entsprechung Vollendete Gegenwart; und
daß das Englische zum Ausdruck einer Zeitstufe, die weder Vergangenheit noch Gegenwart ist, eine Vergangenheitsform wählt
(*I have been ill for three days*), während das Deutsche in diesem
Fall zur Gegenwart greift (*ich bin seit drei Tagen krank*), stempelt
die zusammengesetzte Vergangenheit noch lange nicht zur Gegenwart. Möglicherweise liegt hier ein großartiges Mißverständnis vor,
indem Deutschbein die der Aspektunterscheidung zugrunde liegende
gegensätzliche Auffassung des Verbalvorgangs als geschehend bzw.
geschehen in zeitlichem Sinne verstand und daher „geschehen" mit
„vergangen" gleichsetzte: „Das Geschehen wird als abgeschlossen
aufgefaßt; es wird festgestellt, was geschehen ist." (Klitscher 53.)
Entsprechend heißt der retrospektive Aspekt für die Zukunft *I shall
have written.* Wir bekommen auf diese Weise ein System, in dem
weder das einfache Präsens (*I write*) noch das gewöhnliche Futur
(*I shall write*) vorkommen. Daß der modale (emphatische) Aspekt
nichts mit der Aspektunterscheidung zu tun hat, habe ich schon
gesagt.

III

Ich darf in diesem Zusammenhang nochmals kurz meine Auffassung vom Wesen des Aspekts darlegen. Es gibt zeitgebundene
und zeitlose Tatbestände: (a) *Wohin gehst du? Ich gehe in die
Schule.* (b) *Die Sonne geht im Osten auf und im Westen unter.* Die

gleiche Form (Präsens) darf nicht darüber hinwegtäuschen, daß damit zwei völlig verschiedene Sachverhalte bezeichnet werden. Zeitgebundene Tatbestände haben einen bestimmten Zeitstellenwert (auf der gedachten Zeitlinie). Dabei sind grundsätzlich zwei Auffassungen möglich. Wird das Zeitsystem als fest angenommen, so erscheint die Gegenwart als in Bewegung befindlich: ein bestimmter Zeitstellenwert ist für das Ichbewußtsein aus der Vergangenheit in die Zukunft gerichtet (imperfektiv). Wird umgekehrt die Gegenwart als fest angenommen, so erscheint das Zeitsystem als in Bewegung befindlich: ein bestimmter Zeitstellenwert ist für das Ichbewußtsein aus der Zukunft in die Vergangenheit gerichtet (perfektiv). Nachdem die Gegenwart stets aus der Vergangenheit in die Zukunft gerichtet ist, scheidet die zweite Auffassung für die Gegenwart aus: d. h. die Gegenwart ist nur imperfektiv. Neben den zeitgebundenen Tatbeständen stehen die zeitlosen. Es wäre denkbar, daß dafür eine eigene grammatische Kategorie vorhanden ist; in der Regel aber nicht. In den Sprachen, die den Zeitrichtungsbezug unterscheiden, ist die Sache sehr einfach; da die Gegenwart an sich nur imperfektiv bezogen sein kann, bleibt das perfektive Präsens (*I write*) ungenutzt und steht zur Bezeichnung der zeitlosen Tatbestände zur Verfügung: *The sun rises in the east and sets in the west.* In den Sprachen, die den Zeitrichtungsbezug nicht unterscheiden, muß das Präsens beide Tatbestände ausdrücken: *Wohin gehst du? Ich gehe in die Schule. Die Sonne geht im Osten auf und im Westen unter.*

Das Englische hat im Laufe der Jahrhunderte ein geschlossenes Aspektsystem aufgebaut, und zwar mit Hilfe der sogenannten Umschreibung (periphrastic form). Ich habe versucht, die Anfänge dieser Fügung aufzuhellen. In dem Maße, in dem sich die umschriebenen Formen zum Ausdruck des imperfektiven Aspekts durchsetzen, in demselben Maße werden die einfachen Formen auf den perfektiven Aspekt zurückgedrängt. Bei Shakespeare kann von einer Aspektunterscheidung im heutigen Sinne noch nicht die Rede sein: *What do you read, my lord?* (Hamlet II 2). Seit der Zeit greift die Umschreibung immer mehr um sich: im 19. Jahrhundert kommt das Passiv hinzu (*the book is being reprinted*), im 20. Jahrhundert *to be* (*you are being absurd*). Die Umschreibung ist das, was Leisi mit einem nicht gerade sehr schönen Ausdruck eine „gestärkte gram-

matische Kategorie" nennt (Das heutige Englisch 121—131). Sie
nimmt immer mehr überhand: man baut mit ihrer Hilfe ein neues
Futurparadigma auf (Englische Grammatik § 232); man benutzt
sie, um mögliche Mißverständnisse beim Passiv und beim Futur auszuschließen (Englische Grammatik § 248 Anm. 2). Darüber hinaus
aber begegnet die Umschreibung neuerdings auch ohne ersichtlichen
Grund: d. h. sie wird (scheinbar gedankenlos) gewählt, weil sie sich
aus rhythmischen Gründen empfiehlt. Ich habe in meiner Grammatik § 244 Anm. 2 einen Satz aus der Rundfunkansprache der
englischen Königin am Abend ihrer Krönung angeführt: *When
I spoke to you last, at Christmas, I asked you all to pray for me
on the day of my coronation — to pray that God would give me
wisdom and strength to carry out the promises I should then be
making.* Man könnte versucht sein, diese Umschreibung als imperfektiven Aspekt zu deuten; ich fürchte nur, man legt dann dieser
Fügung einen Sinn unter, den sie nicht hat. Es steht für mich außer
Zweifel, daß hier der Satzrhythmus die sprachliche Form geprägt
hat: so wie es Luke 15/16 heißt *And he would fain have filled
his belly with the husks that the swine did eat* (statt *that the swine
ate*), so heißt es in unserem Fall *the promises I should then be
making* (statt *I should then make*). Wo aber satzrhythmische
Gründe die Wahl einer Fügung bestimmen, ist der homo gram-
maticus at the end of his tether.

Die vorstehenden Ausführungen sind kein System der Aktionsarten und Aspekte (wir haben genug solche Systeme, mit denen wir
nichts anfangen können); sie sind nichts weiter als ein bescheidener
Versuch, einige Mißverständnisse auszuräumen. Zusammenfassend
darf ich die vorgetragenen Gedanken nochmals präzisieren:
1. Es gibt zwei Arten der Sprachbetrachtung, die man als formale
und funktionale unterscheiden könnte. Die eine geht vom sprachlichen Befund aus und sucht die Beziehungsmittel und Beziehungsbedeutungen so genau wie möglich zu beschreiben und zu erklären;
die andere geht von einem begrifflichen Kategoriensystem aus und
sieht zu, wie sich die Sprache damit abfindet.
2. Die Grammatik hat es mit grammatischen Kategorien zu tun und
nicht mit lexikalischen Bedeutungen.

3. Von den möglichen Aktionsarten sind nur die iterative und die intensive von Belang.

4. Es gibt nur die beiden Aspekte imperfektiv und perfektiv; der prospektive Aspekt hängt in der Luft.

5. Die Umschreibung ist der sprachliche Ausdruck für den imperfektiven Aspekt; sie erscheint weder als progressive Aktionsart (eine solche gibt es nicht) noch als modaler Aspekt (der intensive Charakter dieser Fügung hängt ausschließlich am Akzent).

6. Die Umschreibung wird heute in zunehmendem Maße aus satzrhythmischen Gründen gewählt.

Anm. 1. Der Ausdruck Aspekt stammt aus der slawischen Grammatik. Ich habe mein Teil dazu beigetragen, ihn in die englische Grammatik einzuführen. Ich weiß, daß die beiden Aspektsysteme, das slawische und das englische, sich nicht genau entsprechen. Verständlich, daß daher in der letzten Zeit von slawischer Seite gegen diese mißbräuchliche und irreführende Verwendung des Ausdrucks Aspekt in der englischen Grammatik Einwände geltend gemacht wurden. "But what is the use of a term which in the Germanic languages means something entirely different from what it means in the Slavonic languages?" (Zandvoort 20). So lange wir unter den Schulsprachen nur Englisch und die romanischen Sprachen begreifen (und davon war ich ausgegangen), steht nicht zu befürchten, daß sich Schwierigkeiten ergeben. Unangenehm wird die Geschichte allerdings, wenn wir Russisch dazunehmen; dann kann die widersprüchliche Verwendung des Ausdrucks Aspekt zu Mißverständnissen führen.

Anm. 2. Auch das Französische kennt die Aspektunterscheidung (bei Klein-Strohmeyer fälschlich als Aktionsart bezeichnet). Es ist allerdings nicht zu einem geschlossenen Aspektsystem gekommen; es unterscheidet die beiden Aspekte nur in der Vergangenheit. So heißt es von der Jungfrau von Orleans: *Elle priait dans la chapelle quand elle vit une grande lumière et entendit une voix* (*She was praying in the chapel when she saw a great light and heard a voice*).

Anm. 3. Daß die vorstehende Deutung des Zeitrichtungsbezugs kein bloßes Hirngespinst ist, erhellt daraus, daß der unterschiedliche Zeitrichtungsbezug auch in der grammatischen Terminologie

anzutreffen ist. Wir unterscheiden die Zeitstufen Gegenwart
(Präsens), Vergangenheit (Präteritum) und Zukunft (Futur). Ein
flüchtiger Blick lehrt, daß die deutsche und die lateinische Terminologie von verschiedenen Voraussetzungen ausgehen. Der
Deutsche steht auf einer Straße: ein Mann kommt auf ihn zu, ist
einen Augenblick neben ihm (gegenwärtig) und ist dann vorüber-
gegangen. Der Römer geht auf einer Straße: wenn er an einem
Meilenstein haltmacht und zurückblickt, dann sieht er, wie ein
Stück des Weges von ihm zurückgelegt ist (*praeteritum*); der Meilenstein, an dem er rastet, ist gegenwärtig (*praesens*); das Stück des
Weges, das vor ihm liegt, und die Meilensteine daran, werden erst
für ihn sein (*futurum*), wenn er dahin kommt. Für den Deutschen
ist der Gegenwartspunkt fest; die Zeitlinie läuft durch ihn hindurch, aus der Zukunft in die Vergangenheit. Für den Römer ist die
Zeitlinie fest; der Gegenwartspunkt bewegt sich auf ihr, aus der
Vergangenheit in die Zukunft.

Literatur

E. Koschmieder, Zeitbezug und Sprache: Ein Beitrag zur Aspekt- und
Tempusfrage. Leipzig 1929.

E. Koschmieder, Zu den Grundfragen der Aspekttheorie: Idg. Forschungen 1935, 280—300.

H. Poutsma, The Characters of the English Verb and the Expanded
Form. Groningen 1921.

M. Deutschbein, Aspekte und Aktionsarten im Neuenglischen: Neuphilologische Monatsschrift 1939, 129—148 und 190—201.

W. Azzalino, Wesen und Wirken von Aktionsart und Aspekt: Neuphilologische Zeitschrift 1950, 105—110 und 192—203.

H. Renicke, Die Theorie der Aktionsarten und Aspekte: Beiträge zur
Geschichte der deutschen Sprache und Literatur 1950, 150—193.

H. Spitzbardt, Aspekte und Aktionsarten: Zeitschrift für Anglistik und
Amerikanistik 1954, 56—60.

G. Dietrich, Erweiterte Form, Präteritum und Perfektum: Eine Aspekt-
und Tempusstudie. München 1955.

H. Lund, Gehört die Behandlung der Aktionsarten in den englischen
Unterricht? Mitteilungsblatt 1956, 7—9.

H. Klitscher, Ausdrucksformen und Sinn der Modi, Aktionsarten und

Aspekte: in Grundsatzfragen der neusprachlichen Grammatik, Beiheft 5 der Neueren Sprachen. Frankfurt 1959.

A. G. Hatcher, The Use of the Progressive Form in English: Language 1951, 254—280.

E. Leisi, Die Progressive Form im Englischen: Die Neueren Sprachen 1960, 217—226.

K. Breitenbruch, Einführung in die Lehre von den Aspekten: in Jahresbericht des Mathematisch-Naturwissenschaftlichen Gymnasiums Zweibrücken 1961/62.

F. Miyahara, Max Deutschbein's Aspect Theory: in Bungei to Shiso (Essays in Literature and Thought) vol. 29, 1—26. Fukuoka (Japan) 1966.

R. W. Zandvoort, Is Aspect an English Verbal Category?: in Contributions to English Syntax and Phonology. Göteborg 1962.

W. Zahn, Betrachtungen zum englischen und slavischen Verbalaspekt: Die Neueren Sprachen 1967, 30—41 und 85—92.

Zeitschrift für vergleichende Sprachforschung auf dem Gebiete der indogermanischen Sprachen. NF 55/1927/28, S. 295—304 und NF 56/1928, S. 78—95.

STUDIEN ZUM SLAVISCHEN VERBALASPEKT

Von Erwin Koschmieder

[...]

2. Kritik des Begriffes „vollendet"

Zunächst ist festzustellen, wie das schon oft geschehen ist, daß die Worte „vollendet" (perfektiv) und „unvollendet" (imperfektiv) in bezug auf eine Handlung eines doppelten Sinnes fähig sind. „Vollendet" ist nämlich zunächst alles das, was zeitlich der Vergangenheit angehört, und „unvollendet" alles, was ganz oder teilweise in der Zukunft liegt. Diese erste, an und für sich mögliche Auffassung beruht auf einer subjektiv-relativen Zeitbetrachtung, wie sie allen Sprachen mit reinem Temporalsystem, z. B. dem Deutschen, eigen ist, und liegt natürlich Individuen mit solcher Muttersprache am nächsten. Sie soll aber bezeichnenderweise für das Slavische keine Anwendung finden — „denn es handelt sich dabei", sagt Leskien, Grammatik der altbulgarischen Sprache, S. 216, § 179 —, „gar nicht darum, ob eine Handlung abgeschlossen (vollendet) oder nicht abgeschlossen (unvollendet) ist, sondern, wie die Adjektivbildung auf *-ivus* auch andeuten soll, daß sie eine Beziehung zu den Begriffen der Vollendung oder Nichtvollendung hat". Die zweite mögliche Auffassung also, die Leskien schon andeutet und dann weiter ausführt, ist die, daß man eine Handlung „vollendet" nennen kann, wenn der gesamte Verbalbegriff notwendig den Moment der Vollendung in sich begreift und besonders betont, „unvollendet" hingegen eine solche, bei der das nicht der Fall ist. Diese zweite Bedeutungsmöglichkeit also ist es, die der Definition der Aspekte zugrunde liegt.

Der Mangel der Bezeichnungen „vollendet" und „unvollendet" ist nun offenbar zunächst der, daß sie nichts darüber aussagen, in welcher Bedeutung sie verstanden werden sollen. Aber gerade die Klarlegung dieser Beziehung ist wesentlich für die Definition der

Aspekte. Nun sagt Leskien a. a. O., §§180, 181: „Imperfektiv heißt eine Handlung (ein Vorgang), die dem Sprechenden als fortlaufend (andauernd) vorschwebt, ohne daß er einen Abschluß, eine Vollendung oder ein Resultat dabei im Sinn hat. . . . Perfektiv heißt eine Handlung im Hinblick auf ihre Vollendung, d. h. bei der dem Redenden ein Abschluß, ein Resultat vorschwebt, . . . Es kommt eben nur darauf an, daß in der gegenwärtigen, vergangenen oder zukünftigen Handlung der Moment der Vollendung im Blickpunkt des Bewußtseins steht." — Diese im ersten Augenblick recht klar anmutende Erläuterung, die mit gewissen Modifikationen fast überall wieder begegnet, leidet daran, daß sie mit zu allgemeinen Begriffen wie: im Sinne haben, vorschweben, Blickpunkt des Bewußtseins — eine Beziehung zwischen der Handlung und ihrer Vollendung herzustellen bemüht ist, anstatt das Mitinbegriffensein des Momentes der Vollendung in den Verbalbegriff klar herauszuarbeiten. Versuchen wir nämlich diese Erläuterung an Beispielen zu prüfen, so bemerken wir bald, daß sie wenn auch vielleicht nicht falsch, so doch nicht voll befriedigend ist. Nehmen wir also einen Satz wie: *Będzie nad nimi panował trzy lata, a potem umrze* — ‚er wird drei Jahre über sie herrschen, und dann wird er sterben' —; tritt denn hier n i c h t der Moment der Vollendung in den „Blickpunkt des Sprechenden"? Oder: *Będę jeszcze pracował do siódmej:* ‚ich werde noch bis um sieben Uhr arbeiten' —; habe ich hierbei k e i n e n „Abschluß im Sinn"? Fast jede zeitlich ausgedehnte Handlung hat doch wohl einen Anfang und ein Ende, und, wenn diese ausdrücklich genannt werden, so treten sie doch wohl in den Blickpunkt des Sprechenden. Etwas besser ist es um das „Fortlaufende" und um das „Andauernde" beim imperfectivum bestellt. Aber auch hier bleiben Unklarheiten. Stellen wir die beiden folgenden Sätze gegenüber. *Żył dwa lata w Polsce:* ‚er lebte zwei Jahre in Polen' — und: *Spędził dwa lata w Polsce:* ‚er verbrachte (hat verbracht) zwei Jahre in Polen'. Es ist doch ganz fraglos, daß die Handlung in beiden Fällen 2 Jahre lang andauerte. Ja noch viel mehr ist fraglos: die Handlungen an und für sich sind beide ganz identisch, beidesmal ein zweijähriger Aufenthalt in Polen. Auch steht es doch ganz außer Zweifel, daß diese Handlung in beiden Fällen nach zweijähriger Dauer beendet war und

somit auch der Moment der Vollendung beidesmal in den Blickpunkt des Sprechenden tritt. Man wird einwenden: bei der perfektiven Darstellung wird der Moment der Vollendung schon durch
die Verbalbedeutung von *spędził* deutlich betont, während im anderen Fall das Verb *żył* lediglich die Dauer hervortreten läßt und
die Vollendung erst durch den übrigen Satz, keinesfalls aber durch
żył klar wird. Das ist gewiß nicht unrichtig, es zeigt aber deutlich,
daß nicht die Handlung perfektiv oder imperfektiv ist, sondern
daß der perfektive Ausdruck den Begriff der Vollendung durch
das bloße Verb zur Darstellung bringt, während der imperfektive
das nicht tut; dabei ist es offenbar nicht erforderlich, daß für eine
sonst als vollendet charakterisierte Handlung auch stets ein perfektiver Verbalausdruck gewählt wird. Worauf es hier also ankommt, das ist die lexikalische Bedeutung der Verben.

Wie man sich nun diese Betonung des Vollendungsmomentes
durch die lexikalische Bedeutung vorzustellen hat, sieht man aus
der viel herangezogenen Gegenüberstellung von *czytać* und *przeczytać*. Das perfektive *przeczytać* bedeutet „durchlesen" (das ganze
Buch, oder den genannten Teil) und bezieht den Moment der Vollendung in den Verbalbegriff ein, insofern von einem Durchlesen
eigentlich nur da die Rede sein kann, wo das genannte Objekt ganz
gelesen, d. h. seine Lektüre „vollendet" wird. Dabei spielt es gar
keine Rolle, ob die ganze Handlung und mit ihr natürlich der
Moment der Vollendung auch schon zeitlich vergangen ist, sie kann
vielmehr auch der Zukunft angehören. Das imperfektive *czytać*
hingegen bedeutet: (in einem Buche) lesen — und bringt den
Moment der Vollendung gar nicht zum Ausdruck. Das Verhältnis
von *czytać* zu *przeczytać* ist also etwa das nämliche wie in dem
von Leskien angeführten „jagen" und „erjagen", da ja das „er-" wie
das „prze-" die Erreichung des Resultats in den Verbalbegriff ein-
beziehen. Diese zunächst so einleuchtende Gegenüberstellung hat
aber einen sehr schwachen Punkt. Gewiß sind „jagen" und „*czytać*"
imperfektiv und „erjagen" und „*przeczytać*" perfektiv, aber
„jagen" und „*czytać*" sind gar nicht die imperfektiven Komplementärbegriffe zu „erjagen" und „*przeczytać*", diese heißen vielmehr: „erjagen" und „*przeczytywać*". Es ist dabei sicher kein
Zufall, daß bei diesen beiden Komposita, die mit stark vollendungs-

betonenden Präfixen gebildet sind, eine Imperfektivität nur durch einen iterativen Nebensinn möglich wird. Daß ihn *przeczytywać* hat, bedarf keiner Erläuterung. Für „erjagen" aber wird uns das sofort klar, wenn wir uns als Beispiel seiner imperfektiven Verwendung etwa vorstellen: „Die Buschmänner erjagen den Strauß, indem sie sich ihm in einer täuschend ähnlich hergestellten Straußenmaske unerkannt nähern." Diese Bedeutungswandlung aber macht den Vorgang kompliziert. Viel klarer liegen die Verhältnisse dort, wo sie infolge der schwächeren Vollendungsbetonung des Präfixes nicht einzutreten braucht. Betrachten wir z. B. *ciągnąć, wyciągnąć, wyciągać.* *Ciągnąć* „ziehen" ist imperfektiv; *wyciągnąć* „herausziehen" ist perfektiv, es schließt das „Heraus" mit in die lexikalische Bedeutung ein. Es ist aber kein Komplementärbegriff zu *ciągnąć,* denn dieses kann ein Ziehen in jeder Richtung, also auch „hinein" bedeuten. Dafür aber hat es seinen imperfektiven Komplementärbegriff in *wyciągać.* Diesem aber ist auch das „Heraus" durchaus eigen. *Wyciągałem* bedeutet nun: „ich machte Anstrengungen (etwas) herauszuziehen", mit welchem Erfolg, bleibt unberücksichtigt. *Wyciągnąłem* hingegen heißt: „ich zog (etwas mit Erfolg) heraus."

Wie man also geglaubt hat, sagt das perfektive Verbum *in seiner lexikalischen Bedeutung* etwas über die Überwindung eines bestimmten Punktes in der Handlung aus. Wenn das nun die Grundbedeutung dieses Aspektes sein soll, muß sie sich natürlich bei allen perfektiven Verben nachweisen lassen. Das aber ist nicht der Fall. Es gibt eine große Familie von Verben des „perfektiven" Aspekts, die geradezu die Nichtvollendung betonen, indem sie die Bedeutung haben: ein wenig die Tätigkeit des imperfektiven Simplex ausüben, oder: einige Zeit mit dieser Tätigkeit verbringen. Es sind das zahlreiche mit *po*-komponierte perfectiva, wie *pogwizdać, pogawędzić, posiedzieć, poczytać* u. a. m. Vergleichen wir so z. B. *poczytałem sobie jeszcze w tej książce* „ich habe noch ein wenig in diesem Buche gelesen" mit *przeczytałem tę książkę* „ich habe das Buch durchgelesen", so ist bezüglich der „Vollendung" und ihrer Betonung hier wohl der gleiche Unterschied zu konstatieren wie in *czytałem* und *przeczytałem.* Trotzdem aber ist und bleibt *poczytać* und alle so gebildeten Verben „perfektiv". Man wende nur nicht

ein, *poczytać* bedeute die Vollendung des Ein-wenig-lesens. Das
hieße um leere Worte streiten. Vollendung wäre dabei gleichbedeutend mit Ausführung — und die Ausführung der betreffenden
Tätigkeit bringt jedes Verb zum Ausdruck. Was hier betont wird,
ist gerade das Ein-wenig, und wenn die lexikalische Bedeutung
gerade die unbestimmte Menge und unbestimmte Zeit des zu Er-
reichenden, also die Nichtvollendung der am Objekt vorgenommenen Handlung betont, so kann sie nicht gleichzeitig die Vollendung betonen. Man kann wohl einen bestimmten Teil eines Ganzen auch als Ganzes fassen, wenn man etwa sagt: *przeczytałem
tylko 5 stron tego dzieła:* „ich habe nur 5 Seiten dieses Werkes
durchgelesen". Dabei aber bleibt die Vollständigkeit, die „Vollendung", der im Verb ausgedrückten Tätigkeit, die Erreichung des
im Verb und Objekt gegebenen Zieles, unangetastet. Das Ziel aber
der bloßen Lektüre eines Buches wird mit *czytać* ebenso zur Darstellung gebracht wie mit *poczytać.* Es ist das eben in dem soeben
mühsam entwickelten Sinn der Vollendung gar kein Ziel, das erreicht werden könnte. Man wird nun vielleicht einwenden, *poczytać*
enthielte eben auch die Vorstellung, daß mit dem Lesen wieder
aufgehört wird. Ganz abgesehen aber davon, daß dieses Moment
gar nicht das betonte ist, ist doch eben das Aufhören mit einer Tätigkeit absolut nicht ihrer Vollendung gleichzusetzen, wenn man nicht
den einmal in *„przeczytać"* und „erjagen" deutlich erkannten Begriff der Vollendung wieder aufgeben will. Aufhören kann man
sehr wohl mit einer im Sinne von *przeczytać* noch nicht voll-
endeten Handlung.

Man hat nun gemeint, wie in *przeczytać* der Moment der Be-
endigung als vollendet zur Darstellung käme und demgegenüber
in *zaśpiewać* der des Anfangs, so wäre bei *poczytać* der betonte
Moment in der Mitte der Handlung zu suchen. So sagt Szober in
seiner Gramatyka języka polskiego S. 148: „Es kommt auch vor,
daß wir nur die mittleren Momente im Verlaufe einer sich ent-
wickelnden Tätigkeit betonen, ohne ihren Anfang oder ihren
Schlußmoment zu bezeichnen, indem wir sie als eine Tätigkeit von
unbestimmter Zeitdauer darstellen. Eine so erfaßte Tätigkeit drük-
ken wir mit Hilfe der präteritiven Gattung aus, z. B. *posiedzieć*
(ein wenig sitzen, eine gewisse Zeit mit Sitzen verbringen), *po-*

gawędzić (ein wenig plaudern) . . .". Mit dieser Betonung der in
der Mitte liegenden Momente jedoch ist an der Vollendung nichts
mehr zu retten, denn diese Momente der Mitte gerade erfaßt ja
sonst die imperfektive Darstellung. Eine Behauptung, das erreichte
Resultat liege hier, wie bei *zaśpiewać* im Anfang und bei *przeczytać*
am Ende, in der Mitte der Handlung, bliebe eine bloße Verlegen-
heitsauskunft. So sagt auch Agrell, Przedrostki postaciowe S. 105
sub XII: *„Postać preterytywna oznacza przebieg nieokreślony,
zwykle krótki, przytem bez zaznaczonego osiągnięcia rezultatu.
Wyraża tę postać zwykle przedrostek po . . . rzadko przedrostek
prze- . . ."* „Die präteritive Aktion bezeichnet einen unbestimmten,
gewöhnlich kurzen Verlauf, dabei o h n e   b e t o n t e   E r r e i -
c h u n g   e i n e s   R e s u l t a t e s."

Wie sich nun *czytać* und *poczytać* unterscheiden, wird der weitere
Verlauf meiner Untersuchung ergeben. Hier sei nur mit aller Entschiedenheit darauf hingewiesen, daß die der lexikalischen Bedeutung der meisten perfektiven Verben inhärierende Vollendung im
oben entwickelten Sinne nicht allen perfektiven Verben eigen ist,
mithin nicht die Grundbedeutung des „perfektiven" Aspekts sein
kann.

Schuld aber an dieser nun doch als nicht ganz einwandfrei er-
wiesenen Definition des perfektiven Aspekts ist meines Erachtens
die Methode, die man zu seiner Erklärung gewählt hat. Bevor ich
also zur Untersuchung der Aspekte übergehe, will ich in einem dritten Kapitel über die Methode sprechen.

3. Zur Methode der Aspekterklärung

Wie wir im vorangehenden Kapitel sahen, beruht die auf dem
Begriff der „Vollendung" basierende Definition der Aspekte im
großen und ganzen auf einer Gegenüberstellung der lexikalischen
Bedeutung perfektiver und imperfektiver Verben hinsichtlich des
Mitinbegriffenseins eines Vollendungsmomentes in die Verbal-
bedeutung. Dabei hat sich gezeigt, daß eine größere Gruppe von
Verben in ihrer lexikalischen Bedeutung die typischen Merkmale
der anderen perfektiven Verben nicht aufweisen, obgleich sie be-

stimmt perfektiven Aspekt haben. Das macht schon sehr wahrscheinlich, daß die lexikalische Bedeutung gar nicht die richtige
Grundlage für eine Untersuchung des Wesens der Aspekte ist. Es
ist nämlich sehr wohl möglich, daß eine in so großem Umfange
auftretende und daher ganz besonders ins Auge fallende Gemein-
samkeit eines lexikalischen Zuges darauf zurückzuführen ist, daß
diese Bedeutungskategorie nur in dem betreffenden Aspekt ihre
Lebensbedingungen hat, Lebensbedingungen, die im Wesen dieses
Aspekts und vielleicht auch in seiner formellen Bildungsweise wurzeln, ohne daß die Bedeutungskategorie das Wesen des Aspektes
ausmachte. Zweifellos also machen sich bedeutende Einflüsse des
Aspekts in der lexikalischen Bedeutung der Verben geltend, aber
hier spielen eben noch andere mächtige Faktoren mit, wie die
Aktionsart oder die Präfixbedeutung. Wenn aber die Aspekte die
verschiedene Betrachtungsweise und nicht die Art der Handlung
zur Darstellung bringen, so sind es eben keine lexikalischen Gruppen wie etwa concreta und abstracta, deren Zusammenstellung nach
gemeinsamen Zügen in der Wortbedeutung erfolgte, sondern syntaktische Komplementärbegriffe, Abstraktionen der Grammatik,
die nicht im Wortmaterial greifbar vor uns liegen, sondern ihrem
Wesen und ihrer Bedeutung nach nur aus ihrer syntaktischen Verwendung analysiert werden können.

Die Definition aus Gemeinsamkeiten in der Verbalbedeutung für
den perfektiven Aspekt hatte also versagt. Aus den eben angestell-
ten Erwägungen heraus aber verheißt ein weiterer Versuch, die
Definition auf die Wortbedeutung zu basieren, kaum einen Erfolg.
Man wird also nicht umhin können, mit der Untersuchung an dem
Punkt einzusetzen, in dem sich die Aspekte in ihrer syntaktischen
Verwendung grundlegend voneinander unterscheiden; denn eben
dort, wo ein Aspekt möglich, der andere aber unmöglich ist, zeigt
sich am deutlichsten das, wodurch sie sich unterscheiden, also auch
ihr wahres Wesen. Dabei wird man natürlich den Unterschied der
Verwendung auf seinen Grund zu untersuchen haben und von da
aus die Bedeutung definieren müssen[1].

[1] Ähnliche Wege geht Doroszewski (O znaczeniu dokonanym osnów
czasownikowych w języku polskim, Prace filologiczne X, 1926, S. 192—

Am meisten ins Auge fällt bei der Verwendung der Aspekte eine gewisse Beziehung zur Zeitstufe, die sich in den verschiedenen Sprachen nicht immer gleichmäßig äußert, die auch, wie wir im ersten Kapitel bereits gesehen haben, von vielen Gelehrten betont wird. So ist z. B. eine Äußerung dieser Beziehungen die Futurbedeutung der perfektiven Präsensformen, die das Russische und das Westslavische weitgehend verwendet, während z. B. das Serbische eine periphrastische Bildung für den Ausdruck dieser Zeitstufe vorzieht. Betrachten wir aber die Gesamtheit der slavischen Sprachen, so können wir e i n e Äußerung dieser Konkurrenz mit der Zeitstufe als allen gemeinsam feststellen, die Miklosich in seiner vgl. Syntax (S. 274) mit dem Satze veranschaulicht, daß man auf die Frage: was machst Du da? nie mit einem perfektiven Verbum antworten kann. Das bedeutet aber nichts weiter, als daß ein perfektives Verbum nicht fähig ist, die Tatsache auszudrücken, daß man im Augenblick des Sprechens mit einer bestimmten Tätigkeit beschäftigt ist. Darin offenbart sich meines Erachtens also nicht eine Folge davon, daß man beim perfektiven Ausdruck die Vollendung der Tätigkeit im Sinn hat und in die Verbalbedeutung einbezieht oder wie man das sonst dargestellt hat, sondern vielmehr ein tiefer Zusammenhang des Aspekts mit der Zeit, als dessen Folge, wie wir unten sehen werden, u. a. meistens auch das Mitinbegriffensein der Vollendung vielleicht besonders augenfällig in Erscheinung tritt.

Dieser Zusammenhang des Aspekts mit der Zeit ist bisher nur von einem Standpunkt gewürdigt worden, der u. a. zu Delbrücks falschen Resultaten in den Begriffen punktuell und durativ führen

309), dessen höchst wichtige Arbeit ich leider erst nach Abschluß meines Manuskriptes kennenlernte. Auch er geht bei der Definition nicht von der lexikalischen Bedeutung der Verba aus, sondern von der syntaktischen Funktion der Aspekte, und seine Anschauung von der Perfektivität steht der meinen ganz nahe. Vgl. z. B. seine Ausführungen auf S. 298 in der Mitte, wo auch bei ihm ganz deutlich die Richtung aus der Zukunft in die Vergangenheit hervortritt, freilich ohne daß er sie irgend betont hätte. Auf seine interessanten Resultate hier schon einzugehen, muß ich mir leider versagen, jedoch werde ich an anderer Stelle auf sie zurückzukommen haben.

mußte, da man von der falschen Voraussetzung ausging, der Aspekt sage etwas über die objektive Dauer der betreffenden Tätigkeit aus. Welchen Zusammenhang aber die Aspekte mit der Zeit haben, darüber muß uns die genauere Untersuchung der oben nach Miklosich angeführten Tatsache Klarheit liefern können, die ja auch von den meisten anderen Grammatikern betont wird. Daß diese Erscheinung nicht zufällig ist, davon legt eine überraschende Übereinstimmung solcher Sprachen, die für die Aspektfrage eine Untersuchungsmöglichkeit bieten, ein schwerwiegendes Zeugnis ab.

Gliedert man das griechische Verbalsystem nach Aspekten und darin nach Zeitstufen, so sieht man auf den ersten Blick am völligen Fehlen adäquater Ausdrucksmittel[2], daß dem griechischen Aorist-Aspekt der Ausdruck einer tatsächlichen Gegenwart im Sinne der obigen Darstellung Miklosichs unmöglich ist; denn der Aspekt, der im Präsens- und Perfektstamm zum Ausdruck kommt, kennt die Zeitstufe der Gegenwart in γίγνομαι und γέγονα, während der Aorist-Aspekt im „Indikativ" ἐγενόμην mit Augment und sekundärer Endung nur über die Zeitstufe der Vergangenheit verfügt, die den anderen beiden Stämmen ja auch in ἐγιγνόμην und ἐγεγόνειν eigen ist, wobei ich die Frage nach der Zukunft unberücksichtigt lassen kann (man vgl. Hartmann a. a. O.). Analog verhält sich das Altindische. Hier ist ferner auch das Englische von Wichtigkeit; denn in dem Nebeneinander der sogenannten Dauerform, die durch *to be* mit dem participium praesentis des betr. Verbs gebildet wird, wie *I am writing*, und der regulär flektierten Zeitform spricht sich eine ganz analoge, auch von anderen schon zum Vergleich herangezogene Erscheinung aus wie im Slavischen. Die zusammengesetzte Form, die gerade die Bestimmung hat, das Eben-mit-etwas-beschäftigt-sein auszudrücken, entspricht in dieser Beziehung genau dem imperfektiven Aspekt der slavischen Sprachen. Man kann auch hier auf die Miklosichsche Frage nur mit *I am writing* antworten. Analoges finden wir im Semitischen und besonders im Hebräischen. Das Hebräische verfügt überhaupt über keine Tempora in unserem

---

[2] Vgl. hierzu Hartmann KZ. 48, S. 36, 37; KZ. 49, S. 47 ff. und besonders 50 ff., der Präsentia wie *βημι für die Ursprache annehmen möchte, freilich nicht in der hier in Frage stehenden Bedeutung.

Sinne, sondern es bedient sich beim verbum finitum ausschließlich eines dualistischen Aspektsystems, wobei die Zeitstufe (temps situé) lediglich accessorisch zum Ausdruck kommt, wenngleich die Aspekte da in der Grammatik lange als „tempora" bezeichnet wurden, und zwar der dem imperfektiven Aspekt entsprechende als tempus imperfectum, der dem perfektiven entsprechende als tempus perfectum. Besonders wichtig ist für uns, daß auch hier das „tempus perfectum", das sowohl die vergangene als auch die zukünftige Zeitstufe zu bezeichnen vermag, zur Bezeichnung der Gegenwart[3] in obigem Sinne — abgesehen von ganz bestimmten Bedeutungsgruppen von Verben — nicht verwendet werden kann.

Diesen tieferen Zusammenhang der Aspekte also mit der Zeit, der sich in den eben besprochenen Erscheinungen auswirkt, will die vorliegende Abhandlung in den folgenden Kapiteln für das Polnische zu klären versuchen. Dabei wird es unumgänglich nötig sein, sich mit gewissen psychologischen Begriffen auseinanderzusetzen. Dieser Versuch, die Psychologie zur Erklärung der Aspekte heranzuziehen, wird sich aber nicht, wie das früher geschehen ist, auf die etwas nebelhaften Begriffe „Phantasiedenkakt" und „reiner Denkakt"[4] stützen, die Hartmann in diesem Zusammenhang vielleicht nicht mit Unrecht als unangebracht empfunden hat, sondern in ihrer Bedeutung absolut klare und genau bestimmte Vorstellungen zugrunde legen, wie sie die Prinzipienlehre der Psychologie in jüngster Zeit ohne irgendeine Bezugnahme auf das Aspektsystem aus sich heraus geschaffen hat.

[3] Vgl. Marcel Cohen: Le système verbal sémitique et l'expression du temps, 1924, S. 208 ff. und S. 286. Besonders wichtig ist für uns auch H. Bauer: Die Tempora im Semitischen (Beiträge zur Assyriologie und sem. Sprachw. 8, 1 1910) S. 23—36 wegen seiner Stellungnahme zum Vollendungsbegriff.

[4] Der Versuch Lorcks, der in der Germanisch-Romanischen Monatsschrift 6, S. 48 ff., 100 ff., 177 ff. in dieser Richtung fürs Französische unternommen wurde, und von Hartmann KZ. 49, S. 69 u. 70 gewiß zu hart als „psychologische Tifteleien" charakterisiert wird, konnte, da mit den genannten unzureichenden Mitteln unternommen, zu keinen befriedigenden Resultaten führen.

4. Die psychologischen Grundlagen des polnischen Aspektsystems[5]

Bevor ich an die Untersuchung der Aspekte gehe, muß ich mich nochmals zu der Frage äußern, wieviel und welche Aspekte im Polnischen zu unterscheiden sind. Wenngleich man nämlich bisher im allgemeinen nur deren zwei, den perfektiven und den imperfektiven unterschied, so hat doch wie schon erwähnt, vor kurzem eine Autorität diese Zweiteilung verlassen und den beiden genannten als dritten den iterativen Aspekt gleichgeartet zur Seite gestellt. Nun spielt ja tatsächlich die Iteration bei der Aspektfrage im Polnischen wie überhaupt im Slavischen eine große Rolle. Trotzdem aber kann man meiner Ansicht nach die Iterativa mit den Perfektiva und Imperfektiva nicht auf eine Stufe stellen. Die Begriffe perfektiv und imperfektiv nämlich schließen einander vollkommen aus, d. h. was perfektiv ist, kann eben nicht imperfektiv sein und umgekehrt. Wollte man den Begriff iterativ mit ihnen auf eine Stufe stellen, so müßte doch dieser Begriff die beiden anderen ausschließen und umgekehrt; denn es handelt sich bei unserer Frage doch um ein Einteilungsprinzip. Das Wesen jeder Einteilung aber ist, daß sie nach einem Prinzip in sich gegenseitig ausschließenden Klassen vorgenommen wird. Will man also etwa die Häuser einteilen, so kann man das u. a. nach dem Baumaterial tun und demnach Steinhäuser und Holzhäuser unterscheiden. Entschließt man sich dann dazu, dieses Einteilungsprinzip mit „Herstellungsart" zu bezeichnen, so unterscheiden wir zwei Herstellungsarten von Häusern. Wollte man nun als dritte Herstellungsart die Wohnhäuser einführen, so schlössen sich doch Stein- und Holzhäuser einerseits und Wohnhäuser andererseits gar nicht aus, denn Wohnhäuser gibt es aus Stein und aus Holz. Das Einteilungsprinzip, dem der Begriff Wohn-

[5] S. o. LV Zeitschr. f. vergl. Sprachforschung auf d. Gebiet der indogerm. Sprachen, 280 [in diesem Band ab S. 74] — Die vorliegende Arbeit war bereits vor 2 Jahren abgeschlossen. Es ist mir daher einerseits leider nicht möglich, an dieser Stelle schon näher auf die interessanten Arbeiten von Eduard Hermann „Idg. Forschgen. 45" und Ferd. Stiebitz „Listy filologické 55, 1" einzugehen. Andererseits aber habe ich inzwischen einige prinzipielle Fragen weiter verfolgt, worüber ich demnächst eine weitere Abhandlung der Öffentlichkeit unterbreiten werde.

haus entnommen ist, ist eben ein anderes als die „Herstellungsart"; man könnte es etwa mit „Verwendungsart" bezeichnen, wenn man als Gegensatz zum Wohnhaus etwa das Wirtschaftsgebäude ins Auge faßt. Mag nun auch der Begriff des Wohnhauses noch so wichtig für die Bauweise sein, es bliebe falsch, die Wohnhäuser in diesem Zusammenhang als dritte „Herstellungsart" zu bezeichnen. Als solche kämen nur Metallhäuser oder ähnliche in Frage, wenn sie weder Steinhäuser noch Holzhäuser sind.

Nun schließen sich die Begriffe perfektiv/imperfektiv einerseits und iterativ andererseits durchaus nicht aus; denn es gibt sowohl perfektive Iterativa als auch imperfektive Iterativa. Deswegen ist es, selbst wenn man perfektiv und imperfektiv schwer definieren kann, kaum richtig, das Iterativum als den dritten Aspekt zu bezeichnen, nachdem man einmal das Perfektivum und das Imperfektivum Aspekte genannt hat. Der Gegensatz zum Iterativum ist Semelfaktivum, und es heißt zwei Einteilungsprinzipien vermengen, will man das Iterativum mit dem Perfektivum und Imperfektivum in einer Kategorie „Aspekt" unterbringen, mag das Iterativum von noch so großer Bedeutung für die formelle Bildung der Aspekte sein. Ich will zur Verdeutlichung noch eine Parallele aus der Deklination beibringen. Das Russische unterscheidet bekanntlich drei grammatische Geschlechter: männlich, weiblich, sächlich. Nun ist aber auch hinlänglich bekannt, daß im Russischen belebte Wesen in der Deklination vielfach anders behandelt werden als die übrigen Nomina. Trotzdem aber kann man unter keinen Umständen sagen, es gäbe im Russischen vier Geschlechter, das sächliche, das weibliche, das männliche und das belebte.

Die Iterativa also gehören nicht zu den Aspekten, sondern sind eine der verschiedenen Bedeutungskategorien, die man unter dem Namen „Aktionsarten" zusammengefaßt hat. Diese sind nach verschiedenen Einteilungsprinzipien gebildete lexikalische Gruppen. Sie verhalten sich zum Verbalaspekt, der gewisse oben schon berührte, noch näher zu erörternde syntaktische Funktionen hat, etwa wie die Konkreta und Abstrakta, die Einzeldinge und Sammelnamen, die Nomina, die belebtes und nicht belebtes bezeichnen, usw. zum Numerus in der Deklination — oder wie die verba transitiva und intransitiva, die personalia und impersonalia usw.

zum Tempus in der Konjugation. Ich werde auf sie später zurückzukommen haben, denn ihr Verhältnis zu den Aspekten, das in der Verbalbedeutung und in der psychologischen Grundlage der Aspekte begründet ist, ist von großer Wichtigkeit.

Die Grundlage der Aspekte nun ist psychologischer Natur. Dabei muß von vornherein scharf betont werden, daß es sich hierbei lediglich um den heutigen Stand der Sprache handelt, nicht aber um die geschichtliche Entwicklung, daß also „Grundlage" hier nicht als Herkunft, sondern als heutiges Differenzierungsprinzip zu verstehen ist. Welche geschichtliche Entwicklung aber zum heutigen Stand geführt hat, ist eine Frage, mit deren Beantwortung man sich erst beschäftigen kann, nachdem man das Wesen des heutigen Sprachgebrauchs genau erkannt hat. Über den Sprachgebrauch selbst unterrichten die Grammatiken in mehr oder weniger anschaulicher Weise. Was aber bis jetzt über das Wesen der Unterscheidung von perfektiv und imperfektiv gesagt worden ist, ist m. E. noch mancher Vertiefung fähig.

Soeben habe ich die Grundlage der Aspekte psychologisch genannt und damit schon angedeutet, welchen Weg ich bei der Erklärung unserer Phänomene nunmehr einschlagen will. Wie ich oben schon hervorhob, wird von den meisten polnischen Grammatikern als wesentlich für die Unterscheidung perfektiver und imperfektiver Verben betont, daß die perfektiven Verben nicht zum Ausdruck der tatsächlichen Gegenwart einer Handlung befähigt sind. Ihr sonstiger präsentischer Gebrauch nämlich in allgemeinen Sentenzen, Sprichwörtern u. dgl. sowie auch in hypothetischen Sätzen hat in diesem Sinne keinen Gegenwartswert und soll unten noch besonders untersucht werden. Diese Unfähigkeit zum Ausdruck der Gegenwart, die hier ausnahmslos für alle Kategorien perfektiver Verben in gleicher Weise charakteristisch ist, will ich nun auf ihre Gründe untersuchen und für die Definition der Aspekte verwenden. Dabei tritt zunächst die Frage auf: was ist denn die Gegenwart, und hier betreten wir den Boden der Psychologie, die nach meinem Dafürhalten bisher nur ganz ungenügend zur Erklärung der Aspekte herangezogen worden ist. Diese Frage ist schon oft in der Philosophie und neuerlich wieder von der Prinzipienlehre der Psychologie aufgeworfen, und die klare Beantwortung, die sie in Hönigs-

walds „Grundlagen der Denkpsychologie" gefunden hat, lädt
förmlich zu ihrer Verwendung für die Aspekterklärung ein.

Gegenwart ist eng verknüpft mit dem „Ich", mit dem Ichbewußtsein. Das Ichbewußtsein lebt in einer kontinuierlichen Gegenwart, indem es in der „Präsenz" in die Vergangenheit zurück-
und in die Zukunft vorausreicht. Stellt man sich den Ablauf der
transeunten Zeit als eine sich in einer Richtung bewegende Linie
vor, so bewegen sich sämtliche auf ihr liegenden Stellenwerte durch
einen auf dieser Linie liegenden sich aber nicht mit ihr bewegenden
Gegenwartspunkt hindurch, vor ihrem Durchgang durch diesen in
der Zukunft und nach ihrem Durchgang in der Vergangenheit lie-
gend. Dieser Gegenwartspunkt an und für sich ist ausdehnungslos, d. h. eine absolute, physikalische Gegenwart gibt es nicht, da ja
die Zeit in dauerndem Flusse ist und jeder Moment, den man sich
etwa bemüht als den gegenwärtigen zu ergreifen, soeben noch der
Zukunft, sofort aber auch schon der Vergangenheit angehört. Wohl
aber gibt es eine Gegenwart vom psychologischen Standpunkt.
Unser Ichbewußtsein nämlich, das in diesem Gegenwartspunkt steht,
verknüpft Vergangenheit und Zukunft in der „streckenhaften" Präsenz: „ich bin" = „ich war eben und werde weiter sein". Dieser
Gegenwartspunkt nun, und mit ihm die Präsenz, hat auf der Zeitlinie zwar in jedem Moment einen Stellenwert, doch stets einen anderen, so daß man hinsichtlich dieser r e l a t i v e n Verschiebung
von Zeitlinie und Gegenwartspunkt auch sagen kann: er wandert
auf ihr aus der Vergangenheit in die Zukunft. Die Ereignisse mit
festem Stellenwert auf der Zeitlinie haben diesen stets und wandern aus der durch den Gegenwartspunkt bestimmten Zukunft in
die Vergangenheit. Dabei ist die Kontinuierlichkeit des Ichbewußtseins nur durch die, Zukunft und Vergangenheit streckenhaft ver-
knüpfende, Präsenz möglich, denn „ich bin, insofern als ich mich
in jedem Augenblick als den Gewesenen und den Seinwerdenden
setze"[6]. Hiermit ist nun mit aller Entschiedenheit die strenge Gegensätzlichkeit des Ichbewußtseins und des im Zeitstellenwerte fest-
liegenden Ereignisses in der Zeitrichtung ausgesprochen. Diese Gegensätzlichkeit läßt sich ganz banal etwa in folgendem Satze aus-

[6] Vgl. Hönigswald, Grundl. etwa: S. 86 ff., 113 und passim.

drücken: „Ich" w a r in der Vergangenheit und w e r d e in der
Zukunft sein, das Ereignis aber l i e g t in der Zukunft und w i r d
in der Vergangenheit l i e g e n. – Historische Ereignisse nun werden vom Ich „verstanden", indem sie in die Präsenz projiziert
werden[7].

Welche Beziehungen haben nun diese psychologischen Tatsachen
zu den Aspekten? Das Polnische besitzt in Perfektivität und Imperfektivität grammatische Kategorien, mit denen es ausdrückt, ob
das im Verb Ausgesagte in der transeunten Zeit als Stellenwert, —
oder in der psychologischen Gegenwart als dem in der Präsenz
begründeten Ichbewußtsein konform angesehen werden soll. Diese
Behauptung erfordert eine eingehende Erläuterung und einen Beweis am sprachlichen Material.

Ich will mit der Erläuterung bei den Verhältnissen beginnen,
die bei der Imperfektivität vorliegen. Das in Imperfektivität Ausgesagte drückt einen dem Ichbewußtsein konformen Gedanken aus:
ich bin. Dabei muß man sich vor Augen halten, daß das Ichbewußtsein, dem so ein Gedanke konform ist, keineswegs immer
das des Sprechenden sein muß. Das Bewußtsein eines jeden anderen
Ich ist dem des Sprechenden psychologisch gleich geartet. In: Du
bist, er ist usw. also finden wir den Ausdruck des Ichbewußtseins
anderer Iche als das des Sprechenden. Wenn ich also die Imperfektivität in diesem Sinne ichbezogen nenne, so folgt daraus nicht,
daß sie nur zu Aussagen in der 1. Person sing. befähigt sei. Nun
sind aber Ich-Bezogenheit und Ist-Bezogenheit derart korrelative
Begriffe, daß „Ich" und „Ist" als ihrem Wesen nach gleich genannt
werden müssen. Beide wandern sie aus der Vergangenheit in die
Zukunft. Und so umfaßt die Imperfektivität auch das „Ist", d. h.
auch von einem „Es" Ausgesagtes kann in Imperfektivität ausgedrückt werden. Die Person also, in der die Verbalform steht
und das Subjekt, das zu ihr gehört, sind ohne Einfluß auf die
Imperfektivität. Nun gilt es dasselbe von der Zeitstufe zu beweisen.

---

[7] Vgl. außer Hönigswald auch den dort zitierten L. William Stern:
Psychische Präsenzzeit — in Zeitschrift für Psychol. und Physiol. der
Sinnesorgane 13, 1897.

Wir sagten oben, die Imperfektivität diene dem Ausdruck der psychologischen Gegenwart. Da scheint es auf den ersten Blick, als wäre Imperfektivität in präteritaler und futurischer Form unmöglich. Aber auch nur auf den ersten Blick, denn wie wir eben sahen, daß das Ich des Ichbewußtseins nicht das des Sprechenden ist, sondern das des Subjekts, so ist es ganz klar, daß die psychologische Gegenwart nicht die des Sprechens, sondern die des von jenem Ichbewußtsein Berichteten ist. Wird man doch ohne weiteres zugeben müssen, daß man sich ein Ichbewußtsein an einer anderen Stelle der Zeitlinie vorstellen kann, als die, an der sich der Sprechende befindet. Dergestalt also drückt die Imperfektivität stets eine Gegenwart aus, auch wenn sie in die Vergangenheit oder Zukunft vom Standpunkt des Sprechenden verschoben wird. Soviel zunächst von der Imperfektivität.

Die Bestimmung der Perfektivität sollte es nun sein auszudrükken, daß das im Verb Ausgesagte als Stellenwert auf der Zeitlinie betrachtet wird. Auch das erfordert einige Erklärungen. Will man Vorgänge nach ihrer Dauer auf der Zeitlinie abbilden, so entsprechen sie da Punkten und Strecken, die ihren festen, wenn auch dem Sprechenden oft nicht bekannten oder von ihm auch nicht näher bezeichneten Stellenwert auf ihr haben. Sie wandern nun auf der Zeitlinie der Präsenz des Beschauers entgegen aus der Zukunft in die Vergangenheit und werden von ihm „verstanden", indem sie in die Präsenz projiziert werden. Durch diese Projektion in die Präsenz werden sie gewissermaßen in einen Punkt verdichtet. Daraus folgt schon, daß die Perfektivität unfähig zum Ausdruck der psychologischen Gegenwart ist. Denn, wenn die Handlung eine Dauer besitzt, kann einmal nie die ganze Handlung in der Gegenwart liegen, sondern als Ganzes gehört sie solange der Zukunft an, bis sie in der Vergangenheit liegt. Weiter aber ist für die Darstellung einer psychologischen Gegenwart das Herübergreifen aus der Vergangenheit in die Zukunft Bedingung. Betrachte ich nun eine Handlung von Dauer einmal in ihrem Stellenwert, d. h. projiziere ich sie in die Präsenz, so ist das — selbst wenn der Gegenwartspunkt im gegebenen Moment mitten in der ganzen Handlung darinnen liegt — mit jener Bedingung der psychologischen Gegenwart unvereinbar. Ich müßte dann, da ich die Handlung ja in ihrem

Stellenwert in die Präsenz projiziert habe, für den Ausdruck einer psychologischen Gegenwart sagen können, daß dieser Stellenwert eben war und weiter sein wird. Dieser Stellenwert aber umfaßt die gesamte Dauer der Handlung, und durch die gleichzeitige Betrachtung von beiden Gesichtspunkten würde die gesamte Dauer in jedem Augenblick enthalten dargestellt werden. Und das ist unmöglich. Sobald man aber eine solche Handlung im Gegenwartspunkt zerschneidet und etwa sagt: ich las eben eine halbe Stunde und werde sogleich eine halbe Stunde weiter lesen, — so gibt man die Projektion des Stellenwertes in die Präsenz auf und geht zur Darstellung der aus der Vergangenheit in die Zukunft reichenden psychologischen Gegenwart über unter Angabe ihres Anfangs und ihres Endes. Dergestalt also ist die Perfektivität zur Darstellung einer Handlung von Dauer in psychologischer Gegenwart unbrauchbar.

Besitzt nun die Handlung keine Dauer, sagen wir, wie etwa das Verlöschen des elektrischen Lichtes, so kann sie, weil sie keine Dauer hat, keine Gegenwart bedeuten, denn die Präsenz durchschreitet sie als ausdehnungsloser Punkt. Die Zeitrichtung aller Stellenwerte ist aber die entgegengesetzte der der psychologischen Gegenwart. Durch diese Gegensätzlichkeit in der Richtung aber wird die Gegenwart des Punktes unmöglich, denn es gehört zur Auffassung einer Handlung als Gegenwart, daß ich von ihr sagen kann: ich verrichte sie eben und werde sie weiter verrichten. Befindet sich der Punkt nun an der Stelle der Präsenz, die in die Zukunft reicht, so kann man nicht von der Handlung sagen: sie war eben. Ist er aber in den zur Vergangenheit gehörenden Teil fortgeschritten, so kann man von ihm nicht mehr sagen: er wird sein. Ja selbst der Moment, der zwischen diesen genannten Stellen, also im ausdehnungslosen Gegenwartspunkt liegt, ließe, wenn er überhaupt in Betracht käme, nur die Möglichkeit zu, zu sagen: er gehörte eben der Zukunft an und gehört sofort der Vergangenheit an, nicht aber, wie es erforderlich wäre: er gehörte eben der Vergangenheit an und wird sogleich der Zukunft angehören.

Drückt nun also die Perfektivität aus, daß ein Geschehnis in seinem Stellenwert betrachtet wird, so ist sie nicht befähigt, eine psychologische Gegenwart darzustellen, und zwar aus Gründen, die sowohl auf der entgegengesetzten Richtungsbezogenheit der

Präsenz und des Stellenwertes in der Zeit als auch auf der Natur der Betrachtung eines Stellenwertes beruhen.

Wie dabei einerseits die Beziehung der Gegenwart zum Stellenwert durch den Ausdruck der Zeitstufe gewahrt blieb, so bleibt hier andererseits die Beziehung des Stellenwertes zur Gegenwart durch die Projektion in die Präsenz gewahrt.

Imperfektivität ist somit der Ausdruck des „Bewußtseins", Perfektivität der des „Verstehens" im oben erläuterten Sinne der Ausdrücke.

Um also noch einmal zu unserem Ausgangspunkt zurückzukehren, betone ich, daß ich den Grund für das verschiedene Verhalten der Aspekte in Bezug auf die Darstellung der Gegenwart darin gefunden zu haben glaube, daß es ihre Funktion ist, den Richtungsbezug der Aussage in der Zeit auszudrücken.

Um das bisher Gesagte zu veranschaulichen, will ich es im folgenden durch eine Analyse der sprachlichen Ausdrucksformen in obigem Sinne erläutern:

czytam, imperfektiv:

ich lese, d. h. ich habe das Bewußtsein zu lesen, insofern als ich eben gelesen habe und auch weiter lesen werde.

przeczytam, perfektiv:

ich werde durchlesen. Ich habe beispielsweise einen Brief. Seine Lektüre wird mich 10 Minuten kosten. Sie hat einen Zeitstellenwert, der als Ganzes in die Präsenz projiziert wird. Dieser Zeitstellenwert wandert aus der Zukunft der Präsenz des Betrachters, d. i. des Sprechenden, zu und kann als solcher für den Betrachter nur Zukunft oder Vergangenheit sein. Da man für die Vergangenheit eine besondere Form hat, bedeutet *przeczytam* im allgemeinen die Zukunft.

Bei *czytasz, czyta* usf. „du liest, er liest" usf. ist es schwer zu entscheiden, ob zu erklären ist: ich habe das Bewußtsein, daß du liest usf. — oder: Du hast das Bewußtsein: „ich lese" usf. Ich möchte den letzteren Ausdruck wählen und somit die Interpretation im allgemeinen so formulieren: die Imperfektivität ist die Darstellung des Bewußtseins dessen, von dem gesprochen wird, d. i. des Subjekts. Daß dabei auch ich derjenige sein kann, von dem gesprochen wird, ist wohl klar. Bei *przeczytasz, -ta* usw. ist es leicht, sich die Projektion der Handlung in die Präsenz des Sprechenden vorzustellen, da ich als Sprechender eben auf diese Weise die Handlungen anderer betrachten kann. Es dürften aber auch für *przeczytam* „ich werde durchlesen" kaum hierfür Schwierigkeiten vorhanden sein, denn der Sprechende vermag sehr wohl auch seine eigenen Handlungen zum Objekt seiner Betrachtung zu machen.

czytałem, -eś usw. „ich las . . ."

d. h. zu einem gewissen Zeitpunkt hatte ich das Bewußtsein: ich las eben, lese und werde weiter lesen. *Czytałem* drückt also die psychologische Gegenwart dessen, von dem gesprochen wird, d. h. von dem die Rede ist, zu dem Zeitpunkt, von dem die Rede ist, und der zum Zeitpunkt des Sprechens in der Vergangenheit liegt, aus.

przeczytałem, -eś usf. „Ich habe durchgelesen . . ." d. h. ich vergegenwärtige mir im Augenblick des Sprechens die ganze, auf einer bestimmten Stelle der Zeitlinie in der Vergangenheit festliegende Handlung des Durchlesens in der Präsenz, wobei es wieder einerlei ist, wer diese Handlung vorgenommen hat.

będę, będziesz . . . czytał „ich . . . usw. werde lesen" d. h. zu einem gewissen in der Zukunft liegenden Zeitpunkt werde ich von mir sagen können: ich las, lese und werde lesen. Auch hier drückt also das Imperfektivum die psychologische Gegenwart dessen, von dem die Rede ist, aus und zwar zu einem zu dem des Sprechens in der Zukunft liegenden Zeitpunkt; während das perfektive *przeczyta* die im Augenblick des Sprechens vor sich gehende Betrachtung einer zu diesem Augenblick in der Zukunft liegenden Handlung vom Standpunkt des Sprechenden ausdrückt.

Bevor wir nun in unseren Ausführungen fortfahren, wird es von Nutzen sein, die logische Entwicklung der bisherigen Betrachtungen noch einmal kurz zu fixieren. Wir stellten eingangs fest, daß die Definition der Aspekte auf dem Vollendungsbegriff beruhte. Dieser der lexikalischen Bedeutung inhärierende Vollendungsbegriff ließ sich nicht in allen perfektiven Verben nachweisen. Wir wählten daher als Ausgangspunkt für eine neue Definition das Verhalten der Aspekte bei der Darstellung der Gegenwart. Die Untersuchung des Gegenwartsbegriffes ergab, daß die Betrachtung von Handlungen eine zweifache sein kann:

1) vom Subjekt aus als psychologische Gegenwart, die aus der Vergangenheit in die Zukunft gerichtet ist,

2) vom Sprechenden aus als Zeitstellenwert, der aus der Zukunft in die Vergangenheit gerichtet ist.

Diese erste Betrachtungsweise liegt der Darstellung einer Gegenwart zugrunde, der zweiten ist eine Darstellung der Gegenwart
unmöglich. Wenn nun das Imperfektivum zur Darstellung der Gegenwart befähigt ist, so repräsentiert es die erste Betrachtungsweise, das Perfektivum hingegen, das nicht dazu verwendet werden
kann, ist die Darstellung der zweiten Betrachtungsweise. Prinzipielle Bedenken aber lagen, wie wir zuletzt sahen, gegen eine Erklärung der imperfektiven Verbalformen im Sinne der ersten Betrachtungsweise ebensowenig vor wie gegen eine Erklärung der
perfektiven im Sinne der zweiten Betrachtungsweise.

Nicht einbegriffen in die Untersuchung war die Verwendung
perfektiver Verben in allgemeinen Sätzen, Sprichwörtern usw. Ich
werde sie unten bei der Betrachtung der syntaktischen Verwendung
der Aspekte im Sinne der obigen Definition noch ausführlich zu be-
sprechen haben. Hier sei ihretwegen zunächst nur darauf hingewiesen, daß die bisherigen Untersuchungen nur solchen Handlungen
galten, die einen Zeitstellenwert haben. Denn auch die als psychologische Gegenwart dargestellten Handlungen haben stets einen
solchen, wenn sie auch nicht in ihm betrachtet werden. Die in allgemeinen Sätzen usw. ausgesagten Handlungen aber haben k e i -
n e n Z e i t s t e l l e n w e r t und können demnach hier unberücksichtigt bleiben.

Nachdem ich also meine oben dargelegte Anschauung über die
Funktion der Aspekte erläutert habe, trete ich jetzt der Aufgabe
näher, sie zu beweisen. Dabei ist nun zu betonen, daß es einen
direkten Beweis für sie — wenn man meine logischen Deduktionen
nicht als solchen nehmen will — naturgemäß nicht geben kann. Es
ist vielmehr nur möglich zu zeigen, daß die Tatsachen meiner
Theorie nicht widersprechen. Diesen indirekten Beweis gedenke ich
im folgenden in der Weise zu führen, daß ich erstens die verschiedenen Aktionsgattungen und zweitens den syntaktischen Gebrauch
der Aspekte in seinen Einzelheiten darauf untersuche, ob meine
Theorie sich ihnen widerspruchslos fügt. Bevor ich jedoch diesen
indirekten Beweis antrete, will ich nochmals in einem kurzen Kapitel auf den Vollendungsbegriff zurückkommen.

5. Die Begriffe „vollendet" und „dauernd" im Lichte
meiner obigen Erklärung der Aspekte

Im Kapitel 2 hatte ich den Begriff der Vollendung in dem spezifischen der lexikalischen Verbalbedeutung inhärierenden Sinne des
erreichten Resultats als Grundlage für die Aspekterklärung abge-
lehnt. Nach meinen Ausführungen aber tritt er als Folgeerschei-
nung einer Betrachtungsweise der aus der Zukunft in die Vergangenheit gerichteten Zeitstellenwerte, allerdings zunächst in einem
anderen Sinne, wieder auf. Wird nämlich eine Handlung in ihrem
Zeitstellenwert betrachtet, so wird sie in ihrer Gesamtdauer —
„jako gotowy czyn, pod tym tylko względem przed oczyma
naszymi stający, że jest, był albo będzie spełniony"[8] — mit Anfang
und Ende, denn diese gehören wesentlich zum Zeitstellenwert, sofern er betrachtet werden soll, in der Betrachtung erfaßt, d. h. in
die Präsenz projiziert. Sie steht also gewissermaßen als Ganzes in
der Präsenz: man nimmt, mag sie nun schon geschehen sein oder
nicht, ihren ganzen Vorgang als Betrachtungsobjekt. In diesem
Sinne ist sie dann „vollendet", und das heißt in der Zeit abgeschlossen, wobei über die Erreichung des Resultats gar nichts gesagt
zu werden braucht. In diesem Sinne ist auch *poczytać* vollendet,
d. h. ein Resultat liegt nicht vor, wohl aber ein in sich geschlossenes
Geschehnis, denn wenn das Moment des Aufhörens auch nicht das
betonte ist, sondern das Moment des nicht erreichten Resultats, so
enthält *poczytać* doch die Vorstellung, daß mit der Tätigkeit aufgehört wurde oder werden wird. Das aber ist es, was das slavische
Perfektivum vom deutschen unterscheidet, daß es nicht wie „erjagen" notwendig den Verbalbegriff im Sinne des erreichten Resultats verändern muß. Das Deutsche also kennt wohl eine lexikalische Gruppe mit resultativer Bedeutung, nicht aber grammatische
Kategorien zum Ausdruck der oben erläuterten Betrachtungsweisen. Wenn nun auch der Bezeichnung „vollendet" gerade das Fehlen der Hauptsache, nämlich der Richtungsbeziehung, anhaftet, so

---

[8] Małecki: Gramm. II, § 722: „als fertige Tat, die einem nur im Hinblick darauf vor Augen steht, daß sie ausgeführt worden ist, war oder
sein wird".

habe ich es doch unterlassen, an dem in der slavischen Grammatik fest eingebürgerten Terminus „perfektiv" zu rütteln, weil er ja nur eine Beziehung zum Begriff „vollendet" ausspricht und sich eine solche tatsächlich, wenn auch als sekundär, nachweisen läßt. Daß nun der Vollendungsbegriff im Sinne des erreichten Resultats sich bei den meisten perfektiven Verben findet, liegt erstens in der Natur der perfektiven Betrachtungsweise, insofern als bei Komposition mit stark vollendungsbetonenden Präfixen eine bis zu ihrem Ende ausgeführte Tätigkeit — und das ist sie in perfektiver Betrachtung — auch das in diesem Ende liegende Resultat mitenthält. Zweitens aber hat das seinen Grund darin, daß das Slavische zur Bildung der grammatischen Kategorie des Perfektivums gerade die Komposition verwendet. Es wird uns das sofort klar, wenn wir hier zum Vergleich die Verhältnisse heranziehen, die im Englischen vorliegen. Die grammatischen Kategorien für die beiden Aspekte kommen im Englischen durch eine Betonung der psychologischen Gegenwart zustande, insofern als gerade zu diesem Zweck die in dieser Beziehung ganz eindeutige „Dauerform" durch Umschreibung mit dem Partizipium Präsentis gebildet wird, während das Simplex ohne Zwang der Präfigierung die Stelle des slavischen perfektiven Kompositums vertritt. Die Vollendung wird dabei so wenig betont, daß man oft Sätze lesen kann wie: *"But all through this dismal winter the Pilgrims laboured at their heavy task"*, wo man im Polnischen, das den Begriff der Perfektivität aus den eben erörterten Gründen enger, den der Imperfektivität aber — auch wegen der formellen, ja auf dem Iterativum beruhenden Bildung — weiter faßt, nur: *pielgrzymowie pracowali . . .* (imperfektiv) — sagen könnte. Das perfektive *popracowali* wäre wegen der Betonung des „Ein-wenig" in diesem Zusammenhange unmöglich. Jedoch muß man sich hüten, diese englischen Parallelen zunächst für mehr als einen erläuternden Vergleich anzusehen. In beiden Sprachen spielen zu viel besondere Verhältnisse mit, als daß man das Wesen der Dinge ohne eingehendere Untersuchung sogleich erkennen könnte.

Was nun das „Dauernde" im Imperfektivum betrifft, so halte ich es für recht bezeichnend, daß viele Gelehrte für die Erklärung dieses Aspekts gerade das Partizipium Präsentis „dauernd" ver-

wenden. Diese Form nämlich bezeichnet an sich schon die für das
Imperfektivum so charakteristische Richtung aus der Vergangenheit in die Zukunft. Von großem Interesse ist es schließlich, daß
H. Bauer in seiner oben schon genannten Arbeit (Die Tempora im
Semitischen) das hebräische Imperfektum — nach unseren Vorstellungen den imperfektiven Aspekt — geradezu auf diese Weise
erklärt (S. 26): „Das Imperfekt bezeichnet im Hebräischen die
der Zeitsphäre eines P a r t i c i p i u m   p r a e s e n t i s entsprechende Handlung." In diesem spezifischen Sinne der Richtung
— nicht aber der Zeitausdehnung einer Handlung — ist also auch
dieser Terminus berechtigt.

6. Die Aktionsarten im Lichte des Verbalaspekts

Die Aktionsart ist eng mit der Verbalbedeutung, d. h. mit dem
Bedeutungsinhalt eines jeden Verbums verknüpft. Es ist ohne weiteres einleuchtend, daß der Gesamtbestand an Zeitworten in einer
Sprache sich in Gruppen danach einteilen läßt, in welcher Art und
Weise die im Verbum ausgedrückte Tätigkeit ausgeführt oder vor
sich gehend zu denken ist. So sicher es nämlich ist, daß einerseits
eine große Zahl von Verbalbedeutungen an und für sich noch nichts
über die Ausführung zu sagen braucht, so daß diese sehr oft durch
andere Satzteile ausgedrückt wird, so sicher tragen auch wieder
viele Verbalbegriffe von Hause aus kraft ihrer Bedeutung bestimmte actiones in sich. Denken wir beispielsweise an gewisse
Grenzwerte wie „sterben", „platzen" oder Ähnliches, so ist es von
vornherein klar, daß diese Verba eine gewisse punktuelle Bedeutung haben: wenn der Tod eintritt, ist der Betreffende auch schon
gestorben. Aber die Zahl solcher Verbalbedeutungen ist im allgemeinen doch verhältnismäßig gering. In den meisten Sprachen
bedarf die größte Zahl der Verben noch erst einer näheren Bestimmung, wenn ausgedrückt werden soll, w i e im gegebenen Falle
die Handlung vor sich ging. Das Polnische und überhaupt das
Slavische aber hat die Fähigkeit, die Art und Weise der Ausführung durch Alterationen des Verbums mit Hilfe von Präfixen und
Stammänderungen in weitgehendem Maße auszudrücken. Natür-

lich bleibt auch hier in sehr vielen Fällen der Ausdruck der Art und Weise den adverbiellen Bestimmungen vorbehalten. Es erscheint also von Interesse, welche Arten von adverbiellen Begriffen im Polnischen durch Verbalkategorien ausgedrückt werden. Stanisław Szober, der in seiner Gramatyka jęz. polsk. (wyd. 2. 1923) den Aktionsarten einige Seiten widmet, sagt darüber folgendes (S. 147): § 262 „Die Formen der Aktionsart weisen hin 1) auf die Grenze der Dauer der Handlung, 2) auf den zeitlichen Verlauf, 3) auf den quantitativen Verlauf, 4) auf den qualitativen Charakter und 5) auf den quantitativen Charakter der Handlung". Dabei meint er mit der unter 1) genannten Kategorie die Aspekte, indem er erklärt: „der Bereich der Dauer (*zakres trwania*) einer Tätigkeit kann vollkommen erschöpft oder nicht erschöpft sein. Im ersten Falle haben wir es mit der perfektiven . . ., im zweiten Falle mit der imperfektiven Aktionsart (*rodzaj czynności*) zu tun . . ." Bei der 2. Gruppe versteht er unter zeitlichem Verlauf, die die Tätigkeit tatsächlich in Anspruch nehmende Zeit, die entweder momentan oder von einer bestimmten Ausdehnung sein kann. Die 3. Hauptgruppe umfaßt die einmalige und die mehrmalige Handlung. Die unter 4) und 5) genannten Gruppen bedürfen jedoch vorerst noch einer Erklärung. Zu 4) sagt er auf S. 150: „Wenn wir solche Verben zusammenstellen wie: *grać — odegrać, malować — odmalować, deklamować — oddeklamować, rysować — odrysować*, so wird ersichtlich, daß die Ausdrücke: '*odegrać*', '*odmalować*' usw. im Verhältnis zu: *grać, malować* auf eine in ihrer Ausführung und ihrem Ergebnis qualitativ vollkommene Tätigkeit hinweisen. Eine solche Aktionsart könnte man eine qualitative nennen." — Zu 5) sagt er ebenda fortfahrend: „In der quantitativen Aktionsart, die auf den quantitativen Charakter der Tätigkeit hinweist, muß man mehrere Abarten unterscheiden: 1) die augmentative Aktionsart bezeichnet eine Tätigkeit, deren Kraft nach Maßgabe ihres Vorwärtsschreitens quantitativ fortwährend anwächst, z. B. *rozpalać* (entflammen) . . . *wzrastać* (erwachsen); 2) die majorative Aktionsart bezeichnet eine Tätigkeit, deren Ergebnis den vorigen Zustand übertrifft, z. B. *wzbogacać* (bereichern), *wzmacniać* (kräftigen). 3) Die effektive Aktionsart bezeichnet eine Tätigkeit mit einem quantitativ bedeutenden Ergebnis z. B. *wystraszyć* (hinausscheu-

chen, fortscheuchen) . . . 4) Die intensive Aktionsart bezeichnet eine
Tätigkeit, in der sich nicht nur das Ergebnis sondern auch die Ausführung durch einen bedeutenden Grad von Anspannung aus-
zeichnet, z. B. *przerazić* (heftig erschrecken, erschüttern) . . ." Aus
dieser Aufzählung ist zweierlei ersichtlich; 1) nämlich betreffen diese
rodzaje czynności (Aktionsarten) den zeitlichen Ablauf oder aber
den Charakter hinsichtlich der Vollkommenheit oder der Intensität der Tätigkeiten, denn auf diese Generalnenner lassen sich wohl
die genannten Kategorien bringen, 2) aber sind alle diese Unterschiede lexikalischer Natur, hervorgerufen zum großen Teil durch
die den betr. Präfixen innewohnende Bedeutung, so wie wir oben
die Verba „vollendeter" Bedeutung als lexikalische Gruppe erkannten. Ausgenommen davon ist jedoch die Aspektgruppe, denn die
Aspekte haben, wie ich oben darstellte, syntaktische Funktionen
und nicht wie die hier aufgeführten Gruppen eine lexikalische Bedeutung.

Nun walten aber gewisse Beziehungen zwischen den Aktionsarten und den Aspekten, die sich beim Ausdruck gewisser Aktionsarten in den Aspekten äußern. Eine Untersuchung dieser Beziehungen ist hier deswegen erforderlich, weil sie uns eine Möglichkeit an
die Hand geben, die oben dargelegten Anschauungen über die Funktionen der Aspekte zu prüfen. Wie ich nun soeben an Szober's
Darstellung zeigte, stellen die Aktionsarten die zeitliche Seite (d. h.
Zahl und Dauer) der Vorgänge oder ihren Charakter (hinsichtlich
der Vollkommenheit oder der Intensität) dar. Von einer an und
für sich natürlich möglichen Nachweisung anderer Gruppen auf
Grund neuer Einteilungsprinzipien soll hier selbstverständlich abgesehen werden, da die genannten für unsere Zwecke vollkommen
genügen. Wie es nun natürlich ist, daß nur in bezug auf ihren
Charakter näher bestimmte Vorgänge sich ohne Schwierigkeiten
stets vom Standpunkt beider Aspekte betrachten lassen, so ist es
auch ganz klar, daß hinsichtlich ihrer Zeitausdehnung charakterisierte Vorgänge in bestimmten Fällen nicht vom Standpunkt beider
Aspekte betrachtet werden können. Denn das Aspektsystem ist ja
auf der psychologischen Gegenwart begründet und hat mithin selbst
Beziehungen zur Zeit, die von denen der betr. Aktionsarten ge-
kreuzt werden können. Punktuelle, d. h. zeitlich ausdehnungslose

Vorgänge nämlich können vermöge ihrer Ausdehnungslosigkeit nicht als psychologische Gegenwart dargestellt werden. Und so fehlen sie auch im imperfektiven Aspekt, was aus Szober's Darstellung sowie aus dem von Łoś in der Encykl. polska aufgestellten System ganz klar ersichtlich ist und auch anderwärts mehr oder weniger stark betont wird. Es ist das also eine Bestätigung dessen, was ich oben in der prinzipiellen Erörterung über Gegenwart und punktförmigen Stellenwert ausgeführt habe. Als Beispiel für diese Verhältnisse will ich hier das Verb *umrzeć* „sterben" anführen. Der Begriff des Sterbens stellt gewissermaßen den Trennungspunkt zwischen Leben und Tod dar, die direkt aneinanderstoßen, und ist demnach zeitlich ausdehnungslos. Nun gibt es zwar zu diesem Verb ein Imperfektivum *umierać*. Das hat jedoch unter dem Einfluß des Aspekts seine Bedeutung geändert, denn es bedeutet nicht eigentlich „sterben", sondern „den Todeskampf kämpfen". So kann man sagen: *ten starzec już umiera cały dzień, ale dotychczas nie umarł* „dieser alte Mann kämpft schon den ganzen Tag mit dem Tode, aber bis jetzt ist er noch nicht gestorben". Nun kann man aber auch sagen: *Panuje tam straszna epidemja; ludzie umierają setkami:* „Es herrscht dort eine schreckliche Epidemie; die Menschen sterben zu Hunderten." Dieser Gebrauch scheint dem eben Gesagten zu widersprechen. Allein der Widerspruch ist nur ein scheinbarer. Es handelt sich nämlich hier um viele Todesfälle, und es wird somit nicht von einem Moment, sondern von vielen gesprochen, so daß graphisch der Fall . . . . . vorliegt. Diese vielen Momente bilden einen Zustand, der eine zeitliche Ausdehnung hat und daher sehr wohl einer imperfektiven Darstellung fähig ist. Die perfektive Ergänzung zu *umierać* bildet *poumierać* bzw. *powymierać*, das graphisch ebenso den Fall . . . . . darbietet. Das heute seltene *mrzeć* (imperf) kann nur wie *umierać* im iterativen Sinne oder auch in übertragener Bedeutung gebraucht werden. Daraus ist also ersichtlich, daß es eine genaue imperfektive Entsprechung zu *umrzeć* nicht gibt.

Nun gibt es zwei Kategorien von momentanen Verben: 1) solche, die es wie *umrzeć* als Grenzwerte ihrer Bedeutung nach sind, 2) solche, die durch Stammodifikationen dazu gemacht werden wie *krzyknąć* „einen Schrei tun". Die erstgenannten ändern ihre Bedeutung entsprechend, wenn sie imperfektiv gebraucht werden, die an-

deren weisen beim imperfektiven Gebrauch nicht die für das Momentane charakteristische Stammbildung auf wie *krzyczeć* und
haben dementsprechend auch dann keine momentane Bedeutung.
Die Behandlung der „momentanen" Verba also steht mit meinen
Anschauungen über die Funktion der Aspekte in keinem Widerspruch.

Die zweite mit der Zeit in Beziehung stehende Gruppe von Aktionsarten charakterisiert Tätigkeiten, die eine Dauer haben. Solche
Tätigkeiten können natürlich vom Standpunkt beider Aspekte betrachtet werden. Szober teilt diese Aktionsarten folgendermaßen
ein:

1) *rodzaj trwały:*   *ubiec*   *ułożyć*
    durativ   laufen   legen

2) *r. wynikowy:*   *zbiec (drogę)*   *złożyć*
    resultativ   durchlaufen (einen Weg)   ablegen

3) *r. wstępujący:*   *rozpłakać się*   *zakwitnąć*
    ingressiv   in Thränen ausbrechen   erblühen
                     zakwilić
       zu wimmern anfangen

4) *r. zstępujący:*   *dobiec*   *dokwitnąć*
    kompletiv   erlaufen   abblühen
       (d. i. das Ziel erreichen)

5) *r. ciągły:*   *przebiec*   *przespać*   *przesiedzieć*
    perdurativ   durchlaufen durchschlafen   durch- oder
                          versitzen

6) *r. przemijający:*   *popłakać*   *pospać*   *posiedzieć*
    praeteritiv   eine Zeitlang weinen   schlafen   sitzen

7) *r. skutkowy:*   *pomścić*   *pogardzić*
    consecutiv   rächen   verachten oder
                          verschmähen

8) *r. zakończony:*   *zatracić*   *zagasić*
    definitiv   vernichten   auslöschen.

Ohne mit den vielfach nicht zutreffenden Bemerkungen Szobers
hier rechten zu wollen, müssen wir uns doch mit einer Tatsache
auseinandersetzen. In einigen der angeführten Aktionsarten wird,
wie Szober zweifellos richtig betont, zum Ausdruck gebracht, daß
der Sprechende irgend eine Phase der Handlung, sei es nun Anfang

oder Ende oder auch die Erreichung des Resultats, besonders her-
vorhebt. Das aber weckt den Anschein, als sagten diese Aktionsarten etwas über die Betrachtungsweise des Sprechenden aus. Nun
hatte ich oben gesagt, die Aspekte stellten die Betrachtungsweise,
die Aktionsarten hingegen die Art und Weise, wie die Handlung
vor sich geht, näher dar. Dabei aber handelt es sich im vorliegenden
Falle stets um Aktionen im perfektiven Aspekt. Die dazugehörigen
Imperfektiva nämlich betonen die entsprechenden Phasen der
Handlung nicht, wie man leicht aus der Gegenüberstellung von
dojdę do tego und *dochodzę do tego domu* sehen kann, denn
dochodzę hat dabei die Bedeutung: „ich befinde mich auf dem
Wege zu diesem Hause". Die Lösung der Frage liegt auf der Hand.
Der Aspekt tritt ja nie ohne Aktionsart und die Aktionsart nie
ohne Aspekt auf. Beide zusammen geben dem Verbum neben seiner Wurzelbedeutung den charakteristischen Bedeutungsinhalt.
Wenn wir also sehen (vgl. auch Szobers Tafel), daß dieses, besondere Phasen in der Handlung betonende Moment lediglich Aktionsarten im perfektiven Aspekt zukommt, so liegt es ja von vornherein sehr nahe, die Ursache auch im Aspekt und nicht allein in
der Aktionsart zu suchen. Und in der Tat ist ja die Betonung einer
Phase in einer ganzen Handlung nur da möglich, wo die ganze
Handlung betrachtet wird, d. h. im perfektiven Aspekt. Die Bestimmung der betr. zu betonenden Phase aber wird durch die Bedeutung des Präfixes bedingt. Wie wir also oben sahen, daß der
perfektive Aspekt die Möglichkeit für die „Vollendungs"-Bedeu-
tung präfigierter Verben bietet, so sehen wir auch hier, daß er die
Möglichkeit für die Betonung bestimmter Phasen an die Hand gibt.

Etwas loser mit der Zeit verknüpft ist die Aktionskategorie, die
angibt, ob die betreffende Handlung einmal oder mehrere Male
vor sich geht. Wie nun — abgesehen von den einmaligen momentanen Tätigkeiten und Vorgängen — die einmaligen ohne Schwierigkeiten vom Standpunkt beider Aspekte betrachtet werden können, so stehen auch, wie schon früher bemerkt, einer solchen
doppelten Betrachtung mehrmaliger Vorgänge keine prinzipiellen
Bedenken entgegen. So kennt auch die Sprache mit der soeben
gemachten Einschränkung einmalige und mehrmalige Verben in beiden Aspekten, worüber sich weitere Auslassungen erübrigen dürften.

Aus diesen Ausführungen dürfte mit hinreichender Deutlichkeit hervorgehen, daß das Verhalten der Sprache hinsichtlich der Beziehungen zwischen Aktionsarten und Aspekten meinen Anschauungen über die Aspekte nicht nur nicht widerspricht, sondern sie sogar in gewisser Hinsicht zu stützen scheint.

Nun ist es üblich, an einer solchen Stelle wie die, an der wir uns in unserer Untersuchung befinden, eine tabellarische Übersicht über Aspekte und Aktionsarten zu geben. Ich will hier davon absehen, da es sich dabei ja um eine möglichst vollständige Aufzählung der actiones handelte und nicht diese, sondern die Aspekte im Mittelpunkt meiner Betrachtungen stehen. Es sei mir nur gestattet, zu diesen schematischen Darstellungen eine Bemerkung zu machen. Ich hob schon oben hervor, daß die Einteilungsprinzipien, nach denen der ganze Bestand an actiones zerlegt wird, sich nicht ausschließen, ebensowenig wie dies bei einer Zerlegung der Nomina in Konkreta und Abstrakta, Kollektiva und Einzeldinge, Verkleinerungs- und Vergröberungsworte u. a. m. der Fall ist. Es wird sich daher für die Aufstellung solcher Tabellen aus Gründen der Verständlichkeit zunächst immer empfehlen, gerade diesen Umstand besonders hervorzuheben, da sich aus ihm ergibt, daß gewisse Züge einzelner actiones bei anderen auch auftreten müssen. Weiter dürfte es aus diesem Grunde von Nutzen sein, nach Aufzählung der Einteilungsprinzipien jedes von ihnen besonders zu behandeln, und dabei zu zeigen, wie es von den übrigen durchkreuzt wird. Das Verhältnis der actiones aber zu den Aspekten wird am deutlichsten, wenn man es nach der Darstellung der Aktionsarten erläutert, indem man etwa zeigt, welche von den besprochenen actiones in beiden und welche nur in einem Aspekt auftreten.

Klaus Heger, *Die Bezeichnung temporal-deiktischer Begriffskategorien im französischen und spanischen Konjugationssystem*. (= Beihefte zur Zeitschrift für Romanische Philologie, 104. Heft.) Tübingen: Max Niemeyer Verlag 1963, S. 22—49. Mit Genehmigung des Max Niemeyer Verlags, Tübingen.

DIE BEGRIFFLICHEN KATEGORIEN DER TEMPORALEN DEIXIS[1]

Von Klaus Heger

Die sich aus der bisherigen systematischen Eingrenzung ergebende fundamentale Opposition, auf die alle temporal-deiktischen Begriffskategorien zurückzuführen sein werden, ist diejenige von „jetzt"[2] und „nicht-jetzt". Wenn nun der Sprechende einen durch ein Verb definitorisch fixierten Vorgang[3] auch temporal-deiktisch bestimmen will, kann er dies auf zweierlei Weise tun. Entweder

---

[1] Vgl. den Aufsatz „Temporale Deixis und Vorgangsquantität", in Zeitschrift für Romanische Philologie 83 (1967), pp. 512—582.

[2] Dieses „jetzt" ist ein ausschließlich deiktischer Zeitbegriff und impliziert als solcher keinerlei quantitative Zeitbestimmung: „Das isolierte Wort *jetzt* zeigt wie das *hier* seinen Stellenwert selbst an, wenn es ausgesprochen wird. Es braucht ebensowenig wie das *hier* als ausdehnungsloser (mathematischer) Punkt, als Grenze im strengen Wortsinn, gedacht zu sein, sondern kann, je nach dem mitgedachten Nichtmehrjetzt eine kleinere oder auch beliebig große Ausdehnung annehmen" (BÜHLER 34, p. 132). Die Betonung dieser Unabhängigkeit des deiktischen Begriffs „jetzt" von jeglicher quantitativen Bestimmung ist wichtig im Hinblick auf das Verständnis der Zeitstufe *Gegenwart*, cf. unten p. 108—110.

[3] Genaugenommen erfolgt diese definitorische Fixierung nur durch das Lexem oder Semantem der jeweiligen Verbalform. Ebenso ist der Terminus *Verb* eine Vereinfachung, die als gegeben voraussetzt, daß zur Vorgangsbezeichnung jene formalen Kategorien dienen, die neben ihrem Lexem eine Reihe von Morphemen, d. h. Symbol- und Feldwertträgern (cf. [Heger a. a. O.] Anm. 24, zweiter Absatz), enthalten und die man als Verben zu bezeichnen pflegt. Da jedoch für die im zweiten Teil unserer Untersuchung behandelten Sprachen diese Voraussetzung zutrifft, rechtfertigt sich die vereinfachende Anwendung eines herkömmlichen Terminus; in dem dargestellten Sinne zu präzisieren wäre er hingegen gegenüber Fällen wie dem in Anm. 24 [Heger a. a. O.] zitierten indo-portugiesischen *ja ama*.

wird er die Opposition von „jetzt" und „nicht-jetzt" auf sich selbst
beziehen, wobei aus dem „jetzt" seine *Gegenwart* und aus dem
„nicht-jetzt" seine *Nicht-Gegenwart* werden. Diese Kategorien bezeichnen wir als *Zeitstufen*. Oder aber, im anderen Fall, bezieht er
die fundamentale Opposition auf den ausgesagten Vorgang[4]. Das
„jetzt" wird dabei zum „jetzt" des Vorgangs, der somit von innen
her, das heißt von einem sich innerhalb seines Ablaufs befindenden
Bezugspunkt aus dargestellt wird, und entsprechend führt das
„nicht-jetzt" zu einer Darstellung des Vorgangs von einem Bezugspunkt aus, der sich außerhalb seines Ablaufs befindet[5]. Diese Kategorien bezeichnen wir als *Aspekte*, und zur Benennung der in ihnen
gegebenen fundamentalen Opposition benutzen wir die Termini
imperfektiv und *perfektiv*[6].

[4] Auf den ersten Blick könnte hier der Einwand erhoben werden, in dem
Moment, in dem die Opposition „jetzt" / „nicht jetzt" statt auf den Sprechenden auf den ausgesagten Vorgang bezogen wird, trete eine Objekti-
vierung ein, die die Deixis aufhebt und zur Entstehung definitorischer
Begriffskategorien führt; unsere Herleitung der aspektualen Opposition
stünde damit auf dem gleichen Boden wie die von J. Kuryłowicz und
F. Rundgren, cf. [Heger, a. a. O.] Anm. 30. Demgegenüber wäre abermals
geltend zu machen, daß ein deiktisches Zeigen weder subjektiver noch
objektiver als ein definitorisches Nennen ist. Ob ein deiktischer Bezug
vom Sprechenden zu seiner Aussage oder umgekehrt von der Aussage her
zum Sprechenden hergestellt wird, ist für das mit dem Sprechereignis —
das Sprechenden und Aussage gleichermaßen voraussetzt — gegebene
Zeigfeld als solches unerheblich. Vgl. noch [Heger a. a. O.] p. 225.

[5] Diese bildhafte Veranschaulichung der Aspektopposition entspricht
einer ihrer glücklichsten und meistzitierten Definitionen, die wir in ihrer
terminologischen Doppelfassung bei HERMANN 33 wiedergeben: „Ich [Her-
mann] habe dort [= HERMANN 27] wörtlich gesagt: ‚Der Unterschied
zwischen kursiv und komplexiv (wofür ich in diesem Aufsatz imperfektiv
und perfektiv gebrauche) ist, bildlich ausgedrückt, so, daß man sich beim
kursiven (imperfektiven) Verb gewissermaßen in das Innere der Handlung
(wofür ich hier mit K[oschmieder] Tatbestand sage) hineinversetzt, während man sie beim komplexiven (perfektiven) von außen betrachtet'"
(p. 477). Zur Würdigung dieser Definition vgl. u. a. DIETRICH 55, pp. 35
und 46—47, RUNDGREN 59, p. 300 und SCHLACHTER 59, p. 29—30; cf.
[Heger, a. a. O.] Kap. II. 4.

[6] In der Verwendung der Termini *imperfektiv* und *perfektiv* für die

Die von uns gewählten Bezeichnungen sind alles andere als neu, und auch ihr Gebrauch dürfte zum mindesten im Falle der Zeitstufen dem entsprechen, über den in der Sprachwissenschaft Einigkeit besteht. Trotzdem kann nicht genügend betont werden, daß wir sie ausschließlich als Termini für die aufgezeigten begrifflichen Kategorien und als nur von diesen her bestimmbar, also völlig unabhängig von jeder Art möglicher formaler Bezeichnungen, verstehen. Im Gegensatz zu den Zeitstufen ergeben sich hieraus für die Aspekte teilweise erhebliche Abweichungen von dem Sprachgebrauch der vielfältigen existierenden Aspekttheorien. Im Anschluß an die folgende Darstellung der Zeitstufen und Aspekte im Sinne temporaldeiktischer Begriffskategorien werden wir daher dem Verhältnis unserer Betrachtungsweise zu anderen Theorien ein besonderes Kapitel widmen, das gleichzeitig einen Überblick über den bisherigen Forschungsgang zu dem Aspektproblem vermitteln soll.

1. Die Zeitstufen

Die fundamentale Zeitstufenopposition lautet, wie gezeigt wurde, *Gegenwart / Nicht-Gegenwart*[7]. Während dabei die *Gegenwart*, das „jetzt" eindeutig und in sich homogen ist, bedarf die *Nicht-*

Aspekte, im Gegensatz zu *durativ* und *punktuell* für die mit ihnen oft verwechselten Aktionsarten (cf. [Heger, a. a. O.] p. 17), schließen wir uns dem Vorgehen von POLLAK 60 an: „Bei aller Großzügigkeit in terminologischer Beziehung (und Wesenserkenntnis ist wichtiger als terminologischer Konformismus) darf doch nicht außer acht gelassen werden, daß gewisse Begriffe (Aspekt, Aktionsart, imperfektiv, perfektiv) das Ringen um die Individuation des Aspektphänomens als einer morphologischsyntaktischen Größe darstellen" (p. 40) und „Es wäre somit vorteilhaft, die Bezeichnung ‚durativer Aspekt' . . . auch innerhalb der Romanistik zu vermeiden" (p. 53). Der entgegengesetzte Vorschlag von CHRISTMANN 59, p. 6, *perfektiv* als Aspektbezeichnung wegen der Möglichkeit einer Verwechslung mit *perfektisch* im Sinne von Parfait, Plus-que-parfait usw. zu vermeiden, erübrigt sich für uns angesichts der Ergebnisse unserer onomasiologischen Untersuchung (cf. [Heger, a. a. O.] Teil III).

[7] Ein formales System, das sich mit der Bezeichnung dieses einfachsten

Gegenwart einer Spezifizierung und fordert zu einer weiteren Untergliederung heraus. Beides setzt eine bestimmte Vorstellung der Zeit als desjenigen Mediums voraus, in dem das Zeigfeld der temporalen Deixis sich konstituiert. Da das Ziel jeder weiteren Untergliederung in der Erstellung eines Systems rein begrifflicher Kategorien besteht, muß auch die zugrunde gelegte Zeitvorstellung eine reine Abstraktion und von denkpsychologischen Gegebenheiten wie denen der menschlichen Zeiterfahrung unabhängig sein[8]. In konsequenter Form erfüllt diese Bedingung die physikalische Definition der Zeit als vierter Dimension des mit Materie koexistenten Raum-Zeit-Gebildes. Sie legitimiert uns dazu, im folgenden die bekannte Vorstellung der Zeit als eindimensionaler unbegrenzter

begrifflichen Schemas begnügt, scheint im Somali vorzuliegen, und daß auch in anderen Sprachen Ansätze oder Überreste eines solchen Formensystems existieren, legen die -*b*- und -σ-Infixe lateinischer resp. griechischer Vergangenheits- und Zukunftstempora nahe; cf. CZERMAK 29. In die gleiche Richtung weisen das Augment und die Gegenwartsbedeutung des Morphems **i* im Indogermanischen, cf. u. a. HERMANN 43, p. 638—641.

[8] Die besonderen Probleme, die sich aus den Gegebenheiten menschlicher Zeiterfahrung heraus stellen, zeigen sich vielleicht am deutlichsten an der *Erinnerung*; vgl. hierzu HUSSERL 28, dessen „retentionale Abschattungen der Dingauffassungen" zu einer Art zweidimensionalem Zeit-Erinnerungs-Gebilde führen (cf. Skizze ibd. p. 445); cf. [Heger a. a. O.] Anm. 250. — Verschiedentlich ist auch versucht worden, Gegebenheiten der menschlichen Zeiterfahrung für die Grundlegung onomasiologischer Untersuchungen nutzbar zu machen. Hierzu sind vor allem die Arbeiten G. Guillaumes und E. Koschmieders zu nennen. Das Guillaumesche System der *chronogénèse* führt zu einer in seiner Schule zum Dogma erhobenen dreidimensionalen Zeitvorstellung, cf. MOIGNET 59: « L'esprit humain est ainsi fait qu'il se représente le temps, non pas selon des données strictement temporelles, mais par transposition dans la catégorie de l'espace: la représentation du temps est spatiale. . . . En fait, le système psychique du verbe français se construit sur trois dimensions » (p. 86—87). Koschmieder hingegen geht zwar von einer eindimensionalen Zeitvorstellung aus, fügt ihr aber die aus der menschlichen Zeiterfahrung gewonnene „Bewegung in der Zeit" hinzu: „. . . ein Faktor, der eigentlich das Wesen des Zeitbegriffes ausmacht: die Bewegung, das Fortschreiten der Zeit. Hat man sich schon viel bemüht, die Natur der Aspekte und Aktionsarten durch graphische Darstellung ins Räumliche übertragen zu

Linie zugrunde zu legen[9] und sie als geometrische Metapher der *Nicht-Gegenwart* zu verwenden. Wie jede andere kann diese Linie beliebig unterteilt werden, und zwar entweder durch quantitative, das heißt durch definitorische Größen-, oder aber durch deiktische Richtungsangaben[10]. In unserem Zusammenhang interessiert naturgemäß nur die zweite Art der Unterteilung, deren Voraussetzung

erläutern, so fehlt doch diesen Darstellungen zumeist das Wichtigste: die Verschiebung des Ich in der Zeit und die Konsequenzen, die aus dieser Bewegung zu ziehen sind" (KOSCHMIEDER 29, Vorwort). Dabei scheint Koschmieder jedoch zu übersehen, daß die aus der eindimensionalen Zeitvorstellung abgeleitete Zeitlinie selbst schon geometrische Metapher der relativen „Bewegung" der Zeit gegenüber dem Zeit erfahrenden Ich ist. Eine weitere Bewegung auf ihr käme somit einer Beschleunigung der Zeit gleich, d. h. einer Vorstellung, die für die hier gesuchten temporalen Begriffskategorien völlig unerheblich ist (vgl. auch unsere Besprechung zu SCHLACHTER 59, p. 144—145). Vgl. ferner [Heger a. a. O.] Anm. 110. — Ebenfalls hier zu nennen ist COSERIU 58, der zur Erklärung der Entwicklungstendenzen bei den Zukunftsbezeichnungen die Heideggerschen Deutungen der Zeit heranzieht, cf. unten Anm. 26.

[9] In der Heranziehung des physikalischen Zeitbegriffs für die Erstellung einer von sprachlichen Gegebenheiten unabhängigen Grundlage onomasiologischer Untersuchungen stimmen wir mit BULL 60 überein: "For the physicist time is the fourth dimension, an objective entity characterized and defined by three attributes: (1) linearity, (2) durational infiniteness, and (3) the capability of being divided into an infinite number of segments having an infinite variety of magnitudes. ... The scientific acceptance of time as the fourth dimension automatically eliminates any philosophical debate concerning its dimensionality and requires that it be treated as unidimensional or linear. If, for the immediate practical purposes of linguistic analysis, the curvature and eventual circularity of space-time are disregarded, time can be accurately conceived and graphically represented as an infinite straight line" (p. 4—5).

[10] In dieser Anwendung auf die Zeitvorstellung entspricht die Unterscheidung von definitorischen und deiktischen Begriffen derjenigen von Vektoren und Skalaren, die BULL 60 seinem *hypothetical tense system* zugrunde legt, cf. bes. p. 14—16, und auf Grund deren er zu der Feststellung gelangt, daß "there should be almost no need to spell out ... the most significant conclusion to be drawn from the foregoing discussion, namely, that no Indo-European tense system deals with time. There is

die Fixierung eines Bezugspunktes auf der Zeitlinie der *Nicht-Gegenwart* ist. Diesen Bezugspunkt liefert die Projektion eines beliebigen „jetzt" auf die Zeitlinie des „nicht-jetzt", die dadurch — definitorisch gesprochen — in ein „vorher" und ein „nachher" geteilt wird. Deiktisch entsprechen dem die beiden in einem eindimensionalen Gebilde möglichen Bezugsrichtungen, womit sich die *Nicht-Gegenwart* in das gliedert, was einer herkömmlichen Terminologie entsprechend *Vergangenheit* und *Zukunft* sind. Aus der fundamentalen Zweiteilung der Zeitstufen wird die bekannte Dreiteilung:

Zukunft   (Z)
Gegenwart   (G)
Vergangenheit   (V)

Der abgeleitete Charakter dieses Dreistufenschemas ist deshalb wichtig, weil die Erkenntnis der verschiedenen Ebenen, auf denen sich die Gegenüberstellungen *Gegenwart / Vergangenheit + Zukunft* und *Vergangenheit / Zukunft* vollziehen, eine häufig zu beobachtende Unklarheit über das Wesen der Gegenwart beseitigt. Betrachtet man die drei Grundzeitstufen als gleichwertig und trägt sie auf einer die Zeitlinie symbolisierenden Geraden ein, so bildet die Gegenwart bekanntlich den Punkt, der die Grenze zwischen Vergangenheit und Zukunft markiert. Wie kann nun aber, so fragt man weiter, ein Vorgang von bisweilen recht beachtlicher Dauer in einen Punkt verlegt, das heißt auf die zeitliche Ausdehnung null reduziert werden? Zur Vermeidung dieses Dilemmas sind die verschiedensten Vorschläge gemacht worden. So hat man sich auf die Ungenauigkeit der Sprache berufen — als ob es hier um formale Bezeichnungen

absolutely no evidence that any Indo-European verb affix can be defined as either a scalar or a tensor, and until this can be proved, it must be concluded that the tense systems of these languages are either vector formulas or constructs which have never been properly analyzed" (p. 16). Ebenfalls deutlich erkannt ist der deiktische Charakter der indogermanischen Tempora bei HOLT 43 (« la notion linguistique du ‹temps› est l'indication de la position du sujet parlant par rapport aux événements », p. 52; cf. auch ibd. pp. 43 und 53) und, im Anschluß an Holt, bei SØRENSEN 49, bes. p. 159—160.

und nicht einzig und allein um die begriffliche Kategorie *Gegenwart* ginge; oder man hat von der nulldimensionalen „mathematischen" eine eindimensional ausgedehnte „psychologische" Gegenwart unterschieden[11] und deren Unvereinbarkeit mit der Vorstellung der Zeitlinie kommentarlos in Kauf genommen; oder man hat sich die Gegenwart aus je einem Stück Vergangenheit und Zukunft zusammengesetzt vorgestellt[12] — eine Deutung, die vielleicht für

---

[11] Vgl. beispielsweise SANDMANN 54 ("The actual present is marked by an extension and not by a simple point dividing the time spent from the time to be spent, because any act of spending time ... takes time in itself; thus the actual present has the linear character of a phase. This is the reason why there exists a difference between the so-called psychological conception of time and the mathematical conception of time", p. 157), SÁNCHEZ RUIPÉREZ 54 (« El presente no es un punto que separa el futuro del pasado: gr. *νῦν,* lat. *nunc,* esp. *ahora* se refieren a una porción de tiempo. La razón de ello es psicológica. En psicología experimental se llama « presencia psíquica » („psychische Präsenzzeit") a la extensión de tiempo que se percibe como actualmente presente a nuestra conciencia psíquica », p. 96), ISAČENKO 60 („Le ‚présent' n'existe pas dans le temps physique: c'est le point éphémère sur l'axe du temps qui sépare le passé du non-passé. Mais il y a, dans la conscience des sujets parlants, l'idée d'un ‚présent psychologique' qu'on désigne par des adverbes tels que *maintenant* », p. 84). Häufig steht diese Konstruktion im Zusammenhang mit dem Versuch, für das aus den Bezeichnungsverhältnissen der slavischen Sprachen abgeleitete Dogma von der Unvereinbarkeit von Gegenwart und perfektivem Aspekt eine theoretische Begründung zu finden. Ob für eine Untersuchung im Rahmen der Slavistik mit der Beschränkung auf die „psychologische" Gegenwart viel gewonnen ist, erscheint uns zweifelhaft, und die Ergebnisse der Arbeiten von SØRENSEN 49 und ISAČENKO 60 selbst bestätigen diesen Zweifel. Für unseren Zusammenhang jedenfalls bildet die Gegenüberstellung „mathematische" / „psychologische" Gegenwart keine Alternative, die zur Entscheidung in der einen oder der anderen Richtung zwänge, cf. oben.

[12] Vgl. beispielsweise die entsprechenden Konstruktionen in den Arbeiten G. Guillaumes, cf. MOIGNET 59: « ... la conception spécifique du présent, qui est celle du franchissement perpétuel d'une ligne par un mouvement allant de l'avenir vers le passé, par lequel une parcelle de futur se transforme incessamment en parcelle de passé. Le présent, conçu non comme un point sans durée, mais comme la juxtaposition constam-

die Frage nach der Weise menschlicher Zeiterfahrung von Interesse
sein mag (cf. oben Anm. 8), die in dem Bereich der hier gesuchten
temporal-deiktischen Begriffe jedoch sämtliche Oppositionen neu-
tralisieren und damit unbrauchbar machen und die überdies mit der
Vorstellung einer zweiseitig begrenzten streckenhaften Gegenwart
eine quantitative Bestimmung in das deiktische „jetzt" (cf. oben
Anm. 2) einführen würde. Alle derartigen Lösungsversuche werden
überflüssig, sobald man erkennt, daß der auf der Zeitlinie Vergangenheit und Zukunft von einander trennende Punkt „Gegenwart" nicht als identisch mit dem deiktischen Begriff *Gegenwart*
gesetzt werden kann, sondern lediglich dessen Projektion auf die
Zeitlinie der *Nicht-Gegenwart* darstellt. Für die Grundlegung einer
onomasiologischen Betrachtung von Konjugationssystemen sind
beide notwendig: der deiktische Begriff, weil nach seinen Bezeichnungen gefragt werden soll, und seine Projektion als Voraussetzung
für eine weitere Untergliederung der *Nicht-Gegenwart*. Graphisch
ergibt sich für deren Zeitlinie somit das folgende Bild:

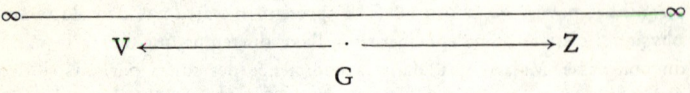

Durch einen einfachen Vorgang läßt sich dieses Dreistufenschema
weiter unterteilen. Eine abermalige Projektion verwandelt die drei
Zeitstufen in sekundäre Bezugspunkte, auf die die Opposition von
„vorher" und „nachher" erneut bezogen werden kann. Wir halten

ment détruite et recréée d'une parcelle de futur (le chronotype α) et
d'une parcelle de passé (le chronotype ω) . . . » (p. 91); hier wird also
eine Art Differentialformel für die Gegenwart als „d (Zukunft) + d
(Vergangenheit)" aufgestellt, während man sich sonst meist mit der entsprechenden Differenzenformel „△ (Zukunft) + △ (Vergangenheit)" zu
begnügen pflegt, so z. B. KAHN 54 («. . . le présent énonce quelquefois le
référé du radical comme strictement simultané au moment de la parole.
Mais presque toujours cette simultanéité s'accompagne d'une part d'an-
tériorité et de postériorité plus ou moins considérable. La durée continue
ou discontinue auquel se rapporte le radical peut dépasser celle du moment
de la parole symétriquement ou asymétriquement dans le passé et dans

es dabei nicht für opportun, an dieser Stelle eine Unterscheidung von absoluten und relativen Zeitstufen[13] einzuführen, denn im Grunde genommen ist jede Zeitstufe, die Gegenwart nicht ausgenommen, relativ, nämlich mit Bezug auf den jeweiligen Standort des Sprechenden[14]. Vielmehr heben wir diese terminologische Differenzierung für den Moment auf, in dem der oben [Heger, a. a. O.] p. 19—20 gezeigte Unterschied zwischen außen- und innendeiktischen Bezeichnungsweisen von Bedeutung sein wird[15]. Wichtiger ist hier die Frage, wieviel Zeitstufen das durch die neue Unterteilung

l'avenir. Dans le cas du présent gnomique [cf. [Heger, a. a. O.] Anm. 168], ce dépassement peut aller jusqu'à l'infini », p. 70—71) oder SANDMANN 54 ("the present is an epoch consisting of the juxtaposition of past and future time-particles", p. 186).

[13] Zu der Diskussion um die terminologische Opposition *absolut / relativ* vgl. den Überblick YVON 51; wir schließen uns der Ansicht an, die SANDMANN 54, p. 183 vertritt: "The epochs seen in direct relation to the present are sometimes referred to as absolute past and absolute future; epochs only indirectly related to the present are referred to as relative past or relative future epochs. It would be clearer and less misleading to talk of directly related past and future and indirectly related past and future." Auf das jeweilige Gesamtschema bezogen, werden wir im folgenden von einfachem und differenziertem Zeitstufenschema sprechen.

[14] Es ist an dieser Stelle nochmals (cf. [Heger, a. a. O.] Anm. 35) zu betonen, daß für die temporal-deiktischen Begriffskategorien die Frage, ob ein realer oder ein fiktiver Standpunkt des Sprechenden vorliegt, völlig unerheblich bleibt. Dies gilt auch für die als *praesens historicum* usw. bekannten Verwendungsweisen bestimmter Kategorien, die als „Deixis am Phantasma" ausschließlich dem Bereich der als *parole* verstandenen Sprache angehören. Es ist eine unnötige Komplizierung, wenn in semasiologischen Darstellungen das hier vorliegende Phänomen des fiktiven Standpunktes auf die einzelnen Tempora, an denen es sich beobachten läßt, verteilt und nicht als einheitliche Erscheinung behandelt wird. Noch weniger gerechtfertigt ist es, das *praesens historicum* zum selbständigen Tempus zu machen, als das es RENICKE 61, pp. 35—37 und 60—72 unter der Bezeichnung „Zweite synthetische Zeitstufe (der Vergangenheit)" einstuft, oder es zu den Aspekten zu stellen, in die es HERMANN 43, p. 603—605, als „Erlebnisschau" einordnet.

[15] Cf. [Heger, a. a. O.] p. 72—73.

entstehende differenzierte Schema enthält; auf den ersten Blick erscheint sie absurd, denn mit der größten Selbstverständlichkeit folgt aus dem gezeigten Vorgehen das Schema

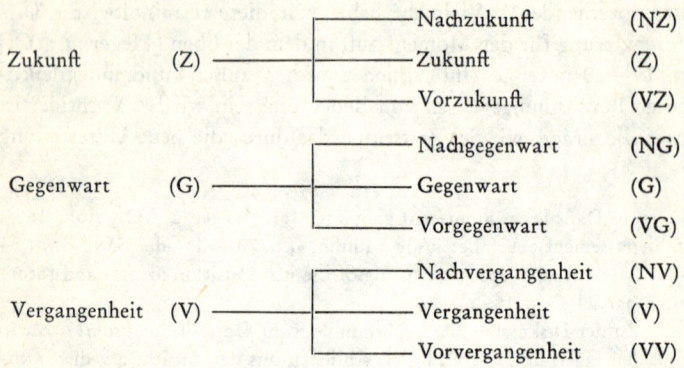

Zukunft	(Z)	Nachzukunft	(NZ)
		Zukunft	(Z)
		Vorzukunft	(VZ)
Gegenwart	(G)	Nachgegenwart	(NG)
		Gegenwart	(G)
		Vorgegenwart	(VG)
Vergangenheit	(V)	Nachvergangenheit	(NV)
		Vergangenheit	(V)
		Vorvergangenheit	(VV)

oder in graphischer Darstellung:

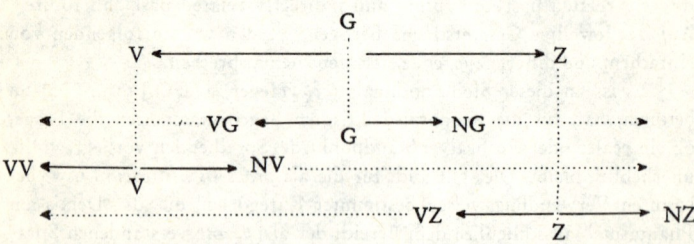

In dieser graphischen Darstellung wird auch deutlich, daß die im Schema untereinander aufgeführten Zeitstufenpaare VZ/NG und VG/NV keine unmittelbare Beziehung aufweisen und sich auch nicht gegenseitig begrenzen. Ob die Zeitstufen VZ und NV im Verhältnis zu G vor-, gleich- oder nachzeitig sind, bleibt offen und wäre nur durch eine doppelte deiktische Fixierung zu bestimmen, mit der jedoch eine mittelbare quantitative Angabe impliziert und damit das Wesen der temporalen Deixis grundlegend verändert würde[16]. Theoretisch denkbar ist eine solche Möglichkeit[17]; da uns jedoch kein Fall bekannt ist, in dem für die damit entstehenden neuen Oppositionen sprachliche Bezeichnungen vorlägen, verzichten wir im Interesse einer größeren Übersichtlichkeit unserer Schemata auf ihre weitere Berücksichtigung[18].

Das oben aufgestellte Neunstufenschema ist also mit dieser Einschränkung vollständig[19] und in seiner begrifflichen Fundierung ein-

[16] Trotz ihrer Unbestimmtheit steht eine solche Quantitätsangabe dem Skalar (cf. oben Anm. 10) nahe, allerdings ohne dessen Zugehörigkeit zum Bereich definitorischer Begriffskategorien zu teilen. — BULL 60 postuliert "meaning can be conveyed in terms of only one axis of orientation at a time" (p. 22). Eigenartig ist allerdings die Kompromißlösung, der zufolge er anschließend zwar der Nachvergangenheit eine unbegrenzte Ausdehnung zuschreibt ("RAP [= NV] may be anterior to PP [= G], actually identical with PP, or posterior to PP. The vector system can be understood only by returning to the axiom that events, like points on a line in space, can be meaningfully organized only in terms of one axis of orientation at a time", p. 24), die in der Vorzukunft (bzw. in der Vor-Nachvergangenheit, VNV) liegenden Vorgänge jedoch durch die Gegenwart (bzw. Vergangenheit) begrenzt sein läßt: "E(AP-V [= VZ]) cannot place an event anterior to PP [= G], and similarly E(RAP-V [= VNV]) cannot place an event anterior to RP [= V]" (ibd.); vgl. auch sein Schema p. 25.

[17] Die entsprechende Untergliederung der Zeitstufen VZ, NG, VG und NV — außer ihnen kommt keine für eine Kombination verschieden gerichteter Vektoren in Betracht — hätte folgendermaßen auszusehen (die Bereiche, innerhalb deren sich der doppelt deiktisch fixierte Vorgang befinden kann, sind jeweils in Klammern angegeben):

Zeit-stufe	begrenzt		unbegrenzt
	ausschl. Grenze	einschl. Grenze	
VZ	VZ (Z)	VZ (Z, G)	VZ (Z, G, V)
NG	NG (VZ)	NG (VZ, Z)	NG (VZ, Z, NZ)
VG	VG (NV)	VG (NV, V)	VG (NV, V, VV)
NV	NV (V)	NV (V, G)	NV (V, G, Z)

[18] Vgl. auch unten p. 131—132.

[19] Es ist selbstverständlich, daß wir genau wie bei dem deiktischen Begriff *Gegenwart* und seiner Projektion auf die Zeitlinie der *Nicht-Gegenwart* auch bei der Erstellung des differenzierten Neunstufenschemas keine terminologische Unterscheidung zwischen deiktischem Begriff und

wandfrei. Jedoch widerspricht ihm ein bisweilen anzutreffendes[20]
Siebenstufenschema, in dem die Zeitstufen Nachgegenwart und
Vorgegenwart fehlen. Dieser Widerspruch der beiden Schemata beruht auf einer Identifizierung von Nachgegenwart und Zukunft,
und von Vorgegenwart und Vergangenheit. Eine solche Identifizierung kann entweder von der Annahme ausgehen, daß in kaum
einer Sprache das Bedürfnis für eine Bezeichnung der begrifflichen
Differenzierungen NG/Z und VG/V existieren wird; dies wäre
jedoch eine unzulässige Hereinnahme sprachlich-formaler Gegebenheiten in die Frage nach der systematischen Ordnung begrifflicher
Kategorien und außerdem eine in ihrer Richtigkeit völlig unbewie-
sene Spekulation mit Wahrscheinlichkeiten. Oder aber man bestrei-
tet die Existenz einer begrifflichen Differenzierung zwischen den
fraglichen Zeitstufen. Dieser Einwand wäre schwerwiegend, er
würde aber die Tatsache übersehen, daß die Vorgegenwart (und
analog die Nachgegenwart) ebenso wie die Vorzukunft und die
Vorvergangenheit in einer sekundären Relation zur Gegenwart
steht und sich damit prinzipiell von der ausschließlich primär be-
zogenen Vergangenheit unterscheidet. Diesem Unterschied entsprechen die Opposition von einem temporal unmittelbaren Vorzeitigkeitsbezug im Falle VG und einem temporal mittelbaren Vorzeitigkeitsbezug im Falle V, und die auf semasiologischem Weg in der
Anglistik erarbeitete Gegenüberstellung von Fehlen und Vorhandensein einer „Zeitlücke"[21]. Im doppelt (oder mehrfach) differen-

seiner Projektion eingeführt haben, denn als Grundlage einer onomasiologischen Fragestellung kommt per definitionem nur der erstere in Frage. Unser Neunstufenschema unterscheidet sich damit wesentlich von dem *hypothetical tense system* bei BULL 60, in dem sich E(PP-V) (= Vorzeitigkeit zu
der Projektion von G) und E(RPOV) (= Gleichzeitigkeit zu der Projektion von V) und entsprechend E (PP+V) (= Nachzeitigkeit zu der Projektion von G) und E(APOV) (= Gleichzeitigkeit zu der Projektion von
Z) als verschiedene Systemstellen gegenüberstehen (cf. unsere Besprechung
pp. 551 und 555—556). Cf. [Heger, a. a. O.] p. 162.

[20] Vgl. die Gegenüberstellung verschiedener derartiger Schemata bei
DIETRICH 55, p. 129—131.

[21] Vgl. den forschungsgeschichtlichen Überblick bei DIETRICH 55, p. 138
bis 188, der immer wieder „die Bedeutung des Vorhandenseins bzw. des

zierten Zeitstufenschema schiebt sich zwischen beide Oppositionsglieder ein (oder mehrere) neutrales Zwischenglied ein und führt
zum Entstehen einer drei- (oder mehr-)gliedrigen Kette unmittelbarer / neutraler / mittelbarer Vorzeitigkeitsbezug (das heißt: Ab-
wesenheit / Irrelevanz / Anwesenheit einer „Zeitlücke")[22]. Die graphische Darstellung des Neunstufenschemas ist somit in der folgenden Weise zu modifizieren:

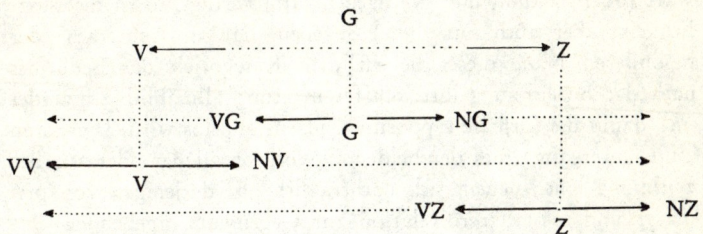

Diese Darstellung des Verhältnisses von Vorgegenwart und Vergangenheit und von Nachgegenwart und Zukunft darf nun aber

Fehlens der ‚Zeitlücke' als eines wichtigen Charakteristikums für den
Gebrauch des [Präteritums] bzw. des [Perfektums]" (p. 162) betont. Auf
romanistischem Gebiet entspricht dem die Deutung der spanischen Opposition *ha cantado / canto* bei ALARCOS LLORACH 47: « De la misma manera
que el pluscuamperfecto (‹había cantado›) y el futuro compuesto (‹habré
cantado›) son tiempos relativos, medidos desde el pretérito y desde el
futuro absolutos, respectivamente, el perfecto compuesto (‹he cantado›)
es un tiempo relativo, puesto que expresa una relación con el presente y
no simplemente una acción sucedida absolutamente en el pasado » (p. 127).
Daß Alarcos Llorach dabei die Termini *relativo* und *absoluto* (cf. oben
Anm. 13) so benutzt, daß sie das genaue Gegenteil von unserer Gegenüberstellung *unmittelbar / mittelbar* zu besagen scheinen, liegt an der
verschiedenen Blickrichtung: der semasiologischen Betrachtung geht es um
die Beziehungen „Sprechender — Presente — *ha cantado*" und „Sprechender — *canto*", während für die begriffliche Gliederung die Beziehungen „G — VG" und „G — Zeitlücke — V" im Vordergrund stehen. Cf.
[Heger, a. a. O.] Anm. 362 und 380.
  [22] Ein Beispiel für eine solche dreigliedrige Oppositionskette liefern die
Bezeichnungsverhältnisse im Neufranzösischen, cf. [Heger, a. a. O.] p. 145
bis 146 und Schema 16.

nicht übersehen lassen, daß zwischen diesen Zeitstufen jeweils eine
besonders enge begriffliche Beziehung besteht. Von Wichtigkeit ist
diese Beziehung jedoch nicht für die systematische Gliederung als
solche, sondern erst für das, was oben²³ im Hinblick auf eine spätere
diachronische Fragestellung als mögliche Entwicklungstendenz bezeichnet wurde. Falls eine Sprache über zwei verschiedene formale
Kategorien zur Bezeichnung von Vergangenheit und Vorgegenwart (oder Zukunft und Nachgegenwart) verfügt, so ist die Möglichkeit (aber auch nur diese) gegeben, daß in Anbetracht der
besonderen Nähe dieser begrifflichen Kategorien das Bedürfnis
nach der Bezeichnung ihrer Differenzierung allmählich schwindet
und damit die formale Opposition gegenstandslos wird. Dies kann
zum Untergang eines der beiden Oppositionsglieder oder zur Bezeichnung einer neuen, sich nachträglich aus derjenigen von primärer und sekundärer Relation zur Gegenwart ergebenden Opposition führen. Als solche käme beispielsweise eine Unterscheidung
zwischen naher und ferner Vergangenheit (oder Zukunft), also eine
Kombination aus temporal-deiktischen und quantitativ-definitori-
schen²⁴ Begriffskategorien in Frage.

Es ist in diesem Zusammenhang auf eine weitere mögliche Entwicklungstendenz einzugehen, die Teile des bisherigen Zeitstufenschemas betrifft. Die begrifflich gleichwertige Opposition von Vorzeitigkeit und Nachzeitigkeit stellt zwei psychologisch völlig verschieden zu bewertende Dinge einander gegenüber. Während psycho-

²³ Cf. [Heger, a a. O.] p. 20—21.
²⁴ In der Terminologie von BULL 60 (cf. oben Anm. 10) lägen hier
Tensor-, d. h. kombinierte Vektor- und Skalarangaben vor. Für die Bezeichnung solcher Tensorangaben verfügen beispielsweise die Bantu- (cf.
apud TOGEBY 51, p. 179 « en bantou il y a 7 temps: remote past, regular
past, near past — present — near future, regular future, remote future »)
und einige nordamerikanische Indianersprachen (cf. apud BULL 60, p. 20
"Whorf suggests that Hopi has some tensor suffixes which place events
at three different 'distances' from the speaker. Chinook very clearly has
tensor affixes which distinguish between immediate, near, far, and remote
past. It may be presumed that there are other languages which employ
the tensor system, but it is obvious that no well-known language does")
über besondere formale Kategorien. Cf. [Heger, a. a. O.] p. 92.

logische Faktoren bei einer systematischen begrifflichen Gliederung irrelevant sind, ist ihre Berücksichtigung hingegen bei einer Betrachtung der Wechselwirkungen von Bezeichnung und Bedeutung unumgänglich. Bei der Frage nach möglichen Entwicklungstendenzen im Bereich der Bezeichnungen von Vorzeitigkeit und Nachzeitigkeit darf daher nicht übersehen werden, daß im Gegensatz zu dem einst ein „jetzt" gewesen „vorher" den Bezeichnungen des noch nicht „jetzt" gewesen „nachher" ein dem affektiven Umkreis des semantischen Feldes eines Wortes[25] vergleichbarer psychischer Faktor der Unsicherheit eignet. Dieser Faktor kann zu einer Verschiebung der Bedeutung von der begrifflichen Kategorie der Zeitstufe zu der der Modalität führen, es kann ebenso leicht der umgekehrte Vorgang eintreten[26]. Betroffen sind hiervon die Bezeichnungen aller in irgendeiner Weise auf dem „nachher" gründenden Zeitstufen, in dem Neunstufenschema also NZ, Z, VZ, NG und NV.

[25] Cf. BALDINGER 61, bes. p. 14—15.

[26] Vgl. hierzu die ausführliche Darstellung möglicher Entwicklungstendenzen im Bereich der Zukunftsbezeichnungen bei COSERIU 58, p. 89—100, aus der wir die folgenden Stellen (p. 95—97) zitieren: « Lo que universalmente se comprueba es una *duplicidad* del futuro, que oscila entre dos polos: el que se suele indicar como ‹puramente temporal› y el ‹modal› . . . Para una explicación fundada de la duplicidad del futuro hay que . . . partir de la ‹compresencia› existencial de los momentos del tiempo — destacada principalmente por el gran pensador italiano P. Carabellese y por M. Heidegger —, mejor dicho, de la distinción entre el tiempo interiormente ‹vivido›, ‹compresente› en sus tres dimensiones, y el tiempo pensado como sucesión exterior, ‹espaciado› o ‹disperso› en momentos no-simultáneos. . . . el pasado corresponde al ‹conocer›, el presente al ‹sentir› y el futuro al ‹querer› . . . Por consiguiente, el futuro concretamente vivido es necesariamente un tiempo ‹modal› . . .». Vgl. ferner SÁNCHEZ RUIPÉREZ 54, p. 91—92. Bei fehlender Unterscheidung zwischen Begriff und Bedeutung ist damit, wie auch aus der zitierten Stelle bei Coseriu hervorgeht, einer Vereinnahmung der Zukunft in die Kategorien der Modalität bzw., bei fehlender Unterscheidung von formaler und begrifflicher Kategorie, des Futurs in die Modi der Weg geebnet. Ausgebaut wurden entsprechende Theorien, auf die wir unten bei der Besprechung der lt. *cantare habebam* — Formen ([Heger, a. a. O.] Anm. 202) zurückkommen werden,

Weitere Unterteilungen dieses Neunstufenschemas lassen sich mit Hilfe des aufgezeigten Vorgehens ohne jede Schwierigkeit ad infinitum vornehmen, wobei die Anzahl der möglichen Zeitstufen der jeweiligen Potenz von drei entspricht. Es ist jedoch anzunehmen, daß schon bei einem Schema von 27 Zeitstufen in kaum einer Sprache das Bedürfnis nach deren Bezeichnung durch ein System von ebenso vielen formalen Kategorien bestehen wird. Wo im Laufe unserer Untersuchung derartige mehrfach differenzierte Zeitstufen vorkommen, werden wir sie analog zu denen des Neunstufen-

vor allem von Kuryłowicz 56 (« Le plan de l'*avenir* s'oppose au plan *présent* + *passé* pris ensemble comme plan de la *réalité*. La représentation du rapport *passé : présent : futur* par une ligne droite correspond à un concept physico-mathématique et non linguistique. Le futur relève du plan modal, différent du plan aspectal. C'est en s'opposant à l'indicatif (présent) que le mode de la supposition acquiert la fonction de futur. », p. 26; von hier übernommen und um eine historische „Begründung" — cf. [Heger, a. a. O.] Anm. 38 — vermehrt bei Rundgren 59: „Das Futur stellt ja in der Tat kein mit der Opposition *Gegenwart : Vergangenheit* vergleichbares Tempus dar. Das Futur ist vielmehr als ein Modus zu betrachten, was ja schon aus der Entstehungsgeschichte so vieler Futurformen der verchiedensten Sprachen klar hervorgeht", p. 32) und von Alarcos Llorach 59 (« . . . il faudrait trouver un terme commode et univoque qui recouvre ces valeurs essentielles de la signification de *cantaré* et *cantaría*. Puisque la postériorité dans l'avenir et la possibilité dans le passé et le présent, sont toutes deux des notions forcément non-réelles, il semble préférable de parler d'un mode ‹potentiel› », p. 11) vgl. [Heger, a. a. O.] auch Anm. 150. — Zur Abhebung von diesen Theorien sei ausdrücklich betont, daß einmal es sich für uns um die begriffliche Kategorie der *Modalität* und nicht um die formale Kategorie des *Modus* handelt, und daß andererseits die in Frage stehende Affinität zwischen Zeitstufe und Modalität eine Erscheinung auf der Ebene der sprachlichen Bezeichnungen beider darstellt und nichts mit möglichen Beziehungen zwischen ihnen als begrifflichen Kategorien zu tun hat. Solche Beziehungen können nur indirekt existieren, da es sich bei den Zeitstufen um temporal-deiktische Begriffskategorien, bei den Modalitäten hingegen um anaphorisch verstandene definitorische Kategorien handelt, deren eingehende Herleitung allerdings den Rahmen unserer Untersuchung sprengen würde. Nur so viel ist zu sagen, daß wir es hier mit dem "degree of belief or conviction" (Sandmann 54, cf. bes. p. 123—125) des Sprechenden gegenüber seiner Aus-

schemas durch die entsprechende Kombination großer Buchstaben[27] kenntlich machen. Als Beispiel sei hier die Zeitstufe VVV (=Vor-Vorvergangenheit) genannt, die etwa im Französischen durch das Plusqueparfait surcomposé (*j'avais eu fait*) bezeichnet werden kann.

2. Die Aspekte

Zu Beginn dieses Abschnittes (cf. p. 103—104) wurde gezeigt, daß die fundamentale Aspektopposition aus der Unterscheidung zwischen dem einer Darstellung des Vorgangs von innen her entsprechenden imperfektiven und dem einer Darstellung von außen her entsprechenden perfektiven Aspekt besteht. Über ein ausschließlich diese Unterscheidung bezeichnendes formales Kategoriensystem verfügen beispielsweise die semitischen Sprachen. Die beiden sogenannten Tempora etwa des Arabischen bezeichnen den imperfektiven und perfektiven Aspekt und sind dem Zeitstufensystem gegenüber indifferent, das heißt sie können implizit jede beliebige Zeitstufe bezeichnen[28].

sage zu tun haben. — Wiederum etwas anderes sind die philosophischen Modalitätskategorien Möglichkeit, Dasein und Notwendigkeit (vgl. [Heger a. a. O.] auch Anm. 168). Allein schon eine Entwirrung der terminologischen „Polysemien" wäre in diesem Bereich nicht von Schaden.

[27] In den seltenen Fällen mehrgliedriger Oppositionsketten (cf. oben Anm. 22) stehen die Sigel vom Typ VZ (Vorzukunft) für die einfach und diejenigen vom Typ VMZ („Vor-Mit-Zukunft") für die doppelt differenzierte Zeitstufe.

[28] Vgl. hierzu BROCKELMANN 51 (bes. p. 137 ss. zum Akkadischen, p. 146 ss. zum Hebräischen und p. 151 s. zum Arabischen) und RUNDGREN 59, bes. p. 30 „Das Semitische kennt von Haus aus keine an sich temporalisierten Verbformen im westeuropäischen Sinne, sondern nur die zwei subjektiven Anschauungsformen, die in den zwei Flexionsweisen jedes Verbums ihren formalen Ausdruck erhalten" und p. 312 „Fragen wir dann, was uns die semitischen Sprachen für die allgemeine Theorie des Aspekts lehren können, so bleibt zunächst auf die prinzipiell bedeutsame Tatsache hinzuweisen, daß in diesen Sprachen die Kategorie des r e i n e n Aspekts grammatikalisiert erscheint, wie auch die Aktionsarten in den sog. abgeleiteten Stammformen ein eigenartiges Mittel der Grammatika-

Analog zu dem bei den Zeitstufen eingeschlagenen Verfahren könnte man nun zum Zweck einer weiteren Untergliederung der Aspektopposition daran denken, im Falle des perfektiven Aspekts für den außerhalb des Vorgangs liegenden Standpunkt des Sprechenden die Vorstellung der Zeitlinie heranzuziehen. Nach der Projektion des imperfektiven Aspekts auf sie wäre dann zu unterscheiden, ob sich jener außerhalb liegende Standpunkt zu dem als perfektiv gezeigten Vorgang im Verhältnis der Vorzeitigkeit oder der Nachzeitigkeit befindet[29]. Da jedoch die Zeitlinie die möglichen Standpunkte des Sprechenden repräsentieren soll, muß sie in diesem Fall auch ein wesentliches Charakteristikum der Weise der Zeiterfahrung[30] dieses Sprechenden, nämlich die Irreversibilität der erfahrenen Zeit, implizieren und als deren geometrische Metapher einsinnig gerichtet sein. Damit aber wird die theoretische Möglichkeit, einen Vorgang von einem ihm gegenüber vorzeitigen Standpunkt her als perfektiv, das heißt als „abgeschlossen" und von außen her erfaßbar zu zeigen, zur *contradictio in adjecto*. Die Alternative Vorzeitigkeit / Nachzeitigkeit besteht also nur scheinbar, und damit erweist sich auch eine weitere Untergliederung der fundamentalen Aspektopposition als unmöglich. Die Zweizahl der Aspekte ist prinzipiell unveränderlich und kann lediglich durch die in Abschnitt 3 zu behandelnden Interferenzen von Aspekten und Zeitstufen modifiziert werden.

lisierung erhalten haben, wodurch die Aspekte schon im Bau des Verbums von den Aktionsarten getrennt gehalten werden." Beispiele für die Fähigkeit beider arabischen „Tempora" (*al-muḍāriᶜ* und *al-māḍī*), jede beliebige Zeitstufe zu bezeichnen, bringt RECKENDORF 21, p. 10—15. — Zu der ebenfalls von Rundgren betonten Abhebung der Aspekte von den Aktionsarten vgl. [Heger, a. a. O.] p. 17 und Anm. 30 sowie hier p. 121—122.

[29] Diese Konstruktion könnte den Eindruck erwecken, als sei sie ein Beweis für die Unvereinbarkeit von perfektivem Aspekt und Gleichzeitigkeit = Gegenwart (cf. oben Anm. 11). Wer diese Folgerung aus ihr ziehen möchte, müßte jedoch konsequenterweise auch eine Unvereinbarkeit von imperfektivem Aspekt und Nicht-Gegenwart postulieren. In Wirklichkeit kann von einer solchen Gleichsetzung von Aspekt und Zeitstufe in dem einen Fall so wenig wie in dem anderen die Rede sein; cf. unten Abschn. 3.

[30] Cf. oben Anm. 8.

Mögliche Verschiebungen im Bezeichnungssystem lassen sich aus einer polaren Opposition nicht ablesen. Es ist jedoch schon an dieser Stelle darauf hinzuweisen, daß im Gegensatz zu den semitischen die indogermanischen Sprachen sich durch eine starke Tendenz auszeichnen, die gleichen formalen Mittel zur Bezeichnung sowohl aspektualer als auch von Aktionsarten-Oppositionen zu verwenden. Besonders deutlich ist dies in den slavischen Sprachen zu beobachten[31], aber auch im Bereich der romanischen Sprachen werden uns entsprechende Erscheinungen begegnen. Der häufigste Fall der hier vorliegenden Homonymie[32] basiert auf einer Gleichsetzung von deiktischer Aspektbezeichnung und definitorischer quantitativer Zeitangabe, das heißt der beiden Begriffspaare *imperfektiv / perfektiv* und *durativ / punktuell*. Ihr Ergebnis ist bei ursprünglich durativer Aktionsart, daß die Bezeichnung des perfektiven Aspekts in die einer punktuellen, nämlich ingressiven oder egressiven Aktionsart[33], und bei ursprünglich punktueller Aktionsart, daß die

[31] So vor allem an der Doppelfunktion der Verbalpräfixe: russ. писать / на-писать bilden eine reine Aspektopposition, писать / за-писать eine Aspekt- und Aktionsartenopposition und писать / за-пис-ыв-ать eine reine Aktionsartenopposition; vgl. hierzu vor allem SØRENSEN 49, bes. p. 89—99.

[32] Es dürfte sich nach allem bisher Gesagten erübrigen zu betonen, daß eine solche Homonymie (oder Polysemie, was in der ahistorischen Sicht theoretischer Erörterungen dasselbe ist) keinen Einwand gegen die begriffliche Unterscheidung von Aspekten und Aktionsarten (cf. [Heger, a. a. O.] p. 17 und Anm. 30) darstellt. Es ist vielmehr selbstverständlich, daß eine onomasiologische Untersuchung auf Schritt und Tritt auf Bezeichnungen stößt, die nicht ausschließlich den zugrunde gelegten begrifflichen Kategorien entsprechen, sondern darüber hinaus noch andere Bedeutungen haben; « aucun système verbal ne possède des formes distinctes pour toutes les idées que le verbe peut théoriquement représenter; c'est précisément le choix entre les idées exprimables qui définit le système verbal d'une langue donnée » (COHEN 24, p. 2). Was aus dem vorliegenden Fall von Homonymie oder Polysemie allerdings notwendig folgt, ist die Unmöglichkeit, im Rahmen rein semasiologischer Untersuchungen der indogermanischen Sprachen zu einer überzeugenden Unterscheidung von Aspekt und Aktionsart zu gelangen (cf. unsere Besprechung zu POLLAK 60 p. 164—165). — Vgl. auch [Heger, a. a. O.] Kap. II, 4.

[33] Vgl. hierzu die Diskussion um die Deutung von Formen wie gr.

Bezeichnung des imperfektiven Aspekts in die der iterativen als der einzig denkbaren quantitativen Ausdehnung der punktuellen Aktionsart umgedeutet wird[34].

3. Interferenzen in einem kombinierten Zeitstufen- und Aspektschema

Aus den oben (cf. Anm. 29) erwähnten theoretischen Gründen ebenso wie in Anbetracht der Möglichkeit, daß in einer Sprache

ἐβασίλευσε, cf. [Heger, a. a. O.] p. 104 und Anm. 441. Ob die punktuelle als ingressive oder als egressive Aktionsart erscheint, hängt von einer weiteren Unterscheidung ab, die SÁNCHEZ RUIPÉREZ 54 klar herausgestellt hat: « Estas consideraciones nos permiten establecer que: 1.° En un semantema transformativo la noción de término opera con el término final del contenido verbal. 2.° En un semantema no-transformativo la noción de término opera con el término inicial del contenido verbal » (p. 62); *semantemas transformativos* und *semantemas no-transformativos* sind folgendermaßen definiert: « Semantemas transformativos son aquellos que expresan una transformación, una modificación del estado. Es indiferente que esta transformación afecte al sujeto, cuyo estado resulta modificado (v. gr., θνήσκειν ‹morir› . . .) o al objeto . . . Semantemas no-transformativos son aquellos cuyo significado excluye toda idea de modificación tanto en el sujeto como en el objeto. Asi εἶναι ‹ser› . . . » (p. 53). Mit dieser Unterscheidung wäre in einer den Aktionsarten gewidmeten Untersuchung die von BULL 60, p. 43—47, vorgenommene Gegenüberstellung von *cyclic* und *non-cyclic* zu konfrontieren.

[34] Beispiele für die iterative Bedeutung von Tempora wie fr. (*il*) *chantait* (cf. [Heger, a. a. O.] p. 102—104) und sp. *cantaba* (cf. [Heger, a. a. O.] p. 164—165) bringt jede Schulgrammatik. Daß die von hier aus zu erklärende Verwechslung der entsprechenden begrifflichen Kategorien bis in die Semitistik hineinreicht, zeigt BROCKELMANN 51: „Iterative Aktionsart und kursiver [= imperfektiver] Aspekt stehen einander ja ganz nahe; sie unterscheiden sich nur dadurch, daß der Vorgang einmal als Ganzes, ein andermal als in Abschnitte zerfallend vorgestellt wird [was eine Definition der Opposition semelfaktiv / iterativ ist]. So ist ja auch im Slav. die iterative Aktionsart dem System der Aspekte angeglichen, ohne dies zu stören . . .“ ([Heger, a. a. O.] p. 140).

das Bedürfnis besteht, sowohl die Zeitstufen als auch die Aspekte durch formale Kategorien zu bezeichnen, ergibt sich die Fragestellung dieses Kapitels. Wie hat ein begriffliches Kategorienschema auszusehen, in dem Zeitstufen und Aspekte in ihren sämtlichen möglichen Kombinationen enthalten sind? Bei der Beantwortung dieser Frage werden wir der Übersichtlichkeit halber für die Zeitstufen zunächst das Dreistufenschema zugrunde legen und die daran gewonnenen Ergebnisse erst nachträglich auf die differenzierten Schemata zu übertragen versuchen.

Auf den ersten Blick scheint der natürliche Weg zu einem kombinierten Zeitstufen- und Aspektschema der einer einfachen Multiplikation zu sein:

	imperfektiv (i)	perfektiv (p)
Zukunft (Z)	Zi	Zp
Gegenwart (G)	Gi	Gp
Vergangenheit (V)	Vi	Vp

Ein solches Schema wäre einleuchtend und keineswegs neu, findet es sich doch nicht selten als Grundlage des Versuchs einer begrifflichen Ordnung der Konjugationssysteme auch der romanischen Sprachen[35], und scheint es doch genau dem formalen Kategorienschema der als besonders logisch bekannten lateinischen Konjugation zu entsprechen:

	i	p
Z	cantabit	cantaverit
G	cantat	cantavit
V	cantabat	cantaverat

[35] Den Ausgangspunkt bildete dabei vor allem das lateinische Konjugationsschema, wie es in einer der oben wiedergegebenen entsprechenden

Die Tatsache allein, daß in zahlreichen anderen Sprachen keine
solche restlose Symmetrie anzutreffen ist, würde dieses einfache
Schema noch nicht ernsthaft in Frage stellen. Daß einem begrifflichen ein formales System genau und in sämtlichen Punkten
entspricht, ist ohnedies ein Ausnahmefall, mit dessen Vorkommen die Sprachwissenschaft nur in den seltensten Fällen rechnen
kann.

Jedoch ist ein prinzipieller Einwand geltend zu machen. Zwar ist
an der einfachen Zuordnung des imperfektiven Aspekts auf die
verschiedenen Zeitstufen nichts zu beanstanden. Die kombinierten
Kategorien Zi, Gi und Vi besagen, daß der bezeichnete Vorgang
in einem bestimmten zeitlichen Bezug zu dem Sprechenden steht
und von diesem von innen her gesehen und dargestellt wird. Während Gi ohne weiteres einleuchtet, enthalten Zi und Vi durch die
Kombination eines zeitstufenmäßigen „nicht-jetzt" mit einem
aspektmäßigen „jetzt" eine gewisse Schwierigkeit. Sie ist nicht begrifflicher — denn welche Notwendigkeit bestünde für eine Identität von dem „jetzt" des Sprechenden mit dem des Vorgangs —,
sondern psychologischer Natur und besteht darin, daß die Feststellung eines „nicht-jetzt" durch den Sprechenden mit seinem Sich-
Versetzen in dieses „nicht-jetzt" vereinbart werden muß. Diese
Schwierigkeit kann für ein sprachliches Bezeichnungssystem dann
von Bedeutung werden, wenn es zu einer wechselseitigen Beeinflussung zweier Sprachen kommt, von denen nur die eine formale

Form von Meillet 21, p. 185, aufgestellt worden war; an der darin implizierten Gleichsetzung von formalen und begrifflichen Kategorien ist
verschiedentlich Kritik geübt worden, vgl. u. a. Burger 49 (« Quoi qu'il
en soit, en latin classique le système formel et le système des valeurs ne se
recouvrent pas exactement », p. 22), Bassols 51 (« no representa esta teoría
otra cosa que un ingente esfuerzo para conseguir la relación semántica
correspondiente al paralelismo atestiguado en el terreno de la morfo-
logía », p. 142) und Kravar 61 ("In conclusion, it must be underlined
that the imperfect and perfect in Latin behave in general as two preterits
of different aspectual value", p. 308). Auf das Französische angewandt
findet sich dieses Schema u. a. bei Brunot-Bruneau (cf. p. 530), wobei
das erstaunliche Phänomen entsteht, daß Imperfait und Passé simple

Kategorien, das heißt einen Ausdruck des Bewußtseins für die begrifflichen Kategorien Zi oder Vi besitzt. Zunächst werden in einem solchen Fall die Träger der anderen Sprache mit diesen Kategorien nicht sehr viel anzufangen verstehen und zur Einschränkung der Häufigkeit ihres Gebrauchs tendieren[36].

Wesentlich weniger einfach aber gestaltet sich die Zuordnung des perfektiven Aspekts auf die verschiedenen Zeitstufen. Hier nämlich stellt sich wiederum die in Abschnitt 2 besprochene Frage, in welchem zeitlichen Verhältnis der „außerhalb" des Vorgangs liegende Standpunkt des Sprechenden zu diesem Vorgang steht. Sobald die Aspekte mit den Zeitstufen kombiniert werden, ist automatisch ein solcher zeitlicher Bezug hergestellt und die Vorstellung eines als unabhängig von jeglicher Zeitlinie gedachten „außerhalb" ausgeschlossen. Die Zuordnung des perfektiven Aspekts auf die Zeitstufen erhält somit einen doppelten Charakter: sie umfaßt einerseits, genau wie bei dem imperfektiven Aspekt, die zeitstufenmäßige Fixierung des bezeichneten Vorgangs und andererseits, darüber hinaus, die zeitstufenmäßige Fixierung des Standpunktes, von dem aus der bezeichnete Vorgang als perfektiv — und das heißt auf die in diesem Fall als gerichtet (cf. oben p. 120) aufzufassende Zeitlinie bezogen: als abgeschlossen — gesehen ist. Daraus ergibt sich die folgende Erweiterung des auf S. 126 aufgestellten Schemas:

gleichermaßen der *action non achevée* zugeordnet werden. Wieder erstanden ist es mit einer konsequent formal-strukturalistischen Betrachtungsweise, so bei K. Togeby in der folgenden Form:

	Vergangenheit	Gegenwart	Zukunft
imperfektiv	(Imperfekt)	(Prae-	(Konditional)
perfektiv	(Passé simple)	sens)	(Futur)

Die eingetragenen neutralen Bezeichnungen sind durch die entsprechenden französischen — nach Togeby 51, p. 173—179 — bzw. spanischen — nach Togeby 53, p. 8 — Tempusbezeichnungen zu ersetzen.

[36] Vgl. [Heger, a. a. O.] p. 106 zu dem Rückgang des Imparfait in der frühesten altfranzösischen Zeit.

	im-perfek-tiv (i)	perfektiv (p) gesehen von		
		Zukunft	Gegen-wart	Ver-gangen-heit
Zukunft (Z)	Zi	Zp^z	Zp^g	Zp^v
Gegenwart (G)	Gi	Gp^z	Gp^g	Gp^v
Vergangenheit (V)	Vi	Vp^z	Vp^g	Vp^v

Innerhalb der neun perfektiven Kategorien dieses Schemas sind nach der Art der zeitlichen Relation zwischen Standpunkt des Sprechenden und Vorgang die folgenden drei Gruppen zu unterscheiden:

1. Zp^z, Gp^g, Vp^v. — In diesen drei Kombinationen wird ein in die Zeitstufe X verlegter Vorgang von der gleichen Zeitstufe her als abgeschlossen gesehen (Typ Xp^x). Angesichts einer solchen Identität der Zeitstufe des Vorgangs mit der des außerhalb liegenden Standpunktes, den der Sprechende durch die Deixis des perfektiven Aspekts einnimmt, ist es besonders wichtig, die Wesensverschiedenheit der beiden auf die gleiche Zeitstufe verlegten Momente nicht aus den Augen zu verlieren. Bei ihrer Identifizierung würde die Gefahr der verschiedenartigsten Fehldeutungen drohen; so könnte man versucht sein, aus der für die drei in Frage stehenden Kombinationen gegebenen Definition eine Gleichzeitigkeit von Verlauf und Abgeschlossensein des Vorgangs herauszulesen — eine Gleichzeitigkeit, die bei Vorliegen der punktuellen (momentanen) Aktionsart selbstverständlich, in jedem anderen Falle hingegen widersinnig wäre. Am leichtesten läßt sich der Unterschied, um den es hier geht, an Hand der Kombination Gp^g aufweisen. In ihr liegt die Umkehrung des Falles vor, den wir oben in den Kombinationen Zi und Vi beobachtet haben, indem sich hier ein zeitstufenmäßiges „jetzt" mit einem aspektmäßigen „nicht-jetzt" verbindet. Für den auf der gleichen Zeitstufe wie der Vorgang liegenden Standpunkt des Sprechenden

bedeutet dies, daß er nicht etwa mit jenem in einem gemeinsamen deiktischen Begriff zusammenfällt, daß er nicht in ihn,
sondern an ihn gelegt wird und damit weiterhin ein „außerhalb" bleibt. An Stelle der irrtümlichen Deutung, in den Kombinationen vom Typ Xp^x seien Verlauf und Abgeschlossensein
des Vorgangs in die gleiche Zeitstufe verlegt, darf also nur gesagt werden, daß in ihnen Verlauf und Abgeschlossensein des
Vorgangs auf die gleiche Zeitstufe bezogen sind. Es liegt in ihnen
also die begriffliche Kategorie vor, die man häufig mit dem Terminus *perfectum praesens* (resp. seinen Entsprechungen in den
anderen Zeitstufen) intendiert[37]. Zu ihrer formalen Bezeichnung

---

[37] Die Deutungen, die diesem *perfectum praesens* bzw. den es bezeichnenden formalen Kategorien zuteil geworden sind, zeichnen sich durch
besondere Vielfalt und Widersprüchlichkeit aus. Schuld daran ist auch hier
wieder die Tatsache, daß in den meisten Sprachen, an denen entsprechende
Untersuchungen vorgenommen wurden, Polysemien vorliegen, die jede
semasiologische Untersuchung in die Irre führen müssen. Für das Französische deutlich erkannt hat dies CHRISTMANN 59: „Das Charakteristikum
der zusammengesetzten Zeiten wäre demnach die Angabe der Vorzeitigkeit. Diese Auffassung ist zweifellos vertretbar, in vielen Fällen sogar die
einzig mögliche (z. B. in *il me dit que son père avait été malade*), und sie
kommt der Sache sicherlich näher als die Ansicht, es handle sich um verschiedene Aspekte. Aber die zusammengesetzten Zeiten bezeichnen vielfach auch lediglich die Abgeschlossenheit einer Handlung, und man kann
bei dieser Verwendungsweise strenggenommen nicht von Vorzeitigkeit
reden. Hierher gehört der Gebrauch des *passé composé* als *praeteritum
praesens*, welches hinsichtlich des Tempus ein *présent* darstellt, das man
présent de l'accompli oder *présent achevé* genannt hat" (p. 7—8). Wichtig
ist dabei auch die Betonung, daß mit dem *perfectum praesens* (dieser Terminus scheint uns weniger sich selbst zu widersprechen als der von Christmann gewählte *praeteritum praesens*) keine Vorzeitigkeit impliziert ist. Daß
die Zuordnung auf die Gegenwart wesentlich wichtiger ist als die Möglichkeit, einen Teil des perfektiv gesehenen Vorgangs der Vergangenheit zuzu-
ordnen — auf die Bedeutung dieser Möglichkeit für die die Kombinationen
Xp^x bezeichnenden formalen Kategorien und ihre allgemeinen Entwicklungstendenzen wird noch zurückzukommen sein, cf. unten p. 137—139,
betont auch DIETRICH 55, wenn er von dem e. Present Perfect schreibt,
„das Pf. ist die einzige Zeitform, die die Vorstellung der [Gegenwart] in
Verbindung mit der der [Vergangenheit], ,the conjunction of the present

können beispielsweise im Spanischen die Zusammensetzungen vom Typ *tener* + Participio[38] herangezogen werden.

2. Gp^z, Vp^z, Vp^g. — In diesen drei Kombinationen wird ein in die Zeitstufe X verlegter Vorgang von einer ihr gegenüber nachzeitigen Zeitstufe her als abgeschlossen gesehen (Typ Xp^{nx}). Prinzipiell ist dieser Fall ohne weiteres einsichtig und bietet wohl kaum Anlaß zu Fehldeutungen. Hingegen sind die Unterschiede, die die drei Kombinationen voneinander trennen, hier von größerer Bedeutung als in der ersten Gruppe.

a) Vp^g. — Der in die Vergangenheit verlegte und von der Gegenwart her als abgeschlossen gesehene Vorgang ist gewissermaßen der Normalfall dieser Gruppe und bedarf als solcher keines besonderen Kommentars. Im Gegensatz zu der entsprechenden differenzierten Zeitstufe VG(p^g) betont er durch die Abgeschlossenheit der Handlung gleichzeitig das Vorhandensein einer „Zeitlücke"[39].

b) Gp^z. — Wird ein Vorgang in die Gegenwart verlegt und von der Zukunft her als abgeschlossen gesehen, so liegt theoretisch das gleiche Verhältnis vor wie unter a). Dies gilt jedoch nur im Rahmen des Systems und nicht in bezug auf den Standpunkt des Sprechenden. Während dieser im Falle Vp^g von sei-

---

with the past as a continuum' . . ., wachzurufen vermag" (p. 167), und es sei eine „irrige Vorstellung . . ., als ob das Pf. die Vg. mit der Gw. (statt richtig umgekehrt!) verbinde, und daß mithin die Blickrichtung des Perfektdenkaktes Vg. → Gw. sei" (p. 180). Vielfach hingegen hat man sich mit Deutungen begnügt, die von einem resultativen oder noch allgemeineren Bezug einer eigentlichen Vergangenheit zu der Gegenwart des Sprechenden ausgehen; daß mit diesem „Bezug zur Gegenwart" überhaupt nichts besagt ist, da er jeder Zeitstufe eigen ist, hat Reid 55 zu Recht gegen solche Deutungen geltend gemacht: "Such definitions are obviously useless. If the speaker refers to the process at all, it must evidently bear some relation to his present, arouse some interest in him, have a place in his memory; and it is therefore impossible on this basis to distinguish between the function of the form *j'ai fait* and that of any other tense-form referring to past-time" (p. 25).

[38] Cf. p. 189—202 [Heger, a. a. O.]

[39] Cf. oben p. 113—116 and Anm. 21, sowie unten p. 132.

nem „jetzt" aus die perfektive Perspektive anlegt, muß er sich hierzu im Falle Gp^z zunächst aus diesem seinem „jetzt" heraus in eine andere Zeitstufe transponieren. Dadurch entsteht eine doppelte Brechung, die den Vorgang in einer von der Gegenwart her durch die Zukunft gesehenen Gegenwart erscheinen läßt. Dieser komplizierte Charakter der Kombination Gp^z stellt relativ hohe Anforderungen an das Abstraktionsvermögen, und man wird daher ohne großes Risiko jeder sie bezeichnenden formalen Kategorie ein besonderes Maß an Labilität vorhersagen können. Besonders naheliegend sind dabei Verschiebungen von dem Begriff der Gegenwart zu dem in dieser Kombination beteiligten der Zukunft, wofür die slavischen Sprachen gute Beispiele bieten[40]. Einfacher liegen die Verhältnisse nur in einem Sonderfall dieser Kombination, dem viel diskutierten sogenannten Koinzidenzfall, in dem Aussage des Vorgangs und ausgesagter Vorgang identisch sind[41].

c) Vp^z. — Der in die Vergangenheit verlegte und von der Zukunft her als abgeschlossen gesehene Vorgang vereinigt die Problematik der Kombination Gp^z mit dem Fall Vp^g und unterscheidet sich darüber hinaus von diesen beiden dadurch, daß der Abstand zwischen Vorgang und Standpunkt der perfektiven Schau zwei Zeitstufen beträgt. All dies macht deutlich,

[40] Wir können hier die Auseinandersetzung um die Formen vom Typ russ. я напишу nicht im einzelnen darstellen. Im wesentlichen einig ist man sich über ihre perfektive Bedeutung, während ihre zeitstufenmäßige Zuordnung zu zahlreichen und verschiedenartigen Deutungen sowie zu der in viele Lehrbücher aufgenommenen Kompromißformel, „praesentische Form mit futurischer Bedeutung" geführt hat. Die Ausführungen von Sørensen 49, bes. p. 168—169, und Isačenko 60, bes. p. 84—87, beide aufbauend auf Karcevski 27, rechfertigen es jedoch, in dem „perfektiven Praesens" primär eine Bezeichnung der Systemstelle Gp^z zu erblicken, die aber auf Grund der oben angenommenen Labilität dazu tendiert, in Richtung auf Systemstellen wie NGp^z und VZp^z umgedeutet zu werden. Vgl. auch die folgende Anmerkung.

[41] Typ „hiermit erkläre ich . . ."; vgl. hierzu Koschmieder 35 und Koschmieder 45, p. 28, ferner Rundgren 59, pp. 38—39 und 112—113.

daß es sich hier um einen zwar theoretisch möglichen, aber derart konstruierten Fall handelt, daß kaum je ein Bedürfnis nach einer Bezeichnung für ihn anzunehmen sein wird.

d) Für die in den Fällen a) bis c) vorliegende Art der Deixis, durch die ein Vorgang in die Zeitstufe X verlegt und von einem ihr gegenüber nachzeitigen Standpunkt aus perfektiv gesehen wird, ergab sich die gemeinsame Typenformel Xp^{nx}. Damit lassen sich Gp^z auch als Gp^{ng} und Vp^z und Vp^g als Varianten ein und desselben Vp^{nv} definieren. Dieses Vorgehen hat zunächst den Vorteil, den Unterschied Vp^z/Vp^g auch theoretisch als sekundär zu erweisen. Darüber hinaus macht es einen Mangel des p. 126 aufgestellten Schemas sichtbar, der im Widerspruch zu der Kombinationsfähigkeit der Typenformel Xp^{nx} mit dem Zeitstufenschema steht. Es ist ihm deshalb eine Systemstelle Zp^{nz} hinzuzufügen, das heißt die Stelle eines zukünftigen Vorgangs, der von einem ihm gegenüber nachzeitigen Standpunkt aus perfektiv gesehen ist. Wie weit mit einem Bedürfnis nach einer besonderen Bezeichnung dieser Systemstelle zu rechnen ist, ist dabei von untergeordneter Bedeutung. Besonderen Gefährdungen sind solche Bezeichnungen im Gegensatz zu denen von $Gp^z = Gp^{ng}$ nicht ausgesetzt, da hier sämtliche beteiligten Momente den Begriff Zukunft unterstreichen.

3. Zp^g, Zp^v, Gp^v. — Daß ein in die Zeitstufe X verlegter Vorgang von einer ihr gegenüber vorzeitigen Zeitstufe her als abgeschlossen gesehen wird (Typ Xp^{vx}), ist entsprechend dem oben p. 119—121 Gesagten per definitionem unmöglich. Diese drei Kombinationen scheiden daher als mögliche begriffliche Kategorien aus.

Damit ergibt sich die folgende endgültige Form für das kombinierte Zeitstufen- und Aspektschema. Die möglichen Varianten des jeweiligen Kombinationstyps Xp^{nx} führen wir mit auf, deuten jedoch mit Hilfe des sie verbindenden Gleichheitszeichens entsprechend den unter 2c und 2d gemachten Beobachtungen an, daß es sich bei ihnen um sekundäre Unterscheidungen handelt. Hinzu kommt, daß die von ihnen gebildeten Oppositionen sich bei der Anwendung des Schemas auf die onomasiologische Untersuchung romanischer Sprachen als irrelevant erweisen.

Die begrifflichen Kategorien der temporalen Deixis 131

	imperfektiv	perfektiv			
		p^{nx}	p^z	p^g	p^v
Zukunft	Zi	Zp^{nz}	Zp^z		
Gegenwart	Gi	$Gp^{ng} \doteq$	Gp^z	Gp^g	
Vergangenheit	Vi	$Vp^{nv} \doteq$	$Vp^z \doteq$	Vp^g	Vp^v

Eine Vereinfachung dieses Schemas scheint nahezuliegen. Wenn schon auf die Trennung der verschiedenen Varianten vom Typ Xp^{nx} verzichtet wird, so könnte man argumentieren, dann wäre es doch übersichtlicher, eine symmetrische Darstellung mit den drei Zeitstufen auf der senkrechten und den drei Aspekttypen Xi, Xp^{nx} und Xp^x auf der waagrechten Koordinate zu wählen. Ein solches Schema würde aber nur mehr eine Ü b e r s i c h t über den Bestand der zu bezeichnenden temporal-deiktischen Kategorien geben und keinen Einblick in deren begriffliche S t r u k t u r gewähren. Beispielsweise ginge die Evidenz der gemeinsamen Zugehörigkeit von Gp^g und $Vp^g = Vp^{nv}$ zu dem Strukturtyp Xp^g verloren, aus der sich wichtige Bedeutungsverschiebungen in der Geschichte der Formen erklären lassen, die diese Kategorien bezeichnen (cf. unten Anm. 54).

Bei Zugrundelegung des differenzierten Zeitstufenschemas gestaltet sich das kombinierte Zeitstufen-Aspekt-Schema folgendermaßen (p. 132). Die Hinzufügung der Kolonne p^{nx} ist entsprechend dem oben unter 2d Gesagten und analog zu dem Dreistufenschema erfolgt. Ebenfalls analog hierzu haben wir auf eine Ausführung sämtlicher Varianten des Kombinationstyps Xp^{nx} verzichtet[42]. Eine Sonderstellung nehmen die Systemstelle NVp^g mit ihrer nicht eingetragenen Variante NVp^{vg} und die ebenfalls nicht eingetragenen Stellen NGp^{vz} und Gp^{vz} ein. In diesen vier Fällen führt die Kombination der zeitstufenmäßigen Fixierung einerseits des Vorgangs und andererseits des Standpunkts des Sprechenden zu einer doppelten deiktischen Fixierung[43]: im Fall von NVp^g und NVp^{vg} kommt der Vorgang nach dem (projizierten) Bezugspunkt V, aber vor G, und im Falle von NGp^{vz} und Gp^{vz} der Standort der perfektiven Per-

[42] Zu der Funktion des Gleichheitszeichens vgl. Erläuterung zu Schema p. 131.
[43] Cf. oben p. 112—114 und Anm. 16 und 17.

i	p^{nz}	p^{z}	p^{vz}	p^{ng}	p^{g}	p^{vg}	p^{nv}	p^{v}	p^{vv}
NZi	$NZp^{n\,nz}$	NZp^{nz}							
Zi	Zp^{nz}	Zp^{z}							
VZi	VZp^{nvz}	VZp^{z}	VZp^{vz}						
NGi	NG^{nng}	NGp^{z}		NGp^{ng}					
Gi	Gp^{ng}	Gp^{z}		Gp^{ng}	Gp^{g}				
VGi	VGp^{nvg}	VGp^{z}			VGp^{g}	VGp^{vg}			
NVi	NV^{nnv}	NVp^{z}			NVp^{ng}		NVp^{nv}		
Vi	Vp^{nv}	Vp^{z}			Vp^{g}		Vp^{nv}	Vp^{v}	
VVi	VVp^{nvv}	VVp^{z}			VVp^{g}			VVp^{v}	VVp^{vv}

Row groups (left margin): NZ, Z, VZ under Z; NG, G, VG under G; NV, V, VV under V.

Column groups (top): p^{nz}, p^{z}, p^{vz} under p^{z}; p^{ng}, p^{g}, p^{vg} under p^{g}; p^{nv}, p^{v}, p^{vv} under p^{v} — all under p.

spektive vor dem (projizierten) Bezugspunkt Z, aber nach (oder auf, jedenfalls aber nicht vor) G auf der Zeitlinie zu liegen. Bei einer gesonderten Bezeichnung der verschiedenen Varianten von Xp^{nx} würde an diesen Stellen somit ein Schema von der Art des oben Anm. 17 dargestellten vorliegen. — Ebenfalls eines besonderen Kommentars bedürfen die perfektiven Kombinationen der Vorgegenwart. Bei der Behandlung der Kombination Vp^g (cf. oben p. 128) wurde darauf hingewiesen, daß die Perfektivität gleichzeitig das Vorhandensein einer „Zeitlücke" betont. Ein solches Insistieren kann im Prinzip natürlich nur dort angenommen werden, wo die Zeitlücke, auf der insistiert wird, von Hause aus vorliegt. Für die entsprechenden Bezeichnungen jedoch liegt eine generalisierende Umdeutung, die Perfektivität und Vorhandensein einer Zeitlücke gleichsetzt, durchaus im Bereich des Möglichen. In einem solchen Falle aber werden Bezeichnungen für VGp^{nvg} und VGp^{vg} (im doppelt differenzierten Zeitstufenschema entsprechend für alle Kombinationen vom Typ VMXp)[44] unmöglich, da sie mit dem perfektiven Aspekt eine Bedeutung verbänden, die das Wesen der Opposition VG/V zerstört[45].

Die endgültigen Formen des kombinierten Zeitstufen- und Aspektschemas weisen eine Eigenart auf, die von prinzipiellem Interesse ist. Einerseits durch die Verschiedenartigkeit der Zeitstufenzuordnung des imperfektiven und des perfektiven Aspekts und andererseits durch den Wegfall der sich selbst widersprechenden Kombinationen vom Typ Xp^{vx} ist ein Kategoriensystem entstanden, das in bezug weder auf die Aspekt-Achse noch auf die Zeitstufen-Achsen symmetrisch ist[46]. Dieses Ergebnis steht im Gegensatz zu dem in Untersuchungen zu Konjugationssystemen so oft zu be-

[44] Zu den Sigeln vom Typ VMX und NMX vgl. oben Anm. 27; zu den dreigliedrigen Oppositionsketten vom Typ VMG / VG / V vgl. oben p. 113—115.

[45] Den Auswirkungen eines solchen Falles werden wir im spanischen Konjugationssystem begegnen, cf. [Heger, a. a. O.] p. 199—202.

[46] Zu der scheinbaren Möglichkeit, mit Hilfe einer Multiplikation der Zeitstufen mit den Aspekttypen i, p^{nx} und p^x zu einem symmetrischen Schema zu gelangen, vgl. oben p. 131 und unten Anm. 54.

obachtenden Versuch, Schemata aufzustellen, denen eine möglichst restlos aufgehende Symmetrie zugrunde liegt und die glauben, gerade dadurch begrifflichen Anforderungen gerecht zu werden[47]. Stellt dieser Gegensatz einen möglichen Einwand gegen unser Schema dar, oder beruht er auf Faktoren, die außerhalb des hier interessierenden Rahmens liegen? Bezeichnenderweise wird das Streben nach Symmetrie am stärksten von der formal-strukturalistischen Forschung betont, das heißt von einer Betrachtungsweise, deren Gegenstand die systematische Gliederung des formalen Kategorienbestandes einer Sprache ist. Dort scheint es uns auch völlig legitim zu sein: das jeder Sprache von Natur aus inhärente Streben nach Verständlichkeit schließt das Streben nach Einsichtigkeit und mnemotechnischer Einfachheit der formalen Kategoriensysteme ein. Daß aber ein symmetrisches System leichter überschaubar ist als ein asymmetrisches und diesem gegenüber erhebliche mnemotechnische Vorteile bietet, unterliegt kaum einem Zweifel. Die Tendenz zur Symmetrie kann also als in jeder Sprache angelegt angenommen werden; wie weit ein Optimum an Symmetrie erreicht ist, ist die Frage, die die Untersuchung des jeweiligen formalen Kategoriensystems zu beantworten hat.

Ob es nun allerdings gerechtfertigt ist, aus dem Grad der vorhandenen Systemsymmetrie einen Wertmaßstab zu machen, mit dessen Hilfe man die eine Sprache als vollkommen und die andere als unvollkommen klassifizieren kann[48], erscheint uns hingegen sehr

---

[47] Besonders deutlich ist dies in den Arbeiten G. Guillaumes und seiner Schule zu beobachten. So spricht etwa MOIGNET 59 von der « exigence de symétrie, qui est à l'origine de l'évolution » (p. 117) und dem « principe de symétrie qui constitue une loi de l'architecture verbale des langues » (p. 139); vgl. auch unsere Besprechung hierzu, p. 157.

[48] Sowohl in sprachvergleichender als auch in diachronischer Sicht erhebt diesen Anspruch GUILLAUME 51, wenn er schreibt « un système . . . laisse d'autant mieux voir ce qui'il est en soi, autrement dit son conditionnement intérieur, qu'il approche d'avantage de son état achevé de définition. Or cette approche d'un état de systématisation supérieure n'est jamais plus grande, pour des raisons qui tiennent aux conditions particulières de leur formation historique, que dans les langues française et anglaise. Partout, en systématique, ce sont les lumières de la fin qui éclairent les ténèbres du

zweifelhaft. Neben dem Streben nach formaler Symmetrie wird man mit dem gleichen Anspruch auf Wahrscheinlichkeit ein Streben nach möglichst weitgehender Kongruenz von formalen und begrifflichen Kategorien in jeder Sprache ansetzen dürfen[49]. Sobald aber das System der letzteren asymmetrisch ist — und daß diese Möglichkeit besteht, beweist der hier interessierende Fall der temporalen Deixis —, treten die beiden Bestrebungen in Konkurrenz. Der dabei notwendigerweise zu schließende Kompromiß wird in den meisten Fällen das Erreichen eines theoretischen Optimums, sei es auf der einen oder der anderen Seite, verhindern[50]. Für die Sprachwissenschaft bedeutet dies die Mahnung, im Nachvollzug des sprachlichen Strebens nach Symmetrie die Sprache nicht zu überbieten, das heißt, dort keine Symmetrien zu konstruieren, wo sie auf Grund der Gegebenheiten von Bedeutung und Bezeichnung überhaupt nicht vorliegen.

Nicht nur die Asymmetrie als solche jedoch, sondern ebenso ihre spezifische Erscheinungsart ist an unserem Schema von Interesse. Auf den ersten Blick erkennbar sind das zahlenmäßige Überwiegen der perfektiven gegenüber den imperfektiven Kombinationen und das der Kombinationen der Vergangenheit gegenüber denjenigen der Gegenwart und erst recht der Zukunft. Insbesondere in dem letzteren Fall handelt es sich um eine Erscheinung, die ihre Entsprechung in den formalen Kategoriensystemen zahlreicher Spra-

---

commencement » (p. 30). Zu der damit implizierten finalistischen Auffassung von der Sprachgeschichte vgl. [Heger, a. a. O.] p. 231—232.

[49] Vgl. hierzu KLEIN 59, der zu Recht betont, daß „alle sprachliche Gegebenheit auf dem Antagonismus zwischen dem Streben nach Ausdruck des Denkens (einschließlich des Affekts) einerseits und dem Streben nach sprachlichem System andrerseits beruht, denen *liberté grammaticale* auf der einen, *servitude* auf der anderen Seite entsprechen" (p. 27). Im Grunde auf den gleichen Antagonismus bezieht sich die « lutte entre deux tendances: le respect de la tradition et le désir de mettre la langue en accord avec la pensée », von der BUYSSENS 60, p. 40, spricht.

[50] Daß auch das von Guillaume als Musterbeispiel perfekter Symmetrie hingestellte Neufranzösische derartige Kompromißlösungen aufweist, werden unsere onomasiologischen Darstellungen zeigen, vgl. besonders die Zusammenfassung [Heger, a. a. O.] p. 153—155.

chen findet, überall dort nämlich, wo ein asymmetrisches Überwiegen der Vergangenheitstempora vorliegt[51]. Solche Fälle hat man
meist (wenn sie nicht einfach als — bedauerliche — sprachliche Inkonsequenz hingenommen wurden) mit dem oben p. 116—118 dargestellten psychologischen Unterschied zwischen der bekannten Vergangenheit und der ungewissen Zukunft erklärt[52]. Selbstverständlich
spielt dieser Faktor eine entscheidende Rolle. In der gleichen Richtung aber wirken auch das Streben nach Kongruenz von formalen

[51] Auf den ersten Blick könnte eingewandt werden, daß diese Entsprechung nur scheinbar besteht. Das zahlenmäßige Überwiegen der begrifflichen Systemstellen im Bereich der Vergangenheit beruht auf der größeren
Anzahl von Varianten des Kombinationstyps Xp^{nx}, dem im Bereich der
Zukunft die ausgeschiedenen (cf. oben p. 130 sub 3) Varianten des Typs
Xp^{vx} gegenüberstehen würden. Auch die Varianten von Xp^{nx} jedoch
werden, wie oben p. 130 schon erwähnt wurde, in keiner romanischen
Sprache durch verschiedene Bezeichnungen differenziert. Das Überwiegen
der Vergangenheitstempora scheint somit in keinem Zusammenhang mit
dem Überwiegen der begrifflichen Systemstellen zu stehen. Dennoch besteht ein Zusammenhang, und zwar in Form der allgemeinen Bedingungen,
die sich aus dem begrifflichen Kategoriensystem für mögliche Bedeutungs-
wandlungen ablesen und an Hand der vom Latein zu den romanischen
Sprachen führenden Entwicklung verifizieren lassen (cf. unten p. 137—139
und Anm. 53). Sie basieren auf der verschiedenen Variationsbreite der Typen
Xp^{nx} und erklären, warum gewisse Entwicklungstendenzen automatisch
zu einer Vermehrung der Vorzeitigkeitsbezeichnungen führen (cf. oben
p. 130—131 und unten Anm. 54).

[52] So beispielsweise Badía Margarit 48: « Se ha observado que esa
posibilidad de situación en el tiempo tenía mayor capacidad de matices
hacia el pasado que hacia el futuro . . . Su explicación radica en el hecho
. . . de que las cosas, para ser pensadas, es necesario que sean conocidas, y lo
conocido siempre es un pasado, lo cual nos explica que . . . dispongamos
de más tiempos que se refieren al pasado que al futuro » (p. 398 n. 3);
oder Orcajo Tordable 58: « De acuerdo con la lógica elemental, el
pasado ofrece una proliferación de tiempos gramaticales en franco con-
traste con los otros tiempos fundamentales: el presente y el futuro. En
nuestro recuerdo se archivan las vivencias del pasado y las escalonamos
en el tiempo según las nociones de lejanía, interés afectivo y gustos
estilísticos o costumbres regionales de los hablantes. . . . El futuro ofrece
el exponente máximo de pobreza en la precisión temporal » (p. 104—105).

und begrifflichen Kategorien und damit die möglichen Bedeutungsentwicklungen der ersteren, die sich aus der Struktur des begrifflichen
Kategoriensystems erklären. Solche Beobachtungen sind zwar für
das kombinierte Zeitstufen- und Aspektschema von untergeordneter
Bedeutung, denn seine Begründung kann und darf nur auf theoretischen Überlegungen beruhen. In Anbetracht der dabei drohenden
Gefahr einer Verabsolutierung des notwendigen aprioristischen
Verfahrens ist es jedoch eine erfreuliche Begleiterscheinung, wenn
sich auch in komplizierten Fällen gelegentliche Bestätigungen durch
die sprachlichen Gegebenheiten auf der Ebene von Bezeichnung und
Bedeutung finden.

Die bisherige Erörterung unseres Schemas erfolgte im Hinblick
auf seine Zugrundelegung bei einer synchronischen onomasiologischen Fragestellung. Daneben ergeben sich aber auch einige wichtige Aufschlüsse für eine entsprechende diachronische Anwendung.
In einem Fall (Gp^z) wurde dies schon näher ausgeführt, in einem
anderen Fall (Zi und Vi) haben wir den Bezeichnungen der betreffenden Kombinationen eine gewisse Labilität voraussagen können. Prinzipiell ist von der Tatsache auszugehen, daß das Vorhandensein eigener formaler Kategorien zur Bezeichnung sämtlicher Stellen unseres Schemas ein absolut gleich stark ausgebildetes
Bewußtsein für Zeitstufen- wie für Aspektoppositionen voraussetzen würde. Eine solche Voraussetzung stellt einen Idealfall dar;
in Wirklichkeit wird es bei der gemeinsamen Herkunft beider Kategorien aus der selben Wurzel — der temporal-deiktischen Opposition von „jetzt" und „nicht-jetzt" — leicht zu Schwankungen
kommen, wobei das eine Mal die Zeitstufen und das andere Mal die
Aspekte in den Vordergrund des Bewußtseins treten. Welche Ur-
sachen diese Schwankungen haben, wird im einzelnen außer im Falle
des Einwirkens eines fremden Sprachbewußtseins nur sehr schwer
festzustellen sein. Daß und wann sie in einer Sprache auftreten,
wird sich jedoch jeweils an Hand des Bestandes derjenigen formalen Kategorien feststellen lassen, die zur Bezeichnung temporal-
deiktischer Begriffe dienen.

Eine naheliegende Folge solch einer Verschiebung der bewußt-
seinsmäßigen Voraussetzungen wird in vielen Fällen die Verwechslung von Vorzeitigkeit und Perfektivität sein, die dann auf den ge-

meinsamen Nenner von — zeitstufen- oder aspektmäßig verstan-
dener — Abgeschlossenheit gebracht werden. Verschiebt sich das
Sprachbewußtsein zugunsten einer Überbetonung der Aspekte, so
steht zu erwarten, daß die eine unmittelbare Vorzeitigkeit bezeichnenden formalen Kategorien automatisch dem perfektiven
Aspekt, die Gegenwartsbezeichnungen hingegen dem imperfektiven
Aspekt zugeordnet werden. Erfolgt die Verschiebung des Sprachbewußtseins in der umgekehrten Richtung, so wird eine Umwandlung der den perfektiven Aspekt bezeichnenden formalen Kategorien in solche der Vorzeitigkeit insbesondere in denjenigen Fällen
zu erwarten sein, in denen sie zum Entstehen einer unmittelbaren
Vorzeitigkeit führt. Dies ist der Fall bei den Kombinationen vom
Typ Xp^x, deren Bezeichnungen dabei in solche der Zeitstufen vom
Typ VX umgedeutet würden[53]. Erst bei einem völligen Schwinden
des Aspektbewußtseins könnte man sie jedoch als aspektual in-
differente Zeitstufenbezeichnungen ansprechen, während sie bei
dessen bloßem Zurücktreten einer der möglichen Systemstellen auf
der Zeitstufe VX zugeordnet werden müßten. Als wahrscheinlichste
Lösung käme dabei diejenige in Frage, bei der sich lediglich die
zeitstufenmäßige, nicht aber die aspektuale Zuordnung ändert, also
Bedeutungsverschiebungen wie $Gp^g > VGp^g$ oder, in allgemeiner
Formulierung, $Xp^x > VXp^x = VXp^{nvx}$ [54]. Schwieriger ist es, irgend-

---

[53] Als Musterbeispiel dieser Entwicklung wird sich das Schicksal der
lt. „*habere* + Participium“-Periphrase in den romanischen Sprachen erweisen, cf. [Heger, a. a. O.] pp. 80 ss., 108 ss. und 169 ss. Entsprechende
Erscheinungen aus anderen Sprachen ließen sich leicht sammeln; wir stehen
hier genau vor dem Faktum, das es semasiologischen Untersuchungen so
schwer wenn nicht unmöglich macht, zu klaren und in sich geschlossenen
Deutungen des *perfectum praesens* zu gelangen, cf. oben Anm. 37.

[54] Die Evidenz dieser allgemeinen Formulierung ergibt sich aus der
Struktur des kombinierten Zeitstufen-Aspekt-Systems. Das oben p. 131
in Erwägung gezogene symmetrische Schema hingegen würde eine
Bedeutungsentwicklung $Xp^x > VXp^{vx}$ erwarten und diejenige von
$Xp^x > VXp^{nvx}$ als doppelte Verschiebung erscheinen lassen; man sähe
sich somit genötigt, für die „veränderte“ aspektuale Zuordnung eine Erklärung zu suchen, die sich mit dem schwindenden Aspektbewußtsein ver-
einbaren lassen müßte.

welche Voraussagen für den Weg zu machen, den bei schwindendem Aspektbewußtsein die Entwicklung der Bezeichnungen für Kombinationen wie Vpᵍ einschlagen würde. Mit einiger Wahrscheinlichkeit erwarten läßt sich lediglich eine Schwächung der Opposition V(i)/V(pᵍ), das heißt im Falle des völligen Verschwindens des Aspektbewußtseins das Entstehen einer Synonymie der beiden Bezeichnungen. Ob eine solche Situation zum Untergang einer der beiden formalen Kategorien oder zu ihrer Verwendung zur Bezeichnung einer anderen begrifflichen Opposition führt, läßt sich im voraus nicht entscheiden[55].

Bibliographie

(Die bei Zitaten benutzten abgekürzten Bezeichnungen — in den meisten Fällen Autor mit Jahreszahl — sind bei den jeweiligen Titeln in Klammern beigefügt, zusammen mit Verweisen auf die Stellen, an denen das betreffende Werk zitiert wird; nicht näher bezeichnete Zahlen beziehen sich auf die durchlaufend numerierten Anmerkungen.)

Emilio Alarcos Llorach, *Perfecto simple y compuesto en español*, in Revista de Filología Española XXXI, 1947, p. 108—139.
(ALARCOS LLORACH 47:21)

Emilio Alarcos Llorach, *La forme « cantaría » en espagnol (mode, temps et aspect)*, Extrait des Actes du IXᵉ Congrès International de Linguistique Romane, Lisbonne 1959 (in dem nachträglich erschienenen Sammelband I (= Boletim de Filologia XVIII) p. 203—212).
(ALARCOS LLORACH 59: 26)

Antonio María Badía Margarit, *Ensayo de una Sintaxis histórica de los tiempos. I. El pretérito imperfecto de indicativo*, in Boletín de la Real Academia Española XXVIII, 1948, pp. 281—300 und 393—410, und XXIX, 1949, p. 15—29.
(BADÍA MARGARIT 48:52)

Kurt Baldinger, *Sprache und Kultur. Die Entwicklung der modernen Sprachwissenschaft*, Sonderdruck aus: Ruperto-Carola, 13. Jg., Bd. 29, 1961.
(BALDINGER 61: 25)

---

[55] Vgl. auch oben pp. 115—116 und 124.

140   Klaus Heger

M. Bassols de Climent, *La cualidad de la acción verbal en español,* in Estudios dedicados a Menéndez Pidal II, Madrid 1951, p. 135—147.
(BASSOLS 51: 35)

Carl Brockelmann, *Die ‚Tempora' des Semitischen,* in Zeitschrift für Phonetik und allgemeine Sprachwissenschaft V, 1951, p. 133—154.
(BROCKELMANN 51: 28, 34)

Ferdinand Brunot und Charles Bruneau, *Précis de Grammaire Historique de la Langue Française,* zitiert nach 3. Aufl. Paris 1949.
(BRUNOT-BRUNEAU: 35)

Karl Bühler, *Sprachtheorie. Die Darstellungsfunktion der Sprache,* Jena 1934.
(BÜHLER 34: 2)

William E. Bull, *Time, Tense, and the Verb. A Study in theoretical and applied linguistics, with particular attention to Spanish,* Berkeley and Los Angeles 1960.
(BULL-60: 9, 10, 16, 19, 24, 33)

André Burger, *Sur le passage des systèmes des temps et des aspects de l'indicatif du latin au roman commun,* in Cahiers Ferdinand de Saussure VIII, 1949, p. 21—36.
(BURGER 49: 35)

Eric Buyssens, *Vérité et langue. Langue et pensée,* Bruxelles (Institut de Sociologie Solvay) 1960.
(BUYSSENS 60: 49)

Hans Helmut Christmann, *Zum „Aspekt" im Romanischen. Bemerkungen zu einigen neueren Arbeiten,* in Romanische Forschungen LXXI, 1959, p. 1—16.
(CHRISTMANN 59: 6, 37)

Marcel Cohen, *Le système verbal sémitique et l'expression du temps,* Paris 1924.
(COHEN 24: 32)

Eugenio Coseriu, *Sincronía, diacronía e historia. El problema del cambio lingüístico,* Montevideo 1958.
(COSERIU 58: 8, 26)

Wilhelm Czermak, *Zum Gebrauch des Infinitivs als „Futurum" im Somali,* in Donum Natalicium Schrijnen, Nijmwegen/Utrecht 1929, p. 182—189.
(CZERMAK 29: 7)

Gerhard Dietrich, *Erweiterte Form — Präteritum und Perfektum im Englischen. Eine Aspekt- und Tempusstudie,* München 1955.
(DIETRICH 55: 5, 20, 21, 37)

Gustave Guillaume, *La représentation du temps dans la langue française,* in Le Français Moderne XIX, 1951, pp. 29—41 und 115—133.
(GUILLAUME 51: 48)

Klaus Heger, zu BULL 60, in Zeitschrift für Romanische Philologie LXXVI, 1960, p. 547—557.
(19)

Klaus Heger, zu Münchener Studien zur Sprachwissenschaft, Heft 13 (= HARTMANN 59, KOSCHMIEDER 59 und SCHLACHTER 59), in Zeitschrift für Romanische Philologie LXXVII, 1961, p. 142—148.
(8)

Klaus Heger, zu MOIGNET 59, in Zeitschrift für Romanische Philologie LXXVII, 1961, p. 148—158.
(47)

Eduard Hermann, *Objektive und subjektive Aktionsart,* in Indogermanische Forschungen XLV, 1927, p. 207ss.
(HERMANN 27: 5)

Eduard Hermann, *Aspekt und Aktionsart,* in Nachrichten der Gesellschaft für Wissenschaften zu Göttingen, phil.-hist. Klasse, 1933, p. 470—480.
(HERMANN 33: 5)

Eduard Hermann, *Die altgriechischen Tempora. Ein strukturanalytischer Versuch,* in Nachrichten von der Akademie der Wissenschaften in Göttingen, phil.-hist. Klasse, 1943, p. 583—649.
(HERMANN 43: 7, 14)

Jens Holt, *Études d'aspect* , København 1943.
(HOLT 43: 10)

Edmund Husserl, *Vorlesungen zur Phänomenologie des inneren Zeitbewußtseins,* hg. von Martin Heidegger, in Jahrbuch für Philosophie und phänomenologische Forschung IX, 1928, p. 367—498.
(HUSSERL 28: 8)

A. Isačenko, *La structure sémantique des temps en russe,* in Bulletin de la Société Linguistique de Paris LV, I, 1960, p. 74—88.
(ISAČENKO 60: 11, 40)

Félix Kahn, *Le Système des Temps de l'Indicatif chez un parisien et chez une bâloise,* Genève 1954.
(KAHN 54: 12)

S. Karcevski, *Système du verbe russe,* Praha 1927.
(KARCEVSKI 27: 40)

Hans Wilhelm Klein, *Servitude grammaticale und freier Ausdruck des Gedankens im modernen Französisch,* in Grundsatzfragen der neusprachlichen Grammatik (Frankfurt 1959), p. 19—31.
(KLEIN 59: 49)

Erwin Koschmieder, *Zeitbezug und Sprache. Ein Beitrag zur Aspekt- und Tempusfrage,* Berlin 1929.
(KOSCHMIEDER 29: 8)

Erwin Koschmieder, *Zu den Grundfragen der Aspekttheorie,* in Indogermanische Forschungen LIII, 1935, p. 281—300.
(KOSCHMIEDER 35: 41)

Erwin Koschmieder, *Zur Bestimmung der Funktionen grammatischer Ka-
tegorien,* München 1945 (Abhandlungen der Bayerischen Akademie der
Wissenschaften, phil.-hist. Abteilung, Neue Folge, Heft 25).
(KOSCHMIEDER 45: 41)

Miroslav Kravar, *An aspectual relation in Latin (The opposition 'imperfect': 'perfect'),* in Romanitas (Rio de Janeiro) III 3/4, 1961, p. 293—309.
(KRAVAR 61: 35)

Jerzy Kuryłowicz, *L'apophonie en indo-européen,* Wrocław 1956.
(KURYŁOWICZ 56: 26)

Antoine Meillet, *Linguistique historique et linguistique générale,* Paris
1921 (zitiert nach der Ausgabe der Société de Linguistique de Paris,
Paris 1948).
(MEILLET 21: 35)

Gérard Moignet, *Essai sur le mode subjonctif en latin postclassique et en
ancien français,* Paris 1959.
(MOIGNET 59: 8, 12, 47)

Vicente Orcajo Tordable, *El Tiempo en Gramática,* in El Tiempo (Primera
Reunión de Aproximación Filosófico-Científica), Zaragoza 1958, p. 101
bis 109.
(ORCAJO TORDABLE 58: 52)

Wolfgang Pollak, *Studien zum ,Verbalaspekt' im Französischen,* Wien
1960.
(POLLAK 60: 6)

H. Reckendorf, *Arabische Syntax,* Heidelberg 1921.
(RECKENDORF 21: 28)

T. B. W. Reid, *On the Analysis of the Tense-system of French,* in Revue
de Linguistique Romane XIX, 1955, p. 23—38.
(REID 55: 37)

Horst Renicke, *Grundlegung der neuhochdeutschen Grammatik. Zeitlichkeit — Wort und Satz,* Berlin 1961.
(RENICKE 61: 14)

Frithiof Rundgren, *Intensiv und Aspektkorrelation. Studien zur äthiopischen und akkadischen Verbalstammbildung,* Uppsala / Wiesbaden
1959.
(RUNDGREN 59: 5, 26, 28, 41)

Martín Sánchez Ruipérez, *Estructura del sistema de aspectos y tiempos
del verbo griego antiguo. Análisis funcional sincrónico,* Salamanca 1954.
(SÁNCHEZ RUIPÉREZ 54: 11, 26, 33)

Manfred Sandmann, *Subject and Predicate. A Contribution to the Theory of Syntax,* Edinburgh 1954.
(SANDMANN 54: 11, 12, 13, 26)

Wolfgang Schlachter, *Der Verbalaspekt als grammatische Kategorie,* in Münchener Studien zur Sprachwissenschaft, Heft 13, 1959, p. 22—78.
(SCHLACHTER 59: 5, 8)

Hans Christian Sørensen, *Aspect et temps en slave,* Aarhus 1949.
(SØRENSEN 49: 10, 11, 31, 40)

Knud Togeby, *Structure immanente de la langue française,* København 1951.
(TOGEBY 51: 24, 35)

Knud Togeby, *Mode, aspect et temps en espagnol,* København 1953.
(TOGEBY 53: 35)

Henri Yvon, *Convient-il de distinguer dans le verbe français des temps relatifs et des temps absolus?,* in Le Français Moderne XIX, 1951, p. 265—276.
(YVON 51: 13)

Englische Studien. Organ für englische Philologie unter Mitberücksichtigung des englischen Unterrichts auf höheren Schulen. Band 71, 1936—1937, S. 220—238.

THE EXPANDED TENSES IN MODERN ENGLISH
AN ATTEMPT AT AN EXPLANATION

By C. A. BODELSEN

1. Introductory

By the e x p a n d e d t e n s e s or expanded forms of the verbs (referred to below as EXF) I understand the substitution, for the simple forms of the verbs, of the corresponding form of t h e a u x i l i a r y *b e* + t h e p r e s e n t p a r t i c i p l e of the verb in question.

Various grammarians have used different terms to denote this phenomenon (definite, progressive, periphrastic, etc. tenses). The term employed here is the one coined by O t t o J e s p e r s e n, whose account of the phenomenon in the 4th volume of his Modern English Grammar is probably the best one in existence, and to whom I am greatly indebted as a teacher.

2. History

The expanded forms are found already in Old English, where they are, however, fairly rare, especially in original Old English texts as contrasted with translations from Latin, where their somewhat more frequent use is probably due to the influence of Latin participles and deponent verbs. The connotation of the Old English forms is still in dispute, and it seems doubtful if any specific function can be assigned to them.

In early Middle English the construction is extremely rare. It becomes slightly more frequent in the 16th century, but does not reach anything like its present frequency till the end of the 17th or the beginning of the 18th century.

It is generally held that the modern English expanded forms "are in some vague way a continuation of the old combination of the auxiliary verb and the participle in *-ende*; but after this ending had been changed into *-inge* and had thus become identical with that of the verbal substantive, an amalgamation took place of this construction and the combination *be on* + the sb., in which *on* had become *a* and was then dropped " (Jespersen MEG. 4, 12, 17).

3. Present Use

3. 1. The expanded forms in Modern English constitute a regular system, to which there is no counterpart in any Western European language, though the French imparfait and the German use of the perfect tense to denote past time present points of similarity. The curious thing is, however, that though these forms are so common that it is difficult to speak English for two minutes without using them, and though they obviously denote something different from the simple forms, it is extremely difficult to say what exactly that something is. A number of explanations have been offered. They are said to be duratives, or relative duratives, to be "definite", or "imperfective", to denote a time-frame round something else, relativity, etc. A great number of subsidiary functions are also ascribed to them by various grammarians: they are said in specific cases to be inchoative, to indicate futurity, recent time, repetition, incomplete action, etc. All these explanations have one thing in common: they are not, and generally do not pretend to be, complete. On various points they are seen to fail, and have to be supplemented by subsidiary explanations.

3. 2. In the following pages I venture to offer another explanation. It is the result of discussions which took place in some of my study circles in the University of Copenhagen, and the credit for it, if any, I am anxious to share with the students who took part in them. I would say at once that I offer my explanation with a diffidence which is natural in view of the fact that so many eminent grammarians have not succeeded in completely explaining the phenomenon, and that I offer it for what it is worth.

Briefly, my explanation is this: The difference between the expanded and the simple forms is that, while the simple forms describe either 1) s t a t e m e n t s   o f   f a c t (e v e n t s, or the r e s u l t s of actions), or 2) what is h a b i t u a l or of g e n e r a l v a l i d i t y, the expanded forms describe the a c t i o n s themselves.[1] 1) and 2) are obviously related, but it will be found useful to distinguish between them.

/ *I have read Hamlet* / (a statement of fact, an event, a result of my action).

/ *I have been reading Hamlet* / (my action).

/ *cows eat grass* / (statement of general validity).

/ *the cow is eating grass* / (action).

I am not maintaining that the most generally accepted explanation of the EXF, viz. that they are (relative) duratives, is actually wrong. In a majority of cases they certainly have a durative element. But I am convinced that this durative element is something secondary and that it does not constitute the essential difference between them and the simple forms. An action normally calls up the idea of duration, while an event, in the sense in which this term is used here, does not call up such an idea. It is therefore natural that a durative element should have come to be associated with the expanded, but not with the simple forms.

Neither does the explanation offered here exclude the theory that the EXF, in a great number of cases, are used to denote a sort of frame round something else (*I was writing when he entered*). What my theory does imply is that that frame is not primarily a time-frame, but rather an action-frame, and that, in any case, the frame-idea is not the primary or essential thing about the EXF.

Obviously the difference between the meaning of the simple and the expanded forms is a subtle and sometimes an elusive one. For

[1] As Jespersen points out (MEG. 4, 12, 61) the EXF may be used in speaking of habitual actions in cases like / *I was writing every morn ng at the time when he usually came.* / The explanation is not, I believe, the one offered by Jespersen, viz. that the "frame" is repeated every time, but that a happening which is viewed as an action takes place regularly at the stated times. "Action" is used in its widest sense, comprising both what is performed and "suffered."

the two forms describe *exactly the same happening,* only seen
from two different points of view, and in some cases it does not
much matter which point is chosen. It is not a factual difference,
but one of aspect. And this is exactly what we should expect. For
if the difference between the meaning of the simple and the expanded forms had been one of actual fact, it would have been
unthinkable that the attempts of competent grammarians to explain them should have differed so widely from one another.

It will be seen that the theory that the primary element in the EXF
is action rather than duration is quite compatible with the commonly
accepted explanation of their historical origin, viz. that one of their
sources is *be* + a verbal noun denoting action (*he was on hunting*).

3. 3. In the following pages I shall attempt to support this
theory by examples. I may say at once that I have followed a
course which is somewhat unusual, but which, if anything, strength-
ens my case: Most writers on the subject have obviously spent
considerable time collecting examples to prove their theories.
I shall adduce the examples collected by others in proof of other
theories in support of my own conclusions.

I shall furthermore try to support my theory by showing that
in those cases in which adherents of other theories have had to
call in the aid of subsidiary explanations, the one advanced here
is in need of no such aids.

For the sake of brevity I use the terms *statement of fact (= event,
result of action), statement of general validity (= generalization),*
and *action* in the senses indicated above, trusting that the reader
will not be confused by the absence of a definition in each separate
case[2].

3. 4.   *Expanded Forms contrasted with Simple Forms*

3. 41.   Present
In / *England is winning the test match* / the centre of interest is
the action itself, not its result. The sentence does not, therefore,

[2] Aronstein (Die periphrastischen Formen im Englischen, Anglia 1918)
accepts "objectivation of the verbal idea" as a connotation in certain cases

imply that England has already won. In / *England wins the test match* / (newspaper caption) the centre of interest is the event and the words do imply that the victory has been won.

/ *We ought to think of the shareholders,* — *The chairman says he is thinking of you.* / (*he thinks of you,* or *he does think of you* would imply something much more generalized, and the centre of interest would no longer be his action as such).

/ *We're having a sort of high tea. Do you mind?* / *I suppose mother is having lunch.* / In both the above examples the centre of interest is the action. *We have a sort of high tea* and *mother has lunch (e. g. at 1 o'clock)* would be statements of general validity.

I'm hoping he will come with us (action) / *I hope he will come with us.* / (statement of fact) / *Miss Jackson is only alive when she is typing* (action). *She types with her whole soul* (statement of general validity). / *Does not Rousseau talk such nonsense? . . . True, Sir; but R. knows he is talking nonsense* / (*is talking nonsense* denotes action; *talks nonsense* would imply that he was in the habit of doing so)[3]. / *Forever solid matter melts* (statement of general validity) *into insubstantial radiation: forever the tangible changes into the intangible . . . Some scientists . . . do not dispute that the stars are melting* (action) *away into radiation* / *Observe, gentlemen, I put* (statement of fact) *this card into the hat. (I am putting* would denote action and mean "Observe me putting it into the hat," which is just what the conjurer does not want his audience to do.)

In most cases the contrast between the simple and the EXF in the present is not between actions and events, but between actions and statements of general validity. This is due to the fact that it is comparatively rare that we have occasion to speak about present

of expanded verbs. Schibsbye suggests the same idea in a Copenhagen thesis published in Sept. 1936. Both of them resort, however, to other explanations in order to account for the majority of cases. The work of both these writers was unknown to me when I formulated my theory.

[3] Note that while *he knows when he is talking nonsense* means "whenever he talks nonsense he knows that he is doing so" (action), *he knows when he talks nonsense* means "he knows at what times he talks n." (generalized statement).

events (in the sense in which the term is employed here) in natural language (it is not natural to say *this tree falls*), and to the fact that the present tense is the means most frequently employed to express what holds good, not only at the present moment, but at all times.

3. 42.   The Preterite

/ *Soames raised the corner of his lip in a smile and looked at Bosinny. The architect was grinning behind the fumes of his cigarette. Now indeed he looked like a buccaneer.* / (*was grinning* denotes B.'s action, which Soames is watching. *Looked like a buccaneer*, because Soames here ascertains a fact). / *For a moment I and Cavot stood* (statement of fact) *as near the edge as we dared, peering into the blue-tinged profundity. And then our guide was pulling at my arm* / (The guide's action is discovered, as it were, "in full blast"; *and then the guide pulled at my arm* would be the statement of a subsequent fact.)

(End of a story) / *Three days later he was having tea with her at Claridge's* / (Here / *he had tea with her* / would have been quite possible, but would have presented the happening as an event, not as an action.) / *Every morning when he was at breakfast his dog was staring at him* (action; *stared* would have turned the sentence into a statement of general validity).

/ *After dinner, when we were sitting* (action) *by the fire, and I was meditating* (action) *an escape to Pegotty . . . a coach drove up* (event) *to the garden-gate, and we went* (event) *out to receive the visitor. My mother followed* (event) *him. I was timidly following* (action) *her, when she turned* (event) *round at the parlour-door, in the dusk, and . . . whispered* (event) *me to love my new father . . . She did* (event) *this hurriedly; and, putting out her hand behind her, held* (event) *mine in it, until we came* (event) *near where he was standing* (action) *in the garden, where she let* (event) *mine go, and drew* (event) *hers through his arm.* (The difference is brought out very clearly in the two consecutive phrases / *my mother followed him. I was timidly following her* /). Note also *she held mine in it*, which shows how little duration has to do with the difference between the simple and the expanded forms: for this is clearly a case of duration; when the verb is nevertheless in the simple form it is because the centre of interest is the ascertainment of a fact, not the description of an action.

/ *When he died I wept for him, but I was weeping for ten thousand others who had died too.* / (Here the same happening is regarded from two different points of view; first as a fact to be ascertained, and then as an action.) / *Mrs. Gregg looked* (event) *at Mary again as she spoke* (event), *looked at her very carefully and then smiled* (event). *Mary was also smiling* (action). / *she was blushing. She blushed because of the dreams she had once had concerning him.* (In *she was blushing* the centre of interest is her action. In *she blushed because* . . . the centre of interest is what is ascertained about the cause of her blushing.)

Perhaps the most frequent use of the expanded preterite is the one represented by *he was writing when I came in.* In sentences of this type two happenings are placed in relation to each other; one is viewed as an action and is expressed by an expanded form. On the background of this another happening takes place which is presented as an event and which is put in the simple form.

In the preterite the contrast is in most cases between action and event. This is because the preterite is less frequently than the present used to express the habitual or what is of general validity, as in *the passage to India took 6 months before the age of steam.*

3. 43.   The Perfect and Pluperfect

I believe that my theory accounts for the elusive difference between the meaning of the simple and the expanded forms in the perfect: / *You have followed me about all day* / is a statement of a fact, an event. / *You have been following me about all day* / denotes an action.

It has often been noticed that the expanded perfect is used with special frequency in emotional statements (especially to denote irritation). This is easily understood when it is realized that the expanded forms denote the action of some particular subject. It is the connection of the action with that particular subject that produces the irritation: You are irritated by the behaviour of a person, not by an "event", e. g. (the bishop has long been angry with Manning. Now something happens which clinches the matter) *Manning had been removing the pews from his church* (the bishop does not care about the pews; it is Manning's breach of discipline in removing them which annoys him).

Other examples of the perfect:

/ *They have been year by year undermining* (action) *the constitution of their children, and have so inflicted* (result) *disease and premature death, not only on them, but also on their descendants.* / *More than 300 years ago, the throne of St. Peter received peremptory notice to quit — and it has been sitting* (action) *every day since — and will have to pay heavy damages for every day it has so sat* (result). / *Look at my hands! I've been washing potatoes* / (her hands are dirty because of the action of washing potatoes. In *I have washed the potatoes* the main thing is that the potatoes are now washed. It is a statement of result in which the element of action is negligible). / *He has put* (statement of fact) *too much Worcestershire sauce on his chop* / *He has been putting* (action) *too much W.s. on his chop.* (Note the subjective tone given to the latter sentence.) / *She's been having rather a dull time, I'm afraid* (action; *she's had* would have denoted an event). / *I've been reading* (action) *Calderon without you. I've read* (event, result) *the "Cisma de Ingalaterra" . . . and 4 or 5 others* / *He hasn't spoken since 3 o'clock* / (negation of an event: he has been silent) / *he hasn't been speaking since 3 o'clock* (negation of his action: the sentence would naturally be taken to mean "he has only been speaking for a shorter period")[4]. / *What had Kitty been doing* (action) *with herself this six weeks?* / *(what had she done* would have denoted an event.)

It is sometimes asserted that the expanded perfect denotes that the action in question is incompleted. That this is not always the case is seen from the example cited above: *I have been washing potatoes,* which may very well be said some time after the speaker has finished the job. When the expanded perfect appears to denote incompletion that element is something secondary, derived from

[4] The latter sentence is really a negation of the action of "speaking since 3 o'clock".

the context. The basic element of the expanded perfect is the stressing of the element of action, as contrasted with fact (event, result).

3. 44. Future

It has sometimes been maintained that the expanded future tense denotes a nearer future time than the simple future tense. I believe that if this is true, which I think doubtful, it is due to the fact that the expanded future presents an a c t i o n , while the simple future denotes an e v e n t , and that the more graphic quality imparted to a statement when it denotes action makes the expanded form suggest a nearer future than the simple one. But it is certainly quite possible to say: *In 20 years' time you will be saying what a good time you had with me.* The basic element in the expanded future is quite the same as in the expanded form of the other tenses: viz. to denote an action in contradistinction to an event or a statement of general validity. / *To-morrow we shall dress for dinner* / is a prediction of an event which will take place to-morrow. It means "we shall wear dinner jackets". / *To-morrow at this time we shall be dressing for dinner* / is a prediction of the action we shall be performing. / *but now . . . she felt curious* (a fact is ascertained) *as to what she would have been feeling* (action) *if things had gone as far as was proper . . .*

3. 45. The Infinitive

/ *To be seeing and hearing his old hero was wonder enough.* /

(Here the simple form could have been used, but the point of view would have been slightly different. The simple form would have been a generalized statement. The expanded form expresses something about the action of the subject at a given moment.) / *I happened to think* (event) *of the same thing* / *I happened to be thinking* (action) *of the same thing* / *The young girls of all classes of society seem to be marrying soldiers on leave* / (*seem to marry* would have put less stress on the action and given the statement a more generalized character). / *at present, most of those old enough to be occupying positions of power and responsibility were brought up in environments which conditioned their reflexes into the form of Grundyism.* / (In *old enough to be occupying* the centre of attention is the action. This explains why it implies that they really do hold such positions, while *old enough to occupy* does not necessarily imply that.) / *He ought to sit by her bedside* / (a statement of a more general nature than *he ought to be sitting by her bedside,* which envisages what he ought to do, not as a moral generalization, but as an action).

3. 46. Before concluding this section, let me by way of contrast quote a few sentences where the centre of attention is not the action, but a statement of some fact (event), and in which the verb consequently is in the simple form:

/ *Bent forward in his chair, his elbows on his knees, his chin in his hands, Philip listened. After the first glance at his mother's face, he kept his eyes fixed on the ground ... Word after word, in a colourless voice, Mrs. Quarles talked on.* / (Note that the verbs *listened, kept, talked* imply duration, though they are in the simple form.)

/ *One drop had been hanging ... at the end of his nose. It flashed and trembled while he spoke.* / (Note that *flashed* and *trembled* are in the simple form, though they imply duration and even a "frame".)

/ *B. G. was mending a pink silk camisole ... She stitched away. The clock ticked. The moving instance, which according to Newton, separates the infinite past from the infinite future, advanced inexorably through the dimension of time* /

/ *In the grey of the morning he was clearly visible. He walked with a painful slowness* / (The centre of interest is not an action, but the ascertainment of a fact; not that he walked, but that he walked with painful slowness.)

/ *At 10 o'clock on Thursday night I was alone with Durley in the sackcloth-smelling dugout ... Rain was falling steadily. Everything f e l t fateful and final. A solitary candle s t o o d on the table in its own grease, and by its golden glimmer I had just written a farewell letter to Aunt Evelyn* / (a candle *was standing* would have emphasized too much the "action" of the candle. The fact to be communicated is simply that there is a candle there. The candle is not presented as something which has a behaviour.)

3. 47. It will be noticed that in many of the above examples expanded forms might be substituted for the simple ones and vice versa without in any way making the sentence unidiomatic, let alone meaningless. This is, however, not to say that the distinction is an empty one. As pointed out above, the simple and the expanded forms describe the same happening, only seen from two different points of view, and in many cases it does not much matter which point of view is chosen. Wordsworth's *Poets who think they are conferring honour upon themselves and their art, in proportion as they separate themselves from the sympathies of men* might, of course, be altered into *who think they confer*, but by so doing one would turn the sentence from a statement of what the poets are doing in each individual case into a statement of a more generalized nature.

3. 48. The distinction is especially clear in the recent constructions with the verb *be* in the expanded forms, like / *he was only being kind for the moment* / *I'm not being horrid* / *She was being a heroine of romance* /, where the simple tense would describe the subject as possessing certain (permanent) *qualities*, not as performing certain *actions*.

4. Some Cases which present Difficulties in Terms of other Theories of the Expanded Tenses

It has already been remarked that the other explanations of the meaning of the expanded forms that have been offered present certain difficulties. Their adherents come up against cases which are not susceptible of explanation in terms of the theory in question. If it can be proved that this does not apply to the present theory, it would of course strengthen the case for it.

4. 1. The most baffling of these apparent exceptions are the sentences containing the word *always* or its synonyms. Everybody who has dealt with the EXF knows the difficulties presented by these cases. Why are the verbs of these sentences sometimes put in the simple and sometimes in the expanded forms? And how is it that sentences which apparently express generalizations have verbs in the expanded forms, contrary to the usual rule?

Jespersen points out that *always* has two quite different meanings: it may either mean 1) "at all times" (as in *the genetive always ends in s*). Or it may mean 2) "at all the times we are concerned with just now" (as in *he always grumbles when he is at home* or *I always read the Times*). This is, of course, quite true. In fact, a third type of construction with *always* may be added, viz. the type 3) *drinkers always smoke,* the meaning of which is, not that drinkers are perpetually smoking, but that the two habits of smoking and drinking are invariably found together.

To establish this distinction is not, however, to account for the use or non-use of the EXF with *always*, etc.

Of the above-mentioned types 2) and 3) can only take the simple tenses, while 1) can take either the simple or the expanded tenses. For here again the root of the matter is the distinction between action and statements of general application: 2) and 3) are always in the nature of a statement of general application, a sort of rule. Consequently they can only take the simple forms. Type 1), on the other hand, may be either a statement of general application, as in *the genitive always ends in s,* or it may denote an action, as in *he is always bragging about his family.* In both cases *always* must be said to have its full value (= "at all times"). The difference is that while that value is literal in *the genitive always ends in s,* it is metaphorical in *he is always bragging about his family:* an action which really takes place at frequent intervals is described, by a piece of picturesque exaggeration, as taking place at all times. When I say that *he is always bragging, etc.* denotes an action (and not an event) I mean that the centre of interest is not that "bragging" takes place, but that so-and-so is bragging. "Bragging" is, in other words, viewed, not as a phenomenon in relation to the outside world in general, but as an action performed by a subject.

The usual explanation of the expanded forms after *always* (Kruisinga and others) is that a frequent action, by a piece of exaggeration, is represented as being continuous. But this explanation is clearly insufficient; for it is a well-established fact that the idea of duration in itself does not entail the use of the EXF: it must, according to the usually accepted explanations, be limited, incomplete, or relative duration, and this is exactly what the action cannot be said to have in a sentence like *he is always bragging*, etc.

Further examples:

/ *I always say that a good cook is worth her weight in gold* (a generalization about what opinions I express) / *she is always speaking about that cook of hers* (her action).

That it is not true — as some grammarians have maintained — that the use of the EXF after *always* invariably implies censure, irritation, etc.[5], is seen from the following examples: / *A child is always learning* / *I am always thinking of you, but you never think of yourself* /. What distinguishes the EXF after *always* from the simple forms after *always* is thus not the element of subjectivity, as has sometimes been asserted.

4. 2. The most satisfactory analysis of the EXF hitherto offered is that advanced by Jespersen (MEG. 4, 12), the so-called "frame" theory: the expanded forms are explained as forming a sort of time-frame round some other happening, which in its turn is expressed by means of the simple forms.

But there is a large class of cases which this theory clearly cannot account for, viz. the type represented by the following example: / *When the Lord Mayor of Liverpool . . . stepped ashore from the White Star liner Adriatic, which has been making an eight days' cruise, he said . . .* What is *has been making* a frame round here? Certainly not any particular point or period in the past.

As regards this type, Jespersen therefore abandons his frame theory and resorts to another explanation: the expanded perfect does not denote a frame, but the recent past. Now, this obviously weakens the case for the frame theory. The expanded forms appear to constitute one single problem. Why should it then be necessary to adduce two quite separate theories to account for their meaning? Why should the expanded perfect have developed as its central idea a connotation which is quite different from what it might be

[5] On the other hand, the construction undoubtedly often h a s that connotation. This is, I believe, due to he fact that the EXF describe the happening in question as intimately connected with the subject (see my remarks in connection with the expanded perfect).

expected to have according to its historical origin, and which apparently has nothing to do with its usual meaning?

If, on the other hand, my theory is accepted, no specific explanation is necessary: in sentences containing the expanded perfect the centre of attention is the idea of an action, in contradistinction to an event.

What I am disputing is not that the expanded perfect carries the implication of something recent — it undoubtedly does. What I do maintain is that that element does not constitute the essential difference between the expanded and the simple perfect, and that it is something secondary. It must, I believe, be accounted for as follows:

1) the EXF denote action.
2) All verbs become inconclusive (imperfective) when put in the EXF.
3) The English perfect is not a past but a retrospective present. It denotes a happening in the past the effects of which last on into the present, or a sort of present state which has its roots in the past.

In other words, the expanded perfect denotes an imperfective action in the past which connects up with the present. Hence the element of recent happening.

Further examples:

/ *I wonder whether the old lady has been getting into a scrape* / (her action; *has got* would have denoted an event, a result of her action). / *You don't mean to say you've been drinking champagne* / (action). / *I have been talking incessantly all night* / (action, *I have talked* would have denoted an event). / *You've been drinking again* /[6].

4. 3. It has often been remarked that the EXF are comparatively rare with certain verbs of perception and thinking, etc. (*hear, see, believe,* etc.). This too is susceptible of explanation in terms of the

---

[6] The verb *drink* really means two things: 1) to partake of anything fluid, and 2) to drink too much alcohol. 2) does not take an object. The expanded perfect of *drink* without an object always has meaning 2. The note of censure given to the sentence is due to the fact that it is so-and-so's *action* of drinking which is the centre of interest, not the fact that something has been drunk.

theory offered in the present paper. For these verbs are normally used, not to denote an action, but to state a fact. In *I heard a noise* the centre of attention is not the activity displayed by the subject, but the result of that activity. If the activity itself becomes the centre of attention, the expanded form *is* used, e. g. in *what a queer expression that fellow has got. One would think he was hearing noises.* Cf. also *Are you wishing me a merry Xmas, or are you reading me a lecture.*

4. 41. Jespersen calls attention to the fact that in clauses commencing with *while, as,* etc., indicating the more extensive time of a state or a series of actions interrupted by the action expressed by the main verb, we often find simple forms, though we should expect expanded forms. We should indeed expect to find EXF in all these cases if we accept the "frame" explanation, but not if we accept the theory advanced in the present paper, according to which the simple tenses are used when the happening in question is viewed as an event, the expanded when it is viewed as an action:

/ *As we were going* (action) *along, she asked me what he had said* (event) /

/ *as he read* (event) *he watched her.* / *as we drew near* (event) *to the end of the journey, he had more to do.* / *While he was maundering on* (action) *in this way I was, fortunately for my own self-respect, returning* (action) *to my senses.*

Here again the distinction is clearly a very subtle one. It is a difference in the point of view from which the happening in question is seen: the happening itself remains the same.

4. 42. A special point in connection with the use of simple and expanded forms after *while* seems to corroborate my theory: when *while* denotes simultaneity it may be followed either by simple or expanded forms, but when it denotes contrast it is usually followed by simple forms. The reason is, I believe, that when *while* denotes contrast the verb in question expresses either a statement of general validity or an "event", either of which involves the use of the simple form:

/ *while he writes charmingly* (statement of general validity), *he is not always truthful* / *Henry went about preparing breakfast, while Bill rolled* (event) *the blankets.*

4. 5. It has often been remarked that verbs denoting a state, like *sit, stand, hang,* etc. are frequently found in the simple tenses even when they appear to denote duration or a frame round something else. The explanation usually offered is that, as these verbs are in themselves durative, and as the function of the EXF is to express (relative) duration, there is no need for the expanded forms here, and that the simple forms are often preferred owing to the economy of speech. "It therefore matters very little whether *stood* or *was standing, sat* or *was sitting* is used" (Jespersen MEG 4, 14. 61).

But, if this is so, why does not the economy of speech always exert itself? Why have we so often the expanded forms even with durative verbs? I believe that it is not true to say that there is no difference between the meaning of the expanded and the simple forms of these verbs. It is true that they both denote the same happening, but they describe it as seen from two different points of view; the simple tenses describe it as an event, the expanded tenses as an action:

/ *I ascended to my seat on the box, where my cloak was still lying as it had lain at the Bridgewater Arms* /

(In *was still lying* the emphasis is on the "action" of the cloak. *Still lay* would have been the statement of a fact, and *was* might be substituted for *lay*.)

The same applies to the following example quoted by Jespersen:

/ *That great Queen has now been lying two hundred years in Henry 7's chapel.* /

In / *as he sat, waiting for the meal, he sat so still that he might have been sitting for his portrait* / the last verb could not be put in the simple form without altering the meaning to be "he sat so still that he would make a good model" with no special reference to the action actually under review; in other words our old friend the distinction between actions and generalized statements.

4. 6. P a l m e r (Gr. p. 149) gives a list of other verbs that are never, or hardly ever found in the EXF, among them: *hope, believe, belong, detest, deserve, hate, equal, consist, contain, matter, know, possess, please, prefer, recognize, resemble, result, seem, signify, suffice, understand.* It is suggestive that these verbs are

pre-eminently used in statements of fact or to denote what always holds good, not to denote action, and that some of them, like *know, seem* cannot denote action at all. And when any of these verbs a r e used in sentences where the centre of interest is the action, then they do take the expanded forms, as in *Just now I am preferring tea to coffee* or *he looks as if he was hating the job.*

4. 7.   A corroboration of my theory is found in the fact noted by Jespersen (MEG 4, 12, 25) that while it is impossible to use the simple perfect of a transitive verb without an object *(I have read),* the expanded perfect may quite well stand alone. This is due to the fact that while the "event" is not complete without the object, the "action" may very well be.

4. 8. It is a well-known fact that the EXF are often used about happenings the continuation or non-continuation of which is dependent on the speaker, while there is a tendency to prefer the simple forms if this is not the case. This is, I believe, connected with the fact that the simple forms present a happening as an event, while the EXF present it as the action of a subject.

4. 9. Jespersen and several other grammarians mention, as a specific use of the EXF, its employment to express an incomplete process. This is not, I hold, a specific meaning of the EXF, but a simple consequence of the fact that they denote action:

/ *I have for some time been persuading my aunt to let me wear them (jewels)* /

(*I have persuaded her* . . . would have indicated an event, viz. that the aunt had really been persuaded. *I have been persuading* only means that the speaker has been performing the action of persuading her, without saying anything about the result.)

As another special connotation of the EXF Jespersen (MEG 4, 13, 54) cites *repetition.* The following are some of his examples: *some of the neighbours will be dropping in by-and-by* / *The two families will be meeting every day in the year* / *after a little while we shall be meeting again in the same sort of way.* / To the last examples he adds the comment "*we shall meet* would imply one single occasion". This may be true in this particular case (though it is certainly possible to say *I am sure we shall meet again lots of times),* but if it is, the explanation is, I believe, simply that *we shall be meeting* denotes the action of meeting, while *We shall meet* denotes the (single?) event of meeting. The element of repetition is thus caused by the conduct, and not by the EXF. The other examples are susceptible of the same interpretation.

The following examples, which are cited by Jespersen as cases in which "it is not easy to see the reasons that have made a writer alternate between the simple and expanded tenses", also find their explanation in the light of the theory offered here:

/ *The fog was rapidly dispersing* (action); *already the moon shone quite clear* (a fact is ascertained) *on the high ground.* /

/ *Why do you smile?* (what is the explanation of the fact) — *Was I (smiling) Madam?* (did that action take place) /

/ *Was Ballantine speaking* (action) *the truth, or did he speak* (event) *in fear?* /

/ *Jenney began* (event, fact) *to think that she was doomed to settle down . . . she was beginning* (action) *to be aware how easy it is for a woman to belie the temperament of her youth.*

5. Some Minor Points

5. 11. A special inducement to use the EXF in the perfect is the possibility of misunderstanding the simple perfect of conclusive verbs as denoting a result, when an action is meant. / *Well, we have perhaps been spoiling her a little* / means that we have been performing the action of spoiling her, but not necessarily that she is spoilt.

/ *we have spoilt her a little* / would mean that we actually had succeeded in spoiling her.

5. 12. The same inducement to use the EXF exists in the case of passive constructions like *the sheep were being killed,* where *the sheep were killed* might be misunderstood as denoting a state.

5. 2. It has been noted by several grammarians that the EXF are used in sentences of the following type: *If you arrest him you would be killing the goose with the golden eggs* meaning *arresting him would be equal to killing,* etc. This is, I believe, connected with the fact that the EXF are used to denote the action of the sub-

ject. That the first verb (*arrest*) is not in the EXF is due to that fact that it expresses an "event" in the sense in which the word is used here. If the sentence ran *If you arrest him you will kill the goose,* etc. it would denote two consecutive happenings, not two simultaneous happenings equated to each other. Similarly:

/ *When Elizabeth put Ballard and Babington to death she was not persecuting.* / *Shall I be disturbing you if I do the winders (windows) here?*

5. 3. In connection with the auxiliary verbs the use of the EXF is especially frequent, because the use of the EXF precludes misunderstandings which might otherwise arise from the independent meaning of the auxiliaries. / *Fra Girolamo must be coming now.* / (*G. must come now* might be taken to mean "it is certain that he will come", while "*G. must be coming now*" means "I think he is coming".) / *he may be reading it* / (i. e. it is possible that he is performing the action of reading it) / *he may read it* / (he has (my) permission to read it). In / *While you are out I'll be cutting the ham for you* / *I'll be cutting* is a prediction about an action in the future. *I'll cut* would be a promise.

/ ... *then she heard voices raised indoors. They would be telling one another that the lights would have to be attended to.* / (*would be telling* denotes a guess at the action they are performing; *would tell* would be a prediction of an event which would soon take place).

Language 22/1946, pp. 317—325.

THE USES OF THE PRESENT TENSE FORMS IN ENGLISH

By Edward Calver

[The basic meaning of the simple present tense is the constitution of things, logical, physical, psychological, essential, etc.; of the present progressive, mere occurrence. The distinction between them is not a time-distinction.]

More important than all the other possibilities for confusion when an attempt is made to isolate the meanings of English verb forms, because more devastating when it is misunderstood, is the matter of time. Most of the difficulties are associated with it. The views of Otto Jespersen seem to represent quite fairly the views of most other grammarians who have explicitly taken time into account. Having established the point that since an English tense form may refer to various times, time and tense must be considered apart from one another, he has this to say:

By the essence of time itself, or at any rate by a necessity of our thinking, we are obliged to figure to ourselves time as something having one dimension only, thus capable of being represented by one straight line. The main divisions accordingly may be arranged in the following way:

$$\xrightarrow{\hspace{3cm}\times\hspace{3cm}}$$

A: past   B: present   C: future

Or rather, we may say that time is divided into two parts, the past and the future, the point of division being the present moment, which like a mathematical point has no dimension, but is continually fleeting (moving to the right in our figure).[1]

These statements need to be examined closely, for a good deal is taken for granted in them. 'By the essence of time itself': Time has

[1] Modern English Grammar 4.1.1 (Heidelberg, 1931). Cf. Philosophy of Grammar 256 (New York, 1924).

no essence; it is a relation between events. '. . . or at any rate by a necessity of our thinking': No proof is offered that what follows is the one way of describing time; and it is easy to cite analyses which not only do not correspond to it but deny it, notably by Henri Bergson,[2] Bertrand Russell,[3] and Samuel Alexander.[4] '. . . something having one dimension only': Time is not a thing but an asymmetrical relation. '. . . capable of being represented by one straight line': This is the device which causes most of the trouble in thinking about time. Any such representation is a kind of analogy: time is not a line; time is not spatial nor geometrical. If the analogy is used at all, it must be used cautiously, not un-critically. '. . . time is divided into two parts, the past and the future, the point of division being the present moment': Since by definition the past and the future do not exist, all that is must be present. Jespersen's paradox is based on an unguarded notion of geometrical lines and points.[5] '. . . the present moment, which like

[2] Essai sur les données immédiates de la conscience, English translation by F. L. Pogson, Time and Free Will ch. 2 (London and New York, 1910).

[3] Our Knowledge of the External World 114, 116, 125, 126 (Chicago and London, 1914).

[4] Space, Time, and Deity vol. 1, ch. 1 (London, 1920).

[5] The authors of the following statements repeat Jespersen's view: 'It is hardly necessary to observe that a present in the strict sense of the word is a purely imaginary point of time: that which we call the present necessarily including a portion of both the past and the future' — H. Poutsma, Mood and Tense of the English Verb 2.2.a (Groningen, 1922). 'Time being represented by a straight line (Jespersen, Tid og Tempus), we may set up the following scheme of the time spheres . . .' — ibid. 2.6. 'A Point on the time-line to the left of the point "now" marks a past moment; a point to the right of the point "now" marks a future moment. Present time means nothing other than a combination of past and future time' — Harold E. Palmer, A Grammar of Spoken English 146 (Cambridge, England, 1927). The position of Aage Brusendorff is curious. He says: 'To him [the grammarian] the present is not a point of no extension . . . no grammatical time indicates merely a point: time is always a length . . . Then, suddenly, she was clinging to him, and his arms went about her. From this and similar instances, it is obvious that the use of the expanded tenses does not imply duration; the two actions above are

a mathematical point has no dimension': Here the notions that moments are entities and that mathematical points have no dimension — i. e. are sub-electronic entities, infinitely small — are introduced uncritically.

Further along Jespersen remarks:

> In the strict sense as a point without any dimension the present has little practical value, and in the practice of all languages 'now' means a time with appreciable duration, the length of which varies according to the circumstances, the only thing required being that the theoretical zero-point falls within the period alluded to.[6]

What should be noted about this statement is that, having found his 'theoretical' description inaccurate, he insists upon it — perhaps feeling that 'a necessity of our thinking' requires that he must — instead of attempting to give an account of time which corresponds with 'practice'.

Russell and Alexander show how the point-theory ought to be understood, if it is to be used: points and moments are instruments of analysis, not descriptions; they are constructs, not data; properly conceived they are not infinitely small; they may be applied to any dimension (but they have no particular dimension), and they must be so construed that a series of them does not sever what is essentially continuous. But it is not necessary to use the point-theory; the alternative approach is to begin with a frank recognition of time as it is given in experience, as duration, and to use past and present as the primitive categories, rather than the relationships of before and after, with which the line-point theory begins. This is the method of Bergson, seconded by A. N. Whitehead. To be

clearly instantaneous and simultaneous: it is the relativity of the action, her share in it as regarded from his point of view, that has entailed the use of the expanded form' — The Relative Aspect of the Verb in English, A Grammatical Miscellany Offered to Otto Jespersen on His Seventieth Birthday 226, 229 (Copenhagen and London, 1930). His first statement is correct; but the proper way to disprove the claim that the peculiar function of the expanded form is to express duration is to show that the simple form also expresses duration.

[6] MEG 4.2.1.1; cf. PG 258—9.

sure, a 'now' may be very short; in popular language it may be quicker than a flash, or a wink, or scat; it may be the explosion of the starter's gun or the exposure time of high speed photography — say 1/3,000,000 of a second — but it is a duration. However, 'now' may be comfortably, even astronomically large. Experienced time can be imagined to be very short — by a kind of oblique imagination (who can imagine 1/3,000,000 of a second?) — or very long. Polaris is now the pole star, certainly not because 'now' contains within it some 'point' of time less than 1/3,000,000 of a second. 'Now' is whatever time one thinks of as now.[7]

Time, I suppose, is bounded in the past by the creation of the cosmos and in the future by the extinction of it. Some such limits are the ultimate boundaries of the present, which may be eternal, vaguely now as distinct from forever, explicitly limited: *Before time was, I am; The sun rises in the east; The poor you have always with you; I don't like parsnips; Nellie doesn't live here any more.*

Statements which purport to explain the difference between the simple tenses and the progressive tenses may really be nothing but disguised discussions of time. If *he writes* and *he is writing* both refer to present time, then the proper distinction between them cannot be a time distinction; they do not refer both to different times and to different meanings within those times; if they distin-

---

[7] Cf. Jespersen: 'If the present tense is used, it is because they [certain sentences] are valid now; the linguistic tense-expression says nothing about the length of duration before or after the zero-point' MEG 4.2.1.2. Nor, I insist, does the linguistic tense-expression say anything about the zero-point.

'If "present time" is defined as is done here, it is applicable even to intermittent occurrences like the following: I get up every morning at seven (even when spoken in the evening). If we represent each act of getting up (at seven) by a dot, and the present moment by O, we get the following figure, which shows that the condition for using the present tense is fulfilled:

. . . . . . O . . ., etc.'

PG 259. The dots to the right of O in the diagram—a spatial representation again! — represent the future, which certainly does not exist now; those to the left, if they do not exist, have existed.

guish different times, then they do not distinguish anything else. The following statements are subject to this criticism:

The indefinite [simple] present is a neutral tense, implying that a statement is of general application, and holds good for all time . . . or that an action or phenomenon is habitual . . . or recurrent . . . If the actual present is meant, the definite [progressive] form is used.[8]

The essential thing is that the action or state denoted by the expanded tense is thought of as a temporal frame encompassing something else which as often as not is to be understood from the whole situation. The expanded tenses therefore call the attention more specially to time than the simple tenses, which speak of nothing but the action or state itself.[9]

. . . While the simple tenses generally express succession, the expanded tenses do not indicate duration or continuity, but practically always simultaneity or relativity.[10]

Confusion of the meaning of the verb-form with some part of its context has been frequent when the theory of time has been mistaken. To illustrate, iteration or repetition cannot be determined as belonging to the verb form in any of the following sentences: *The postman always rings twice* (where there are possibilities of iteration in the lexical content of *always, ring,* and *twice*); *He knocks loudly; He smokes cigars* (where the plural form of *cigars* carries the implication, even if it should be that he smokes two or more simultaneously); *Roses are red.* Examples of such confusion:

'*All the while* I was writing there was some noise or other going on: the children were having their music-lessons, and the baby was crying next door.' Here the definite [progressive] tenses imply that the writing and the noises were all simultaneous.[11]

[8] Henry Sweet, A New English Grammar 2. § 2223—4 (Oxford, 1903).
[9] Jespersen, MEG 4.12.5.4. Cf. PG 279; 'It is a natural consequence of the use of the expanded tenses to form a time-frame round something else that they often denote a transitory as contrasted with a permanent state which for its expression requires the corresponding unexpanded tense. The expanded form makes us think of the time-limits, within which something happens, while the simple form indicates no time-limit.'
[10] Brusendorff, Relative Aspect 229.
[11] Sweet, NEGr. 2. § 2219. Italics mine.

In the case of momentaneous verbs the expanded [progressive] form
does not express continuity of action, but repetition of separate acts.

Stage-coaches were upsetting in *all* directions . . .

I have been receiving . . . letters this winter from Master Jervie.

One by one they were selling the treasures they had collected.

New guests were *continually* arriving.

Repetition of separate acts may, of course, also be expressed by the expanded form of durative verbs.

I shall be dining alone *all next week*.

He hasn't been going out *so very much* since we came here.[12]

The perfect often seems to imply repetition: 'When I have been in London, I have seen him pretty often' implies several stays, while 'When I was
in London, I saw him pretty often' implies only one one stay . . . This use of
the perfect is frequent in a *when*-clause: Thack P 90 He has already cut
her down twice when she has hanged herself out of jealousy | Lawrence L
193 when I've dreamed of the woman he would love if he hadn't got me, it
has always been a Spanish type | Mason R 234 when I have been unkind,
as I have been many times, it was because I was not obeying . . .[13]

In the illustrations he gives, Jespersen has neglected to discriminate
between *when* 'whenever, on every occasion that' and *when* 'on the
occasion that'. In the examples which he quotes, *when* equals *whenever;* and the repetition is stated there, not implied in the verb
form. In the same way, Sweet did not distinguish between *always*
'on all occasions' and *always* 'continuously' when he proposed the
following complexity:

The definite [progressive] present is also used as a neutral present to
show that continuity and not repetition is meant. Thus if in such a sentence as *the earth is a ball that is always turning round, and at the same
time it moves round the sun in a circle* we substitute *turns*, we should have
to answer the question 'when does it always turn?'[14]

The inappropriate point-theory is partially responsible for the
preceding confusion; it also shows in the following:

[12] H. Poutsma, The Characters of the English Verb and the Expanded
Form 48 (Groningen, 1921). Italics mine.

[13] Jespersen, MEG 4.5.4.1—2.

[14] NEGr. 2. § 2225.

Besides marking durativeness or iterativeness, the expanded form of the verb ... may have a variety of secondary functions, which are not always easy to determine or discriminate. The difficulty of telling the precise nature of the secondary function underlying a given application of the expanded form is due ... partly to the frequent impossibility of ascertaining the motives which may have induced the speaker or writer to use this form in preference to the unexpanded form.[15]

That is equivalent to saying either that the form sometimes has no communication value or that Poutsma does not grasp what it is.

As a final point of criticism, the logical implications of a given tense form, the conditions which may be deduced from it, are not all meant by the speaker who uses the form. Thus, the user of the present perfect means that an action important in the present is completed (i. e. perfect); although such an action may be inferred to be past, he is not saying that it is past.[16] Again, the simple present does not 'express unlimited duration or repetition',[17] though either may be a condition of what it does express.[18]

The usual procedure has been to consider all the so-called simple tenses together and all the progressive tenses together. It can be shown, however, that the uses of the present tense forms do not

[15] Poutsma, Expanded Form 50.

[16] In the following statements this distinction is not made: 'In the above scheme there is no place for what is called the perfect tense in English grammars. This is owing to the fact that this tense in its primary application expresses a blending of two elements, viz. it states (a) that the action or state referred to belongs to the past time-sphere, (b) that this action or state produced a result belonging to the present time-sphere ... It follows that, in using the perfect tense, the speaker thinks distinctly of both the present and the past' — Poutsma, Mood and Tense 2.8.a. 'The Perfect ... is itself a kind of present tense, and serves to connect the present time with the past. This is done in two ways: first the perfect is a retrospective present, which looks upon the present state as a result of what has happened in the past; and second the perfect is an inclusive present, which speaks of a state that is continued from the past into the present time ...' — Jespersen, MEG 4.4.1.

[17] Sweet, NEGr. 2. § 2213.

[18] Compare the second quotation in footnote 7.

correspond exactly to the uses of the past tense forms; so that for an accurate description they ought to be examined separately.

Accepting the theory that statements are made about experience and that experienced present time is whatever duration the speaker considers to be present, the problem is to distinguish between the uses of the simple present tense (i. e. with the -s suffix in the third person singular and none in the other persons, or with *do, does*) and the present progressive tense (i. e. a simple present tense form of *be* with the present participle, i. e. *-ing* form, of the main verb), both tenses being considered to refer to present time.

In order to arrive at a basic meaning for the simple present tense, a number of more specialized uses, many of them commonly recognized, will first be illustrated. The distinctions between them are analytical, not absolute; that is, the meanings shade into one another, the differences being determined by the vocabulary, by the assumed context, or by aspect.

LOGICAL, UNIVERSAL (or timeless). *Two plus two equals four.* Isolation of this use recognizes an epistemology of realism; conceptualists will identify it with the next. It can easily be brought into the eternal present: *Two plus two always equals four.* The connotation of absurdity, or surprise, in *Two plus two is equalling four* disappears from *The sum is coming out less than I thought;* conceptually regarded, two plus two equals four on all occasions. Nevertheless, the use should be distinguished as representing the statement of an abstract proposition taken intensionally rather than extensionally. This form is used for the expression of the logical constitution of things.

ORDER OF NATURE. *Roses smell. Some violets smell. Every cloud has a silver lining. Women do not sing bass. Few birds swim. The sun rises in the east. He sings in the shower.* In these examples, there is no statement of time; the time is the eternal present; that is, the contrast of present with past or future time is at a minimum. However, an adverb of time is possible: *Roses always smell. It never rains but it pours. No women ever sing bass.* These adverbs are ambiguous. Here they indicate continuity (the eternal present, the eternal occasion); below, they indicate repeatedness (all occasions).

HABITUAL, CUSTOMARY ACTION. *He smokes. He eats breakfast in the morning. Cows come home in the evening. He always sings in the shower. The sun rises every morning.* Here the occasions are stated: *in the morning, every morning, mornings, always, every time, sometimes, often, seldom, never, regularly,* etc. Notice that in the sentences under the preceding heading the notion of repeatedness emphasized under this one is not dwelt upon, although it is implicit.

The difference between habit or custom and the order of nature can be made sharp: *She does not sing soprano* — because of the constitution of her vocal cords? — not very often, do you mean? It can be made vague. A speaker who does not distinguish species may say, *Violets sometimes smell,* having sniffed one, another, and another. A botanist will say, *Some violets smell,* or, possibly, *Some violets always smell.* Again, it is difficult to decide whether *The sun rises every morning* belongs more nearly to the order of nature than to habitual, customary action: observed uniformity.

More complicated examples of this use can be invented, e. g. *This train runs on Sundays during the summer.* Here there can be discriminated the occasions *Sundays* recurring within the present *the summer* (this summer) or within other occasions (every summer), which themselves recur during the eternal occasion, the eternal present. Another example: *The human heart beats 72 times a minute.*

ABILITY. *He sings double bass. He plays the violin. He does not drive.* This important use has not been noticed. It is closely related to custom and habit: *He plays the violin every day,* and to the order of nature: *Few birds swim.*

DIRECTIONS. *Enter King and his Queen. You turn right at the next corner.* Such directions are frequently cast in the subjectless form: *Pours the poison in ears.* The occasion is any occasion; the time is the eternal present.

In the preceding examples there has been no discursive expression of present time. Certain adverbial expressions which designate a portion of time produce a contrast with the past by emphasizing the present. The uses of the tense are the same as those above. Typical adverbs are: *now, nowadays, these days, this year. He plays Schubert's Serenade now* (ability, habit); *He plays the violin now* (ability, habit); *He drinks gin now* (habit, custom); *He walks now* (constitution of a 12-months infant, ability of a recent invalid, customary action under gas rationing); *He goes to the movies now* (habit, change of moral constitution, etc.); *The machine runs now* (constitution repaired). In all these examples, there is an implication of change in ability, habit, etc.; and this implication necessitates setting off the present from the past. The inverse expression is in the form: *He didn't use to drink gin,* or *He used to drink nothing stronger than beer.*

USE IN SENTENCES DENOTING FUTURE TIME. (a) With an expression of future time: *He plays Schubert's Serenade tomorrow. He works at Ford's next month. He graduates a year from now. He leaves in the morning (tomorrow).* When future time is expressed, one occurrence, not many occurrences or a continuous functioning, is meant. This point is important for the conclusion. (b) With an adverb of explicit present time: *He plays Schubert's Serenade today (tonight, this afternoon),* spoken during the time mentioned. *He graduates this year. He leaves this morning.* These sentences also indicate one occurrence. Notice that the adverb of explicit present time must indicate a present duration of sufficient extent that future activity may be contained within it.

Futurity is only incidental in this use of the present tense, and is indicated by the accompanying time-word; what is essential is that the constitution, order, schedule, habit of things is such that the occurrence can be expected to take place. Sometimes the feeling of future is less strong than the feeling of the schedule, as: *He works in his carrell this morning* (because it is Thursday and he always works there on Thursdays).[19] Sentences in this group are inferences, syllogisms in enthymeme. *Be* can be used without an adverb of

[19] 'In using the present tense in speaking of future events one disregards, as it were, the uncertainty always connected with prophesying, and speaks of something, not indeed as really taking place now, but simply as certain ... It is therefore impossible to say, for instance, *To-morrow it rains;* the present tense implies more certainty than is possible in speaking of such a thing as the weather' — Jespersen, MEG 4.2.4.1. But: *How much do you want to bet that it rains tomorrow?.* The certainty, or confidence, is with

future time when an infinitive follows. This use relates more closely to the constitution of things than to simple futurity; the condition is predetermined and futurity enters as an implicit condition: *He is to see the dean. That which is to be will be.*

THE HISTORICAL PRESENT. *She runs to the cop and grabs him by the arm.* This use, as also the present progressive in similar sentences, follows the pattern of the preterit tenses and the analysis of it must be undertaken with them. Blow-by-blow accounts obviously belong with it. The patter of the stage magician or of the professor doing an experiment before his class belongs with the order of nature.

Omitting the historical present as belonging to another pattern, a common denominator or basic meaning can be arrived at. This common meaning is not repetition, succession, or continuity of occurrence,[20] nor duration or the lack of it, for these do not always apply, but the CONSTITUTION OF THINGS (logical, physical, psychological, essential, etc.). The simple present is the tense of character, of insight.

By contrast, the present progressive is the tense of mere occurrence. Stated another way, the present progressive is the tense of pragmatism; it is used in reporting events merely as such. The simple present is the tense of causality and natural law. Notice how a law is empirically verified: *The sun rises at 7:10 today — Sure enough, it is rising on time.*[21]

the speaker, whether or not external conditions seem to warrant it; certainty is not a condition of the events but of the speaker.

[20] The choice between repetition and continuity depends upon the vocabulary, e. g. *He smokes cigarettes. The sun always shines on the British Empire.*

[21] Compare the following statements: 'It is evident that an occurrence of which we speak in the present must be incomplete at the time, for if it were completed, it would no longer be present' — Sweet, NEGr. 1. § 281. 'This element of incompletion (at that time) is very important if we want to understand the expanded tenses, even if it is not equally manifest in all cases. But it should be noted that it is not exactly the period of time that is incomplete, but the action or state indicated by the verb itself' — Jespersen, MEG 4.12.5.2. I object that although incompletion is a condition which may be logically deduced, it is not what is being stated.

The present progressive seen from this point of view may be illustrated most readily by sentences in which the stated present time interval is suited to the duration of one occurrence: *He is playing Schubert's Serenade right now. He is wearing a white shirt today.*

When no time is stated, a present roughly equivalent to *as I utter these words, while we converse* is meant; its termini are vague. This use is a special case of the preceding one. *He is playing Schubert's Serenade. He is wearing a white shirt.* For the contrast with the simple present tense compare *What does he do?* and *What is he doing?*. The first implies consistent, habitual, characteristic activity; the second implies mere activity.[22]

Sentences in which the stated present time interval is greater than the duration of one occurrence are ambiguous in isolation; in some contexts they refer to repeated occurrences within an extended present, but the repetition is either a vagary, not a habit or a settled condition, or the speaker wishes to be noncommittal about anything but temporal union, to report only events. Compare *He is making $80 a week now* and *He makes $80 a week now.* A kind of progression from a mere, or single, isolated occurrence to a generalization about the constitution of things can be set, the gradation being determined by the choice of verb form and by the implications of the accompanying adverbs. *He is making $80 this week. He is making $80 a week now. He is making $80 a week. He makes $80 a week now. He always makes $80 a week. He makes $80 a week.*[23]

[22] 'The addition of such words [as *always, again, just*] is no doubt responsible for the sense of duration (*always,* etc.), iteration (*again*), or instantaneousness *(just)* often being considered as denoted by the expanded tenses. But note the fact that such sentences as *he always does so* and *he is always doing so* are conveying quite different shades of sense. In using the first way of speech we intend to state that the man does so under all circumstances, while the second phrase is used to denote his doing so under special circumstances. It is really a case of a thing being done simultaneously with other happenings . . .' — Brusendorff, Relative Aspect 233. This distinction is approximately correct; the perverse concluding remark illustrates a disguised description of a neglected relationship—time. Cf. footnote 5.

[23] Compare C. T. Onions: 'Observe that the Simple Tenses coincide

Sentences containing a stated present time interval greater than the duration of one occurrence refer in other contexts to future time. *He is playing Schubert's Serenade today. He is graduating this year.*

In other sentences the stated time interval is future: *He is playing Schubert's Serenade tomorrow. I am writing him tomorrow.* These future uses indicate irregular occurrence or mere prediction as distinguished from the logical inference upon which the future meaning is based in sentences containing the simple tense.

Certain verbs, of which varying lists are given, are never or rarely found in the progressive form. The reason can sometimes be given in terms of the discriminations made above. *Hope* and *wish* seldom need a progressive because, indicating a constitutional state, rather than events, they imply vagarious occurrence; there is no need to hope for what is bound to come in due time. *Know, remember, forget* are constitutional, as are *see* and *hear;* it is sometimes pointed out that they refer to psychological states. *Be* allows the progressive only in such sentences as *He is being funny,* where the isolated occurrence is sharply distinguished from the characterizing *He is funny.*

Sometimes the use of the progressive implies, in contrast to the simple form, that the action is sporadic, irrational, unsettled, inexplicable, uncertain. Thus: *Byron is now quite reformed, and is leading a most sober and decent life.*[24] *I am always saying what I shouldn't say; in fact, I usually say what I really think.*[25] *You're always finding fault with me. She's always harping on that string. Now, that boy is again whistling his infernal melodies.*[26] Every-

partly with the Continuous Tenses, i. e., they may be used to denote the same act or state. Thus one may say *I live at Oxford* or *I am living at Oxford,* indifferently, if one means that Oxford is one's present place of abode. But if one wishes to denote a habit, one generally says *I live at Oxford in winter,* not *I am living at Oxford in winter.*' — An Advanced English Syntax § 134.b (London and New York, 1911).

[24] Shelley, Letters quoted by Jespersen, MEG 4.12.7.3, who adds: '— the implication is obvious'.

[25] Wilde, quoted by Jespersen, ibid. 4.13.1.2.

[26] Ibid. 4.12.5.5.

body is always supposing that I am not a good walker.[27] The 'emotional coloring' in such sentences has been noticed but not identified by Onions, Jespersen, and others. These sentences are really crucial examples, for in them the particular sense of the progressive, as opposed to the simple form, shows most clearly; the implication is that even though there may be a recurrent activity, no explanation for it will be found.

---

[27] Jane Austen, Persuasion, quoted by Brusendorff, Relative Aspect 239, where other examples can be found. See also the observation quoted in footnote 22.

Language 27/1951, pp. 254—280.

THE USE OF THE PROGRESSIVE FORM IN ENGLISH
A NEW APPROACH

By ANNA GRANVILLE HATCHER

Perhaps the most problematical feature of verbal usage in modern English is the alternation of simple and progressive forms. According to the traditional opinion, the progressive is intended to emphasize durative aspect;[1] but while this emphasis, as well as the contrast it offers to that of the simple form, is well illustrated in such an example as *While we were talking, the telephone rang,* there are countless cases in which the peculiar force of the progressive is at first glance difficult to grasp. Such cases may be divided into two main groups.

First, the progressive is often used in predications where an emphasis on duration appears gratuitous if not illogical. In the past tense we find such cases as *Your brother was telling me yesterday* or *The next minute she was tapping on his door, The next morning she was standing in line early.* In the perfect tense the progressive may be used not only of an action still continuing into the present *(I've been studying French for three weeks)* but of one already completed: *I've been writing a very difficult letter (thank goodness it's finished);* indeed, there are certain verbs for which this form (in unmodified predications) is absolutely required: **She has cried, *She has played cards, *She's fooled with my papers* are surely impossible, though the reason is none too clear.[2] Finally

---

[1] I call this the traditional opinion, even though it is not endorsed by the majority of the grammarians I have read, including even Mätzner, whose brief treatment (2.51—3, Eng. ed.) I do not attempt to discuss. All those who offer different theories feel it necessary to consider and deny or modify that of durative aspect.

[2] Jespersen has noted the impossibility of using the simple form in the perfect tense with certain verbs; according to him, those that reject the

(to mention only the most striking cases), grammarians have been puzzled by the type, most frequent in the present and the past, *He is [was] always getting drunk.* That the same construction should serve to express both the durative and the habitual aspect is, theoretically, quite understandable (compare the French imperfect tense and the Russian imperfective aspect); but since, in English, the usual construction in reference to the habitual is the simple form, the rather frequent replacement of *He always gets drunk* by *He's always getting drunk* (compare also *He is teaching school* instead of *He teaches school*) is problematic.

A second problem is represented by such predications (mainly in the present and past) as *Your slip is showing, You are looking fine, I'm remembering all the times before, I'm thinking about it, The candle is burning, You're talking nonsense.* Here, no one would deny that an emphasis on durative aspect is quite fitting, since the activities in question are clearly to be conceived as in progress. But we may also find the simple form used in identical or very similar predications: *Your slip shows, You look fine, I remember all the other times, I think we'd better go, Does it [the ointment] burn?*,[3] *You talk as if you were crazy.* Compare

simple form are TRANSITIVE VERBS USED ABSOLUTELY, e. g. *to read* (the simple predication *I have read* is impossible); but the distinction is as inaccurate as any that could be conceived in deliberate defiance of logic. It implies three guarantees: (a) that the need for the progressive always applies to transitive verbs used absolutely, and (b) that it does not apply to pure intransitive verbs or (c) to transitive verbs with an object. All three implications are false; consider: (a) *He has hung up; I've forgotten; Susie has written;* (b) *I've been crying; I've been walking, working, lying down;* (c) *You've been chewing gum; You've been playing cards; I've been watching them; I've been following him.* It is clear that the verbs of (b) and (c), which call for the progressive in the perfect, are precisely those which, when unmodified, suggest imperfective activity — quite different from such verbs as *hang up, forget.* This distinction had been already briefly suggested by Sweet (NEG 2.104); but no one has attempted to explain why this situation should be peculiar to the perfect tenses.

[3] In accordance with general practice, I shall include negative and interrogative examples, with *do* as auxiliary, on the same level with those of the simple form.

so *I'm listening to the music* vs. *I hear music; I'm looking at it*
vs. *I see it; My nose is running* vs. *My nose itches; I'm suffering
from a headache* vs. *My head aches.* How can it be maintained
that the peculiar function of the progressive is that of expressing
durative aspect, when the simple form, too, may be used to describe activity obviously in progress?[4]

Since, then, it is often so difficult to explain the difference between
the two constructions in terms of aspect, many scholars have come to
question the traditional interpretation of the progressive, and to
seek for new 'basic meanings'. Curme, alone of the grammarians
I have read, has taken the absolutistic stand of saying: 'the essential meaning of the progressiv [sic] is duration and it never means
anything els [sic]',[5] but his procedure is that of ignoring, in the
main, the difficult cases and explaining away too casually those
adduced by other grammarians.[6] Poutsma[7] and Deutschbein[8] have
sought to retain the idea of durative aspect while allowing also
for additional meanings. Poutsma accepts this idea as basic to the
progressive but posits a number of secondary, mainly non-aspectual
connotations (such as 'the relieving, the prospective, the character-

---

[4] Cf. Edward Calver, The uses of the present-tense forms in English,
Lg. 22.317—25 (1945): '. . . the proper way to disprove the claim that the
peculiar function of the expanded form is to express duration is to show
that the simple form also expresses duration' (318). [Siehe auch in diesem
Bd. S. 165].

[5] Curme, The progressiv [sic] form in Germanic, PMLA 28.172 (1913).

[6] In answer to Sweet (NEG 98), who finds in *You are hurting me* (vs.
This hurts) an emphasis on activity and volition, Curme denies such a
criterion, stating simply that in *You are hurting me* 'we see something going
on'. But what is meant by 'going on'? And does his use of the verb *see*
imply that the progressive may refer only to visible activity?

In 1947, however, in his Principles and practises of English grammar
(a college textbook), Curme greatly modified his approach to the proges-
sive. We learn now that this construction may even have terminate force
(but then Curme sees terminate aspect even in the habitual *He gets up
early*) — in which case the construction is used in order to describe 'in
warm tones of praise, censure, or of deep conviction' (§ 120).

[7] Poutsma, A grammar of late modern English 22.317—48.

[8] Deutschbein, System der neuenglischen Syntax 70—6, 83—9.

izing, the qualitative' functions) for those cases in which the primary function is no longer in evidence; even with his flexible approach, however, he is forced to admit that there are many cases on which his method throws no light. Deutschbein takes the curious stand of positing two primary functions for the progressive: among the various aspects supposedly represented in English (Deutschbein's quite theoretical approach to the concrete reality of language is well known), he distinguishes two which he calls Intensivum and Imperfektum, both of which are expressed by the progressive.[9] To this twofold criterion he knows of no exceptions; but his theory (conceptually impossible) explains nothing of the difference between *Why do you always pick on me?* and *Why are you always picking on me?* or between *My, you look so much better!* and *Yes, he's looking much better these days,* where, if anything, it is the simple form that suggests greater intensity.

Again, there are those, like Sweet and Jespersen, who reject durative aspect as basic to the progressive, if with considerable vacillation. Sweet admits that this construction implies 'a certain duration' (?), but states that its primary purpose is not to express this but to 'use duration to define the time of a point-tense, as in *when he came, I was writing a letter.* Here the action of writing is supposed to be going on before the point of time indicated by *came,* and to continue after it . . .' (97). If no point-tense is expressed (as is usually the case in the present and perfect tenses), it may nevertheless be inferred by the context: '*I am writing a letter* means "I am writing a letter at the present moment (of your coming)". So also with . . . *I have been writing a letter.*' But while Sweet's interpretation of the example in the present tense may pass, that of the second is highly questionable: *I have been writing a letter* usually implies that the writing has been completed before the present moment (see above). Sweet himself admits that in *I was coughing all night long* (vs. *I coughed . . .*), the point-tense may be inferred 'only in a very vague way': here, he confesses,

---

[9] Deutschbein's Intensivum, however, is also expressed by other constructions than the progressive, including such disparate types as *I do think* and *to duke it.*

the main idea is duration. Again, in attempting to explain problematical alternation, he seems to have forgotten his original idea,
and speaks (98) of such subjective connotations as 'activity and
volition' *(You are hurting me* vs. *That hurts me); but* what have
such connotations to do with 'definition of a point-tense', and
how do they apply in the case of *Your slip is showing* vs. *Your
slip shows?*

Jespersen's well-known theory of the progressive as the 'framing-
tense' is actually identical with that of Sweet. He differs from the
latter, however, in admitting that there are many types to which
his theory cannot apply, and that in some cases we may find the
two constructions used in a relationship precisely the reverse of
that posited by him — as when the simple form serves ('in a curious
way') to frame the progressive: *Rousseau knows that he is talking
nonsense* (MEG 4.184).

In an article dedicated to Jespersen,[10] Aage Brusendorff con-
tinues the trend of his master and of Sweet by defining the function
of the progressive as that of implying relativity, simultaneity (with
other events or points of time). But he shows none of the vacillation
or modesty of the two older scholars: he rejects outright all idea
of durative aspect,[11] allows for no exceptions whatsoever to his
theory, and does not hesitate to make sweeping, dogmatic statements about whole types — which it is mere child's play to refute.
For example, he states that the sole difference between *He is always
doing something* and *He always does something* is that the simple

[10] Aage Brusendorff, The relative aspect of the verb in English, Jespersen Miscellany 225—47 (1930).
[11] Jespersen's rejection of durative aspect is largely a matter of verbalism. When he says that the progressive has nothing to say about 'duration'
he is using this word to refer to the actual length of time consumed by
an action; and it is quite true, as he says (though this has nothing to do
with aspect), that the simple form may suggest a longer stretch of time
(The sun rises in the east) than the progressive *(He is changing his shirt)*:
see p. 178. However, he proceeds immediately, in characterizing the progressive, to use such expressions as 'in the course of . . .', 'engaged in . . .',
'incomplete action', all of which suggest durative aspect.

Indeed, it should be clear that it is only because the progressive suggests

form suggests that the characteristic activity takes place on all
occasions, the progressive, that it takes place only at certain times,
in connection with certain situations. This indeed seems a logical
deduction from the premise: progressive = relativity, simultaneity.
Actually, if there is a single contrast, it is precisely the reverse of
that just stated: compare *He is always getting drunk* [= on every
occasion] with *He always gets drunk,* which must be completed by
some such ideas as *on Saturdays, at these reunions, when he comes
to our house.*[12]

The most recent scholar I know of to continue the search for a
'new basic meaning' of our construction is Edward Calver (see
fn. 4), who distinguishes himself from all his predecessors by con-
centrating his attention not on the progressive but on the simple
form and by limiting himself to one tense, the present. The labels
he proposes are the most subjective and sophisticated yet conceived:
the simple present emphasizes the 'constitution of things' (suggesting
natural law, causality, consistency, predictability, etc.), the progressive, 'mere occurrence'; compare *The sun rises in the east* with
Somebody is knocking at the door. Unfortunately, however, Calver
illustrates the idea 'constitution of things' almost entirely by

durative aspect that it may, in some situations (and absolutely may not
in others), serve as a framing-tense. What Jespersen and Sweet (and Brusendorff) offer as a basic meaning is only a corollary of the basic meaning
of durative aspect. These scholars have quite arbitrarily envisaged the
particular type of predication *While we were talking the telephone rang*
as the ideal illustration of the progressive, to which, unfortunately, not
all the other predications can be made to conform, no matter how one
tries to stretch them (it is Sweet who is the more addicted to 'stretching',
Jespersen being more ready to admit the 'curious way' our language has
of refusing to conform). Actually, however, the specific type *While we
were talking the telephone rang* is one of the least representative, since it
is found frequently only in the past tense. It appears occasionally in the
future (*I'll be waiting for you when you come*), but in the present, perfect,
and pluperfect it is extremely rare.

[12] Poutsma has glimpsed this distinction, and cites the two examples:
He is always smoking and *He always smokes a cigar after dinner.* He
defines the difference, however, in terms of 'characterizing action' (progressive) and 'customary action' (simple form).

examples of characteristic activity (state)[13] — where, surely, no one has ever doubted its existence. He makes no attempt to show the idea of 'natural law' and so on in predications of a single occurrence, such as these: *There he comes!, I tell you he's crazy, My nose itches, I smell something funny, I swear!, Your slip shows, They don't answer.*[14] The problematic cases are largely ignored by Calver,[15] and his few 'explanations' are merely arbitrary pronouncements: the type *She always takes the biggest piece* suggests the constitution of things, but not the type *She's always trying to*

[13] Calver also attempts to apply his theory to the use of the present for the future. According to him, the simple form suggests scheduled activity: *He plays Schubert's Serenade tomorrow* ('the constitution, order, schedule, habit of things is such that the occurrence can be expected to take place'); but the progressive indicates 'irregular occurrence or mere prediction'. As if one might not say, *I see on the program that he's playing* (= is scheduled to play) *Schubert's Serenade tomorrow!* Calver even quotes *He is playing S. S. tomorrow*, but as an example of irregular occurrence and mere prediction.

[14] The absence of such examples with Calver has already been noted by D. L. Bolinger (Lg. 23.434—6). He offers a number of his own, some of which he succeeds in explaining in the light of Calver's theory, while others seem to ask for its modification (see below, fn. 20).

It is true that on the last page Calver offers a list of seven verbs normally requiring the simple form *(hope, wish, know, remember, forget, see, hear)*, which may also refer to a single act or occasion (though of this Calver says nothing), and which still, supposedly, illustrate the 'basic meaning' earlier postulated: that is, they refer to the constitution of the subject. But the bridge which is hereby offered between *The sun rises in the east* and *I smell something funny, I hear some one at the door, or I wish you'd leave me alone* is a matter of pure verbalism, a play on the word *constitution*. Until the last page, we had been given to understand that by 'constitution of things' was meant an emphasis on the predictable or the characteristic; now it is allowed to include reference to an event as 'vagarious' (to use Calver's term), as in *I smell something funny*.

[15] It is only implicitly that Calver admits that his rule will not always apply. In the next-to-the-last paragraph he writes 'Certain verbs of which varying lists are given are never or rarely found in the progressive form. The reason can sometimes [!] be given in terms of the discriminations made above.' (Then follow his remarks on *see, hear,* etc.).

get ahead of you, which, Calver states dogmatically, suggests the 'sporadic, irrational, unsettled, inexplicable, uncertain. . . . even though there may be a recurrent activity, no explanation for it will be found.' This is obviously preposterous in reference to *She's always trying to get ahead of you;* but Calver did not include such a predication among his examples.

Thus the search for 'new basic meanings' has been as fruitless as the attempts to justify the traditional one. How is this disappointing situation to be explained? In my opinion it is due, first of all, to certain misconceptions, directly connected with the two main types of problematical cases mentioned at the beginning: those in which durative aspect seems uncalled for, and those in which this aspect, while quite fitting, seems to be expressed also by the simple form.

The first misconception has to do with the meaning of durative aspect. To say that this is emphasized by the progressive is to say simply that this construction presents an activity as in the midst of happening: as having already begun but not yet ended. It has no basic connection with the actual extent of duration of activity, as Jespersen appeared to believe; there is no action however brief which may not be conceived and presented as (or as if) in progress,[16] just as there is no activity of such lengthy duration that it may not be summed up in its entirety. Nor is there an inevitable connection between presentation of aspect in a given context and the aspectual suggestion of individual verbs in isolation (the 'imperfective' *chew* vs. the 'perfective' *swallow*). Finally, one should

---

[16] An excellent example of the artistic effect that may be achieved by presenting a brief movement caught in transit is offered by the following example from Flaubert (Madame Bovary 72):

Une dame, près d'elle, laissa tomber son éventail. Un danseur passait. — Que vous seriez bon, monsieur, dit la dame, de vouloir bien ramasser mon éventail, qui est derrière ce canapé. Le monsieur s'inclina, et, pendant qu'il faisait le mouvement d'étendre son bras, Emma vit *la main de la jeune dame qui jetait dans son chapeau quelque chose de blanc*, plié en triangle.

Here the narrator has caught that second at which we may perceive a hand from which a tiny bit of paper flutters.

perhaps distinguish more sharply between the specific term 'durative' and the more general term 'imperfective', which may include not only the durative but also the habitual or characteristic: to say that the progressive distinguishes itself from the simple form by its emphasis on the imperfective would not be true, since the simple form (without modification by *always* or the like) is the norm for expressing habitual activity.

But this brings us to the second misconception: the failure to see clearly that THE SIMPLE FORM HAS NO BASIC MEANING. This form is today, as it has always been from the earliest period of our language known to us, indifferent to aspect; so that Calver's attempt to reverse the usual procedure and concentrate his attention on finding the essential meaning of the simple form (in the present tense) was, for historical reasons, unsound. Only the progressive (unknown as such to Old English[17]) has today a positive and unified emphasis;[18] the simple form is essentially neutral in its aspectual implications and therefore may have, or may seem to have, different emphases according to the particular type of predication in which it appears. Surely in *Then he slammed the door* we feel an emphasis on the perfective, for we are conscious of the contrast offered e.g. by *He was slamming the desk-drawers as he*

[17] Of the two sources to which we owe the progressive tenses in English (*He is on huntunge, He is feohtende*), both are to be found in the earliest texts. That the first of these (*He is on hunting* > *He is a-hunting* > *He is hunting*) represented originally no tense-form is obvious (cf. mod. Eng. *He is on a visit*), and the same is basically true of the construction with the present participle: originally the participle was used with adjectival force, either as a predicate after the copula *be* (cf. mod. English *This is binding*) or in apposition after the predicating *be* (cf. mod. English *There he was, talking to her*). See the study of Curme, already cited, whose interpretation, in my opinion, is far superior to that of Åkerlund, On the history of the definite tenses in English (Lund and Cambridge, 1911).

[18] By unified emphasis I do not mean, of course, to exclude a very rich variety of connotations which the progressive may show, in contrast to the simple form, according to the type of predication in which it may be found. But I should say that it has only one aspectual signification.

spoke; and in *Her husband drinks,* an emphasis on the habitual —
which would not have been felt in Old English, where such a predication could also mean 'Her husband is now drinking'. But such
'temporary' positive emphases have accrued to the simple form
only because the development of the progressive, advancing at the
expense of the original tense-form, has, by limiting the area of the
latter, succeeded in giving it somewhat more clear-cut contours.[19]
The simple form is still essentially Protean[20] if it is able to
emphasize now the perfective, now the habitual — and, often
enough, is still capable of tolerating, if not emphasizing, a durative
interpretation: *My back aches.* It does not, however, stress this
aspect, as the progressive does, always, in all types of predications.[21]

---

[19] The spread of the progressive construction has been anything but
uniform. On the one hand it was often to be found in Old English in
contexts where it would not be used today (see fn. 21); on the other, it
has increased greatly (particularly in the present tense) in the last three
centuries. Shakespeare could still say, *The candle burns in thy chamber,
My Lord waits,* etc. This apparent ebb and flow is surely connected with
the twofold origin of our construction; and the shift in the last few
centuries from *The candle burns* to *The candle is burning* may be due to
the final merging of the gerundial *He is a-doing* (which still subsists in
dialectal speech) and the participial *He is doing.*

[20] Bolinger, in his answer to Calver's article, proposes the label FACT
OF PROCESS for the simple form as being more inclusive than Calver's
CONSTITUTION OF THINGS (though this is perilously close to the label MERE
OCCURRENCE given by Calver to the progressive). He remarks of the
simple present that it 'is "timeless" not in the sense of "eternal" but of
"non-committal about time"' The present progressive tense, on the other
hand, 'is confined by or oriented to a beginning or a possible cessation'
(436). But this is almost the same as saying that the simple form is indifferent to aspect, while the progressive refers to an activity presented
as if in progress.

[21] Was this emphasis on duration always characteristic of our construction? As for the type with *on* + gerund, no other interpretation is
conceivable, since *on* meant 'in the midst of' (as still today in *on a trip,
on a visit, on the prowl*). The participial type, however, especially when
the participle was predicative (rather than appositional: *There he was,
fighting*), could be used with purely adjectival emphasis, so that an in-

We must simply admit that the contrast between *to write* and *to be writing* is not to be compared e. g. to Russian *napisát'* vs. *pisát'*, or the French *il écrivit* vs. *il écrivait*, where each form has its own positive emphasis; instead, it is a contrast between two constructions of which only one is inherently meaningful.

If these two misconceptions could be cleared up, the two groups of problematical cases mentioned above would appear in a quite different light. As for the first group, the difficulty of many scholars in admitting durative aspect has been due, I feel, only to confusion as to the very simple, literal meaning of this aspect: 'the activity is presented as (or as if) in progress'. *The next moment she was tapping on his door* means 'The next moment she was in

sistence on activity in progress would be impossible. Still, today, we have the type *She is charming, obliging* (which we feel as quite separate from our construction); but in modern English it is possible to use such participles predicatively only when they have attained full adjectival status (*She is very charming, more obliging than . . .*). The phrase *sliding scale* could never be paraphrased as *a scale that is sliding*. In Old English, there seems to have been no such limitation: *creeping insects* could appear as *insects that are creeping*, i. e. 'of the creeping variety'; compare *Sume* [*gesceafta* 'creatures'] *syndan créopende on eorðan . . . Sume gáð on twám fótum, sume on féower fótum . . . Sume fleoð mid fyðerum . . .* from Ælfric (cited by Åkerlund 9). Here there is obviously no reference to activity in progress.

Yet such cases (where activity in progress is excluded) seem to be comparatively rare in Old English. What is perhaps more characteristic is the tendency to insist on durative aspect to a degree that today may appear inordinate. Such examples as *The good man is night and day thinking how he may . . .*, *Frequently she sought out the church and was begging God that . . .* (i. e. 'and after entering was immediately in the midst of prayer') may sound strange today, but that is no argument against their durative emphasis. Such predications are explained by most grammarians as due to a desire for the vividness and color given by the participle, which was chosen only because of its adjectival force. But the two emphases need not be mutually exclusive. I find exaggerated most of the claims for the original adjectival force of our construction : *Héo wæs slépende* (whatever its picturesque suggestions) predicated a process in progress no less than does *She was sleeping*.

the midst of tapping'; *She's been crying* means 'She has been in the midst of crying (in the midst of tears)'; *He is always getting drunk* means 'He is always in the midst of getting drunk (= on a binge)'. Now, to take for granted such a simple interpretation is not of course to make the problematical immediately disappear: such sentences are still problematical. The problem is, WHY was durative aspect chosen? — a question which no scholar has yet seriously asked himself. (Curme, the only outspoken believer in durative aspect, refused to see the problematic.) In some cases the answer will be relatively easy, in others relatively difficult. That, after such 'springboard phrases' as *the next moment, the next morning,* the speaker should wish to precipitate us into the midst of the activity (. . . *she was tapping*) seems to me rather obvious for psychological or dramatic reasons. But why, in bare predications in the perfect tenses, it should be necessary to insist always on progression with certain verbs *(She has been crying)* — this is a problem I have not worked out to my satisfaction.[22] But it is surely capable of solution, and the only problem in this connection worthy of the scholar's attention.

In the second group of examples, where durative aspect is so easily justified *(Your slip is showing),* the difficulty lies in the fact that the simple form may also be used in identical or similar predications. But if the scholar understands clearly the essentially neutral nature of the simple form, this possibility of alternation will not lead him to declare, as Calver did, that the durative emphasis of the progressive is thereby disproved. All that is proved by the existence of *Your slip shows, My nose itches* (but *My nose is running),* *I hear him coming* (but *I am listening)* is the fact that the progressive, the invader construction, has not yet driven out the simple form from every predication of an activity obviously in prog-

[22] The verbs which require the progressive in the perfect tense are, as we have seen, those which, out of context, suggest continuing activity. Could it be that for such 'imperfective' verbs, our construction is required here because the simple 'perfect' tense is, as it were, the embodiment of the perfective aspect, and therefore antipathetic to such verbs (unless they are modified perfectively: *I have walked three miles*)? But this is a quite theoretical, perhaps even verbalistic solution.

ress; the simple form may still, in some cases, tolerate durative interpretation. But, again, to insist on the durative emphasis of the progressive is not to solve the difficulties revealed by the alternation *Your slip shows ~ is showing*. Why, when activity-in-progress is so obviously in question, is it often found to be unfitting to stress this aspect? This is another question which has never been seriously asked; the problem represented by the alternation of our two constructions has never been directly attacked.

One reason for this has already been suggested: the 'misconceptions'. But a second grave weakness of all previous attempts lies in their faulty methodology. Their most obvious limitation has been the lack of responsibility on the part of scholars in regard to the problematic cases. As for Curme, who merely continued to believe in a traditional theory, he may be accused of lack of sensitivity to the problematic;[23] but what shall be said of Sweet and Jespersen,[24] who reject the traditional only to propose a theory which they admit does not always apply, and which may even, 'in a curious way', be reversed? Or of still more recent grammarians who, also offering new theories, simply ignore the evidence that would refute them?

Such lack of responsibility may be explained partly by the vast proportions of the evidence to be sifted: every formally complete predication uttered in English reveals a choice made between simple and progressive forms. But we must count also with the tendency to become infatuated with theories and labels — the belief that it is somehow more important to discover a concise epigrammatic 'basic meaning' than to show the complicated manner in which such

---

[23] It should also be mentioned that Curme's PMLA article was mainly concerned with historical questions, so that a very detailed discussion of problematic examples could hardly have been attempted there.

[24] Of the grammarians I have cited, Poutsma, in my opinion, has sought most conscientiously to cope with the difficulties. Even so, these difficulties have not led him to throw out the baby with the bath-water, by discarding the idea of durative aspect; nor was he satisfied, like Curme, with flat statements about this idea. If in his treatment he has still failed to reach the clarity that could have been desired, this is because of methodological faults which are by no means peculiar to him, and which I shall discuss.

a meaning actually reveals itself in different types of predications hic et nunc. In the case of dead languages where the evidence must always be incomplete, and which are usually studied from the historical point of view, we must, of course, be grateful for all attempts at synthesis that may shed more light on historical development — for example, Delbrück's definition of the Greek middle as presenting 'the involvement, absorption of the subject in his activity', from which central concept there may develop, on the one hand, the middle of interest, on the other, the middle with passive force: two ideas, at first glance, mutually exclusive. But, obviously, it is not such an abstract concept as 'involvement of subject' that will make it possible to predict the choice of voice in a given passage. Again, it may be well for a scholar, seeking order and unity in the French subjunctive, to devote himself to the prob-lem of its basic meaning; for there is perhaps no construction which has been so thoroughly described and so effectively legis-lated upon: even a school grammar would prepare one to predict correctly and explain on objective grounds the choice of mode in any given passage 19 times out of 20. Here description of usage is hardly necessary; the search for a basic meaning may be. But in English it is precisely a description of present-day usage that has never been attempted.

Surely the time has come to begin to study the actual possibilities that exist in our language of contrasting the simple and progressive forms. Regardless of one's theory, the procedure must be the same: to describe as fully and systematically as possible what exists. When — in what clearly-defined situations, with what types of verbs — is the progressive the norm? When is it the simple form? When may the two alternate and what is the difference of nuance in each case? After the 'when' has been established, the 'why' will not be far behind.

But in order to carry out such a program one must observe two principles of procedure that, until the present, have been all but ignored. First, since the problem must be the contrast between our two constructions, both constructions must be studied with equal care. It is futile to accumulate examples of the progressive to the exclusion of those of the simple form, as has been largely the practice of all grammarians before Calver — who chose, instead, to concentrate on the simple form to the neglect of the progressive. Obviously, if any interpretation of a given example of the one construction may be shown to apply also to an example of the other, it is worthless as a criterion, though it need not be false. The failure to apply this truism has made it possible, for example, for two rational men such as Brusendorff and Poutsma, discussing *He is always doing something* vs. *He always does something,* to arrive at conclusions diametrically opposed.[25]

Secondly, it will be necessary to abandon the attempt to consider the progressive as a whole or the simple form as a whole: no systematic study of alternation is possible until an objective classification is set up by means of which one may break down into manageable proportions the complicated and unwieldy bulk of the evidence at hand. Then, within each of the subdivisions, we may examine the two constructions side by side, in an attempt to determine the precise contrast that regularly obtains there — a contrast that may obtain nowhere else. It is true, of course, that all who have treated this problem have subdivided their material in some fashion or another; but we are offered either quite disparate categories chosen at random, or a classification predetermined by the nature of the scholar's particular theory. What is necessary is that the criteria of classification should be quite objective, and should reflect a logical system that excludes the haphazard. Surely the basis for such a system is that given us by the language itself, with its division into tenses: every tense will have its own problems. This was seen by Calver, who was the first to sense deeply the importance of temporal distinction, and who limited his efforts to the present tense alone.[26]

----

[25] Brusendorff made his pronouncement about *He always does* (*is always doing*) *something* without offering a single example of the simple form. Poutsma, at least, offered one example, which, while not sufficient to prove his own theory, was quite enough to disprove that of Brusendorff: *He always smokes a cigar after dinner.*

[26] Jespersen, it is true, gives a separate consideration to the perfect and pluperfect tenses (after having already included examples of both in a miscellaneous treatment); and Åkerlund depends mainly on classifi-

But division into tenses is not enough if our aim is to be able to state with finality that in such-and-such a situation, the distinction will always be so-and-so. If the scholar would take account of all distinctions that exist (in order to avoid generalizations that may be proved false by the first example that could come to the mind of any reader), he must break down each tense according to the various references of which it is capable. For the present tense I would suggest tentatively the following divisions: all references to (1) the past and (2) the future should be considered separately;[27] and within what may be called present time I would distinguish between state and activity: (3) natural state, (4) temporary state, (5) habitual activity, and (6) a single occurrence. Both of our constructions are possible in all six of these categories:

(1) *Your teacher says that you ...*[28]   *Your teacher is complaining about you.*

(2) *I see him tonight.*   *I'm seeing him tonight.*

    Next week we meet every night.   *Next year I'm studying with him.*

(3) *The statue stands in the center.*   *The statue is still standing there.*

---

cation by tenses. His, however, is a historical study, unconcerned with the distinctions of modern usage; indeed, even in his discussions of the earlier examples, the problem of alternation is never considered, and almost no instances of the simple form are offered.

[27] Calver does separate the historical use of the present from its other functions, believing that the discussion of this type has no place in a treatment of the present tense, since the historical present follows the laws of the preterit — an assumption which may or may not be entirely valid.

But Calver does not even mention the use of the present to refer to the immediate past, as in *Mother says come to dinner; Your brother writes that ...* ; *Here you come and start pestering me again.* This usage does not necessarily conform to that of the past tense — where, with the verbs *say* and *tell*, it has become the norm to use the progressive form when reporting a remark suddenly remembered by the speaker: *You know, my boss was saying yesterday that ...; That reminds me, my brother was telling me that ...;* Yet when the present is used for the past, in the same off-hand kind of reference, it is the simple form that prevails: *You know, my boss says that ...; That reminds me, my brother tells me that ...*

[28] If it is true that type 1 (the present used to refer to the past) does

(4) *You look much better now.*   *You're looking much better.* Exception
(5) *Cows eat grass.*   —
     *She always takes the biggest   She's always reaching and grab-
     piece.*   bing.*
     He works in a bank.   *He's working in a bank.* single occurrence?
(6) *My nose itches.*   *My nose is running.*

If we examine these six types in an attempt to find a unified
meaning for each of the two constructions, it is only for the progressive form that one immediately offers itself; but to state the
fact of durative aspect, as we have seen, is to explain nothing.
As for the six types of the simple form, it is obvious that no single
statement as to meaning or emphasis can be imagined which would
be both useful and valid. No wonder that Calver failed, since he
looked for the 'basic meaning' in types 3 and 5, and sought to
apply this only to type 2.

One must, then, work within each of the subdivisions separately.
It may be that after such piecemeal operations have been completed,
one will find more in common than first appears: perhaps a study
of *My nose itches* vs. *My nose is running* will shed light on *She
always takes the biggest piece* vs. *She's always reaching and
grabbing*. But to attempt to investigate both at the same time (to
say nothing of all six) would be a crosseyed procedure not to be
recommended.

A complete study of our problem ist not apt to be achieved by
one individual; indeed, even a single tense would offer problems
that could be dealt with effectively only in a lengthy monograph.
If it is true, as I have stated above, that no systematic attempt
has yet been made to explore the problem in question, why should

not always conform to the usage in the past tense, it is also obvious that
it may not conform to the usual treatment of present (non-habitual) activity: *Your mother writes that she ...* vs. *Be quiet, your mother is writing a letter*. Accordingly, the necessity to distinguish between types 1 and
6 (single present activity) is obvious.

But there are cases in which it is hair-splitting to make this distinction:
Why do you look at me that way? Why do you take this road?. Such predications are offered by Bolinger on the same level as *Here comes the teacher*,
yet I feel in them a reference to the immediate past.

this not begin, in a very modest, cautious way, with individual workers limiting themselves to such specific problems as the difference between the two constructions in certain types of predications? By way of contributing one tiny part to that joint enterprise, I shall devote the rest of this paper to an analysis of one of the categories of the present tense listed above: type 6, the predication that an activity is taking place now.[29]

The distinction between simple and progressive forms referring to a present event is, or may be, radically different from that to be found in reference to the past or future. If we consider the preterit tense, for example, it is obvious that we may find, in predications of a single event, a great freedom in the possibilities of alternation: *He read* or *was reading the newspaper; She washed* or *was washing the dishes; He carried* or *was carrying the basket; He crossed* or *was crossing the field.* No comparable flexibility exists for the present: of the predications just cited, all take the progressive in reference to a single present event. While it is, of course, not impossible to find both constructions used here with the same verb, still it may be said that, in the main, the choice of constructions is DETERMINED BY THE NATURE OF THE VERBS THEMSELVES. And when we do find alternation with the same verb,[30] it will usually be possible to speak of norm and variation from

[29] Although I am limiting myself to one category out of six, it will still be necessary to include, in this category, actions as different as *She is putting on her hat* (single activity of brief duration); *I am counting all the people as they come in* (iterative activity limited to a single occasion); and *He is travelling through Europe this summer* (complex program of activity of protracted duration). The last type of activity may even be one which is regularly interrupted, without, however, involving actual repetition of activity: the subject of *He is building a house* may repeat the activities of carpentry day after day, but not the act of building a house.

It is true, however, that this last type may shade imperceptibly into that of habitual, customary activity: *He is studying law* = 'He studies law every day' or 'He is in the midst of a program of law courses', regularly interrupted like that of building a house. The recognition of such borderline cases will be most important in any study of category 5, but in the present paper we shall not be concerned with them.

[30] Occasionally one must hesitate in establishing one of the two con-

norm. Surely the progressive is here the norm for such a verb as *walk,* and will be found in most of the predications concerning present events in which this verb appears; it is a deviation from the norm that we find in *You walk as if your feet hurt.* But it would be nonsense to say that either *walked* or *was walking* was the normal form for this verb in the past: everything depends on whether the speaker chooses to present the event in question as a complete and indivisible unit, or as happening by stages.

If we do not find such flexibility in the present tense, this must mean that the speaker has less freedom of choice as to the aspect under which he will offer a present event. Indeed, it might be said that we have no choice whatever as to the way in which we apperceive a present event: how else may we imagine something to be happening 'now' except as in the midst of happening — as having already begun but not yet ended?[31] 'Perfective aspect of present activity' would be a contradiction in terms.[32] This would seem to explain why the progressive is used with the majority of verbs referring to a present event, and why we may not shift at will from *She is washing* . . . to *She washes the dishes.*

Why, then, is it not used with all verbs? When [*Now*] *he reads* has given way exclusively to *He is reading,* why has *My back aches* remained unmodified?[33] For the time being, we must simply assume that certain acts, such as *to read* and *to wash dishes,* invite

structions as the norm of a given verb; e. g. in *This tickles* vs. *You are tickling me* the simple tense is the norm with inanimate subject, the progressive with animate subject.

[31] It is true that there are activities of such brief duration that, by the time we have become aware of the happening and are able to announce it, it has ceased. But in that case our impression is usually that of an act that has just happened, and it is usually announced in the past tense: *Ouch, he kicked me; It bit me, stung me; I dropped it.* Cf. fn. 51.

[32] If this statement is correct, it is such an obvious one that I am surprised that no grammarian has (so far as I know) made the point before. It is this alone that explains why the usage in the present is so divergent from that e. g. in the preterit.

[33] One might also ask the reverse question: why is the progressive EVER used in reference to present activity, since its emphasis on activity-in-

the emphasis on duration, while others, such as *to ache,* do not.
Our first task is to separate those verbs for which the progressive is
the norm from those which normally require the simple form, and
to analyze each group in order to determine the particular
characteristics which here encourage, there discourage the emphasis,
'the act in question is in progress at the moment'. That is, we must
attempt to find a least common denominator for each of the two
main groups; if the search is successful, the two LCD's must of
course be mutually exclusive. Next we should consider the de-
viations from the norm: when is the progressive used to replace the
simple form, when the reverse? The answer can only be in terms
of the two LCD's: if that of the simple form is *X,* that of the progressive *Y,* then the progressive replaces the simple form only when
the emphasis of the verb changes from *X* to *Y.* Let us turn now
from such formulae to the material itself:

I

(a) *It stings. It tickles. It smarts. My new shoes hurt me. Does
this light bother you? Does it shine in your eyes?*
(b) *This [situation] bores me, . . . pleases me, . . . amuses me,
. . . worries me, . . . puzzles me. What makes you so rest-
less? You make me nervous. You bore me.*
(c) *My feet hurt. My back (head, stomach) aches. My nose itches.*
(d) *I smell (feel, taste) something funny. I see it. I hear it.*
(e) *I remember her. I forget.*[33a] *Yes, I understand. I know. I love
your hat! I wonder what he wants. I think we'd better
go. I hope to see you again.*

---

progress is never necessary here? But the extension of a construction is not
always determined by such practical questions of economy. Even before
this construction (of twofold origin) had come to represent a proper tense,
it was often used as an 'extra' device because of its suggestion of busy
activity (*He is on huntunge* = 'He is in the midst of, in the thick of hunting') or, in the case of the participial construction (*He is fastinde,
feohtende*), in order to present the subject as endowed with a quality ac-
cruing to him by virtue of his activity.

[33a] Should *I forget* be excluded from this group, on the grounds that

II

(a) *I insist (deny, repeat, suggest, promise) that she will come.
I tell you I won't. I warn you that I won't. I beg you. I
move . . .*

(b) *I give my consent. I refuse. I deny it. I thank you. I beg
your pardon. I bet five dollars. I vote no. I second the
motion. I pass. I double. Mr. and Mrs. Brown request the
pleasure of your company . . .*

What strikes one immediately in group I is the tenuous, intangible
nature of the processes involved: nowhere is overt activity displayed. The process may be physical as well as psychic, but this
physical activity is invisible[34] and inaudible. In (a) and (b) there is
described simply a stimulus to reaction, in (c) and (d) the reaction
itself;[35] in (e) we find a reference to mental or emotional attitude.[36]

By contrast, most of the verbs of group II seem to predicate
overt activity: *deny, warn, promise, tell, vote.* May these examples
be assimilated to the first group because they are ultimately meant

it refers not to the present but to the past (= 'I have forgotten')? If so,
the same should be true of *Oh, now I remember* (= 'I have just recalled it').

[34] One might quibble as to the 'visibility' involved in *Does this light
shine in your eyes?* Of course, one sees a light shine, but does one see it
shine in another's eyes? After all, such a question means actually 'Does
this light irritate your eyes?'.

[35] There is only a very slight difference between (d) *I taste (smell, hear,
feel, see) something funny* and *This tastes (smells, sounds, feels, looks)
funny to me*, a type of predication in which the same verbs are considered
to represent state rather than action. I am inclined to agree with the
traditional opinion in this case, though I am not at all sure that I could
justify the distinction — nor do I know of anyone who has sought to do
so. It is simply a fact that the problem 'state vs. activity' has never been
directly faced by our grammarians.

[36] Such verbs as *remember, love, think* are often said to refer to state,
perhaps justly so. My main reason for including them here is the great
ease with which (like so many of the other verbs in this list) they allow
for alternation of construction, a flexibility shared by no other general
type of static verb in conversational speech.

only to reveal an inner attitude? This cannot be the criterion, for one says also, *Look, she's telling him to go away,* or *Listen, he's saying that war is inevitable,* or *They're voting no.* What should be noticed about the verbs of group II is that the subject here, in almost all the examples, is in the first person. With *I deny that he is guilty, I thank you, I pass,* etc. we have to do with a very peculiar type of predication, which I have never happened to see commented upon: THE 'ACTIVITY' PREDICATED HAS NO EXISTENCE APART FROM THE PREDICATION, BUT IS IDENTICAL WITH IT. When I make the predication *My back aches* I am merely announcing what is going on as I speak, and what would still be going on if I were silent. But it is only by pronouncing the words *I deny, I thank you, I pass* that the activities of denying, thanking, passing are accomplished. Here again the predicated activity is intangible, since it does not exist apart from the predication.[37]

According to these examples, then, the LCD of the simple form in our category seems obvious: non-overt activity. Indeed, it appears that this is the reference of all verbs for which the simple form is the norm. Accordingly, we should expect the reference of the progressive to be overt activity, as in the following examples, which describe physical activity that is visible or audible or both:

> She is washing the dishes, sweeping the floor, tending the furnace.
> She is combing her hair, changing her dress.
> I'm slipping. I'm losing hold.
> It's falling to pieces. It's boiling over. It's spilling.
> Your teeth are chattering. Your nose is running. Your lips are trembling. Your stomach is rumbling.
> She's chewing gum, picking her teeth, yawning.
> You're rumpling my dress, squeezing my arm, messing everything up.

[37] This is of course not the case of such third-person predications as *Look, she's telling him to go away,* cited above, or of *She insists that we study* (which refers to the immediate past). One might, however, imagine third-person predications which would also be identical with the act predicated: *She passes* might be said of someone, unskilled at cards, who is being advised by a friend; this would mean, in effect, 'I am speaking, in her name, the words *I pass.*'

What a busy, active world suddenly opens up before us, so different from that of the silent, invisible processes described by the simple form! Even such barely perceptible activities as *Your lips are trembling* and *Your teeth are chattering* are on a different plane from that of *My nose itches*.

Yet the criterion of overt activity is not definitive. For while the majority of verbs that normally take the progressive in our category do indeed refer to concrete, physical activity, this is not true of all: *I am losing my appetite* refers to an inner process just as truly as *My back aches*. Obviously we cannot be content with saying that the simple form is used to describe non-overt activity, the progressive to describe both overt and non-overt activity; we must ask ourselves what distinguishes the non-overt type *My back aches* from the non-overt type *I'm losing my appetite*, or such other examples as these:

> *I'm developing a cold, getting hot. One of my headaches is coming on.*
> *He is progressing, improving, getting worse.*
> *He is learning his lesson.*
> *It is becoming, getting, growing late.*
> *The difficulties are increasing, decreasing.*
> *I'm beginning to understand.*
> *This is driving me nuts, getting us nowhere. This is beginning to make sense.*

The answer ist clear: all such verbs of non-overt activity describe DEVELOPMENT BY DEGREES, a process that gains or loses in momentum. This is not true of *My back aches*, or of any of the processes normally described by the simple form. It is true that most of the examples in group I above refer to brief processes *(I taste something funny)*; but even when longer duration is in question *(My back aches, These shoes hurt me)*, the process is thought of as continuing monotonously, rather than proceeding by degrees to a final culmination.

We must then modify our LCD's, which will become more elaborate. The simple form is the norm for verbs which describe a process that is both non-overt and non-developing,[38] the pro-

[38] I realize that such a phrase as *(non-)developing activity* is awkward; but I have avoided the term *progressive activity* for obvious reasons.

gressive is the norm for all other verbs. If we accept this double criterion for the normal use of the simple and progressive forms, we are ready to understand immediately the alternation of forms illustrated in the following examples. In the group below, the simple form is preferred to the progressive because of the loss of the idea of overt activity (and, with *burn*, perhaps also of developing activity):

She is rubbing the furniture.	~	*This shoe rubs my heel.*
The fire (candle, wood) is burning.	~	*This burns like fire!*
Stop, you're scratching the table!	~	*This scratches.*
She is cutting the cake.	~	*This shoe cuts my instep.*
He is killing a chicken for dinner.	~	*You kill me! You slay me!*

Here the simple form serves in predications on the same level with *This smarts* or *You bore me*.

In the examples below, we find, conversely, the progressive replacing the simple form. In the group immediately following, this replacement makes for an emphasis on development by degrees:

Yes, I remember her.	~	*Why am I looking at you this way? Because I'm remembering all the times before when you've tricked me: it's all coming back to me.*
Where am I supposed to go? I forget.	~	*I had it memorized this morning, but you see, I'm already forgetting it.*[39]
I hear it.	~	*I'm hearing it better now: it's coming through more clearly all the time.*
I see it.	~	*I'm seeing it more clearly now: focus it just a little more to the left. — I'm seeing more and more mistakes in this.*[40]
I taste something funny.	~	*I'm tasting more and more salt in this soup.*

[39] Here, *I'm already forgetting it* could be replaced by *I'm already beginning to forget it;* and in the examples that follow (*I'm seeing, hearing it better now*), the use of *begin* would probably be found more frequently.

[40] In *I'm seeing more and more mistakes*, one could also speak of iterative emphasis.

Much more frequent is the shift from simple to progressive in order to emphasize the idea of overt activity:[41]

She sees him now.	~	*She is seeing him to the door.*
I hear him.	~	*Be quiet, I'm hearing his lessons.*
I taste something bitter.	~	*I'm only tasting it (I'm not going to eat it).*
I smell something funny.	~	*I'm smelling the letter to see if she uses perfumed stationery.*
These shoes hurt me.	~	*You're hurting me!*
This tickles.	~	*You're tickling me!*
This amuses me. — You amuse me (= I find you amusing).	~	*Are you amusing yourself?*
I forget his name.	~	*Oh, I'm forgetting my umbrella (i. e. walking away without it).*
I repeat that he is innocent.	~	*She's repeating the passage.*
I tell you he's crazy.	~	*He's telling them about the accident.*
I refuse to go.	~	*She's shaking her head: she's refusing to go.*
I propose that we go out.	~	*Look. I bet he's proposing to her.*

With the double criterion that has been established, it would seem that we have in our hands the key to the usage in this category. Our LCD's are mutually exclusive, and by their means we have explained the seeming variations from the norm illustrated in the examples above. But there still remain some cases which will resist the application of our criteria. Why does one say *I'm considering the matter carefully* but *I consider that unfair?* And why does one say *I'm enjoying this?* Here we have to do neither with de-

---

[41] Of the examples above (in both constructions) three have already been discussed by Sweet (NEG § 2218), who contrasts *It hurts* with *He is hurting him: He doesn't see it* with *He is seeing the sights;* and *I hear a noise* with *I am hearing lectures.* To him, the progressive is called for because of the element of 'volition or action' implied by the new context, which the progressive is still able to express today, because of the original 'vivid and picturesque' function in Old English of the participial construction with adjectival force.

velopment by degrees nor with overt physical activity; how is the
progressive to be explained? Again, quite the contrary, we find
You talk as if nothing had happened (vs. *You are talking nonsense*),
though here the predicated activity is overt; how is the simple form
to be explained?

These cases can be explained by introducing, for the first time, a
criterion of psychological nuances. If we examine all the examples
of overt or developing activity so far cited, whether illustrating
normal or exceptional usage, we will see that they answer one
of two (or three) questions: (1) What is happening to the subject?
(2) What is the subject doing: (a) what is he busy at, engrossed in?
or (b) what is he actually accomplishing? Compare:

(1) *I'm developing a cold. The milk is turning sour. It's falling
     to pieces.*
(2a) *She is washing the dishes, sweeping the floor, changing her
     dress, chewing gum.*
(2b) *You're rumpling my dress, squeezing my arm, messing
     everything up.*

But I believe that none of the examples with the simple form so
far considered could be regarded as answering any of these three
questions. *This puzzles me* does not mean 'What this situation is
actually accomplishing is to puzzle me', but 'I find this a puzzling
situation' (and the same is true even of *You puzzle me* = 'I find
your behaviour puzzling'); it is therefore different from *This
situation is driving me nuts (getting us nowhere, beginning to make
sense)*, where we feel strongly the idea of accomplishment (as well
as of developing by degrees). *My nose itches* does not tell what is
happening to my nose, as does *My nose is running*; *I tell you he is
wrong* does not describe what the subject is busy doing, as does
He is telling them about the accident. It is of course true, as has
already been suggested, that even in the progressive the underlying emphasis may be weaker or stronger: *Your stomach is rumbling* and *Your teeth are chattering* do not suggest 'busyness' as
strongly as *He is stoking the furnace;* but such predications as *Your
stomach is busy rumbling* and *Your teeth are busy chattering* are
not as difficult to imagine as **My feet are busy hurting me.*

If, then, we can agree that our examples of overt or developing activity all contain one of the three ideas just mentioned — (1) the subject is affected by his activity, (2a) the subject is busy or engrossed in his activity, (2b) the subject is accomplishing something by his activity — I believe we shall understand the use of the progressive whenever it appears with verbs of non-overt, non-developing activity: one of these three ideas will always be in question. This is true of the examples below, where the verbs are normally used in the progressive:

(1) *I'm suffering. I'm going through hell.*
   I'm having an awful time, a wonderful time.
   I'm enjoying it. I'm getting a kick out of it.
(2a) *I'm listening. I'm looking, watching. I'm guarding it carefully.*
   I'm trying to remember, trying to keep my temper.
   I'm meditating, reflecting, calculating, figuring, musing.
(2b) *You're infringing on my rights.*
   You're working at cross-purposes with me.
   You are challenging fate.
   You are breaking the spirit of the contract.
   You are carrying that too far.
   I'm holding out for more money.[42]

It is true also of the sentences that follow, which contain verbs normally used in the simple form:

(1) *Yes, I see the picture.*   ~ *Imagine: at last I'm seeing the Mona Lisa!*
   I see several things here. ~ *What's the matter? Am I seeing things?*
   Yes, I hear you.   ~ *Am I really hearing your voice at last?*
(2a) *I plan to see him tonight.* ~ *Don't bother me: I'm planning the menu.*

[42] It is true that *I'm holding out for more money* suggests rather the intention than the effect accomplished (see also below: *I'm not insisting, I'm only suggesting* = 'I don't mean to insist . . .'). But the syntactical relationships of 'purpose' and 'result' are often expressed by the same construction. It might be said that with type 2b we have to do (usually) with 'interpretation of activity'.

I think so.	~	*I'm thinking it over.*[43]
I consider that unfair.	~	*I'm considering the matter carefully.*
I wonder if it will rain.	~	*I'm wondering just what is the right way to do this: I can't decide.*
They expect you for dinner.	~	*She's expecting a baby.*
She expects him to come.	~	*Don't forget now: I'm expecting you.*
I hope he'll come.	~	*I'm hoping and praying that he'll come.*
I wish you success.	~	*I'm wishing you, really, all the happiness in the world.*
I look forward to meeting her.	~	*I'm looking forward to it so!*
I warn you not to go.	~	*I'm warning you for the last time.*
I tell you, stay away!	~	*I'm telling you for the last time ... Does it hurt? — I'm telling you it does!*[44]
(2b) *Stop it, you bore me.*	~	*He thinks he's being entertaining but he's really boring her to death.*
Stop, you make me nervous.	~	*Don't you see you're only making her nervous?*[44a]

[43] It should be noted that *I'm thinking* is rare when followed by a noun clause (*I'm thinking* [that] *he'll come*): it is the clause telling what is thought which is, usually, all-important, not the fact that the speaker is thinking. Indeed, in the majority of cases, the verb of thinking could be omitted. Hardly more meaningful is the verb *expect* in *I expect (that) he'll call me*, which explains the impossibility of **I'm expecting (that) he'll call me.* (On the other hand, *I'm expecting him to call me* is not at all unusual; see below, note 46.)

[44] One of the most popular uses of the progressive with this verb is found in the exclamation *You're telling me!* = 'You are taking it upon yourself to tell ME!'. Here the emphasis is different from both the examples cited above. (Strictly speaking, this predication always refers to the immediate past.)

[44a] Note these pairs: *That doesn't bother me* vs. *I can tell that something is bothering you*, *What bothers me is that he . . .* vs. *That's really bothering you, isn't it?* (*You mustn't let it.*) Here it is difficult to decide whether the emphasis of the progressive falls under 2a or 2b. There is a suggestion both of 'busyness' ('Something is at work bothering you')

I insist (suggest) that you go.	~ *I'm not insisting, I'm only suggesting that you go.*
I don't blame you a bit.	~ *You understand, I'm not blaming you, I only thought . . .*[45]

It is particularly with this last group of examples that we sense a strong suggestion of emotional intensity. In some cases the difference in degree of intensity is so great between the two constructions that these cannot alternate in the same context *(I think so ~ I'm thinking about it);* not infrequently, however, the progressive can replace the simple form in the same predication, which thereby becomes more warmly felt, more personal, more spontaneous *(I hope ~ I'm hoping).*[46] Most grammarians have re-

and of 'accomplishment'. This double possibility may be present also in other examples.

[45] Note also the use of the progressive in a reply by General George Marshall (as quoted in Time, 5 Feb. 1951, p. 9): 'Missouri's Dewey Short ... complained that the merger of the draft with U.M.T. looked like "a shot-gun wedding" to him. "I did that," said George Marshall. "I'm glad you've the courage to admit it," said Short. Retorted a coldly indignant George Marshall: "I'm not admitting it, I'm telling you I did it." ' Here (just as in *I'm not insisting, I'm not blaming you*) there may be a reference to the immediate past: 'In what I just said, I was not admitting . . .'. This possibility is often present in type 2b.

[46] Whenever a certain construction is felt as a more intense mode of expression, it runs the risk of losing this very nuance by over-exploitation. This seems to have happened to several of our expressions. Thus, while *I'm planning the menu* undoubtedly shows more mental effort than *I plan to see him tonight*, the same is not true of *I'm planning to see him (planning on seeing him) tonight*. The only difference between the two constructions seems to be that the progressive is more informal, more casual.

Again, while the two constructions may alternate very effectively with *expect*, it is also possible to find cases in which the progressive seems to be no more deeply suggestive than the simple form: *What time are you expecting him?* or *What time do you expect him?*; *I'm expecting you to telephone me* or *I expect you to telephone me.*

Does this mean, then that the two constructions can be used, in some contexts, quite indifferently? I would say that the two are not quite identical, even in these predications: degree of formality is itself a distinc-

cognized such an affective nuance as somehow characteristic of the progressive, but without attempting to define the situations in which this nuance may be expected, or to explain the reason for the nuance.[47] If we limit ourselves to the one type here in question, that reason becomes self-evident: the verbs in the group above, whose norm is the simple form, are those which themselves suggest or describe mental or emotional activity. When (1) *I see* becomes *I'm seeing* in order to stress the subject's being affected; when (2a) *I think* becomes *I'm thinking* in order to stress his busy concentration; when (2b) *You bore me* becomes *He's really boring her to death* in order to stress his responsibility — the result must be a heightening of emotional intensity. But this need not be true at all when the progressive is chosen to present an activity as overt *(She's seeing him to the door* vs. *I see him!),* or even as developing *(I'm hearing it better now* vs. *I hear it!)*; indeed, the choice may make for a diminution of intensity, as in the examples just cited.

What of the reverse shift? In the group of examples above with verbs normally used in the progressive *(I'm suffering,* etc.) — where this construction can be explained only in terms of the emphasis on 'involvement of the subject' (since the activity is both non-overt and non-developing) — will we ever find (1) *I'm enjoying,* (2a) *I'm watching,* and (2b) *You are challenging fate* replaced by

tion. In the particular case of *expect,* I should say that the simple form, because of its greater formality, may be most effective in suggesting the nuance of severity: *I expect you to telephone me, do you hear?*.

It is my firm conviction that no two constructions ever mean quite the same thing. At the very least, the grammarian should work with this belief in every case, and demand the fullest proof of the opposite before abandoning it. Otherwise one falls into the habit of branding as meaningless any alternation whose significance is not apparent at first glance — as when Onions (113) declares that there is no difference between *I live at Oxford* and *I am living at Oxford.*

[47] Sweet, Poutsma, and Curme (1947) would explain this simply by reference to the adjectival nature of our construction; Calver (who limits himself to the type *He is always . . . ing),* in terms of his label MERE OCCURRENCE: with the progressive, the habitual activity is represented as 'irrational' etc.

the simple form in order to avoid this emphasis? As far as I can judge, this does not happen, at least in conversational usage — perhaps because no new emphasis would be achieved to compensate for the loss of the other. It seems that when the simple form is used to replace the progressive there is always (with one possible exception: see fn. 57) some positive gain to balance the loss of the progressive's more dynamic suggestion. In the group considered earlier *(It is burning ∼ Ouch, this burns!)*, the shift to non-overt activity has been accompanied by the new idea of stimulus-to-reaction. In the examples that follow, similarly, we will find a new connotation (still to be analyzed) accompanying the weakening of the progressive's force: the verbs, again, describe overt (occasionally, developing) activity; the 'negative' emphasis of the simple form serves not to predicate non-overt activity (as with *burn*, above) but to dilute somewhat the emphasis on involvement of the subject — particularly, on busy activity. Such examples fall into two main types:[48]

[48] In the examples to follow, illustrating the aberrant use of the simple form, I shall not consider such questions as *What goes on?, How goes it?, What cooks?*, etc. (see Bolinger's list of this slangy type), for this seems clearly to me to represent foreign influence: that of German *Wie geht's?*. Nor shall I discuss such obvious archaisms as *Who goes there?*, still retained as a military formula but impossible in spontaneous language.

There is, however, one particular pattern which has come down to us almost intact from an earlier age, and which still thrives in colloquial speech: that represented by *Here comes the teacher, There goes the teacher.* The archaic nature of such a predication is shown by the word order (adverb-verb-subject), which today, in colloquial speech, is largely limited to the two verbs *come* and *go*, and the two adverbs *here* and *there*. That this formula has persisted in popular speech, even if greatly restricted, is evidently due to the fact that in such exclamations as *Here comes the teacher* the front position of the adverb makes for greater vividness, greater impact of presentation; and, since we retain the original word order, the original form of the verb is also preserved. (Notice that with a pronoun subject, the word order has become half modernized: *Here he comes.*)

And yet, though the retention of the simple form in this type may be explained as a case of 'arrested development' due to formal factors, there is no doubt that the effect is most happy. In the exclamatory *There comes*

You are walking too heavily.	∼	*You walk as if your feet hurt.*
You are talking nonsense.	∼	*Why, you talk as if you were angry, as if you were crazy.*
She is acting very rude.	∼	*She acts as if she doesn't realize where she is.*
You are doing that too quickly.	∼	*You do that as if you were anxious to get through with it.*
You aren't reading that very well.	∼	*You read that as if you yourself weren't convinced.*

Could it be said that the examples with *as if* predicate not so much activity itself as manner of activity? This cannot be the criterion: it is also manner of activity that is predicated by the examples on the left (I have purposely chosen examples of this type, to show that such a distinction is not definitive); in *You are walking too heavily,* it is the heaviness of the walking rather than the mere fact of walking that is stressed. Indeed, I should say it is precisely in the examples with the progressive that manner is stressed, as it is also stressed in the following predications, where we find the progressive accompanied by *as if:*

> *You are knitting away as if your life depended on it.*
> *You are puffing and blowing as if you'd walked ten miles.*
> *He's laying down the law as if he were the boss of the whole shebang.*

Here the *as if* clause serves in a purely descriptive function: instead of *knitting desperately* one chooses the periphrasis . . . *as if your life depended upon it.* There is no difference in emphasis between *You are walking too heavily* and *You are walking as if you were carrying an elephant,* both of which describe the manner of the action. But in *You walk as if your feet hurt,* the *as if* clause is intended not to describe but to INTERPRET: it offers not an image but a deduction. What is predicated here is 'I bet your feet hurt'.

the teacher, the two words that matter are *there* and *teacher,* with the verb serving in an almost copula-like function. Accordingly, any emphasis upon the subject being 'involved in the activity of coming' might be felt here as supererogatory and even cumbersome. (As for the exclamation *Here goes!,* this normally has a reference to the immediate future.)

The deduction may be an exaggeration *(You talk as if you were crazy)*, but it is still this interpretation that the speaker is primarily interested in stating: 'You must be crazy!'

Such examples therefore cannot be separated from predications containing the formula *(From) the way . . ., anyone would think . . .* : when the progressive is used, we may expect to find vivid description *(From the way you're carrying on, anybody would think the end of the world had come)*, but not with examples of the simple form:

> *From the way she acts, I'd judge that she feels guilty.*
> *From the way he reads that, you can tell he isn't familiar with his manuscript.*
> *(From) the way you walk, anybody would know you had on tight shoes.*
> *(From) the way you talk, anyone would think you were jealous.*

Here again the second clause does not occupy merely the subordinate role of describing manner; the deduction it contains is its own excuse for being, and the action of the main clause is presented only as evidence for the deduction. In *You walk as if . . .,* or *From the way you walk . . .,* the heavy, painful act of walking has become something transparent through which one discerns the cause, which is alone important. How fitting, then, to use for this now transparent activity the simple form which, in this category, is the norm of the non-concrete.[49] But in *You are walking heavily,* though the manner is stressed, this is done only to portray still more vividly the concrete activity in question; and the progressive gives a picture of a person engaged in heavy walking. It is still possible to imagine *You are walking too heavily (— you'll make the cake fall)* as answer to the question, What is the subject doing? It is impossible to imagine this of *You walk as if your feet hurt.*[50]

---

[49] Thus the shift from *You are walking . . .* to *You walk . . .* does indeed tend to dilute the emphasis on the concreteness of the phenomenon described, as well as the emphasis on 'performance, busyness' etc. It does not, however, actually describe non-overt activity as does *This burns* < *It is burning.*

[50] In more colloquial language, the progressive may be found even

Quite different, at first glance, are the other cases in which the simple form is substituted for the progressive in order to blur the outlines of busy activity:

(a) *You see, I'm taking this book with me.*	∼	*You see, I take a coin; I place it here on the table; I cover it with the glass . . .*
You see, I'm putting this in the bottom drawer, way in the back.	∼	*. . . now I fill the glass with water, and on top of the glass I put . . .*
(b) *Why on earth are you using a knife for that?*	∼	*Why do you use a knife for that?*
Why on earth are you putting that in first?	∼	*Why do you put that in first?*

---

when a deduction is in question: *You are doing that as if you were anxious to get through with it.*

In still others of the examples to follow, the shift from progressive to simple form which I posit may fail to take place with many speakers. It seems most natural to assume that the progressive, which has been on the increase for centuries, is still continuing its advance, so that any study of this sort runs the risk of lagging somewhat behind the stage of development actually attained at the moment in colloquial language. One should, of course, make a study of this construction at a substandard level; I am attempting only to describe the usage with which I am familiar in standard colloquial speech.

This means that I am neglecting not only substandard usage but also literary usage. By failing to take account of this (except for a few modern plays, where I have found nothing particularly novel), I am, of course, depriving myself of a certain control; but I have deliberately chosen this procedure as a reaction against most of the previous treatments (Calver is an exception). The method of Poutsma and others, who list examples from Shakespeare and Elinor Glyn side by side, obviously fails to give us a picture of our language at any given stage. Even if I were to limit myself to current literature, the fact is that in formal language we find innumerable examples of an archaizing tendency. I have found that in attempting to sift such evidence for examples that would also appear in conversation, the result has been to blunt my sense for the natural. I have chosen, accordingly, the risk of overlooking possible evidence, rather than that of blurring the picture, as I see it, on the level chosen.

Why on earth are you holding it by the edges?	~ *Why do you hold it by the edges?*
(c) *Look at the way he's swinging that bat: he's going to brain somebody!*	~ *Look at the way he swings his bat.*
his fork on the table.	~ *Look at the way he uses his fork.*
Look at the way he's beating	
Look at the pitiful way she's holding her reins.	~ *Look at the way she holds her reins.*
(d) *You're walking mighty funny.*	~ *Look at that woman: doesn't she walk funny!*
Listen: isn't he talking nasty to that man!	~ *Listen to him: doesn't he speak fluently!*
You're working too fast on that.	~ *Look at her: doesn't she work fast!*
(e) *It's floating away.*	~ *Look, it floats!*
It's leaking; better get a rag to wipe it up.	~ *Oh look, it leaks!*
The elevator isn't working; we'll have to walk up.	~ *You see, it works after all.*
It's sucking up a week's dust.	~ *You see how that sucks up the dust.*
It's changing from red to pink.	~ *You see how that changes color?*

Over all of these examples of the simple form, in different ways and in varying degrees perhaps, there hovers the suggestion that the event predicated as happening before our eyes is merely a repetition of similar events that have happened previously and may be expected to happen again. We have to do with a type of predication in which two ideas are telescoped: one which belongs properly to our category (6) — 'this event is happening now', and one which belongs only to category (5) — 'such activity is characteristic of the subject'.

The stereotyped patter of a magician,[51] *I take a coin . . .,* is a

---

[51] Or an instructor carrying out an experiment, a salesman demonstrating his wares. All such types are to be distinguished, of course, from the patter of the radio sports announcer (*He catches the ball! He drops it . . .*), where there is no demonstration of rules and where the reference is mainly

demonstration of certain rules. If the magician were explaining privately how he performed a certain trick, he would say, *I take a coin . . . .* By continuing the same formula when actually engaged in his performance, he is proclaiming the eternal validity of the rule at the same time that he is describing his own activity.[52]

Something of the same suggestion of activity performed according to certain rules may be found in (b) and (c): the predications with the simple form are concerned with the manner or particularity of an action, which is either questioned or pointed out for the benefit of others. *Why do you use a knife for that?* implies that the subject is acting according to a certain technique that he has learned (in contrast to *Why on earth are you using a knife for that? — You'll cut yourself!*). Anyone asking 'professional questions' of a cook, a mechanic, or the like at his habitual work would most naturally use the simple form: *Why do you do it this way?*.[53] Similarly with the type (c): *You see the way he holds his fork? — That's because he's an Englishman.*

---

to the just-vanished past (but not always; cf. *Now he's glaring at the umpire*: in this pattern we have a type on the border between categories 1 and 6). Though this suggests the so-called historical present, I doubt whether tense usage is the same in both; my feeling is that the progressive would be used more frequently here than in the historical present.

[52] The type *Now I take ...* may be traced back still farther than to the habitual *I (always) take ...*, namely to directions addressed to a second person: *You take a coin ... (You take two cups of sugar ...).* In such directions we have, primarily, predications concerned with the generic *you* (the generic 'learner'); *Now I take ...* shows simply a transposition of such gnomic statements.

One might compare also, in this connection, the type of question *Where do I pay?*, *What road do I take?*, based on anticipation of some such direction as *You pay the cashier, You take the next road to your left.* That this *I* is a temporary, personal application of the generic *you* of 'directions' (and does not represent merely the use of the present for the future, as in *When do I see you again?*, *When does he leave?*) is shown by the fact that *Where do I pay?* and *Where do you pay?* may refer to the same situation.

[53] The type *Why don't you go to the movies?*, *Why don't you call him up?* (where manner or particularity is not in question) has, of course, no

In the examples of types (d) and (e), which predicate respectively animate and inanimate activity, the idea of habitual or characteristic action is prominent. If I see a strange woman waddling along, I naturally infer that this is customary with her *(Look at that woman: doesn't she walk funny!)*, an inference I would not be tempted to make in the case of a friend *(What's the matter? You're walking mighty funny!)*.[54] Finally, in the case of inanimate objects, particularly machines, it is often legitimate to infer habitual activity from the single process. In *You see how that sucks up the dust*, said of a vacuum cleaner actually performing the process in question, we stress particularly the idea of potentiality (as also in *Doesn't he speak fluently!*): 'You see how it is able to suck up the dust'. Or it may be the condition of the subject that is foremost: *Oh look, it leaks!* = 'It has a hole in it'.[55]

In these last five groups of examples of the simple form, (a)—(e),

suggestion of habitual activity. We have here, however, a reference to future activity (which may be of the split-second variety: *Why don't you sit down?*). Such questions, which mean 'I suggest that you do so-and-so', are quite different from the type with the progressive, *Why aren't you doing your home-work?* (= 'I'm surprised that you haven't started').

Again, there is no suggestion of the habitual in *Why do you say that?* or (as a response to *I choose so-and-so*) *Why do you choose* HIM? Here we have a reference to the immediate past.

But what of such examples as these: *If that book is trash, as you say, why do you read it?*; *If you think he won't appreciate it, why do you help him?* (both sentences possible also with the progressive). In the first example one cannot, in the second one need not think of habitual activity, nor is reference to the past or future necessarily involved. I can only suggest that this type — which implies a premise and a conclusion: *If the book is trash, it is foolish to read it* — is a transposition of the indefinite type, a subdivision of category 5: *Why does* ANYONE *read a book that is trash?* (If it is a transposition, it is reminiscent of the construction *I take a coin < You take a coin*; cf. fn. 52.)

[54] The contrast between friend and stranger need not be definitive: in the case of two strangers, one speaking angrily, the other speaking fluently, it would be more natural to consider the latter as speaking according to habit than the former.

[55] It may be noted that in the case of an inanimate subject it is not

we have had then to do with predications operating on two levels at once. The recognition of a present activity and of the light that this throws upon the subject, has prompted a reference to the activity in a form that presents it as the momentary manifestation of the habitual, the potential, the qualitative. Since the simple form is the preferred (though not the exclusive) construction in reference to habitual activity, it is this form which is chosen for our ambivalent predications, even when referring to overt activity, since it is not the sensuous phenomenon itself but the underlying 'constitution of things' which is of at least equal importance.[56]

What has this fivefold group in common with the first *(You walk as if your feet hurt)*, where surely *you walk* refers to nothing habitual or characteristic? In both alike, the overt activity is offered as a demonstration of an underlying condition or tendency, as a basis for inference. In *You walk as if your feet hurt*, this inference is expressed separately, apart from the predication of present activity; in *Oh look, it leaks!*, the inference fuses with this predication, serving to color it: the only indication of inference lies in the choice of the simple form. In both groups alike the progressive emphasizes busy activity: to such a predication as *You're carrying on as if somebody had tried to murder you* one could add, *Stop it, people will hear you;* while such a statement as *It's leaking* seems to ask for some such comment as *We'd better get a*

necessary that manner of action be emphasized: the fact itself of activity (process) may be enough to suggest the tendency revealed by the activity.

[56] By making use of Calver's label 'constitution of things' in reference to all the examples of the aberrant use of the simple form so far considered, am I not proving his theory to be correct? If so, I have done what he should have done. My main objection to his treatment was not that his theory was wrong, but (a) that he made so little attempt to prove it, disregarding almost entirely the category in question; and (b) that the expression 'constitution of things' was used too loosely: if this is applicable to *The sun rises in the east* (suggesting natural law), it is not applicable in the same way to *I smell something funny*. And I should say that it is not applicable, in any easily conceivable way, to category 1 *(You say you hit him?)* or to many of the examples of category 2 *(Let's go see what he does)*, or of our own category *(I suggest that you go)*.

rag to wipe it up. Since our concern is with what is actually going on before our eyes, we may proceed to consider the consequences of this activity. But we would feel something of a non-sequitur in *You talk as if you were upset; stop it, people will hear you* (we would expect, rather, *Tell me what's the matter*), or in *Oh look, it leaks; we'd better get a rag . . .* (rather, *We'll have to find another bucket* — as a result of its condition, not as a result of the dripping water).

We may now sum up our investigation in terms of the final LCD's.[57] In reference to a single present occurrence, the progressive is the norm for all verbs that describe overt or developing activity or both, as well as for those verbs of non-overt, non-developing activity that stress of themselves (1) the effect of the activity on the subject, (2a) his absorption in activity, or (2b) the results or aims of this activity — emphases that may be summarized in the label 'involvement of the subject';[58] the simple form is the norm for all the rest — i.e. for those verbs of non-overt, non-developing activity which do not stress the involvement of the subject. Accordingly, when the simple form is replaced by the progressive, this will

[57] There is a certain individual predication (representing the replacement of the progressive by the simple form) which I have not included in the examples offered above, since it falls into none of the groups distinguished: *They don't answer, He doesn't answer,* said after calling a number on the telephone or, perhaps, after ringing the doorbell. It is possible to explain this in terms of '(non-)involvement of subject', though I know of no exact parallel: as we wait in vain for an answering voice over the telephone, we usually take it for granted that the person in question is away from home, or unavoidably prevented from answering; we do not consider him responsible for, and certainly not 'engaged in' not answering. The progressive, in the same situation, usually implies a decision not to answer: *I'll bet he's not answering the phone because he thinks it may be his mother-in-law.* Here the suggestion of responsibility is obvious.

[58] It should be borne in mind that the formula in which I have sought to sum up the various specific emphases of the progressive in our category has meaning only in terms of these emphases. In itself, the label 'involvement of the subject' is open to many interpretations; recall that the same formula was chosen by Delbrück to characterize the quite disparate functions of the Greek middle.

mean an exceptional emphasis either on overt activity *(I'm seeing him to the door)* or on developing activity *(I'm seeing it better now)*, or on one of the aspects of the idea of involvement *(To think that I'm seeing the Mona Lisa with my own eyes!)*, and when the progressive is replaced by the simple form, this makes for a loss of the normal suggestion of overt and perhaps developing activity *(This burns like fire!)*, or simply of the idea of involvement *(You walk as if your feet hurt)*. In the latter case, there is frequently present the suggestion of characteristic activity *(Why do you use a knife for that?)*.

Will this description be valid also for the other categories and other tenses? Surely not for all: neither in reference to the past or the future, nor in reference to the habitual, will we find that such verbs as *sweep, get mad, suffer, reflect* have the progressive as their norm. I have already pointed out the peculiar nature of our category, where any predication, regardless of construction, must be accepted as referring to an activity in progress; this reference is as true of *My nose itches* as of *My nose is running*. It is, then, because the progressive is not needed, in predications of present activity, to oppose durative to perfective aspect, that it is here free to associate with those verbs whose meaning seems to attract it.

If we ask why it was attracted to verbs suggesting 'involvement in activity' — what does 'in the midst of activity' mean except 'involved (occupied, absorbed, compromised) in activity'? Such an idea is only a periphrasis of the meaning of durative aspect itself.

The Philosophical Review LXVI/1957, pp. 143—160.

VERBS AND TIMES

By Zeno Vendler

I

The fact that verbs have tenses indicates that considerations involving the concept of time are relevant to their use. These considerations are not limited merely to the obvious discrimination between past, present, and future; there is another, a more subtle dependence on that concept: the use of a verb may also suggest the particular way in which that verb presupposes and involves the notion of time.

In a number of recent publications some attention has been paid to these finer aspects, perhaps for the first time systematically. Distinctions have been made among verbs suggesting processes, states, dispositions, occurrences, tasks, achievements, and so on. Obviously these differences cannot be explained in terms of time alone: other factors, like the presence or absence of an object, conditions, intended states of affairs, also enter the picture. Nevertheless one feels that the time element remains crucial; at least it is important enough to warrant separate treatment. Indeed, as I intend to show, if we focus our attention primarily upon the time schemata presupposed by various verbs,[1] we are able to throw light on some of the obscurities which still remain in these matters. These time schemata will appear as important constituents of the concepts that prompt us to use those terms the way we consistently do.

There are a few such schemata of very wide application. Once they have been discovered in some typical examples, they may be used as models of comparison in exploring and clarifying the behavior of any verb whatever.

[1] I am aware of my duty to explain what exactly I mean by "time schema" in this context. I shall do it in due course.

In indicating these schemata, I do not claim that they represent all possible ways in which verbs can be used correctly with respect to time determination nor that a verb exhibiting a use fairly covered by one schema cannot have divergent uses, which in turn may be described in terms of the other schemata. As a matter of fact, precisely those verbs that call for two or more time schemata will provide the most interesting instances of conceptual divergence in this respect — an ambiguity which, if undetected, might lead to confusion. Thus my intention is not to give rules about how to use certain terms but to suggest a way of describing the use of those terms. I shall present some *"objects of comparison* which are meant to throw light on the facts of our language by way not only of similarities, but also of dissimilarities . . . a measuring rod; not as a preconceived idea to which reality *must* correspond."[2]

II

Our first task therefore will be to locate and to describe the most common time schemata implied by the use of English verbs. To do this I need some clear-cut examples which, at least in their dominant use, show forth these schemata in pure form. At this stage, I shall try to avoid ambiguous terms and ignore stretched and borderline uses.

I start with the well-known difference between verbs that possess continuous tenses and verbs that do not. The question, "What are you doing?" might be answered by "I am running (or writing, working, and so on)," but not by "I am knowing (or loving, recognizing, and so on)."[3] On the other hand, the appropriate question and answer, "Do you know . . .?" "Yes, I do," have no counterparts like "Do you run?" "Yes, I do."[4]

[2] L. Wittgenstein, *Philosophical Investigations* (New York, 1953), pt. I, nos. 130—131.

[3] The presence or absence of an object is irrelevant here. "I am pushing a cart" is a correct sentence, while "I am loving you" remains nonsense.

[4] Unless a very different meaning of "running" is involved, which I shall discuss later.

This difference suggests that running, writing, and the like are processes going on in time, i.e., roughly, that they consist of successive phases following one another in time. Indeed, the man who is running lifts up his right leg one moment, drops it the next, then lifts his other leg, drops it, and so on. But although it can be true of a subject that he knows something at a given moment or for a certain period, knowing and its kin are not processes going on in time. It may be the case that I know geography now, but this does not mean that a process of knowing geography is going on at present consisting of phases succeeding one another in time.

First let us focus our attention on the group of verbs that admit continuous tenses. There is a marked cleavage within the group itself. If I say that someone is running or pushing a cart, my statement does not imply any assumption as to how long that running or pushing will go on; he might stop the next moment or he might keep running or pushing for half an hour. On the other hand, if I say of a person that he is running a mile or of someone else that he is drawing a circle, then I do claim that the first one will keep running till he has covered the mile and that the second will keep drawing till he has drawn the circle. If they do not complete their activities, my statement will turn out to be false.[5] Thus we see that while running or pushing a cart has no set terminal point, running a mile and drawing a circle do have a "climax," which has to be reached if the action is to be what it is claimed to be. In other words, if someone stops running a mile, he did not run a mile; if one stops drawing a circle, he did not draw a circle. But the man who stops running did run, and he who stops pushing the cart did push it. Running a mile and drawing a circle have to be finished, while it does not make sense to talk of finishing running or pushing a cart.

Accordingly, the question, "For how long did he push the cart?" is a significant one, while "How long did it take to push the cart?" sounds odd. On the other hand, "How long did it take to draw

---

[5] Of course it might remain true that they tried to run a mile or draw a circle.

the circle?" is the appropriate question, and "For how long did he draw the circle?" is somewhat queer. And, of course, the corresponding answers will be, "He was pushing it for half an hour" and "It took him twenty seconds to draw the circle" or "He did it in twenty seconds," and not vice versa. Pushing a cart may go on for a time, but it does not take any definite time; the activity of drawing may also go on for a time, but it takes a certain time to draw a circle.

A very interesting consequence follows. If it is true that someone has been running for half an hour, then it must be true that he has been running for every period within that half-hour. But even if it is true that a runner has run a mile in four minutes, it cannot be true that he has run a mile in any period which is a real part of that time, although it remains true that he was running, or that he was engaged in running a mile during any substretch of those four minutes. Similarly, in case I wrote a letter in an hour, I did not write it, say, in the first quarter of that hour. It appears, then, that running and its kind go on in time in a homogeneous way; any part of the process is of the same nature as the whole. Not so with running a mile or writing a letter; they also go on in time, but they proceed toward a terminus which is logically necessary to their being what they are. Somehow this climax casts its shadow backward, giving a new color to all that went before.

Thus we have arrived at the time schemata of two important species of verb. Let us call the first type, that of "running," "pushing a cart," and so forth *activity terms,* and the second type, that of "running a mile," "drawing a circle," and so forth *accomplishment terms.*[6] The description of these first two categories also illustrates what I mean by exhibiting the "time schemata" of verbs.

When one turns to the other genus, that is, to the verbs lacking

[6] In the absence of a "pure" terminology I am forced to be content with these names (and the other two to be given), which also connote aspects beyond time structure (e. g., that of success). If we do not forget that our point of view is limited to time schemata, however, we shall not be surprised when, for example, "getting exhausted" turns out to be an accomplishment term and "dying" an achievement term in our sense.

continuous tenses, one discovers a specific difference there too. As we said above, verbs like "knowing" and "recognizing" do not indicate processes going on in time, yet they may be predicated of a subject for a given time with truth or falsity. Now some of these verbs can be predicated only for single moments of time (strictly speaking), while others can be predicated for shorter or longer periods of time. One reaches the hilltop, wins the race, spots or recognizes something, and so on at a definite moment. On the other hand, one can know or believe something, love or dominate somebody, for a short or long period. The form of pertinent questions and answers proves the point neatly: "At what time did you reach the top?" ("At noon sharp") and "At what moment did you spot the plane?" ("At 10:53 A.M."); but "For how long did you love her?" ("For three years") and "How long did you believe in the stork?" ("Till I was seven"), and not the other way around.[7]

Before going any further let us call the first family (that of "reaching the top") *achievement terms,* and the second (that of "loving") *state terms.* Then we can say that achievements occur at a single moment, while states last for a period of time.

Our conclusion about achievements is reinforced by a curious feature pointed out in an example by G. Ryle (following Aristotle), namely, that "I can say 'I have seen it' as soon as I can say 'I see it.'"[8] As a matter of fact the point can be made stronger still: in cases of pure achievement terms the present tense is almost exclusively used as historic present or as indicating immediate future. "Now he finds the treasure (or wins the race, and so on)" is not used to report the actual finding or winning, while the seemingly paradoxical "Now he has found it" or "At this moment he has won the race" is.

The fact that we often say things like, "It took him three hours to reach the summit" or "He found it in five minutes" might tempt

---

[7] Even in "I knew it only for a moment," the use of "for" indicates that a period, though very short, is to be understood.

[8] *Dilemmas* (New York, 1954), p. 102. He quotes Aristotle's *Met.* IX, vi, 7—10. As we shall see later, this particular example is a bit misleading.

a novice to confuse achievements (which belong to the second genus) with accomplishments (which belong to the first). A little reflection is sufficient to expose the fallacy. When I say that it took me an hour to write a letter (which is an accomplishment), I imply that the writing of the letter went on during that hour. This is not the case with achievements. Even if one says that it took him three hours to reach the summit, one does not mean that the *reaching* of the summit went on during those hours.[9] Obviously it took three hours of climbing to reach the top. Put in another way: if I write a letter in an hour, then I can say, "I am writing a letter" at any time during that hour, but if it takes three hours to reach the top, I cannot say "I am reaching the top" at any moment of that period.

As to states, the lack of continuous tenses (e. g., "I am knowing, loving, and so forth") is enough to distinguish them from activities and accomplishments, and the form of time determination ("How long . . .?" "For such-and-such a period") should be sufficient to keep them from being confused with achievements.

Still, I think it might be useful to mention, by way of digression, a surprising feature about states which is not strictly connected with considerations of time.

When I say that I could run if my legs were not tied, I do not imply that I would run if my legs were not tied. On the other hand, there is a sense of "can" in which "He could know the answer if he had read Kant" does mean that in that case he would know the answer. Similarly, in an obvious sense, to say that I could like her if she were not selfish is to say that I would like her if she were not selfish. One feels something strange in "Even if I could like her I would not like her." It appears, therefore, that in conditionals "could" is often interchangeable with "would" in connection with states. For the same reason, "can" might become redundant in indicative sentences of this kind. Hence the airy feeling about "I can know," "I can love," "I can like," and so forth. This also explains why "I can believe it" is very often used

[9] For those who like oddities: "It took the battalion twenty minutes to cross the border"; "They are crossing the border." Such are the borderline cases I mean to ignore at this stage.

instead of "I believe it." And, to anticipate, the question "Do you
see the rabbit?" can be answered equivalently by "Yes, I can see it"
or "Yes, I see it." Later on, in connection with a concrete example,
I shall take up this matter again and try to be more specific. For
the present, it is enough to mention that while to be able to run
is never the same thing as to run or to be able to write a letter is
by no means the same as to write it, it seems to be the case that,
in some sense, to be able to know is to know, to be able to love is
to love, and to be able to see is to see.

One might point out that some achievements also share this
feature. Indeed, in some sense, to be able to recognize is to recognize
and to be able to spot the plane is to spot the plane. On the other
hand, to be able to start or stop running is by no means the same
thing as to start or stop running, although to start or to stop running are clearly achievements according to their time schema. Thus
here the consideration of the time element is not sufficient; we
have to look for another criterion. If we consider that one can start
or stop running deliberately or carefully and also that one can be
accused of, or held responsible for, having started or stopped
running but not of having spotted or recognized something, then
we realize that the above-mentioned curious behaviour with
respect to "can" is proper to verbs denoting achievements that
cannot be regarded as voluntary (or involuntary) actions.

Following this lead back to states, we find indeed that one
cannot know, believe, or love deliberately or carefully, and none
of us can be accused of, or held responsible for, having "done" so
either.[10] We may conclude this digression by saying that states
and some achievements cannot be qualified as actions at all.[11]

By way of illustration to this section, I add four examples which
demonstrate our time schemata from another angle.

For activities: "A was running at time t" means that time instant
t is on a time stretch throughout which A was running.

[10] They are not "done" or "performed" at all.
[11] In my remarks on "can" and in taking "deliberately" and "carefully" as criteria from genuine actions, I have made use of my (not very
trustworthy) recollection of Professor J. L. Austin's lectures at Harvard.

For accomplishments: "*A* was drawing a circle at *t*" means that *t* is on *the* time stretch in which *A* drew that circle.

For achievements: "*A* won a race between t_1 and t_2" means that *the* time instant at which *A* won that race is between t_1 and t_2.

For states: "*A* loved somebody from t_1 to t_2" means that at *any* instant between t_1 and t_2 *A* loved that person.

This shows that the concept of activities calls for periods of time that are not unique or definite. Accomplishments, on the other hand, imply the notion of unique and definite time periods. In an analogous way, while achievements involve unique and definite time instants, states involve time instants in an indefinite and nonunique sense.

This division has an air of completeness about it. Perhaps it is more than a mere presumption to think that all verbs can be analyzed in terms of these four schemata.

III

Having thus formed and polished our conceptual tools, in this last section I shall try to show how they can be used in practice. Here, of course, it would be foolish to claim any completeness: all I can do is to make some remarks on a few verbs or groups of verbs and hope that the reader, if he deems it worth while, will be able to proceed to other verbs in which he is interested.

There is a very large number of verbs that fall completely, or at least in their dominant use, within one of these categories.[12] A little reflection shows that running, walking, swimming, pushing or pulling something, and the like are almost unambiguous cases of activity. Painting a picture, making a chair, building a house, writing or reading a novel, delivering a sermon, giving or attending a class, playing a game of chess, and so forth, as also growing up, recovering from illness, getting ready for something, and so on, are clearly accomplishments. Recognizing, realizing, spotting and

[12] In order to cut down the forest of inverted commas, I shall be somewhat casual with respect to the "use versus mention" of verbs.

identifying something, losing or finding an object, reaching the summit, winning the race, crossing the border, starting, stopping, and resuming something, being born, or even dying fall squarely into the class of achievements. Having, possessing, desiring, or wanting something, liking, disliking, loving, hating, ruling, or dominating somebody or something, and, of course, knowing or believing things are manifestly states.

In connection with the last group, an obvious idea emerges. From the point of view of time schemata, being married, being present or absent, healthy or ill, and so on also behave like states. But then we can take one more step and realize that this is true of all qualities. Indeed, something is hard, hot, or yellow for a time, yet to be yellow, for instance, does not mean that a process of yellowing is going on. Similarly, although hardening is a process (activity or accomplishment), being hard is a state. Now perhaps we understand why desiring, knowing, loving, and so on, that is, the so-called "immanent operations" of traditional philosophy, can be and have been looked upon as qualities.

Habits (in a broader sense including occupations, dispositions, abilities, and so forth) are also states in our sense. Compare the two questions: "Are you smoking?" and "Do you smoke?" The first one asks about an activity, the second, a state. This difference explains why a chess player can say at all times that he plays chess and why a worker for the General Electric Company can say, while sunbathing on the beach, that he works for General Electric.

It is not only activities that are "habit-forming" in this sense. Writers are people who write books or articles, and writing a book is an accomplishment; dogcatchers are men who catch dogs, and catching a dog is an achievement.

Now the curious thing is that while cabdrivers — that is, people of whom one can always say that they drive a cab — sometimes are actually driving a cab, rulers — that is, people of whom one can always say that they rule a country — are never actually ruling a country, i.e., they are never engaged in the specific activity of ruling a country comparable to the specific activity of driving a cab. A cabdriver might say that he was driving his cab all morning, but the king of Cambodia can hardly say that he was ruling

Cambodia all morning. The obvious explanation is that while driving a cab is a fairly uniform thing, as are also smoking, painting, and writing, actions which a ruler as such is supposed to perform are manifold and quite disparate in nature.[13] Is he "ruling" only while he is addressing the assembly and surveying troops, or also while he is eating lobster at a state dinner? We feel that some of his actions are more appropriate than others to his state as a ruler, but we also feel that none of them in particular can be called "ruling." Of course, a painter also performs diverse actions which are more or less related to his profession (e.g., watching the sunset or buying canvas); nevertheless there is one activity, actually painting, which is "the" activity of a painter.

Adopting G. Ryle's terminology,[14] I shall call the states of smokers, painters, dogcatchers, and the like *specific* states and the states of rulers, servants, educators (and grocers, who not only are never actually grocing but also do not groce: the verb "grocing" does not happen to exist) *generic* states.

This much it seemed necessary to say about states, that puzzling type in which the role of verb melts into that of predicate, and actions fade into qualities and relations.

As we see, the distinction between the activity sense and the state sense of "to smoke," "to paint," and the like is a general distinction, not peculiar to the concept of smoking or painting alone. Many activities (and some accomplishments and achievements) have a "derived" state sense. There is, however, a group of verbs with conceptual divergences of their own. With respect to many of these verbs, it is hardly possible to establish the category to which they "originally" belong. The group of verbs I have in mind comprises philosophically notorious specimens like "to think," "to know," "to understand" on the one hand, and "to see," "to hear," and their kindred on the other.[15] In recent years a number of excellent publications have succeeded in

[13] As pointed out by G. Ryle in *The Concept of Mind* (London, 1949), pp. 44, 118.

[14] *Ibid., p. 118.*

[15] We shall see that, although knowing remains quite a typical state, at this stage it deserves another look.

pointing out that the alleged epistemological problems surrounding this family look far less formidable when we become aware of the mistakes of category that are embedded in their very formulation; one can hardly state the problem so long as one refuses to talk incorrect English.

Now I venture to claim that our categories, based upon time schemata, not only do justice to these recent discoveries but, beyond that, can be employed in exposing and eliminating certain mistakes and oversimplifications which are apt to discredit the whole method. Let us begin with "thinking." It is clear that it is used in two basic senses. "Thinking" functions differently in "He is thinking about Jones" and in "He thinks that Jones is a rascal." The first "thinking" is a process, the second a state. The first sentence can be used to describe what one is doing; the second cannot. This becomes obvious when we consider that while "He thinks that Jones is a rascal" might be said truthfully of someone who is sound asleep, "He is thinking about Jones" cannot. It shows that thinking about something is a process that goes on in time, an activity one can carry on deliberately or carefully, but this is by no means true of thinking that something is the case. If it is true that he was thinking about Jones for half an hour, then it must be the case that he was thinking about Jones during all parts of that period. But even if it is true that he thought that Jones was a rascal for a year, that does not necessarily mean that he was thinking about Jones, the rascal, for any minute of that time.

The last fact shows that "thinking that" is not related to "thinking about" the way "smoking" in its habit sense is related to "smoking" in its activity sense. "Thinking that" is rather like "ruling," that is, it is based upon actions of various kinds. Consider the behavior of the farmer who thinks that it is going to rain. We may say, then, that "thinking that" is a generic state. On the other hand, the state of a "thinker" is a specific state: he is a man who is very often engaged in thinking about ponderous matters.[16]

---

[16] I am in doubt about "thinking *of* something." Its use is not steady enough. It seems to me, though, that very often it has an achievement sense: "Every time I see that picture I think of you."

It is easy to see that "believing that" is also a generic state. As a matter of fact, "he believes that" can be exchanged for "he thinks that" in most cases. "Believing *in*," though different in meaning, belongs to the same category; one can believe in the right cause even while asleep.

"Knowing" is clearly a state in its dominant uses ("knowing *that*," "knowing *how*," "knowing something [somebody]"). Furthermore, since "I am knowing" does not exist in English, knowing seems to be a generic state. For example, the fact that I know that Harvard is in Cambridge is behind a host of my actions that range from addressing letters to boarding busses. Yet none of these actions in particular can be qualified as "knowing." Doubts might arise, however, from uses like "And then suddenly I knew!" or "Now I know it!" This sounds like an achievement. Indeed, this insight sense of knowing fits more or less into that category. Yet it would be a mistake to think that this kind of "knowing" is related to the state sense in the same way that catching dogs is related to the specific state of dogcatchers. A little reflection shows that they are related rather as getting married (achievement) is to being married (generic state). This is best shown in an example. Suppose someone is trying to solve a problem in mathematics. Suddenly he cries out "Now I know it!" After ten minutes he explains the solution to me. Obviously he still knows it, which means that no flashes of understanding are necessary for him to explain it. Indeed, so long as he knows it (in a state sense), it is logically impossible that he will "know" it (in an achievement sense). "Now I know it!" indicates that he did not know it before.

One is tempted here to say that "knowing" means to start knowing. This is a dangerous temptation; it makes us think that just as to start running begins the activity of running, to start knowing begins the activity of knowing. Of course, the fact that "to start (or to stop) knowing" does not make sense demonstrates that "knowing" is not the beginning of an activity but the beginning of a state. In general, it is important to distinguish achievements that start activities from achievements that initiate a state.

The same distinctions hold for "understanding." Its achievement sense, however, is perhaps more common than that of "knowing";

we have just now mentioned "flashes" of understanding. But these flashes of understanding are also achievements initiating the generic state of understanding.

We must keep in mind all these subtleties as we proceed to the arduous task of analyzing the concept of "seeing" from the point of view of temporal structure. G. Ryle in *The Concept of Mind*[17] and also in the *Dilemmas*[18] quite consistently maintains that seeing is not a process nor a state but a kind of achievement or success, in many respects similar to winning a race or finding something. Recently F. N. Sibley has pointed out that in a number of its significant uses, "seeing" functions quite differently from achievement terms, precisely from the point of view of temporal structure.[19] He concludes that since seeing is not, at least not always, an achievement, it may turn out to be an activity after all.

There is no question that seeing can be an achievement in our sense. Uses like "At that moment I saw him," together with the above-mentioned possibility of saying "I have seen it" as soon as one is able to say "I see it," show that much. I shall refer to this "spotting" sense of seeing (which is somewhat analogous to the insight sense of "knowing," or rather "understanding") as "seeing."

Now, I think, "seeing" is not the only sense of seeing. "How long did you see the killer?" "Oh, I am quite tall, I saw him all the time he was in the courtroom. I was watching him" suggests another possibility. "Do you *still* see the plane?" points in the same direction. Furthermore, "I spotted him crossing the street" is a loose way of saying "I spotted him while he was crossing the street"; even "I spotted him running" is not quite so good as "I spotted him while he was running." On the other hand, "I saw him crossing the street" and "I saw him while he was crossing the street" are both correct, and they do not mean the same thing, as also "I saw him running" has a different meaning from "I saw him while he was running." Our time schemata explain this difference.

[17] Ch. v.
[18] Ch. vii.
[19] "Seeking, Scrutinizing and Seeing," *Mind*, LXIV (1955), 455—478. On p. 472 he is induced to say things like "one must *throughout that length of time* be seeing it."

Spotting (an achievement) connotes a unique and indivisible time instant. Now running or crossing the street are processes *going on* in time (the latter also takes time) and as such cannot be broken down into indivisible time instants: their very notion indicates a time stretch. Thus there is a logical difficulty in spotting somebody running or crossing the street. One can spot somebody while he is running, or on the street, but "while" and "on" here indicate states, and states can be broken down into time instants. Then it is clear that seeing in "I saw him while he was running (or crossing the street)" may mean merely "seeing," but seeing in "I saw him running (or crossing the street)" must have a sense that admits a period of time: a process or a state.

But seeing cannot be a process. "What are you doing?" can never, in good English, be answered by "I am seeing . . ." Thus notwithstanding the fact that one might see something for a long period, it does not mean that he "is seeing" that thing for any period, yet it remains true that he sees it at all moments during that period. In addition, "deliberately" or "carefully" fail to describe or misdescribe seeing, as no one can be accused of or held responsible for having seen something, though one can be accused of or held responsible for having looked at or watched something. Thus seeing is not an action which is "done" or "performed" at all. Finally the curious equivalence of "I see it" and "I can see it" or even "I saw him all the time" and "I could see him all the time" also confirms our claim that seeing is not a process but a state or achievement. Being able to see can hardly be conceived of as a process.

A serious difficulty, however, looms from that corner. After an eye operation the doctor might say that now the patient can see without suggesting that he sees through the bandage, much as he might say of a patient after an orthopedic operation that he can walk without implying that he is actually walking. Therefore – the objection goes — as the bodily state of being able to walk is not the same thing as walking, the bodily state of being able to see is not the same thing as seeing. Yet they are related the same way: the state of being able to walk is necessary for the activity of walking, and the state of being able to see is necessary for the activity of seeing. Furthermore, as we also suggested, we can say of a man who is sound asleep that he knows geography, or that he thinks that Jones is a rascal, or that he loves Lucy, but no one can say of somebody who is sound asleep that he sees something in any ordinary sense of "seeing." One might say, however, that he can see, meaning that he is not blind. Thus to be able to see is a state like knowing but seeing is not.

This reasoning confuses two senses of "can." There are people who can drink a gallon of wine in one draught. Suppose one of them has performed that remarkable feat a minute ago. Then it is quite unlikely that he can do it again now. Should we say then, at this moment, that he can, or rather that he cannot, drink a gallon of wine in one draught? He can and he cannot. Let us refer to the first "can" (in "he can") as "can_2," and to the second (in "he cannot") as "can_1." Of course, he can_2 means that he $could_1$ if his stomach were empty. When his stomach is empty he both can_2 and can_1. Thus can_2 involves can_1 conditionally: he can_1 if certain conditions are fulfilled. Can_1 does not involve any further can-s: he can actually. Yet even "can_1 drink a gallon of wine" does not mean that he actually does drink or is drinking that amazing draught.

Now the doctor's "can" in "Now he can see," spoken while the patient's eyes are still bandaged, is a "can_2": if the bandage were removed and if his eyes were open (everything else, like light in the room, and so forth, remaining the same), then he $could_1$ see some things in the room; that is, he would see some things in the room. Thus the above-mentioned equivalence holds between "see" and "can_1 see," that is, the lowest-level "can" that does not involve any further "can"-s conditionally. And this equivalence does not hold for activities: the other patient can_2 walk, though his legs are still tied to the bed; if he were released he $could_1$ walk, yet it may be he would not be walking.[20]

But the adversary might continue: "You obviously overlook a glaring difference. Walking is a voluntary action, while seeing is a spontaneous one. If you are not blind, if there is some light, and if

[20] Now it becomes clear that, for instance, "He $could_1$ know the answer if he had read Kant" means that in that case he would know the answer, but "He $could_2$ know ..." does not mean that in that case he would know the answer.

you open your eyes, then you cannot help seeing something: the spontaneous activity of seeing starts. Digestion, you agree, is a process, yet the equivalence you speak about also holds there, because it also is a spontaneous activity. When I say that I can digest pork, I mean that if I had eaten pork, I could digest pork, that is, I would be digesting pork. If I have not eaten pork, I cannot digest pork. So there is a sense in which 'can digest pork' and 'is digesting pork' mean the same thing."

This objection is a shrewd one. It is quite true that no one can be running if he is not running, as nothing can be a cat if it is not a cat. But this "can" is a logical modality like "must" in "All cats must be cats." In this sense, of course, "can be digesting" is the same as "digesting." But our "can," if you like, is a physical modality. It is silly to point at a pork chop and say: "Now I cannot digest it, but when I have eaten it, I shall be able to digest it for a while, till I have digested it, and then I shall not be able to digest it any more." But it is by no means foolish to say: "Now I cannot see the moon, but when the cloud goes away, I shall be able to see it."

We can safely conclude then that seeing has a state sense too. Now, since there is no such process as seeing, yet there is an achievement of "seeing" (the "spotting" sense), the question arises whether "seeing" is related to seeing as catching dogs is related to the state of dogcatchers, or rather as "knowing" (the achievement) is related to knowing (the state). It is quite clear that the latter is the case. "At that moment I saw him (spotted him)" *means* that I did not see him before that moment. Thus "seeing" is an achievement initiating the generic state of seeing.

As will be recalled, there are scores of activities, accomplishments, and achievements involved in the notion of ruling or knowing that something is the case. Thus the problem remains: what activities, accomplishments, and achievements are connected in this way with the notion of seeing? Did I not know that Harvard is in Cambridge, I could not perform a great number of actions the way I do perform them. In an analogous way, if I do not see my hand, I cannot watch, scan, observe, or scrutinize it; I cannot gaze upon it, keep it in sight, focus my eyes on it, or follow it with my eyes; I cannot see that it is dirty, I cannot notice, or easily find out, tell, or describe what color it has or what it looks like at present; then also I cannot (in a sense) look at it and see it as an instrument or as an animal with five tentacles, and so on.

Of course, non of these actions have to be performed all at the same time, or one after the other, while we see an object. When I am writing, I see the pencil all the time, otherwise I could not write the way I do write. Nevertheless I do not watch, observe, or scrutinize it; I might not look at it at all; I might even not notice its color. The same way, when I am walking up and down in my room, absorbed in thoughts, I do not pay any attention to the furniture around me, yet I see it most of the time; otherwise I would bounce against tables and chairs every so often. Think of the way we see our noses or the frame of our spectacles.

Notice that none of the actions I have enumerated are mysterious in the way that seeing is claimed to be mysterious. Any good dictionary can tell us what we mean by "watching," "scrutinizing," and so on without even mentioning "seeing."[21] On the other hand the meaning of "seeing" cannot be given, short of a mystery, without realizing its "state" as a state term, that is, without giving the kind of explanation I tried to give. In much the same way, the meaning of "knowing" remains something ghostly till the kind of explanation is given that, for instance, we find in *The Concept of Mind*, or, for that matter, housekeeping would remain an abstruse activity did we not all know what sort of (by no means abstruse) actions housekeepers are supposed to perform.

Before we take leave of "seeing," I shall mention two borderline senses. If one tells us that he saw *Carmen* last night, he means that he saw all four acts of *Carmen*. Besides, he might say that it took three hours to see *Carmen*. Perhaps one might even answer the question "What are you doing?" by "I am seeing *Carmen* on TV." Thus there is a queer accomplishment sense of "seeing." There is another strained usage. A "seer" sees things, and now and then he actually is seeing ghosts or pink rats. Such strained or stretched employment should not worry us. It would be a very serious mis-

[21] E. g., *The Concise Oxford Dictionary*, 4th ed., defines "watching" (relevant sense): "keep eyes fixed on, keep under observation, follow observantly": "scrutinizing": "look closely at, examine in detail."

take if one tried to explain the stock uses of "seeing" on the basis of such employment.

Thus there is no one big mystery with regard to seeing, although little puzzles remain as to "observing," "watching," and so forth. One could point out, for example, that while they are activities, sometimes, and this is true more of "observing" than of "watching," they have an accomplishment sense: it takes some time to observe the passage of Venus across the sun or to watch an ant carrying home a dead fly. There are obvious parallels between the concepts of seeing and hearing and those of watching and listening, and so on. Thus we could continue this kind of investigation, but without any specific problem it would become tedious and idle.

As a conclusion, I think, it is not too much to say that our categories, besides confirming established differences between processes and nonprocesses, may help us in clarifying the often overlooked and embarrassing differences within the class of nonprocesses. We have no reason to fear that seeing, for example, as it is not always an achievement, might turn out to be an activity after all, a mysterious process, reviving thereby all the ghosts of epistemology. "What happens when we perceive, and what is it that makes it happen? That is the problem of perception."[22] A sailor on deck looking ahead remarks, "It is pitch dark, I don't see anything." After a while, "Now I see a star." We ask him, "What has happened?" "The cloud's gone." "But what else happened?" "Nothing else." Of course many things happened in the world and in the sailor. But his seeing is not one of them.[23]

---

[22] Boring, Langfeld, and Weld, *Foundations of Psychology* (New York, 1948), ch. x, p. 216.

[23] I wish to express my gratitude to Professor Israel Scheffler for his helpful comments on the first draft of this paper.

Die Neueren Sprachen, NF 9/1960, S. 217—226.

DIE PROGRESSIVE FORM IM ENGLISCHEN[1]

Von Ernst Leisi

Wenn wir uns an dieses Thema heranwagen, so dürfen wir unsere Erwartungen nicht zu hoch spannen, keine Erleuchtung, höchstens eine kleine Erhellung erwarten. Am besten beginnen wir wohl mit der Frage nach der Zugehörigkeit unseres Gegenstandes, nach der übergeordneten Kategorie. So wie der Dativ in die Kategorie des Kasus gehört und das Perfektum in diejenige des Tempus, so gehört die progressive Form in die Kategorie des Aspekts. Darüber ist man sich im großen und ganzen einig; nicht einig dagegen sind die Grammatiker in fast allem, was mit dem Begriff des Aspekts zusammenhängt. Es ist deshalb ratsam, den eigenen Standpunkt so deutlich wie möglich anzugeben, und wenn ich das versuche, so komme ich zu den folgenden drei Sätzen:

1. Das englische Verb besitzt zwei und n u r zwei Aspekte: die sogenannte Einfache Form *I go* und die Progressive Form (P.F.) *I am going*.

2. Jede dieser beiden Formen hat e i n e bestimmte Grundfunktion, nicht mehrere Funktionen.

3. Die beiden Formen bestimmen und beschränken sich gegenseitig in ihrer Funktion.

Wir wollen auf diese Punkte der Reihe nach eingehen. Früher, heute immer weniger, hat man für das englische Verb eine ganze Reihe von Aspekten angesetzt: prospektiv, retrospektiv, intensiv usf.

---

[1] Vortrag, gehalten auf der Tagung des Landesverbandes Westfalen-Lippe des ADNV, Iserlohn, 19. September 1959. Viele Anregungen und Beispiele verdanke ich der Arbeit meiner Schülerin Rosemarie H a t t e n - d o r f f : *Der Gebrauch der Progressiven Form in Katherine Mansfields Kurzgeschichten* (Diss. Kiel, Maschinenschrift 1959). Für weitere Literatur vgl. auch E. Leisi: *Das heutige Englisch* (Heidelberg [5]1969; Bibliographie nach Kap. 20).

Diese „Aspekte" waren aber rein psychologische Kategorien ohne
einheitliche äußere Form. Intensivierung z. B. kann einmal durch *to
do*, einmal durch die *ing*-Form, einmal durch die Wahl eines stär-
keren Wortes, einmal durch Akzent ausgedrückt werden. Kategorien aber, die keine bestimmte äußere Form haben, können nach
Gutdünken des Grammatikers vermehrt oder vermindert werden;
der Streit, ob es drei, fünf oder siebzehn Aspekte gebe, wird so nie
aufhören. Es empfiehlt sich deshalb — und damit folgen wir der
modernen Sprachtheorie — nur solche Kategorien als grammatische
anzuerkennen, bei denen eine eindeutige Beziehung zwischen Form
und Funktion besteht, genauer gesagt: Kategorien, bei denen eine
bestimmte Formänderung eine bestimmte Inhaltsänderung bewirkt.
Dies ist im Englischen nur bei den zwei wirklichen Aspekten der
Fall: dem klaren Formunterschied *I go — I am going* entspricht
der klare Funktionsunterschied: „Auffassung als Tatsache" —
„Auffassung als Verlauf".

Mit diesen Worten — „Tatsache" und „Verlauf" — haben wir
versucht, die beiden Funktionen auf eine möglichst kurze Formel
zu bringen. *He walked* — so können wir sagen — faßt das Gehen
als Tatsache auf, grenzt es vom Nichtgehen und von anderen Möglichkeiten der Bewegung ab. *He was walking* dagegen sieht den
Vorgang als Verlauf und blickt in dessen Mitte hinein: die Person
hat bereits zu gehen begonnen und noch nicht aufgehört. Um den Unterschied der beiden Funktionen zu verdeutlichen, bedient man sich
auch gern zeichnerischer Mittel: die beste Darstellung ist hier vielleicht das eingeklammerte schräge Kreuz ($\times$) für die einfache
Form, und die beiderseits auslaufende Wellenlinie ... $\sim\!\sim\!\sim$ ... für
die P.F. Das schräge Kreuz als mathematisches Zeichen soll anzei-
gen, daß es sich um eine eher logische als sinnlich ausmalende Erfassung des Vorgangs handelt; die Klammer, daß der Vorgang nicht
gegliedert, sondern von A bis Z zusammengefaßt erscheint. Im Gegensatz hierzu soll die Wellenlinie andeuten, daß die P.F. dem
Ereignis zeitliche Ausdehnung zuerkennt, es im Verlauf sieht. Wie
die Punkte am Anfang und am Ende andeuten, wird nur die Mitte
des Vorgangs klar gesehen, Anfang und Ende dagegen verdunkelt
oder — mit einem Ausdruck des Films — ausgeblendet.

So viel zum Grund-Unterschied der beiden Formen. Alle anderen

Funktionen, die man ihnen auch zuschreibt, lassen sich daraus ableiten. Die einfache Form fragt, wie erwähnt, nur nach der Tatsächlichkeit eines Ereignisses, nach „wahr" oder „nicht wahr", aber nicht so sehr nach dessen Zeitlichkeit. Deshalb ist es ihr im Prinzip gleichgültig, ob ein Ereignis ein- oder mehrmals geschieht, und sie kann, wie bekannt, auch für mehrmalige Ereignisse, für Gewohnheiten stehen, z. B. *He gives lectures at the Technical High School.* Die P.F. ist dagegen mehr sinnlich als logisch: sie dient dem Ausdruck der Imagination und Emotion: deshalb ihre gelegentliche Verwendung als Intensivum. Ferner betont sie die Unabgeschlossenheit des Vorgangs; was aber jetzt unabgeschlossen ist, wird vielleicht in der Zukunft abgeschlossen sein, daher die futurische Neigung in Sätzen wie *I am leaving tomorrow.* Alle diese und noch andere Nebenfunktionen sind also nur Folgen der Grundfunktion.

Weiter muß man sich stets vor Augen halten, daß sich die beiden Formen wie alle sprachlichen Nachbarn gegenseitig bestimmen und einschränken. Jede Form lebt aus dem Gegensatz zur andern und muß auch im Hinblick auf die andere beurteilt werden. Wenn wir uns also an einer gegebenen Stelle die Verwendung der P.F. nicht erklären können, muß unsere erste Frage sein: was für eine Bedeutung hätte die andere Form an dieser Stelle? Dazu ein Beispiel: *I am not joking. There was no question of suicide.* Wenn ein Ereignis negiert ist, so kann man es sich schwer als Verlauf vorstellen; auch scheint es hier überhaupt mehr auf die Tatsache anzukommen. Weshalb also die P.F.? Die Substitution der andern Form gibt die Antwort: *I do not joke* wäre zeitfrei und würde eine Gewohnheit bezeichnen; was der Sprechende sagen will, ist aber, daß er in diesem besonderen Fall keinen Scherz macht, daher die P.F.

Und noch etwas anderes: wenn sich die beiden Formen in ihrem Funktionsumfang gegenseitig beschränken, so heißt das: nicht nur die P.F. hat eine besondere Funktion, sondern auch die einfache Form. *He went* hat also eine viel speziellere Bedeutung als „er ging". Es ist deshalb nicht richtig, die Form *he went* als etwas völlig Selbstverständliches ad acta zu legen und gleich zur P.F. überzugehen, wie es viele Grammatiken tun. Vielmehr sollte ihre Funktion mit der gleichen Sorgfalt behandelt werden. Ich möchte hier

lediglich auf e i n e Besonderheit hinweisen und betrachte dafür das
folgende Beispiel: *I looked across at the other table. Pedro Romero
smiled.* Kontrastieren wir mit der andern Form: *I looked across at
the other table. Pedro Romero was smiling.* Die P.F. würde bedeuten, daß er schon vorher gelächelt hat; die einfache Form *he smiled*
zeigt dagegen an, daß er erst auf meinen Blick hin lächelt, wahrscheinlich sogar w e g e n, i n f o l g e meines Blickes. Das heißt:
wenn zwei Handlungen in der einfachen Form als Tatsachen wiedergegeben werden, so ergibt sich eine Neigung, ihr Verhältnis als kau-
sal aufzufassen. Es ist nur, wie ich sage, eine Neigung, aber sie ist da,
wogegen sie im Deutschen fehlt; I c h   b l i c k t e   h i n.   E r
l ä c h e l t e drückt den Bezug nicht eindeutig aus. Um den zarten
Schatten von Kausalität, der in der englischen Form liegt, wiederzugeben, müßte mindestens ein u n d eingefügt werden: I c h
b l i c k t e   h i n ü b e r,   u n d   P e d r o   l ä c h e l t e. Dies ist nun
sehr wichtig für die Beurteilung des Stils moderner englischer Prosaisten. Viele von ihnen lieben es, ihre Sätze ataktisch, ohne ausdrückliche Angabe der Beziehung aneinanderzureihen; kurzsichtige
oder allzu gewissenhafte Übersetzer machen es ihnen genau nach.
Wir müssen aber wissen: im Englischen orientiert uns der Aspekt
über die Art der Beziehung: die kurzen Sätze der modernen Autoren (etwa Hemingways) sind lange nicht so nackt und hart, wie es
in der Übersetzung scheint.

　　Hier möchte ich ein Wort zur Terminologie anschließen. Beide
Aspekte ergänzen sich, sind gleichwertig, und deshalb sollten auch
beide einen Namen haben, der auf ihre besondere Funktion hin-
deutet. Der Terminus „einfache Form" für *he went* ist nichts-
sagend; besser wäre in wissenschaftlicher Diktion „faktuelle Form"
(weil sie das Ereignis als Tatsache auffaßt) oder eventuell „kom-
plexive Form" (weil sie es von A bis Z zusammenfaßt, umfaßt).
Auch für den andern Aspekt gilt die Regel, daß der Name spre-
chend, d. h. auf die Funktion bezogen sein soll. Ausdrücke wie
„erweiterte Form", „umschriebene Form", „periphrastische Form"
haften am Äußeren und sind zu vermeiden[2]. Besser sind: „progres-

---

[2] Diese ganz persönliche Meinung wird von vielen nicht geteilt, und
zwar mit guten Gründen. Eine neutrale, nicht auf die Funktion bezügliche

sive Form" oder „Verlaufsform". Der Terminus „Dauerform" hingegen führt leicht zum Irrtum, die *ing*-Form bezeichne eine längere
Dauer als die andere; das stimmt nicht.

Wenn wir nunmehr danach fragen, wie die P.F. anzuwenden ist,
so können wir eine allgemeine Gebrauchsregel aus ihrer Geschichte
ableiten. Die P.F. ist relativ jung, sie stammt aus der Umgangs-
sprache, von welcher die Impulse bis heute weitergehen. So hat die
P.F. noch im 19. und 20. Jahrhundert immer weitere Gebiete er-
obert. Die P.F. von *to be (you are being polite)* und von *to have
(his Lordship was having tea)* kamen erst im 19. Jahrhundert auf.
Im 20. Jahrhundert hat sie sich besonders im Futurum stark ausge-
breitet *(we'll be missing you)*. Die P.F. ist also im Vorrücken.
Heißt das für uns, daß wir sie so oft wie möglich brauchen sollen?
Gerade nicht. Denn das sprachlich Konservative ist gesichert, das
sprachlich Neue beginnt meist zuerst als Fehler. Engländer bestätigen uns, daß mehr Fehler durch zu häufiges als zu seltenes Setzen
der P.F. gemacht werden: wir werden also, wenn wir ernstlich im
Zweifel sind, eher die einfache Form setzen.

Was gilt weiter, abgesehen von dieser Faustregel? Ein Verb bezeichnet im allgemeinen einen Vorgang. Jeder Vorgang aber ist
gleichzeitig Tatsache und Verlauf, also sind wir im Prinzip frei,
die eine oder andere Form zu wählen. Und wodurch wird diese
Freiheit eingeschränkt? Es kann sich hier nicht darum handeln, eine
vollständige Grammatik der P.F. zu geben; ich möchte nur auf
zwei Punkte hinweisen, die, obwohl sie wichtig sind, häufig übersehen werden: 1. Der Zusammenhang zwischen Aspekt und
Grundbedeutung des Verbs und 2. Das Zusammenwirken der
Aspekte, wenn zwei oder mehrere Verben gebraucht werden.

Es gibt eine Anzahl von Verben, bei denen die P.F. ausgeschlossen ist: *contain, belong, like, mean* (im Sinn von „bedeuten"), *own,
possess, resemble, seem, suffice* und *suit* (größere Grammatiken, z. B.
Zandvoort, geben diese Liste). Was für Verben sind es? Betrachten wir als Beispiel *contain* und *possess*. Es gibt keine Tätigkeit des

---

Bezeichnung hat den Vorteil, daß sie sich nicht gleich als überholt erweist,
wenn die Definition der Funktion aus irgendeinem Grunde revidiert werden muß.

Enthaltens oder Besitzens. Diese Verben, überhaupt die ganze Gruppe, stehen nicht für Tätigkeiten oder Vorgänge, sondern für abstrakte, völlig statische Beziehungen zwischen Wesen oder Dingen; ihre Inhalte nähern sich fast denjenigen von Präpositionen wie i n , b e i , u n t e r . Solche Beziehungen können natürlich nie als Verlauf empfunden werden, daher das Fehlen der P.F.

Ähnlich, wenn auch nicht so ausschließlich, verhalten sich die Verben der Sinneswahrnehmung. Das Erblicken, Vernehmen, Bemerken ist eine Art von „Einrasten", ein "click"; einen Verlauf gibt es hier nicht: daher erscheinen *see, hear, notice, recognize,* auch *know,* in der Regel nicht in der P.F., es sei denn, daß eine Sonderbedeutung vorliegt (z. B. *to see* = "to have an interview with").

So wie die Bedeutung den Aspekt beeinflußt, kann auch umgekehrt der Aspekt die Bedeutung des Verbs beeinflussen und ändern. Mit seiner Hilfe können wir bei mehrdeutigen Verben die eine oder andere Bedeutung auslesen und so die Mehrdeutigkeit aufheben. *To think* bedeutet bekanntlich sowohl „nachdenken" wie „meinen". Nachdenken ist ein Prozeß, meinen das fixierte Resultat dieses Prozesses. Deshalb heißt *to be thinking* eher „nachdenken", *to think* eher „meinen"; d. h. der Wechsel des Aspekts im Englischen entspricht u n g e f ä h r dem Wechsel des ganzen Wortes im Deutschen. Dasselbe gilt für andere Verben, die geistige Haltungen einerseits, geistige Vorgänge anderseits ausdrücken. *To feel* bedeutet eher „der Meinung sein" *(the committee feels),* to be feel-ing eher „empfinden" (z. B. ein körperliches Gefühl wie Kribbeln, Übelkeit usf.) *To expect* bedeutet eher einen Willensakt *(England expects every man to do his duty); to be expecting* ein mehr passives Entgegensehen *(to be expecting a baby). Miss* heißt eher „verpassen", *to be missing* eher „vermissen"; *cry* eher „ausrufen", *to be crying* eher „weinen". Selbstverständlich deckt sich der Aspektunterschied bei diesen Wörtern nicht immer mit einem bestimmten deutschen Wortunterschied, aber doch in vielen Fällen.

Sogar ein benachbartes Wort kann sich je nach dem Aspekt des Verbs ändern. *Just* + P.F. bedeutet: „gerade", „in diesem Augenblick" *(he was just entering* = „er trat eben ein, als das und das geschah"), *just* + faktuelle Form heißt: „nur", „lediglich" *(he just entered* = „er trat nur ein und tat nichts weiter").

Aspekt und Grundbedeutung sind also verknüpft: gewisse Grundbedeutungen schließen die P.F. aus, anderseits kann ein bestimmter
Aspekt die Bedeutung bestimmen helfen.

Ein wichtiger, gleichfalls oft übersehener Punkt ist die Koordina-
tion der Aspekte. In der Regel sprechen wir im Zusammenhang,
d. h. wir gebrauchen meist mehrere Verben miteinander. Wie verhalten sich die Dinge — so fragen wir nun — wenn zwei oder
mehrere Verben im Spiel sind? Offenbar lassen sich hier vier
Grundtypen der Kombination unterscheiden: 1. Faktuell + Faktuell. 2. Progressiv + Progressiv. 3. Progressiv + Faktuell und 4.
Faktuell + Progressiv.

Unser erster Typus, Faktuell + Faktuell, wird vor allem dann
verwendet, wenn es eine Reihe aufeinanderfolgender Vorgänge zu
schildern gilt: *He s t a r e d wildly at the cup of tea for a moment,
g l a n c e d round him, p u t it down on the bed table, c a u g h t
u p his hat and s t a m m e r e d* . . . Jede dieser Handlungen ist abgeschlossen, bevor die nächste beginnt, wir haben eine klar geschiedene Aufeinanderfolge, eine Sukzession. Die Formel 1 kann auch
bei Gleichzeitigkeit angewendet werden: *While the bath water
r a n , Reginald Peacock t r i e d his voice.* In diesem Fall werden
die beiden Vorgänge als gleichwertig angesehen, keiner ist dem andern untergeordnet. Wie schon gesagt, haftet dieser Formel eine
Neigung zur kausalen Verknüpfung an, die aber durchaus nicht
immer zum Ausdruck kommen muß.

Sehen wir uns den nächsten Typus an: Progressiv + Progressiv.
Anfang und Ende sind hier in beiden Fällen ausgeblendet, d. h. wir
befinden uns zugleich in der Mitte von zwei Vorgängen. Der Eindruck ist deshalb oft der einer gewissen Verwirrung. Etwa: *Everybody was l a u g h i n g and t a l k i n g , s h a k i n g hands,
c l i n k i n g glasses, s t a m p i n g on the floor.* Ein turbulentes
Zugleich, wie es für das letzte Stadium eines fröhlichen Abends
charakteristisch ist. Oder eine ähnliche Situation: ein junges Mäd-
chen kommt auf ihrem ersten Ball in den Garderobenraum: *Dark
girls, fair girls, w e r e p a t t i n g their hair, t u c k i n g handker-
chiefs down the front of their bodices, s m o o t h i n g marble-white
gloves. And because they w e r e all l a u g h i n g , it seemed* . . .
Wieder ist nichts vom andern zu trennen, keine Gestalt, nur ein Inein-

ander von Eindrücken: Impressionismus wäre das passende Wort, man
könnte an die Pointillisten oder bei diesem Motiv an Degas denken.

Es gibt aber auch Fälle, wo unsere Formel nicht für Gleichzeitigkeit, sondern für ein Nacheinander gebraucht wird, angedeutet
z. B. durch *and now: And now there w e r e soldiers w o r k i n g
on the railway line ... And now we w e r e p a s s i n g big
wooden sheds.* Wieder gibt es keine rechte Grenze, die Eindrücke
fließen ineinander über: filmtechnisch ausgedrückt: ein Überblen-
den. Diese Art des Erlebens ist charakteristisch für den Traum.
Hier folgen sich nicht Fakten oder säuberlich geschiedene Eindrücke, sondern verfließende Bilder. Neuere Schriftsteller gebrauchen deshalb unser Muster gern zur Darstellung von Traumerleb-
nissen, seien es nun wirkliche oder Wachträume. Dieses einfache
Verfahren scheint relativ jung zu sein. Katherine Mansfield z. B.
verwendet es erst in ihren reiferen Werken. In der frühen Kurz-
geschichte "The Tiredness of Rosabel" wird die Grenze von Traum
und Wirklichkeit noch viel umständlicher signalisiert: *S u p p o s e
they changed places. Rosabel would drive home with him ... The
firelight shone on her hair. Harry came across the room and caught
her in his arms. (T h e r e a l R o s a b e l ... crouched on the
floor ...) Of course they rode in the park next morning ... They
were married shortly afterwards. (T h e r e a l R o s a b e l got up
from the floor.)* In den Wörtern *suppose* und *The real Rosabel*
liegt noch eine gewisse Härte; grob gesagt, man hört, wie der Autor den Schalter von Traum zu Wirklichkeit umlegt. In einer späteren Geschichte "A Married Man's Story" sind diese auffälligen
Signale fortgefallen: *While I am here, I am there ... And all at
once I a m a r r i v i n g in a strange city ... I a m b r u s h i n g
through deserted gardens, I a m s t a n d i n g on the dark quayside,
g i v i n g my ticket into the wet, red hand of a sailor ... I a m
w a l k i n g along a deserted road ... and the trees a r e s t i r-
r i n g, s t i r r i n g.* Die P.F. nach *all at once* ist ein Widerspruch,
der sich nicht mehr mit der wachen Vernunft verträgt, und wirklich
blendet von hier an alles ineinander über. Die raffiniert gehandhabte
Grammatik ersetzt den kommentierenden Verfasser, der sich hier
völlig zurückgezogen hat — die Bewußtseinskunst lebt aus solchen
Möglichkeiten.

Wir wenden uns der dritten Formel zu: Progressiv + Faktuell.
Sie ist schon alt und wird außerordentlich häufig gebraucht, etwa
in Dickens' "Nicholas Nickleby": *While the foregoing conversation
w a s   p r o c e e d i n g , Master Whackford, finding himself un-
noticed, ... h a d by little and little s i d l e d up to the table and
a t t a c k e d the food ... and w a s , by that time, deep in the pie.*
Man ist versucht, den ersten Teil langsam und spannend, den zweiten Schlag auf Schlag zu lesen. Wir sehen, daß das Gewicht un-
gleich verteilt ist: der erste Vorgang bildet nur eine dynamische
L a u f k u l i s s e , vor oder hinter welcher das für die Handlung
wichtige Ereignis stattfindet. Also Kulisse und Ereignis, "screen
and flash". Wenn das Wesen des Dramatischen darin besteht, daß
die Teile nicht autonom, sondern einem Ziel untergeordnet sind,
gleichsam mit der Zukunft schwanger gehen, so ist diese Formel
eminent dramatisch. Zwar ist sie durch ihre Häufigkeit etwas ab-
gebraucht. Viele volkstümliche Lieder z. B. beginnen mit einer
Landschaftskulisse, etwa: *Early one morning, just as the sun w a s
r i s i n g , I h e a r d a maid singing in the valley below,* oder, mit
Abendeffekt statt Morgeneffekt: *The pale moon w a s   r i s i n g
above the green mountain, the sun was d e c l i n i n g beneath the
blue sea, when I s t r a y e d with my love to the pure crystal foun-
tain, that stands in the beautiful vale of Tralee.*
Bedeutenden Schriftstellern aber gelingt es noch immer, die latente
Dramatik dieser Formel aufzufrischen. In Katherine Mansfields
"Daughters of the Late Colonel" liegt der alte Oberst im Sterben
(es handelt sich um einen Rückblick, daher das Plusquamperfekt
am Schluß): *He l a y there, a dark, angry purple in the face, and
never even l o o k e d at them when they came in. Then, as they
w e r e   s t a n d i n g there, w o n d e r i n g what to do, he h a d
suddenly o p e n e d one eye.* Der Anfang — *lay, never looked* —
sagt uns: zeitlos dauernd, keine Änderung abzusehen. Dann wech-
selt der Aspekt; *were standing* erscheint nun als bloße Vorbereitung,
und in die wachsende Spannung fällt das Öffnen des Auges wie ein
Schlag.
Die Kulisse kann auch absichtlich übertrieben werden. In Thacke-
rays "Pendennis" türmt der Dichter eine Welt von kosmischen und
anderen Kulissen auf, um einer Abschiedsszene das gehörige iro-

nische Gewicht zu geben: *The sickle moon w a s b l a z i n g bright in the heavens then, the stars w e r e g l i t t e r i n g , the bell of the cathedral t o l l i n g nine, the Dean's guests . . . w e r e p a r - t a k i n g of tea and buttered cakes in Mrs. Dean's drawing-room — when Pen t o o k leave of Miss Costigan.*

Und nun zum vierten Typus: Faktuell + Progressiv. Er zeigt uns an, daß zur Zeit des ersten Ereignisses das zweite bereits begonnen hat. Also etwa: *When they c a m e out of the picture gallery, it w a s r a i n i n g.* Dieser Typus hat in der neueren Prosa eine besondere, man könnte fast sagen, geistesgeschichtliche Bedeutung erlangt. Seit den siebziger Jahren des letzten Jahrhunderts hat sich in der englischen, überhaupt in der europäischen Prosa ein Vorgang abgespielt, den man am besten als den Rückzug des Autors aus der Erzählung bezeichnen könnte. Vor dieser Zeit waltete der Erzähler als eine vom Helden getrennte Instanz. Er bemerkte oft mehr als der Held und erlaubte sich Kommentare wie: „Was unserem Helden aber entging, war, daß er vom Fenster aus beobachtet wurde." Die neueren Prosaisten — in der englischen Literatur vor allem seit Henry James — verzichten dagegen häufig auf die Institution eines unabhängigen Erzählers. Ihr Wahrnehmungszentrum — wenn man will: ihre Kamera — liegt jetzt meistens in einer der Figuren selbst, sei es im Helden oder in einem begleitenden Zeugen[3].

Eines der Mittel, diese neue Perspektive anzuzeigen und deutlich zu machen, ist unser Typus vier. Die P.F. blendet bekanntlich den Anfang des Ereignisses aus. Sie ist deshalb hervorragend geeignet, die subjektive Wahrnehmung einer Romanfigur wiederzugeben, welche in die Szene erst Einblick bekommt, nachdem diese schon begonnen hat. So heißt es in dem modernen Märchen "Mary Poppins" von einer Heldin: *she danced . . ., till she came to the flight of steps that led to the King's throne. (:) Upon this the King w a s s i t t i n g , busily m a k i n g a new set of laws. His secretary w a s w r i t i n g them down in a little red note-book.* Die

---

[3] Über sprachliche Symptome dieses Wandels vgl. auch E. Leisi: *Der Erzählstandpunkt in der neueren englischen Prosa* (GRM, Jan. 1956). Auf den Zusammenhang zwischen englischer Grammatik und Erzähltechnik hat wohl B. Fehr erstmals hingewiesen.

Formen *sat, made, wrote* hätten die Vorgänge von A bis Z zusammengefaßt und deshalb den Standpunkt eines unabhängigen Autors, der schon vorher da war, angezeigt. Die progressiven Formen dagegen sagen uns, daß wir den Anfang nicht mehr „mitbekommen"; wir blicken also mit der Heldin wie durch ein plötzlich geöffnetes Fenster in den schon begonnenen Vorgang hinein. Dieser Typus, das „Fenstermotiv", kommt in vielen Situationen vor. In den nun folgenden Proben soll der eingeklammerte Doppelpunkt den Beginn der Wahrnehmung andeuten. Das „Fenster" kann ein wirkliches sein: *The w i n d o w looked out on the flower beds. (:) An old gardener w a s s w e e p i n g the path brushing the leaves into a neat little heap.* Oder es öffnet sich eine Tür: *He pushed open the d o o r of Dicky's slip of a room. (:) Dicky w a s s t a n d i n g in the middle of the floor in his nightshirt.*

Ein neues Blickfeld kann sich auch durch bloßes Ankommen an einem Ort auftun: *By that they had r e a c h e d the hotel. (:) The manager w a s s t a n d i n g in the broad, brilliantly lighted porch.* Oder aber, der Held kann durch eine andere Person auf etwas aufmerksam gemacht werden: *"There's someone there", he p o i n t e d to the far bank. (:) Two figures w e r e m o v i n g against the trees.*

Stets haben wir also zwei Hälften: einen Satzteil mit faktueller Form, der als Wahrnehmungsöffner fungiert, und einen in der P.F., der uns die am Anfang beschnittene subjektive Wahrnehmung des Helden miterleben läßt.

Nicht immer braucht der Held von jemand anderem aufmerksam gemacht zu werden: er kann auch selber eines Ereignisses gewahr werden, wenn dieses schon begonnen hat. Im folgenden Beispiel steht die Heldin im Zwielicht auf einer belebten Straße still und läßt ihre Gedanken wandern: *"One ought to go home and have an extra-special tea." But at the very instant of thinking this, a young girl, dark, thin, shadowy — where had she come from — w a s s t a n d i n g at Rosemary's elbow.* Beim Erwachen aus der Träumerei ist das fremde Geschöpf schon eine Weile da. Oder in einer anderen Situation: *She looked at him, smiling. Then she was in his arms and he w a s k i s s i n g her with a fine certainty that surprised him.* Hier mag das Moment der Wiederholung eine gewisse

Rolle spielen; die Hauptsache ist aber doch wohl, daß dem Helden seine eigene Handlung unvermutet kommt: ehe er weiß, was geschieht, hat er den Anfang schon überstanden. Zu übersetzen: „und ehe er sichs versah, küßte er sie a u c h   s c h o n ".

Moderne Schriftsteller bedienen sich eines ähnlichen Schemas aus erzähltechnischen Gründen. Jeder Autor sieht sich von Zeit zu Zeit genötigt, seine Aufmerksamkeit von der Szene, die er miterlebend schildert, abzuwenden, dann nämlich, wenn er uns einen nachholenden Bericht geben will. In der folgenden Stelle aus C. P. Snow, "The Masters" sitzt der Held und Erzähler im College mit seinen Kollegen, unter anderen Winslow, zusammen: *I watched him* (Winslow) *as he drank. His profile was jagged, with his long nose and nutcracker jaw. His eyes were hooded with heavy lids . . .* Folgt eine Beschreibung von Winslows Äußerem, dann ein Urteil über Winslows Wesensart: *His manners were more formal than ours. He had a savage temper and a rude tongue, and was on bad terms with most of his colleagues* — folgen Berichte über vergangene Streitigkeiten. *Yet all the college felt that he was a man of stature and responded despite themselves if he cared to notice them.*

He   w a s   f i n i s h i n g   his second glass of sherry. Jago, who   w a s   t r y i n g   to placate him, said . . .

Zuerst gibt der Autor die unmittelbaren sinnlichen Wahrnehmungen wieder, er schildert, was vorgeht. Nun bleibt sein Blick auf Winslow hängen, und er beschäftigt sich mit seinen Zügen, dann mit seiner Wesensart. Von hier an bricht die direkte Wahrnehmung ab, an ihre Stelle treten Reflexion und nachholender Bericht, wodurch dem Leser die notwendige Orientierung über die Person Winslows gegeben wird. Wichtig ist nun die P.F. im Augenblick, wo die aktuelle Wahrnehmung wieder einsetzt. Sie bedeutet: der Erzähler hat den Anfang der neuen Ereignisse — des Trinkens und des Beruhigungsversuches von Jago — verpaßt; in andern Worten: die Szene ist unterdessen weitergegangen. Ein älterer Erzähler hätte wohl die Szene einfach angehalten und wäre aus ihr herausgetreten, um seinen Bericht zu geben; der moderne dagegen schließt seinen Bericht assoziativ an die Wahrnehmung an und stellt ihn als momentanes Abschweifen der Gedanken dar, wobei er (und mit ihm der Leser) die aktuelle Szene nie verläßt; er läßt sie sogar unterdessen weiterlaufen und signalisiert dies durch die progressive Form beim Wiedereinsatz der aktuellen Wahrnehmung. Durch diesen „psychologischen Realismus" erhöht sich die Präsenz des Lesers, das Gefühl authentischer Teilnahme, ungemein.

Wir sind in die Finessen der modernen Kunstprosa eingedrungen. Es kann uns nicht darum gehen, solche Dinge nachzuahmen; wir müssen froh sein, wenn wir nicht gröbere Fehler machen. Fragen wir uns also zum Abschluß, was wir von den vier geschilderten Koordinationstypen behalten und selbst anwenden sollen. Die erste, Gleichwertigkeit oder Sukzession, wird sehr häufig gebraucht werden. Die dritte, die Kulisse mit Ereignis, ebenfalls, und auch der vierte Typus, Hereintreten in eine bereits begonnene Szene, wird sich, besonders beim Erzählen, oft ergeben. Bei dem zweiten dagegen — bei dem Überblendungs- und Traummuster — ist einige Zurückhaltung geboten, denn Unklarheit und Verwirrung kommen im allgemeinen von selbst und brauchen nicht erst durch künstliche Mittel herbeigeführt zu werden.

Originalbeitrag 1973.

NEUERE ARBEITEN ZUR FRAGE DES VERBALASPEKTS IM ENGLISCHEN

Von Alfred Schopf

In den beiden vergangenen Jahrzehnten hat sich die Sprachwissenschaft in zahlreichen Veröffentlichungen mit dem englischen Aspekt beschäftigt. Wegen des begrenzten Umfangs des hier zusammengestellten Bandes konnten diese Beiträge, soweit sie in Aufsatzform erschienen sind, nicht aufgenommen werden, oder können, wenn sie in Buchform veröffentlicht wurden, durch kürzere Auszüge in ihren relevanten Aussagen nur unzureichend charakterisiert werden. Deswegen wird hier der Versuch unternommen, die wichtigsten dieser neueren Arbeiten zu unserer Frage bis hin zu den Ansätzen in der Generativen Transformationsgrammatik kurz darzustellen.

Die strukturalistische Ausrichtung der amerikanischen Linguistik seit Bloomfield hat sich auch in den Untersuchungen zum englischen Verbalsystem niedergeschlagen. Besondere Aufmerksamkeit wurde zunächst der Analyse der Formkategorien des Verbs gewidmet, wie z. B. in der Darstellung von Charles F. Hockett (1942), Bernhard Bloch (1947) oder von Alphonse Juilland und James Macris aus jüngster Zeit (1962). Diese Untersuchungen sind in unserem Zusammenhang jedoch von geringerer Bedeutung. Hier interessieren vielmehr die strukturalistischen Verfahrensweisen, die für die Wertzuschreibung, für die semantische Definition der Formkategorien vorgeschlagen werden.

Als ein Beispiel eines Versuches dieser Art kann die Funktionsbestimmung der einfachen und erweiterten Verbform des Englischen durch A. A. Hill (1958) angesehen werden.

Um die Bedeutung der erweiterten Form zu isolieren, verwendet er die Methode des Testrahmens, d. h. er sucht einen Kontext, der die Wahl der einen oder der anderen der beiden Verbformen erzwingt. Für die einfache Form wählt er den Satz *He* (Verb) *every day.* Die mit dem Zeitadverb signalisierte Bedeutung erlaubt nach seiner Ansicht nur die einfache Form, deren semantischer Wert deshalb als "habitual action" zu bestimmen sei. Den entsprechenden Rahmen für die einfache Form dagegen liefert die Fügung *He* (Verb) *right now*, und sie wird als das „merkmallose" Glied der Aspektopposition mittels des Begriffs "non-habitual action" beschrieben.

Neben diesem „strukturalistischen" Verfahren charakterisiert Hills Versuch auch die Heranziehung „lexikalischer" Gegebenheiten. Zur Erklärung der Abweisung der erweiterten Form durch bestimmte Verben, die sogenannten "non-progressives", greift er auf die von Martin Joos vorgeschlagene Unterscheidung von "private verbs" und "public verbs" zurück. Bemerkenswert erscheint in diesem Zusammenhang sein Hinweis, daß die Charakterisierung der von den Verben *believe, understand, love, fear* etc. bezeichneten Sachverhalte als "habitual", also offenbar als permanente Attribute menschlichen Verhaltens, nicht eigentlich im spezifischen Zeitbezug der bezeichneten Sachverhalte selbst, sondern vielmehr in ihrer Bewertung durch die Kulturgemeinschaft, im "culturally determined value system" begründet sei.

Bezüglich der Aspektopposition im Past stellte er fest, daß sie nicht einfach die Verhältnisse im Präsens kopiere. Für die Funktionsbestimmung der erweiterten Pastform wählt er als Testrahmen das Inzidenzschema, in dem nach seiner Ansicht die erweiterte Form unbedingt gesetzt werden müsse, wogegen sie in vielen anderen Kontexten mit der einfachen Form vertauschbar sei. Als Bedeutung der erweiterten Pastform ergibt sich auf diese Weise „Unabgeschlossenheit" der Handlung ("incompleteness"), für die einfache Pastform aber Vollständigkeit oder Totalität ("completeness") der Handlung. Was an dieser Analyse der Aspektopposition des Englischen interessiert, sind weniger die Wertzuschreibungen selbst, die nicht neu sind, sondern das strukturalistische Verfahren der Verwendung von Testrahmen zum Zwecke der Funktionsbestimmung grammatischer Kategorien.

Eine gedrängte Darstellung des englischen Verbalsystems liefert sodann W. F. Twaddell in seiner Studie *The English Verb Auxilia-*

ries (1963). Einen eigenen Weg beschreitet er schon bei der morphologischen Analyse der englischen Verbformen. Neben der einfachen
Präsensform *eats* (Zero-modification) postuliert er vier Formele-
mente, nämlich Modification I (Past), Modification II (Current
Relevance = have + participle), Modification III (Limited Duration
= be + ing) und Modification IV (Passive = be + participle) und begreift alle anderen Verbformen als Kombinationen aus diesen
Grundelementen. Die Form *have been being eaten* z. B. sieht er als
die Kombination der Modifikationen I, II, III und IV. Das ist im
Grunde die Vorwegnahme späterer Analysen, wie wir sie z. B. bei
Martin Joos (1964) antreffen.

Bemerkenswert ist Twaddells Studie sodann auch deshalb, weil
er darauf hinweist, daß die Verwendung der erweiterten Form
(Modification III) nicht unabhängig ist vom lexikalischen Gehalt
der Grundformen:

Modification III, Be + ing, is sensitive to the semantics of the lexical
verb. Its grammatical meaning, limited duration, is in a semantic dimension which is one of the coordinates of meaning of many lexical verbs,
positively or negatively. Hence Modification III is versatile: its contribution varies according to the lexical verb's ingredient of optional or com-
pulsory duration or non-duration, repeatability or non-repeatability.
Likewise, the grammatical meaning of be + ing is itself composite: 'Limited
duration' can be decomposed into limitation and duration, and duration
itself into continuation or repetition. Hence the interaction of Modification III with various classes of lexical verbs will be various (S. 9 f.).

Die lexikalische Analyse allerdings, die er vorschlägt, berücksichtigt nur wenige Kriterien, nämlich "duration, limitation of
duration, and repeatability" (S. 10), so daß sich nur fünf unterschiedliche Verbklassen ergeben, deren fünfte er z. B. wie folgt
charakterisiert: "Durational, normally without limitation: *equal,
know, contain, dislike, border.*" (S. 10). Zu diesen Verben stellt
er fest:

Such verbs are normally immune to the be + ing modification. Whether by
logic or by English idiom, their semantic content has an ingredient of
permanence, of relational necessity, which is incompatible with any
limitaton of duration. Only an unambiguous contextual signal of limi-

tation like "more and more, by this time, at the moment, for the time being" can impose a special suspension of the normal meaning of permanence and thus admit the be + ing modification (S. 11).

Beachtenswert ist sodann sein Hinweis, daß diese Verbklasse auch andere kollokative Restriktionen aufweist:

Similarly, these verbs with normally unlimited duration do not readily appear in a future meaning without modification as most verbs do ... Even an associated adverbial element, or contextual or situational clue, is insufficient to limit these verbs to future-only, without the modal of overt prediction, *will* (S. 12).

Ein überzeugendes Beispiel für diese Beobachtung ist der Umstand, daß der Satz * *John resembles his grandfather in a few years* * als abweichend bezeichnet werden muß.

Man wird an Twaddells Versuch bemängeln müssen, daß die lexikalische Analyse der Verben als Erklärung für die Restriktionen hinsichtlich ihrer Aspektwahl noch nicht umfassend genug ist. Andererseits aber kann man der apodiktischen Ablehnung der Fragestellung Twaddells durch Diver, soweit sie die Wechselbeziehung zwischen lexikalischer Bedeutung der Verben und der Bedeutung und Verwendung der Aspekte zum Gegenstand hat (1963, S. 149), sicher nicht zustimmen.

William Diver selbst setzt sich in seiner Studie zum chronologischen System des englischen Verbs ein sehr ehrgeiziges Ziel. Es geht ihm um die Aufstellung eines Regelsystems, das ohne Ausnahmen auskommt. Sein Ansatz ist ausgesprochen strukturalistisch. Ausdrücklich beruft er sich auf die Methoden der Phonologie, besonders auf Trubetzkoy, und mißt vor allem zwei Relationen erhöhte Bedeutung zu:

1. der Relation des gegenseitigen Ausschlusses von Elementen in definierter Umgebung, die wir ja schon bei A. A. Hill in der Methode des Testrahmens kennengelernt haben, und
2. der Relation zwischen merkmallosem und merkmaltragendem Glied in binären Oppositionen.

Sodann ist an seinem Ansatz bemerkenswert, daß er wie Twaddell die Bedeutung der einzelnen Formkategorien des englischen Ver-

balsystems faktorisiert, d. h. als Struktur von Bedeutungskomponenten darstellt.

Angelpunkt des englischen Verbalsystems, sein Koordinaten-
schnittpunkt und damit das merkmallose Glied par excellence, ist
die Pastform, in seiner Notierung die Form 1 (= -ed), deren Bedeutung er mit A (= Past) symbolisiert und inhaltlich recht global
definiert: "The event indicated by the (attached) verb took place in
the past" (S. 153).

Von der Pastform als dem Koordinatenmittelpunkt des Systems
aus, ordnet er dann in der Senkrechten kontrastierende Formen
an, denen allen die Bedeutungskomponente A (Past) gemeinsam ist;
rechts davon sind die Formen aufgetragen, die die Bedeutungskomponente B (Present) gemeinsam haben, in einer weiteren parallelen Spalte stehen die Formen mit der Bedeutungskomponente E
(Future).

Uns interessiert hier nur die Darstellung der Aspektformen. Es
ergibt sich für Past und Present das folgende System:

1	A		$\square$		E
31	AR		OBR		
$4^{1}2$	AS		42	BS	
$6^{1}0$	AT	$\overline{S}$	60	BT	
$5^{1}2$	AK		$\square$		
$34^{4}2$ $35^{1}2$	$\Big\}$ AKR		52	BKR	
$4^{1}5^{2}2$	AKS		$45^{2}2$	BKS	
$6^{1}52$	AKT	$\overline{S}$	652	BKT	
70	AKC				

an dem wir bemerken, daß das einfache Past (1 A) keine Entsprechung in der Präsensachse hat. Die entsprechende Stelle ist nicht be-
setzt ($\square$). In der Senkrechten kontrastiert mit dem einfachen Past
(1 A) das einfache Perfekt (31) mit der Bedeutung AR (= Past + Indefinite). Auf derselben Achse ist in dritter Position das erweiterte
Past ($4^{1}2$) mit der Bedeutung AS (= Past + Definite) eingetragen.
Die Opposition zwischen den Aspektformen im Past besteht also

zwischen einem merkmallosen Glied (der einfachen Form) und einem merkmaltragenden Glied (der erweiterten Form), das durch die Bedeutungskomponente S ausgezeichnet ist, die im merkmallosen Glied fehlt. Diver begründet diese Wertzuschreibung damit, daß das einfache Past in der Kollokation mit polysemen Zeitadverbien, d. h. solchen, die sowohl als "definite" wie "indefinite" interpretiert werden können, keine monosemierende Wirkung hat. Die Zeitadverbien "on Tuesday", "on Wednesday" etc. können ja jeden Dienstag, Mittwoch usw. in einem Zeitraum oder aber einen bestimmten, durch Kontext kalendarisch fixierten Dienstag, Mittwoch usw. bezeichnen. Nun erweist sich, daß die bei diesen Adverbien vorliegende Polysemie in ihrer Kollokation mit dem einfachen Past nicht behoben wird. Der Satz *He played golf on Tuesday, rode horseback on Wednesday, and rested on Thursday* kann sich auf die entsprechenden Tage einer bestimmten Woche oder auf jeden der genannten Wochentage in einem längeren Zeitraum beziehen. Dieselben Zeitadverbien in Verbindung mit dem erweiterten Past können dagegen nur einen bestimmten, kalendarisch festgelegten Dienstag, Mittwoch usw. bezeichnen: *He was playing golf on Tuesday.*

Diese Analyse muß er dann allerdings im Hinblick auf die wirkliche Verwendung der beiden Formen wie folgt einschränken: "The signal *was -ing* is relatively rare. *Have -ed* (= einfaches Perfekt) is used to indicate indefinite occasions, and the unmarked -ed (= einfaches Past) is very commonly used to indicate definite occasions" (S. 158).

Sodann wird man auch den Kontrast zwischen einfachem Perfekt (31) und einfachem Past (1) nicht auf die Anwesenheit der Komponente R (= Indefinite) im einfachen Perfekt (AR) reduzieren wollen, weil diese Wertzuschreibung keine Erklärung dafür abgeben kann, warum das einfache Perfekt bestimmter Verben (z. B. *I have walked*) nicht ohne ganz speziellen Kontext möglich ist.

Die erweiterte Perfektform ($34^{4}2$), die er mit der Form ($35^{1}2 = $ *has kept waiting*) im Zeitbezug zusammenfaßt — sie haben die gleiche Komponentenformel —, setzt er von der einfachen Perfektform als merkmaltragend durch die Komponente K (= Extended) ab. Dieser Analyse, die besagt, daß die einfache Form hinsichtlich des

Merkmals "Extended" (= Dauer?) neutral, die erweiterte Form aber
in dieser Hinsicht merkmaltragend ist, ist zuzustimmen, allerdings
werden damit wiederum nicht alle Bedeutungskontraste, die die
Verwendung der beiden Formen begleiten oder steuern, erfaßt. In
sehr vielen Kontexten bezeichnet die einfache Perfektform Abschluß und Resultat eines Vorgangs *(I have washed my car)*, während die erweiterte Form in dieser Hinsicht zumindest neutral ist
(I have been washing my car).

Was nun die Aspektopposition im Präsens betrifft, so zeigt sein
System, daß die einfache und erweiterte Präsensform nicht die Ent-
sprechungen der einfachen und erweiterten Pastform sind. Dem einfachen Präsens entspricht das einfache Perfekt und nur das erweiterte
Präsens ist die Entsprechung des erweiterten Past. Der entscheidende
Unterschied zwischen einfachem Past und einfachem Präsens ist, daß
das letztere positiv durch die Bedeutungskomponente (R = Indefinite) markiert ist, was Diver damit begründet, daß die einfache
Präsensform in *He sleeps in the morning* nicht Bezug nimmt auf das
Jetzt des Sprechers: "If it is said in the morning when the person
referred to is actually sleeping, the statement still contains no explicit reference to that fact. It is just this lack of explicitness in
reference to the present moment that characterizes the indefinite in
the present" (S. 173). Wenn dem so ist, wie erklärt sich dann die
einfache Form im Koinzidenzfall oder in anderen Wendungen im
einfachen Präsens mit ausdrücklichem Bezug zur Gegenwart des
Sprechers: *You look well today.* Da er ausdrücklich feststellt, daß
die Komponenten R (= Indefinite) und S (= Definite) in der Past-
achse sowohl wie in der Präsensachse im Verhältnis des gegenseitigen
Ausschlusses stehen (S. 156), sind alle einfachen Präsensformen mit
eindeutigem Bezug zum Jetzt des Sprechers in Divers System nicht
darstellbar und bleiben unerklärt.

Die Einfachheit und leichte Überschaubarkeit seiner Darstellung
des englischen Verbalsystems besonders auch in seinem Bedeutungsgehalt scheinen mir durch eine grobe Vereinfachung der angesprochenen Sachverhalte erkauft.

Kurz erwähnt werden soll in diesem Überblick auch die Analyse,
die Harald Weinrich in seinem Buch *Tempus* (Besprochene und erzählte Welt) (1964) dem englischen Aspekt widmet. An den Grund-

voraussetzungen, von denen seine ganze Argumentation ausgeht, fällt auf, daß er beharrlich den Terminus Aspekt im Sinne von „Aktionsart" versteht, was er unmißverständlich deutlich macht, wenn er sagt: „Es gibt also zweifellos Aspekte im Sinne von Gestalt-qualitäten einer Handlung oder eines Vorgangs" (S. 154), und dann fortfährt, daß die französischen Vergangenheitstempora, das im-parfait und passé simple, die Gestaltqualität eines Vorgangs nicht bestimmen können: „Man kann jedoch ohne das Tempus aus der Wortbedeutung und außersprachlichen Erfahrung die Gestaltquali-tät eines Vorgangs, wenn man sie aus irgendeinem Grunde zu ken-nen wünscht, auf das genaueste bestimmen. Wofür dann also Aspekt?" (S. 155). Seine Folgerung daraus ist, daß es den Verbal-aspekt überhaupt nicht gibt, und die Aspektlehre ohne Rest aus der Sprachwissenschaft zu vertreiben ist. Die Aspektlehre sei, wenigstens in der romanischen Sprachwissenschaft, ein Irrtum und Irrweg, sei genauso falsch wie die Zeitlehre (S. 155).

Wenn also die Tempora nichts mit Zeit zu tun haben, wozu dienen sie dann? Weinrich behauptet, daß die Tempora des Fran-zösischen ebenso wie des Englischen und anderer Sprachen ent-sprechend der consecutio temporum sich grundsätzlich in zwei Tem-pusgruppen aufgliedern, von denen die eine besprechend und die andere erzählend ist. Nur innerhalb der erzählenden Gruppe gibt es den Kontrast zwischen passé simple und imparfait, nur hier ist nach dem Funktionsunterschied der beiden Formen zu fragen.

Ihre Funktion, so sagt er, habe mit Aspekt nichts zu tun, sondern bestehe vielmehr darin, der erzählerischen Reliefgebung zu dienen, insofern als das imparfait wie auch das erweiterte Past des Engli-schen der Hintergrundschilderung, Passé simple und einfaches Past dagegen der Schilderung des Vordergrundes diene:

Und diese Funktion, den Hintergrund der Erzählung zu bezeichnen, ist die *einzige* Funktion des Tempus *he was singing.* Sie ist nicht eine Neben-funktion neben einer Aspektfunktion oder dergleichen. Es gibt keinen Aspekt bei der Form *he was singing;* insbesondere keinen durativen oder ‚progressiven' Aspekt. Die Form ist gegenüber dem Verlauf der Hand-lung völlig gleichgültig und kann ebensogut ein punktuelles **wie ein** duratives Ereignis bezeichnen, wenn es sich im Hintergrund der Er-zählung abspielt (S. 193).

Wir wollen diese erstaunliche Feststellung an Weinrichs Interpretation einer Passage aus Hemingways Novelle *Indian Camp* nachprüfen. Es handelt sich um folgende Stelle:

"See, it's a boy, Nick", he said. "How do you like being an interne?" Nick said, "All right". He was looking away so as not to see what his father was doing.

Weinrichs Kommentar dazu lautet:

Auch das Tempus *was looking* ist nicht vom Verb oder Verbalaspekt her motiviert. Noch zweimal wird unmittelbar danach das gleiche erzählt, diesmal im Preterit: *Nick didn't look at it.* Und: *Nick did not watch.* Die Verwendung des Preterit in den beiden letztgenannten Sätzen bedarf keiner Begründung. Wir befinden uns in der Haupthandlung, und deren Erzähltempus ist das Preterit. Aber das Hintergrundstempus *was looking* weicht von der Regel ab und muß erklärt werden. Hier erklärt es sich wieder mit der künstlerischen Absicht der Kontrastverschärfung. Der Junge sagt *All right*, aber ihm ist nicht nach seinen Worten zumute, und er schaut weg. Das Wegschauen dementiert die mutigen Worte. Er bleibt zwar am Lager der Gebärenden stehen, aber seine Augen wenigstens wandern aus dem Vordergrund verstohlen weg in einen Hintergrund, der weniger beklemmend ist (S. 196 f.).

Der Kern dieses Arguments ist, daß die Wendung *was looking away* eigentlich im Vordergrundstempus *(looked away)* stehen müßte, denn es handelt sich ja um einen Vorgang; d. h. Weinrich faßt allen Ernstes das Wegschauen als auf Nicks Satz *All right* folgend auf. Man wird nicht umhin können, festzustellen, daß Weinrich hier ein erheblicher Verständnisfehler unterläuft. Die Form *he was looking away* macht nämlich unmißverständlich deutlich, daß der Junge (Nick) bereits wegsah, als er *All right* sagte. Hätte Hemingway aber die einfache Präteritalform gewählt, hätte er das Wegschauen als zeitlich später als Nicks Äußerung dargestellt. Das heißt aber, einfache und erweiterte Präteritalform dienen hier der zeitlichen Inbeziehungsetzung von Vorgängen im Sinne ihrer Aufeinanderfolge oder Gleichzeitigkeit. Sie dienen der unmißverständlichen Bezeichnung zweier unterschiedlicher Sachverhalte, denn zeitliche Relationen gehören nun einmal zum Sachverhalt und bleiben nicht der willkürlichen Interpretation durch den Betrachter überlassen.

Weinrichs Versuch, die Form *he was looking away* mit „der künstlerischen Absicht der Kontrastverstärkung" zu erklären, ist völlig fehl am Platz.

Gegenüber seiner These, Tempora und Aspekte hätten nichts mit Zeit und Gestaltqualität zu tun, muß mit allem Nachdruck betont werden, daß im Englischen einfaches und erweitertes Präteritum sehr deutlich etwas mit Zeit zu tun haben. Im übrigen sind Hintergrund und Vordergrund einer Erzählung ja auch in erster Linie in ihrem Zeitverhältnis differenziert, insofern, als der Hintergrund immer die Zeitform der Mitdauer mit dem Beobachter hat, während der Vordergrund die aufeinanderfolgenden Ereignisse als „Eintritte" erfaßt, wie das Koschmieder vor Jahrzehnten expliziert hat. Hintergrund und Vordergrund unterscheiden sich in ihrem Zeitbezug.

Von diesen Erwägungen her wollen wir noch einen Blick auf Weinrichs Interpretation von Gareys Analyse der Opposition von imparfait und passé simple werfen. Garey hatte ja die These vertreten, daß zwischen telischen (der Aktionsart nach auf eine Vollendung hin angelegten) und atelischen Verben (die keine Vollendung implizieren) zu unterscheiden ist. Zu den telischen Verben zählt Garey *mourir*: „Wenn solche Wörter", so referiert Weinrich Garey, „nun ins Imparfait gesetzt werden" — und Garey versteht das Imparfait als Vergangenheitstempus mit dem Aspekt der Unvollendetheit —, „dann bricht der unvollendete Aspekt dem telischen Verb gleichsam die Spitze ab und bewirkt, daß *il mourait* ‚er lag im Sterben', *il se noyait* ‚beinahe wäre er ertrunken' heißt." Das Gegenbeispiel entnimmt Weinrich Victor Hugo: *Chefs, soldats, tous mouraient. Chacun avait son tour.* „Die Soldaten des napoleonischen Heeres starben wirklich", sagt Weinrich (S. 169). „Der angeblich imperfektive Aspekt des Imparfait bricht also dem telischen Verb *mourir* nicht die Spitze ab. Denn dieser Satz steht im Hintergrundstempus Imparfait ausschließlich um der erzählerischen Ökonomie des Gedichtes willen, und aus keinem anderen Grunde" (S. 169). Was man an Weinrichs Argumentation vermißt, ist der Hinweis, daß es sich hier um einen iterativen Vorgang handelt, der ja *atelisch* ist. Das mag für die Verwendung des Imparfait hier nicht der entscheidende Grund sein. Sicher aber ist, daß die Aussage von

Sachverhalten mit unzweifelhaft punktuellem Zeitbezug mittels der
erweiterten Verbform des Englischen nur möglich ist, wenn der Vorgang iterativen Charakter hat: *He was finding more and more mistakes in the paper.* Die These, Tempus und Aspekt hätten nichts mit
den Zeitmodi und der Zeitgestalt von Vorgängen und Sachverhalten
zu tun, darf ad acta gelegt werden.

In den Jahren 1962 bis 1966 wurde die Frage des englischen Verbalaspekts in einer Reihe von Arbeiten mit umfassenderer Themen-
stellung angesprochen; so von W. Adamus (1962), Akira Ota (1963),
Martin Joos (1964), F. R. Palmer (1965) und R. L. Allen (1966).

Spezifisch mit dem Aspektproblem im Englischen beschäftigen
sich zwei neuere Arbeiten und zwar W. H. Hirtles *The Simple and
Progressive Forms* (1967) und Eric Buyssens' *Les deux aspectifs de
la conjugaison anglaise au 20ᵉ siècle* (1968).

An Martin Joos' Arbeit wird der strukturalistische Ansatz unter
anderem auch darin sichtbar, daß er seiner Studie ein genau abge-
grenztes Korpus zugrunde gelegt, nämlich Sybille Bedfords Buch *The
Trial of Dr. Adams.* Wie William Diver verwendet er Methoden und
Terminologie der Phonologie. Er unterscheidet zwischen merkmaltragendem und merkmallosem Glied in der Aspektopposition und
in den übrigen Kategorien des englischen Verbs. Wichtig an seinen
methodischen Voraussetzungen ist die Unterscheidung zwischen
dem *additiven* und *privativen* Beitrag, den ein Verb in seiner Grundform zur Gesamtbedeutung eines Satzes liefert. Er meint mit dem
additiven Beitrag, das was es an "referential meaning" (über den
Beitrag aller anderen Verben hinaus) zum Satz beiträgt. Der privative Beitrag besteht in der monosemierenden Funktion bezüglich der
anderen Lexeme des Satzes.

Diese Unterscheidung im lexikalischen Bereich wendet er auch
auf die grammatische Bedeutung der Verbkategorien an, z. B. auf
das Passiv, indem er feststellt, daß der "passive marker" nicht wie
die verbale Grundform sowohl additiv wie privativ im Bedeutungs-
gefüge des Satzes wirke, sondern nur privativ: "The meaning of a
verb-base, then, is both additive and privative; but the meaning of
the voicemarker BE-N is only *privative*, not additive. The marked
voice is passive voice, but its marker does not mean 'passive', it

means only 'not-active' " (S. 99). Er demonstriert dies an den Sätzen: *They're selling like experts — They're selling like hotcakes,* von denen der zweite passive Bedeutung hat, obwohl die Verbform seines Prädikats aktiv ist. Die aktive Verbform (das merkmallose Glied der Kategorie "voice") kann also sowohl aktive wie passive Bedeutung haben. Das positiv markierte Glied (die passive Verbform) allerdings bedeutet nicht "passiv", es bedeutet nur "not active" (S. 99). Die Funktion des Passivmorphems ist also nur privativ, weil es aus dem Bedeutungsfächer der aktiven Verbform eine Komponente streicht, was mit der Bezeichnung "not active" zum Ausdruck gebracht werden soll.

Akira Ota hat gegenüber diesem methodischen Ansatz allerdings einen Einwand erhoben, der nicht so ohne weiteres zu entkräften ist. Er sagt, wenn man die Verbformen in *The're selling like hotcakes* oder *It reads like a thriller* als Passiva bezeichnet, dann muß man eigentlich auch die Sätze *The car was stopped abruptly* und *The car stopped abruptly* beide als Passiva auffassen. Aber, so Akira Ota, "It is counterintuitive to say that the third sentence has a passive meaning equivalent to that of the second . . . ." (S. 660). Es will scheinen, daß die Aufgliederung der Kategorie "voice" in ein merkmalloses und ein merkmaltragendes Glied eine Vereinfachung des sprachlichen Befunds darstellt. Und es ist die Befürchtung nicht von der Hand zu weisen, daß seine konzise Strukturformel für die finiten Verbformen des Englischen aufgrund einer Vereinfachung der Sachverhalte gewonnen ist. Diese Formel weist dem finiten Verbum sechs Kategorien zu, denen jeweils ein merkmalloses und ein merkmaltragendes Glied wie folgt zugeordnet sind:

	Tense	Assertion	Phase	Aspect	Voice	Finder
unmarked	Actual	Factual	Current	Generic	Neutral	Propredicate
marked	Remote	Relative	Perfect	Temporary	Passive	Verb
markers	— D	will etc.	have -en	Be -ing	Be - N	show etc.

In der Aspektopposition ist, wie aus der Aufstellung hervorgeht, die erweiterte Form auch semantisch das merkmaltragende Glied, obzwar ihre Funktion privativ ist, was Joos wie folgt beschreibt: "from among all the possible aspectual significances of the generic aspect (der einfachen Form), it singles out one *by obliterating all the others*" (S. 112).

Das merkmallose Glied der Aspektopposition andererseits hat keine eigene Funktion, sondern lediglich eine Reihe von kontext-determinierten Bedeutungen, zwischen denen gerade wegen ihrer Kontextabhängigkeit kein Verhältnis des logischen Ausschlusses besteht:

There is no contradiction between meanings because the generic aspect has no meaning of its own. It gets its meaning from the context; and for our purpose the 'context' includes the lexical meaning of the verb-base, so that for example the asseverative use is confined to 'verbs of saying' (S. 112).

Daß der Koinzidenzfall (asseverative use) auf die Verben des Sagens beschränkt ist, trifft zwar absolut nicht zu, — man vergleiche z. B. die Eröffnungsformel *the court sits* —, hier interessiert an Joos' Ausführungen aber zunächst nur, daß er sich von Divers Ansatz insofern unterscheidet, als dieser zwar das einfache Preterit als das merkmallose Glied des ganzen Verbalsystems bezeichnet, das einfache Präsens aber positiv durch das Merkmal "Indefinite" charakterisiert, so daß es niemals die Funktion des erweiterten Präsens, dem er ja das Merkmal "Definite" zugeordnet hatte, übernehmen kann.

Wir sehen, daß Joos anders verfährt: Die Merkmallosigkeit der einfachen Form (generic aspect) impliziert ja, daß sie auch die Funktion des erweiterten Präsens übernehmen kann, was er an der Lexem-kombination *feel well* zeigt: "I have suggested that *I don't feel well* can be adequate for the explicitly temporary message of 'I'm not feeling well' on occasion, and similarly 'I feel dizzy' for 'I'm feeling dizzy' (S. 112).

Wie beschreibt Joos nun die einheitliche Funktion der erweiterten Form. Mit F. W. Twaddell charakterisiert er ihre Bedeutung als "limitation of duration" (S. 113); allerdings versteht er „begrenzte Dauer" in besonderer Weise. Im Gegensatz zur erweiterten Verb-form im Spanischen sowohl wie zum slavischen imperfektiven Aspekt, die Spezifikationen am ausgesagten Sachverhalt selbst aus-drücken, sei die erweiterte Form des Englischen eine Spezifikation nur der Aussage:

... both this Iberian formula and the Slavic imperfective differ crucially from the English marked aspect: they are specifications of the nature of the event, while the English marked aspect instead specifies something about the predication (S. 107).

Die Fügungen "I am hearing", "I am trying" beschreibt er dementsprechend wie folgt:

Assuming that the predication is completely valid for the time principally referred to, then it is 99 percent probably valid (a 99 to 1 wager in favor of its validity would be a fair wager) for certain slightly earlier and later times, it is 96 percent probably valid for times earlier and later by somewhat more than that, and so on until the probability of its validity has diminished to zero (the actor then is doing nothing, or doing something other than trying, or is not-trying, or is trying something else) for times sufficiently earlier and later (S. 107).

Ausdrücklich verneint er, daß der "temporary aspect" etwas über die Natur des Sachverhalts selbst aussage:

The temporary aspect does not necessarily signify anything about the nature of the event, which can be essentially progressive or static, continuous or interrupted, and so on; instead it signifies something about the validity of the predication, and specifically it says that the probability of its validity diminishes smoothly from a maximum of perfect validity, both ways into the past and the future towards perfect irrelevance or falsity (S. 107 f.).

In dieser Definition des "temporary aspect" liegt eine gewisse Schwierigkeit. Man wird Joos zwar darin zustimmen, daß der "temporary aspect" nichts darüber aussagt, ob einem prädizierten Sachverhalt ein dynamischer oder statischer Charakter zukommt, ob er kontinuierlich oder mit Unterbrechungen abläuft, anzumerken ist jedoch, daß er in Verbindung mit „punktuellen" Verben wie z. B. *find* dem ausgesagten Sachverhalt iterativen Charakter verleiht. Es ist also festzuhalten, daß bestimmte objektive Merkmale am prädizierten Sachverhalt bei Verwendung des "temporary aspect" gegeben sein müssen. Rein punktuelle Sachverhalte sind im "temporary aspect" nicht aussagbar.

Von der funktionalen Definition der Glieder der Aspektopposition unterscheidet er die Verwendungsregeln, das, was er unter

"choice of aspect" behandelt. Bei der Verfolgung dieser Frage setzt
er sich im Gegensatz zu Diver ausführlich mit der Tatsache auseinander, daß bestimmte Verben ganz oder in einer ihrer Bedeutungen die erweiterte Form nicht bilden. Es handelt sich um die sogenannten "status verbs" (S. 116). Als Klasse sind sie für ihn an
unterschiedlichen Merkmalen erkennbar, einmal dadurch, daß, wenn
sie im "temporary aspect" ausnahmsweise doch verwendet werden,
das prädizierte Merkmal in seiner Intensität variieren muß: "The
baby is resembling his father *more and more*" (S. 116). Sodann ist
die Klasse durch distributionelle oder kollokative Merkmale ab-
grenzbar, und zwar insofern, als sie nicht in Verbindung mit Zeitadverbien, die eindeutig futurische Bedeutung haben, verwendet
werden kann. Schließlich nimmt er eine grobe lexikalische Klassifizierung vor: Zur Klasse der *status verbs* zählen (1) psychic states,
die er untergliedert in perceptions und intellectual und emotional
attitudes, und (2) relations.

Inwiefern die lexikalische Struktur dieser Verben zur Erklärung
ihrer Aspektwahl beitragen könne, beantwortet er allerdings tauto-
logisch mit der Feststellung, daß es sich eben um "status verbs" und
nicht um "process verbs" handle und fügt erläuternd hinzu, daß das
Prädikat in *That makes no difference* kein Vorgang sei, "not an
event that essentially proceeds but is now frozen for our inspection;
it is instead a relation between 'that' (whatever it is) and the whole
world we live in: it doesn't happen, but simply *is* so" (S. 119). Den
gleichen Eindruck gewinnt man aus seinem Erklärungsversuch dafür,
daß *see* im Satz *I drop the tablet into the warm water and you see
it dissolves quite nicely* nicht in der erweiterten Form steht. Der
Satz bedeute nicht (that) "seeing is proceeding within time so that it
could be made temporary by using the temporary aspect. Instead,
this perception, a kind of psychic state if you like, is a sort of *relation* between the beholder and the dissolving tablet" (S. 119).
Was man an diesem Erklärungsversuch vermißt, ist der präzise Auf-
weis dessen, was das Wesen von Prozessen im Unterschied zu Relationen und Zuständen ausmacht. Die Ansätze, die sich in dieser
Hinsicht bei Zeno Vendler (1957, im vorliegenden Band abgedruckt
S. 217—234) und W. H. Hirtle (1967) finden, scheinen einen ver-
sprechlichen Weg zu eröffnen.

Ein weiterer Aspekt der Verwendungsregeln für die beiden Aspekte betrifft unterschiedliche Sprechsituationen. Die Grundregel, nämlich "temporary aspect" für alle "process verbs" mit "limited duration" (nicht jedoch für die "status verbs") und "generic aspect" dagegen für den Redetypus der "asseveration", "demonstration" und "characterization", gilt ja nur für den Fall des *contemporary comment*", d. h. für den Fall, daß die prädizierten Sachverhalte die Gegenwart des Sprechers einschließen, also für das aktuelle Präsens. Einen Sachverhalt im "contemporary comment" gibt Joos auf S. 128 wieder:

Superintendent Hannam is examining the cupboard. Behind his back the Doctor is watching him. He seems to think that the superintendent won't notice what he is doing. He is starting to walk slowly across the room. Ah, I see: There is another built-in cupboard on the left-hand side of the fire-place. Now the Doctor is opening the centre compartment and putting his hand inside. I'm afraid the superintendent is watching after all and can see what I see: the Doctor is taking out a couple of things and putting them inside his left-hand pocket.

Die Aspektwahl, so bemerken wir, folgt in der Tat der allgemeinen Regel. Anders jedoch gestaltet sie sich, wenn der gleiche Sachverhalt erzählt wird:

While superintendent Hannam was examining the cupboard, the Doctor walked slowly across the room to an identical built-in cupboard on the left-hand side of the fire-place, opened the centre compartment and put his hand inside, then he took out two objects which he put inside his left-hand jacket pocket (S. 128).

Im "temporary aspect" stehen nur solche "process verbs", die Sachverhalte mit "limited duration" aussagen und als Hintergrund für die das Geschehen vorantreibenden Handlungen dienen. Im "generic aspect" stehen dagegen natürlich alle "status verbs", sodann alle Verben im Koinzidenzfall, darüber hinaus auch alle "process verbs", selbst wenn sie Sachverhalte mit "limited duration" aussagen, sofern sie das Fortschreiten des Geschehens zum Ausdruck bringen, also "plot-advancing" (S. 130) genannt werden können.

Bemerkenswert ist nun, daß das sogenannte historische Präsens sich in der Aspektwahl deutlich vom aktuellen Präsens abhebt, d. h. aber gerade durch die Aspektwahl in seiner Funktion als Erzählung von vergangenen Sachverhalten, als "narrative use of actual tense" (S. 171) gekennzeichnet ist:

While superintendent Hannam is examining the cupboard, the Doctor walks slowly across the room to an identical built-in cupboard on the left-hand side of the fire-place, opens the centre compartment and puts his hand inside, then he takes out two objects which he puts inside his left-hand jacket pocket (S. 131).

Den Unterschied zwischen den einzelnen Darstellungstypen (aktuelles Präsens — erzählerisches Past und Präsens historicum in der Aspektwahl) faßt er in einer Transformationsregel wie folgt zusammen:

Contemporary Comment in Actual Tense (aktuelles Präsens)	... Transformation Rules ...	*Narrative in Actual or in Remote Tense* (erzähler. Past oder Präsens hist.)
	Im Generic Aspect stehen:	
status verbs: all		status verbs: all
Process verbs:		Process verbs:
characterizing		characterizing etc.
demonstrations		*but also:*
		plot-advancing
	Im Temporary Aspect stehen:	
temporary validity		temporary validity
background or not		serving as background

Unter der Voraussetzung, daß die Unterscheidung von "status verbs" und "process verbs" einwandfrei begründet werden kann, ist mit dieser Regel zweifellos ein außerordentlich nützliches didaktisches Hilfsmittel geliefert.

Ähnlich wie Martin Joos betont auch Marian Adamus in seiner Arbeit *On the Participles, Finite Verbs and Adjectives of the Germanic Languages* (1962) den privativen oder selektiven Charakter der erweiterten Verbform.

Der methodische Neuansatz — er grenzt sich hierin deutlich gegen frühere Arbeiten ab — besteht weniger in der Verwendung der strukturalistischen Verfahrensweisen der Prager Schule als in der sorgfältigen Frage nach den Funktionsbereichen, in denen der kommunikative Beitrag einer sprachlichen Einheit (der lexikalischen und grammatischen Morpheme) zu lokalisieren ist. Er spricht von syntaktischen, semantischen und selektiven Funktionen (S. 27, Fußnote 31). Insbesondere geht er der Frage nach, was an der Bedeutung einer Verbform dem Kontext, der lexikalischen Grundform und den grammatischen Elementen (Morphemen) zu verdanken ist. Dabei kommt er zur Überzeugung, daß dem Verbalstamm in den germanischen Sprachen zwei semantische Werte zuzuschreiben sind, nämlich (a) die Zuschreibung der Fähigkeit an das Subjekt, den vom Verbalstamm gemeinten Sachverhalt zu manifestieren: *Er spricht gut Englisch* = "able to manifest the process of ..." (S. 19) und (b) die Realisation des prädizierten Sachverhalts selbst durch das Subjekt = "occupied with the process of ..." (S. 19). Den Wert (a) des Verbalstammes nennt er "potential meaning" oder "non-process", den Wert (b) dagegen "real meaning" oder "process".

Alle aussagbaren Sachverhalte ("affairs") gliedert er demnach in "non-process" und "process". Die Sachverhalte aber, die er Prozesse nennt (die tatsächliche Realisation von Sachverhalten), unterteilt er dann in perfektive und imperfektive.

Imperfektive Prozesse, wie z. B. *to hang,* führen zu keinem Resultat. Perfektive dagegen, wie z. B. *to die,* zeigen drei Realisationsstufen ("degrees of advancement"), die Handlung oder den Vorgang selbst ("action"), im Falle von *to die* beschreibt Adamus sie mit "... physiological transformations in someone's body", dann der resultierende Zustand ("the result") und die Grenzlinie zwischen beiden, die den Übergang der "action" in den resultierenden Zustand darstellt, und "contiguity" genannt wird. Wir bemerken, daß die Termini "perfektiv" und "imperfektiv" Gegebenheiten an den außersprachlichen Sachverhalten bezeichnen, also im Sinne von Aktionsarten gemeint sind.

Der Ausgangspunkt seines Fragens ist also gewissermaßen ein Katalog von Gegebenheiten, die an einem Sachverhalt unterschieden

oder besser im sprachlichen Kommunikationsakt mitgeteilt werden
können, und zwar handelt es sich darum, ob der Sachverhalt

(1) nur als realisierbar zugeschrieben wird
    (potential meaning oder non-process)
(2) als wirklich realisiert prädiziert wird
    (real meaning oder process)
(3) imperfektiv ist, d. h. kein Resultat impliziert
(4) perfektiv ist, d. h. natürlicherweise zu einem Resultat führt
(5) ob der prädizierte Sachverhalt dargestellt wird in der Reali-
    sationsstufe der "action" (des Vorganges),
(6) der "contiguity" (Vollendungsphase) oder
(7) als "result" (als Resultat).

Adamus stellt nun fest, daß die Bedeutungselemente 1—4 vom
Verbalstamm in Verbindung mit Kontextfaktoren und Gegeben-
heiten der Sprachsituation vermittelt werden. Es spricht in diesem
Zusammenhang von der selektiven Funktion des Kontexts (S. 25).
Weder der einfachen, noch der erweiterten Verbform komme im Be-
reich dieser Bedeutungselemente eine differenzierende Funktion zu.
Insbesondere vermöge die einfache und erweiterte Verbform nicht
zwischen "process" und "non-process" zu unterscheiden:

Observing verbal stems of the Germanic languages in various settings, we
soon realized that they manifested two different contents which we called
potential and *real* meanings. In this place, we should like to state ex-
pressly that these two meanings are indeed rendered by verbal stems
alone, not by the simple or the progressive form (S. 31).

Bevor Adamus darangeht, den kommunikativen Beitrag der einfachen und erweiterten Form genau zu fixieren, untersucht er seiner
methodischen Grundüberzeugung zufolge, daß die Konstruktionen
in ihre Konstituenten zerlegt und diese dann einzeln auf ihre Bedeutung abgefragt werden müßten, zunächst das Partizip Präsens.
Sein Ergebnis: Das attributive Partizip erlaube dem Verbalstamm,
zwei Bedeutungen zu realisieren, (a) "the potential meaning", und
von den drei Realisationsstufen perfektiver Prozesse allein (b) den
Vorgang oder die Handlung ("action"). Das prädikative Partizip
Präsens in der erweiterten Verbform dagegen lasse nur eine Bedeutung (Nr. 5 in unserem Katalog) zu:

the Modern English collocation composed of the auxiliary *to be* plus the present participle, the so-called progressive form, selects among the two possible one meaning only, i. e. the realized action itself (S. 42).

Worin besteht dann also der Unterschied zwischen einfacher und erweiterter Form im Englischen? Die einfache Form läßt aus unserem Bedeutungskatalog oben die Bedeutungen (1) "potential meaning" und (2) "real meaning" zu. Die Wahl der erweiterten Form schließt jedoch die Bedeutung (1) aus: ". . . the situation of the verbal stems will change completely if the speaker substitutes the progressive form for the simple one. This substitution will definitely entail the disappearance of the potential value to be replaced by the real meaning" (S. 67).

Von den Realisationsstufen perfektiver Prozesse läßt die einfache Form sowohl "action", wie "contiguity" zu. Adamus demonstriert dies an dem Satz *I shall speak to him, when he comes back home,* der ja die Gleichzeitigkeit von *speak to him* und des Heimkommens in seiner Abschlußphase ("contiguity") aussage. Im Gegensatz dazu sage die erweiterte Form von *come back home* im selben Satz die Gleichzeitigkeit der Vorgänge "speak to him" und "come back home" aus. Adamus schließt hieraus: "The substitution of the progressive form for the simple one entails each time the exchange of the contiguity for the action". Zusammenfassend charakterisiert er den funktionalen Kontrast zwischen einfacher und erweiterter Form wie folgt: "Summing up, the simple form does not prevent a verbal stem from admitting (a) potential value and (b) contiguity, whereas the progressive form excludes either of these meanings" (S. 69).

Das entscheidende Ergebnis seiner Studie ist also, daß die kommunikative Leistung der erweiterten Form zu charakterisieren ist als Selektivität ("selective function"), d. h. aber, daß die erweiterte Form selbst keine eigentliche Bedeutung im Sinne des Hinweises auf Gegebenheiten am außersprachlichen Wirklichkeitszusammenhang habe, sondern aus dem Bedeutungskatalog des Verbalstammes eine einzige auswähle, nämlich die Vorgangs- oder Handlungsphase selbst.

Adamus untersucht dann den Kontrast der beiden Verbformen in den einzelnen Tempora und kommt für das Preterit zu dem gleichen Ergebnis wie für das Präsens:

Modern English and Icelandic dispose of a sufficient and efficient sign used by the speakers (and listeners) to select *the action* (Kursive von mir), whereas the simple form, beside admitting the same value, does not exclude two other meanings, viz. the potential meaning and, within the perfective processes, the contiguity (S. 72).

In Verbindung mit imperfektiven Prozessen ergäbe die Wahl zwischen erweiterter und einfacher Form keinen Bedeutungsunterschied:

As regards the imperfective processes, there is practically no difference between simple and progressive forms, so that they may both be used promiscuously *The boy stood on the hill* v. *The boy was standing on the hill* (S. 72).

Hier muß man allerdings anfügen, daß die Analyse der Sachverhalte in imperfektive und perfektive Prozesse unzureichend ist, denn "look out of the window" wäre nach Adamus ein imperfektiver Prozeß, da er kein Resultat im Sinne eines Folgezustandes impliziert. Demnach müßten einfache und erweiterte Form austauschbar sein. Sie sind es jedoch keinesfalls im Indzidenzschema: *When I came in, the boys looked out of the window* ist nicht dasselbe wie der gleiche Satz mit der erweiterten Form von *look*: *When I came in, the boys were looking out of the window*. Es wird offensichtlich, daß die Einteilung aller prädizierbaren Sachverhalte in "process" und "nonprocess" nach den Kriterien von Adamus zur Erklärung der Aspektwahl im Englischen nicht ausreicht. Ebensowenig kann die Analyse perfektiver Prozesse in Vorgang, Kontiguitätsphase und Resultat befriedigen, insbesondere wenn daran die Behauptung geknüpft wird, die einfache Form des Englischen könne alle drei Phasen bezeichnen, insbesondere auch die Kontiguität. Es wäre z. B. zu fragen, welche Phase der in den folgenden Sätzen prädizierten Sachverhalte jeweils von den Verbformen bezeichnet wird:

(a) when he came in, the boys looked out of the window.
(b) when he came in, the boys were looking out of the window.

Im Satz (a) wird das in seiner Endphase oder punktuell-komplexiv

aufgefaßte "Hereinkommen" in Beziehung gesetzt zur Eintrittsphase von "look out of the window", und zwar im Sinne der unmittelbaren Aufeinanderfolge. Im Satz (b) dagegen wird das punktuell aufgefaßte "Hereinkommen" in Gleichzeitigkeitsbeziehung gebracht mit einer Phase aus dem Verlauf des Sachverhalts "look out
of the window". Die lexikalische Einheit *look out of the window*
kann demnach bezeichnen

(a) die Eintrittsphase, das Richten des Blicks, die Ursache und
Voraussetzung ist für

(b) den Folgezustand, das Gerichtetsein des Blicks und möglicherweise

(c) Eintrittsphase und Folgezustand zusammen.

Die einfache Form, so scheint es, kann alle drei Bedeutungen (a, b, c)
zum Ausdruck bringen, während die erweiterte Form auf die Bedeutung (b) eingeschränkt bleibt. Bemerkenswert ist nun, daß es
offensichtlich Verben gibt, die aus Vorgangskomplexen im Sinne
des ursächlichen Zusammenhangs einer Eintrittsphase und eines
Folgezustands oder Folgevorgangs nur den Folgezustand bezeichnen.
Das ist offensichtlich bei Verben wie *sleep* oder *lie* der Fall. Bemerkenswert ist nun an der Aspektwahl im Englischen, daß solche
Verben im Inzidenzschema niemals in der einfachen Form verwendet
werden. Sätze wie

* *when I came in, everybody slept* *   oder

* *when I came in, all the boys lay on the floor* *

haben offensichtlich als abweichend zu gelten. In diesem Sprachgebrauch liegt wahrscheinlich die Erklärung dafür, daß in einem Satz
wie *when he came in, all the boys sat on the floor* die Fügung *sat on
the floor* als Eintrittsphase für "*sit on the floor*", d. h. im Sinne von
sat down on the floor, interpretiert wird.

Zu Adamus' Versuch wird man also feststellen müssen, daß zwar
seine Funktionsbestimmung der Aspektopposition im Englischen
nicht vollständig, seine Analyse perfektiver Prozesse in Vorgang,
Kontiguitätsphase und resultierenden Zustand dagegen insofern
anregend ist, als damit auf die Frage verwiesen wird, wieviel aus
einem (ursächlich) verknüpften außersprachlichen Geschehenszusammenhang jeweils als lexikalischer Gehalt in ein Verbum oder ein
Prädikat eingeht. Während dt. *sitzen* aus dem Zusammenhang der

kontinuierlichen Lagemerkmale eines Menschen oder Tieres nur den Folgezustand einer verursachenden Eintrittsphase *(sich setzen)* benennt, kann dt. *wegschauen* wie engl. *look away* beide Phasen bezeichnen. Eine genauere Analyse des Verhältnisses von außersprachlichem Geschehenszusammenhang und lexikalischem Verbinhalt wäre eine nützliche Vorarbeit für das genauere Verständnis der Aspektwahl im Englischen.

Es sei abschließend nur noch auf einen Punkt hingewiesen, an dem man mit Adamus nicht übereinstimmen wird: Bei der Beschreibung des funktionalen Kontrastes zwischen den beiden Verbformen im Perfekt sagt er zunächst, daß bei perfektiven Vorgängen die einfache Form dem Verbalstamm den Wert "contiguity" zuschreibe, der aber jeweils als vor der Sprechzeit realisiert ausgesagt werde, weshalb die Sprechzeit immer schon in den der Kontiguitätsphase folgenden, aus dem Abschluß der Handlung resultierenden Zustand falle; die erweiterte Form aber wähle wiederum wie in den anderen Tempora die erste Realisierungsphase ("action") aus. Man wird hier im ganzen zustimmen. Falsch ist es jedoch zu behaupten: "the progressive perfect is applied to affairs which immediately coincide with the moment of utterance" (S. 74). Es steht ganz eindeutig fest, daß erweiterte Perfekta ohne entsprechende Zeitadverbien keineswegs das Andauern der ausgesagten Sachverhalte bis zum Zeitpunkt des Sprechens implizieren. Darauf weist F. R. Palmer mit Nachdruck hin.

Unbefriedigend ist auch die Feststellung, daß bei imperfektiven Prozessen einfache und erweiterte Form ohne Bedeutungsunterschied vertauscht werden können. "In the settings in which an imperfective process is contained, both the simple and the progressive form may be used, without bringing about a shift in value" (S. 74). Wenn das so ist, bleibt unverständlich, warum gewisse imperfektive Verben wie *walk, sleep, read, think,* usw. nur in ganz speziellen Kontexten in der einfachen Perfektform Sinn ergeben. Sicher aber ist, daß einfache und erweiterte Form keineswegs frei vertauschbar sind.

Mit Adamus' Studie hat die Arbeit von R. L. Allen mehrere Punkte, unter anderen den strukturalistischen Ansatz gemeinsam. Von Pike übernimmt er "the tagmemic concept of slot-classes or position-form correlations" (S. 96), vom Prager Strukturalismus die These, daß die Sprache als System binärer Oppositionen organisiert sei, in denen ein Glied jeweils merkmaltragend, das andere aber merkmallos oder neutral sei. Allerdings schränkt er dieses Prinzip im Anschluß an Jerzy Kuryłowicz wie folgt ein:

... within the 'semantic polarization' represented by a marked category in opposition to an unmarked category, the meaning (or function) of the marked member of the pair tends to force the unmarked member towards the opposite pole so that the unmarked member may take on a meaning or function diametrically opposed to that of the marked member and become itself a marked category rather than a neutral category (S. 154).

Hinsichtlich der methodischen Frage, ob ein semasiologischer oder onomasiologischer Ansatz zu wählen sei, neigt er eher zu einer kritischen Haltung gegenüber dem onomasiologischen Standpunkt. Er weist auf die Behauptung G. A. Pittmanns hin, daß die Wahl der Verbformen im Truck, einer mikronesischen Sprache, nicht von der Verzeitung der ausgesagten Sachverhalte, sondern davon abhänge, mit welcher "evidence" diese für den Sprecher gegeben seien. Er folgert: "If this is true, then a preconceived hypothetical tense system like Bull's could easily mislead an analyst studying Truck" (S. 96, Fußnote 56).

In der Frage, ob die unterschiedlichen Verwendungsweisen einer grammatischen Kategorie aus einer „Grund- oder Gesamtbedeutung" ableitbar oder ob isolierte Verwendungstypen anzusetzen seien, entscheidet er sich für Jakobsons Annahme "that every category displays a semantic invariant nominator for all the variant forms of that category" (S. 90) und gegen Hocketts Kritik an diesem Ansatz, der die Suche Jakobsons nach der Gesamtbedeutung der einzelnen Kasus eines Kasussystems ein „chimärisches" Unterfangen nennt (S. 91).

Bei der Untersuchung des Verbalsystems des amerikanischen Englisch geht er dann gemäß seines semasiologischen Ansatzes von einem Formenkatalog, den traditionellen 8 Tenses, aus und fragt, wie sie in einem theoretischen System unterzubringen sind. Er bespricht zunächst Lösungen, wie sie Jespersen mit seinem siebenstelli-

gen, Reichenbach mit seinem neunstelligen System auf der Grundlage der Unterscheidung von Sprechzeit, Referenzzeit und Ereigniszeit und Bull mit seinen vier Orientierungsachsen vorgeschlagen
haben. Er selbst entscheidet sich schließlich für ein Tempussystem mit
nur zwei Orientierungsachsen, nämlich dem Present, dem zugeordnet sind das Perfekt und das Futur, und dem Past, dem zugeordnet
sind das Plusquamperfekt und Konditional I. Diese Wahl trifft er,
weil sich im traditionellen dreigliedrigen System, in dem sich die
Zeit vom Gegenwartspunkt aus unendlich in die Vergangenheit und
in die Zukunft erstreckt, keine überzeugende Stelle für das *Past*
findet, wenn dem Perfekt (have) die ganze unendliche Erstreckung
der Zeit in die Vergangenheit als seine Domäne zugewiesen wird.

Sprechzeit

Past time |

have   do   will ⟶

Die Einführung einer eigenen Past-Achse begründet er darüber-
hinaus mit dem Nebeneinander von spezifiziertem und unspezifi-
ziertem Zeitbezug ("definite" und "indefinite time") parallel zu dem
Nebeneinander von "definiteness" und "indefiniteness" im Bereich
der Nominalgruppen. Ähnlich wie der Gebrauch des bestimmten Artikels (abgesehen von seiner Funktion "in generic use") ein bereits
identifiziertes Bezugsobjekt als Kommunikationsgegenstand vor-
aussetze, erfordere die Verwendung des *Past* die Bindung des prädizierten Sachverhalts an einen spezifizierten Zeitpunkt der Vergangenheit, während die Verwendung des Present-Perfect die
unspezifizierte Vergangenheit bezeichne: "'Past verb-clusters' are
used to refer to identified time(s) in the past, while present perfect
verbs clusters are used to refer to non-identified time(s) in the past"
(S. 157).

In den beiden Subsystemen mit den Orientierungsachsen

An Identified Time in the Past   und   *The Moment of Coding*

[-d]   [ø]

have   could   have   will

[-d]   [ø]

werden jeweils drei Zeitrelationen, Vor-, Nach- und Gleichzeitigkeit zum Ausdruck gebracht. Die Lokalisierung der Sachverhalte in
der Zeit, ihre Verzeitung, erfolgt also entweder mit Bezug zur
Sprechzeit, oder mit Bezug auf eine spezifizierte Zeitachse in der
Vergangenheit.

Für die Erklärung von Tempus- und Aspektwahl hält Allen auch
die quantitativen Unterschiede im Zeitbezug von Sachverhalten für
wichtig. Bei der Untersuchung dieser Fragen kommt er in vielen
Punkten zu ähnlichen Ergebnissen wie die Diskussion um die Aktionsarten in der deutschsprachigen Anglistik. Bemerkenswert ist,
daß er sich von vornherein dazu entschließt, nicht einfach isolierte
Verben auf ihren Zeitcharakter zu untersuchen, sondern vollständige
Prädikate wie *write a letter, read a book* usw.

Zunächst trifft er allerdings eine Unterscheidung, die heterogene
Merkmale gegenüberstellt. Er spricht von "immediate time" und
"extended time" (S. 183) und erläutert den Unterschied zwischen
den beiden an einem Bild der menschlichen Zeitvorstellung, dem
wohl zu entnehmen ist, daß er mit "immediate time" das universale,
d. h. das für den gesamten Kosmos geltend gedachte, absolute
„Jetzt" des Sprechers, mit "extended time" aber den Umstand meint,
daß das menschliche Bewußtsein beliebig große Zeitstrecken denkend
erfassen und sich als Gegenwart zuordnen (vergegenwärtigen) kann,
sofern sie nur das absolute Jetzt des Sprechers einschließen. Diese
Unterscheidung begründet er unter anderem damit, daß gewisse
Prädikate nur dem absoluten Jetzt zugeordnet sind, wie z. B. der
Koinzidenzfall. Und darin wird man ihm zustimmen. Kritisch einwenden möchte man aber, daß das absolute Jetzt ("immediate
time") durch zwei Merkmale gekennzeichnet ist, nämlich durch seine
Punkthaftigkeit und seine absolute Jetztqualität. Der Gegensatz zu
"immediate time" ist also nicht einfach "extended time", sondern
zusätzlich alle Zeit, die Nicht-Jetzt ist.

Seine Aufgliederung der Prädikate läßt sich mit folgendem Schema
wiedergeben:

I. Bounded (telic) Predications
   1. Repeated
   2. Unique:
      a) Momentary

  b) Extended:
    α) Included
    β) Inceptive
II. Non-Bounded (atelic) Predictions

Als weitere Gruppe führt er die "generic predications" an, die nicht
zeitbezogen sind. Koschmieder hatte in diesem Zusammenhang den
Begriff der Außerzeitlichkeit verwendet.

Zur Erläuterung dieser Klassenbildung läßt sich folgendes kurz
anführen: Die Unterscheidung von "bounded" und "non-bounded"
im Zusammenhang mit Prädikaten entspricht im ganzen der von
Howard B. Garey ("Verbal Aspect in French", *Language* XXXIII,
1957, S. 91 ff.) vorgenommenen Unterscheidung zwischen "telic
verbs (which express an action tending towards a goal)" und "atelic
verbs (which do not have to wait for a goal for their realization,
but are realized as soon as they begin)" (S. 197). Die Unterscheidung
zwischen "repeated" und "unique predications" bedarf keiner Erklärung bis auf den Hinweis, daß wiederholte Ereignisse als zu-
sammenhängende Ereigniskette und damit als "one continuous
event" aufgefaßt werden können, was im Englischen mittels der erweiterten Form zum Ausdruck gebracht werde.

Die einmaligen Sachverhalte (unique predications) gliedert er
nach dem Zeitquantum, das sie beanspruchen. Sie ereignen sich entweder in ihrer Gänze in einem Zeitpunkt oder beanspruchen Zeitstrecken. Punktuelle Sachverhalte werden im Englischen, wie bekannt, in der einfachen Verbform ausgesagt. Die weitere Untergliederung der Prädikate in "included" und "inceptive" erläutert er
wie folgt: Wenn einem Prädikat ein Zeitadverb zugeordnet ist, das
den ausgesagten Sachverhalt in seiner ganzen zeitlichen Erstreckung
enthalten kann, führt das seitens des Hörers zur Annahme, daß er
in seiner Gänze verwirklicht worden ist: *I ate supper at home last
night.* Wird aber derselbe Sachverhalt mit Hilfe einer punktuellen
Zeitbestimmung in der Zeit lokalisiert — *I ate supper at seven
o'clock last night* —, so werde damit nur der Beginn des ausgesagten
Sachverhalts gemeint. Bezüglich der atelischen Prädikate ("non-
bounded predications") schließlich bemerkt er, daß sie häufig durch
quantifizierende Ergänzungen ("bounding complements") in telische
("bounded predications") übergeführt werden. *They played* z. B.

enthalte ein atelisches Prädikat, *they played a rubber of bridge* ein telisches, *play a card* dagegen wäre als "a momentary bounded predication" zu charakterisieren. Allgemein bemerkt er, daß Prädikate, die Ereignisse ("events") aussagen, in der Regel "bounded", Zustände aber im allgemeinen "non-bounded" oder atelisch seien.

Zu Allens Klassifizierung der Prädikate im ganzen ist zu bemerken, daß ihr diverse Kriterien zugrunde liegen. — Während die Klassen der "bounded", "unbounded", "repeated", "unique", "momentary" und "extended predications" zweifelsohne auf unterschiedlichen Merkmalen des Zeitbezugs der ausgesagten Sachverhalte beruhen, liegen den Klassen der "included" und "inceptive predications" andere Klassifizierungsmerkmale zugrunde. Hier ist es nicht der Zeitbezug der ausgesagten Sachverhalte, der die Klassenmerkmale liefert, sondern die Art und Weise, wie der Sachverhalt (z. B. *eat supper*) auf der Zeitlinie fixiert, ob er in seiner ganzen Erstreckung (z. B. *I ate supper at home last night*) oder ob er nur in einer seiner Phasen (Beginn oder Ende) (z. B. *I ate supper at 7 o'clock*) zeitlich festgelegt wird.

Mit den ersten Klassenmerkmalen bewegt sich Allen zweifellos im Bereich der Aktionsartunterscheidung, die Klassifizierungsmerkmale sind objektive Gegebenheiten am Sachverhalt. Die Klassenmerkmale für die "inceptive" und "included predications" dagegen sind Formen der Bezugnahme des Sprechers auf den ausgesagten Sachverhalt, also keinesfalls Aktionsarten.

Diese unterschiedlichen Prädikatsklassen nun zieht er einerseits zur Erklärung der Aspektwahl heran. Die Tatsache z. B., daß Verben wie *read* (Transitiva mit getilgtem Objekt) nach Jespersen (MEG, IV, S. 196) nicht im einfachen Perfekt (* *I have read* *), wohl aber im erweiterten *(I have been reading)* verwendet werden, erklärt er aus der Tatsache, daß es sich um "non-bounded predications" handelt. Freilich muß er dann zugeben, daß die einfache Perfektform dieser Verben möglich ist, if there "is reference to some such meaning as 'a little — some experience of', as in the following example:

I've read, I've listened to the radio, I've watched television, I've played classical music on my record-player — but I haven't enjoyed anything as much as just sitting and doing nothing (S. 203).

Andererseits aber sind diese Prädikatstypen für ihn dann gewissermaßen das vorgegebene Rohmaterial, das in der eigentlichen Aussage durch Tempus- und Aspektwahl modifiziert werden kann.

So ist es zum Beispiel möglich, einen durch ein telisches Prädikat bezeichneten Sachverhalt entweder in seiner Gänze oder aber ohne ausdrückliche Information darüber, ob er voll verwirklicht wird, auszusagen: *The man drowned* und *The man was drowning*. Während der erste Satz sagt, daß der bezeichnete telische Sachverhalt in seiner Gänze ablief (der Mann also wirklich ertrank), impliziert der zweite Satz den vollen Ablauf des Sachverhalts nicht, schließt ihn aber auch nicht aus. Die beiden Formen der Bezugnahme auf Sachverhalte faßt er in die Dichotomie "inclusive" gegen "non-inclusive reference". Diese Erwägungen führen ihn dazu, im Gegensatz zu Hatcher, Palmer, Adamus und anderen, der einfachen Verbform eine einheitliche Funktion zuzuschreiben, sie als das merkmaltragende Glied innerhalb der funktionalen Opposition "inclusive — non-inclusive reference" zu bezeichnen:

The non-expanded verb-clusters have in Present-Day English a Marked Meaning or Function, that of Signalling Inclusive Reference. (By inclusive reference is meant reference to the whole of a Predication or Event, rather than reference to a part of it). It appears, further, that in the opposition 'non-expanded verb-clusters' / 'expanded verb-clusters', where non-expanded forms signal the marked meaning of 'inclusive reference', expanded forms on the contrary are often neutral as regards this meaning (S. 184).

Diese Unterscheidung nun zwischen "inclusive" und "non-inclusive" reference setzt er in gewissem Sinne mit dem imperfektiven und perfektiven Aspekt gleich:

With reference to many languages which he examined in connection with his study of time and tense, Bull says that they all have fundamentally the same basic structural characteristics. The base, to judge by the universality of its appearance, is the difference between perfective and imperfective aspect. The distinction between inclusive reference and non-inclusive reference appears, then, to be fairly universal (S. 205).

Allerdings beschreibt er die beiden Glieder der Aspektopposition zusätzlich mittels der Dichotomie "inclusive vs. intrusive reference".

Eine ähnliche Differenzierung hatte bereits G. Dietrich mittels der Charakterisierung der beiden Aspekte des Englischen als "komplexiv" und "introspektiv" vorgenommen.

Grundlage der Verzeitung der ausgesagten Sachverhalte ist im Englischen also ein *zweiachsiges Zeitstufensystem* und die zweigliedrige Aspektopposition. Für die Aspektwahl selbst sind zusätzlich ein System von Prädikatstypen von entscheidender Bedeutung. Das ganze System läßt sich durch das folgende Schaubild verdeutlichen:

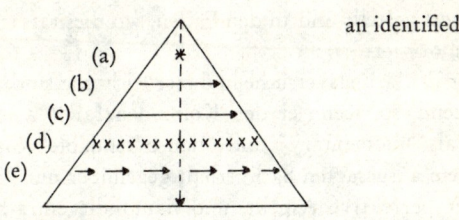

Different kinds of predications (S. 186): Momentary (a); Extended (b, c); Repeated (d, e);

Jeder identifizierte Zeitpunkt wird im englischen Verbalsystem durch die Zeitstufen zur absoluten Gegenwart des Sprechers in Beziehung gesetzt. Hinsichtlich der ausgesagten Sachverhalte hingegen, sofern sie Dauer haben, hat der Sprecher dann die Wahl zwischen zwei Gesichtspunkten: er kann sich an den Grenzen ihres Zeitfeldes orientieren: die ausgesagten Sachverhalte werden in ihrer Gänze erfaßt; oder der Sprecher bezieht sich auf die Achse ihres Zeitfeldes, d. h. aber auf einen absoluten Zeitpunkt ("to an immediate moment of time"). Allen sagt hierzu abschließend:

If aspect is defined as a speaker's way of 'looking at' a Predication that he makes, it will be seen that English has only two aspects: *Inclusive Aspect* and *Intrusive Aspect* (or, to give the two their more customary names, *perfective aspect* and *imperfective aspect*). Inclusive aspect is the marked member of the opposition 'inclusive' / 'intrusive' in English, as it seems also to be in Russian. Intrusive aspect, signaled by expanded verb forms, is 'noncommittal with respect to completion or non-completion' (1966, S. 219).

Diese Definition der Aspekte ist nicht revolutionierend; sie ist,

wie bereits gesagt, bei Gerhard Dietrich in ganz ähnlicher Formulierung gegeben. Zudem wird man bezweifeln, ob die Verwendung
der einfachen Form in Verbindung mit den sogenannten Verben
ohne Verlaufsform (*contain, possess* etc.) mittels der Opposition
von "inclusive" und "intrusive reference" erklärt werden kann.
Ähnliche Schwierigkeiten dürften sich für Sätze ergeben wie *I feel
well today* vs. *I am feeling well today.* Sodann ist diese Definition
zu ergänzen durch die Angabe, von welchen Gegebenheiten die Wahl
der Aspekte abhängt, denn sie ist ja keineswegs völlig in das Belieben des Sprechers gestellt und in den Fällen, wo dies tatsächlich zutrifft, nicht unmotiviert.

Einige seiner Erklärungsversuche in dieser Richtung sind zweifelsohne überzeugend, so, wenn er den Koinzidenzfall ("asseverative
predication") als "momentary" und "non-extendable" charakterisiert, so daß dem ausgesagten Sachverhalt gegenüber nur "inclusive
reference", der perfektive Aspekt, und damit die einfache Verbform möglich sei.

Dem wird man im ganzen zustimmen können, wenn man davon
absieht, daß offenbar aus stilistischen Gründen in bestimmten Fällen
der Koinzidenz die erweiterte Form bevorzugt wird:

Hill: Squad — slope arms! A/C₂ Thompson — *I'm charging you* with
failure to obey a legitimate order issued by an N.C.O. in command under
Her Majesty's Air Force, and may God help you, lad. (Schopf 1969,
S. 218).

Hier wird die Anklage wegen Befehlsverweigerung nicht bloß berichtet; sie wird zweifelsohne im Sinne des Koinzidenzfalls gesetzt.
Dennoch steht die erweiterte Form. Verantwortlich für diese von
der generellen Regel abweichende Wahl sind offenbar bestimmte
Züge des Situationszusammenhangs (Schopf 1969, S. 217 ff.).

Verhältnismäßig kompliziert ist Allens Versuch der Erklärung
der Aspektwahl im Zusammenhang mit "extended predications",
welche er als (a) "suffusive" oder (b) "profusive" charakterisiert.

Von den "profusive predications" sagt er, daß sie sich entweder
auf Sachverhalte beziehen, die die mit einer Aussage implizierte
Zeitperiode vollständig ausfüllen, oder aber, für den Fall daß keine
Zeitperiode impliziert sei, den ausgesagten Sachverhalt als zeitlich

unbegrenzt aussagen, was z. B. für den folgenden Satz gelte: *Hamadan lies at the foot of Mt. Alvand.*

Da die Aussage sich auf den Sachverhalt in seiner Gänze erstrecke, wenn auch sein Zeitquantum nicht spezifiziert und spezifizierbar sei, liege zwar eine "non-bounded predication" vor, die zugleich als "*suffusive*" und vor allen Dingen aber als "*inclusive*" angesehen werden müsse. Und darin gerade liege die Erklärung für die Wahl der einfachen Verbform.

Im Gegensatz hierzu sei die Aussage *My hat is lying on the table in the hall* "profusive", weil sie eine Zeitperiode impliziere, in der die mit dem Prädikat "lying on the table" gemeinte zeitliche Erstreckung als Teilstrecke enthalten ist: "My hat does not always lie on the table in the hall — it has probably been put there recently — and will probably not stay there indefinitely" (1966, S. 223).

Zugleich seien "profusive predications" auf einen Zeitpunkt ("an immediate moment of time") bezogen, also "intrusive". Der Grund für die Wahl der erweiterten Verbform liege also darin, daß das Prädikat "lie on the table" im obigen Satz zu charakterisieren sei als "profusive", d. h. aber zugleich als "bounded" und "intrusive".

Schwierigkeiten angesichts dieses Erklärungsversuches bereitet der Umstand, daß "bounded predications" durchaus in beiden Aspekten ausgesagt werden können:

> *What did you do from 8 to 9 last night?*
> *What were you doing from 8 to 9 last night?* (S. 208)

so daß die Wahl der erweiterten Form in *My hat is lying on the table in the hall* nicht allein darin zu suchen ist, daß die Aussage "bounded" ist im Gegensatz zur "unbounded predication" in *Hamadan lies at the foot of Mt. Alvand,* sondern vielmehr darin, daß die Aussage als "intrusive" zu werten ist. Die Frage spitzt sich dann darauf zu, ob die beiden Aussagen in

> *What did you do from 8 to 9 last night?*
> *What were you doing from 8 to 9 last night?*

tatsächlich durch eine unterschiedliche Zeitorientierung im Sinne von "inclusive" und "intrusive reference" gekennzeichnet sind. Falls man diese Frage bejaht, wäre im zweiten Satz ein absoluter Zeitpunkt (an immediate moment of time) impliziert, z. B. ein oder mehrere Versuche seitens des Sprechers, den Angesprochenen telephonisch zu erreichen usw. Im ersten Satz wäre dagegen eine solche Implikation nicht gegeben. Die Frage bedarf, wie mir scheint, noch der Klärung.

Bemerkenswert an den Arbeiten von Adamus und Allen ist der Versuch, zunächst eine Typologisierung der ausgesagten Sachverhalte zu geben. Adamus stellt dabei die Strukturanalyse dessen in die Mitte, was er Prozeß nennt, den er aufgebaut sieht aus den Phasen "action", "contiguity" und "result". R. B. Allen geht dagegen von unterschiedlichen Kriterien, insbesondere aber vom quantitativen Zeitbezug der Sachverhalte im Sinne der Aktionsarten aus und berücksichtigt Gegebenheiten der menschlichen Zeitvorstellung, wenn auch ohne ausdrücklichen Bezug auf die Forschungsergebnisse der Philosophie und Psychologie, die in diesem Zusammenhang relevant scheinen.

Die neueste Arbeit zum Problem des englischen Verbalaspekts, Eric Buyssens' Buch *Les deux aspectifs de la conjugaison anglaise au XXᵉ siècle* (1968) bewegt sich hingegen wieder eher auf der Linie von Adamus. Buyssens versucht zunächst eine terminologische Klarstellung: Die Aspektformen nennt er « aspectifs » (die einfache Form *aspectif I*, die erweiterte *aspectif II*). Dem Terminus *aspectif* stellt er den Ausdruck *aspect* gegenüber, der die Funktion der Aspektformen bezeichnen soll: « Dans cette étude, le terme *aspect* sera réservé à la fonction . . . » (S. 6).

Das ist insofern verwirrend, als er im Verlauf der Arbeit dann nicht weniger als sechs *aspects* unterscheidet und innerhalb eines jeden dieser « *aspects* » die Verwendung der beiden *aspectifs* (der Aspektformen) jeweils aus *einer* Grundfunktion erklärt.

Die Verwirrung klärt sich, wenn man seinen Grundansatz verstanden hat, der unseres Erachtens einen grundsätzlichen Widerspruch enthält.

Zwar geht er von den beiden Aspekten des Slavischen aus, deren einem er die Darstellung des ausgesagten Sachverhalts « dans sa totalité, dans son achèvement », deren anderem er die Darstellung des Sachverhalts « dans son inachèvement » (S. 26) zuschreibt. Die

Richtung seines Aspektverständnisses wird deutlicher, wenn er dann sagt: « Il s'agit de considérations relatives à la durée du fait exprimé par le verbe: dans un cas, on *envisage* le fait du début à la fin, dans l'autre on l'envisage à un moment situé entre son début et sa fin » (S. 26). In dieser Definition wird zwar noch gesagt, daß es sich um Anschauungsformen handelt, er tut dann aber insofern einen schwer verständlichen Schritt, weil er zur alleinigen Grundlage für die Definition und Einteilung der „Aspekte" die Dauer des ausgesagten Sachverhalts macht: « Une fois que l'on se met à considérer la durée d'un fait on s'aperçoit que les aspects (der imperf. und perf. der slavischen Grammatik) dont il vient d'être question ne sont pas les seuls possibles » (S. 26). An jedem Sachverhalt mit *Dauer*, der auf der Zeitlinie als Quantum und nicht als Punkt darstellbar ist, kann man logischerweise den Beginn, den Endpunkt und die Zeitpunkte der Teilstrecken innerhalb von Beginn und Ende unterscheiden.

Dementsprechend ergeben sich sechs Aspekte: (1) Der *aspect ponctuel initial,* der von einem Sachverhalt mit Dauer nur den Anfangspunkt betrachtet: « où l'on envisage uniquement le début d'une durée. Ce début n'a en lui-même aucune durée: c'est le séparation entre le néant et l'existence » (S. 291). Er exemplifiziert diesen „Aspekt" mit dem Belegsatz *He beams when he sees his father, and comes affectionately behind him and pats him on the shoulder,* den er wie folgt kommentiert: « Le fait désigné par *beams* commence au moment indiqué par la subordonnée, mais on ignore jusqu' à quand il se prolonge » (S. 27).

(2) Der *aspect total* ist gegeben, wenn man einen Sachverhalt in seiner Totalität, d. i. vom Beginn bis zum Ende, betrachtet. Das ist z. B. dann der Fall, wenn das Maß der Dauer durch ein Zeitadverb angegeben ist: *I coughed all night,* oder *I was coughing all night.*

(3) Der aspect *ponctuel final* « . . . envisage la fin d'une durée. Cette fin n'a aucune durée en elle-même: elle est la limite entre l'existence et le néant. » (S. 297). Er wird exemplifiziert durch den Belegsatz: *But when I got home at 5:30 p. m., I discovered that he had spent all his time writing letters.*

(4) Den *aspect partiel initial* « où l'on envisage la première partie d'une durée » belegt er mit dem Satz *Since 1914 I have been living*

*in a heroic age and I see no prospect of surviving into another epoch
of peace and quiet.*

(5) Der *aspect partiel final* schließlich betrachtet den abschließenden
Teil einer Dauer: *I shall be working hard for another three weeks.*

(6) Den *aspect médial* endlich « qui décrit un fait considéré à un
moment situé entre son début et sa fin » (S. 35) illustriert er mit den
Sätzen *Very gradually the astronomers found out the conditions
in the layer of the sun from which the light comes. — The car is
coming up the drive. — My house stands on the side of a hill. —
Why are you standing here?*

Innerhalb dieser sechs „Aspekte" gliedert er dann zusätzlich die
ausgesagten Sachverhalte nach der Anzahl der jeweils involvierten
Einzelvorgänge oder Einzelfakten auf. Im einzelnen unterscheidet
er (1) un fait unique, (2) un ensemble de faits, (3) une succession de
faits, (4) plusieurs successions de faits.

Auf diese Weise erhält er 24 Sachverhaltstypen, für die er dann
Belegsätze sucht, um festzustellen, wie sich die beiden Aspektformen
auf die Sachverhaltstypen verteilen und daraus Hinweise auf die
Funktion der beiden Aspektformen zu erhalten.

Dieses Verfahren hat zumindest die terminologische Inkonsequenz, daß einerseits *aspect* zur Bezeichnung der „Funktion" der
Aspektformen verwendet wird, während im weiteren Verlaufe die
« aspects » hingegen nichts weiter sind als die logischen Aspekte, die
man einem Sachverhalt mit Dauer abgewinnen kann, und die zur
Aufstellung eines Katalogs von Aussagetypen dienen, innerhalb
derer erst nach der statistischen Häufigkeit der Aspektformen und
ihrer Funktion gefragt wird.

Schon gegen die Definition einiger dieser Aussage- oder Sachverhaltstypen ergeben sich Einwendungen. Wenn er den durch den Satz
... I got home at 5:30 p. m. ... ausgesagten Sachverhalt als *aspect
ponctuel final* bezeichnet und ihn graphisch als Strecke mit ausge-
zeichnetem Ende ⌞_____⌝ darstellt, ergibt sich die Frage, was
denn die Strecke darstellen soll, da doch die Ankunft selbst offenbar
als ausdehnungsloser Punkt gesehen wird. Man kann nur folgern,
daß der von *got home at 5:30 p. m.* ausgesagte Sachverhalt den ganzen Vorgang des sich nach Hause Begebens mit einschließt. Nur unter
dieser Voraussetzung läßt sich Buyssens' Klassifizierung des Sach-

verhalts verstehen. Dieses Verfahren wirft aber die Frage nach der lexikalischen Struktur von *get home, arrive* etc. auf. Diese Lexeme *implizieren* zwar den jeweiligen Anweg, sie *nennen* oder enthalten ihn aber nicht. Im Hinblick auf ihren Zeitcharakter sind die besagten Sachverhalte in der Regel punktuell aufgefaßt. Die Wendung *I arrived at the station for two hours,* die ja möglich sein müßte, wenn der mit *arrive* benannte Sachverhalt Dauer hätte, wird niemand als sinnvoll ansehen.

Wollte man so verfahren, müßte man z. B. *buy* als « *aspect ponctuel initial* » bezeichnen, und zwar dann, wenn man das durch *buy* implizierte *have* als Bestandteil des Wortinhalts auffaßt, und das Verb *die,* da es das vorausgehende Leben impliziert, ein *aspect partiel final.* Ein solches Verfahren kann nur verwirren. Nicht nur stellt es die lexikalischen Gegebenheiten unrichtig dar, es ist auch von keiner Bedeutung für die Wertzuschreibung für die beiden Aspektformen: Denn sowohl für den aspect ponctuel initial wie für den aspect ponctuel final stellt er fest: « La conclusion est claire. Comme pour l'aspect initial, l'aspect ponctuel final s'exprime par le premier aspectif » (S. 299). Es wäre klarer und einfacher, wenn er sagte, daß hier Sachverhalte vorliegen, die hinsichtlich ihres Zeitcharakters punktuell zu nennen sind.

Man wird zugeben, daß Buyssens' Analyse für den «aspect ponctuel initial » zutrifft, wenn er seinen Belegsatz *He beams when he sees his father . . .* (S. 291) wie folgt interpretiert: « Le fait désigné par *beams* commence au moment indiqué par la subordonnée, mais on ignore jusqu' à quand il se prolonge » (S. 27). Allerdings ist auch darauf hinzuweisen, daß es sich hier eigentlich um die Aufeinanderfolge zweier Ereignisse, des Erblickens und des Beginns des Lächelns, handelt. In der Tat ist vom Sachverhalt *beam* nur die Eintrittsphase gemeint. Es wäre aber unrichtig anzunehmen, im Inzidenzschema werde jedesmal die Haupthandlung nur in ihrer Eintrittsphase bezeichnet. Im folgenden Satz ist die Haupthandlung offenbar in ihrer Gesamtheit angesprochen: *When he sees his father he goes to the window.* Wieder werden zwei aufeinanderfolgende Sachverhalte genannt, der zweite jedoch nicht nur in seiner Eintrittsphase, sondern in seiner Gänze.

Es ergibt sich also die Frage, woran es liegt, daß die Haupthandlung einmal nur in ihrer Eintrittsphase, ein andermal aber in ihrer Gänze gemeint ist, eine Frage, die bei Buyssens allerdings ungeklärt bleibt.

Einwendungen ergeben sich auch gegenüber dem « aspect médial », in dem er zeitweilige und feste Merkmale (Wesensmerkmale) zu sammenfaßt:

> *My house stands on the side of a hill* und
> *Why are you standing here?* (S. 45)

Von diesem „Aspekt" sagt er, er beschreibe « un fait considéré à un moment situé entre son début et sa fin ». An anderer Stelle sagt er für « considéré » « envisagé » (S. 27). Zu fragen ist, was mit diesen beiden Ausdrücken gemeint ist. Will damit gesagt werden, daß beide Sachverhalte jeweils nur in einem Punkt ihrer Dauer, im Jetzt des Sprechens, als wirklich, d. h. aber in ihrem Verlauf, erlebt werden?

Wenn dies gemeint sein sollte, dann wird man auf den Umstand hinweisen müssen, daß im Falle von *My house stands on a hill* einem Merkmalträger ein Prädikat zugeordnet wird, das zwar in seiner zeitlichen Erstreckung nicht kalendarisch oder durch die Angabe eines Zeitmaßes qualifiziert ist, aber eben in seiner zeitlichen Erstreckung identisch ist mit dem Merkmalträger selbst, so daß man sagen kann, daß das Prädikat in seiner zeitlichen Totalität ausgesagt ist im Gegensatz zur Zeitweiligkeit des Prädikats von *"Why are you standing here?"*, wo das Prädikat im Verhältnis zum Träger in seiner zeitlichen Erstreckung begrenzt und zugleich als in seiner Dauer im Sinne des Gegenwartbewußtseins erfahren dargestellt wird. Die beiden Sachverhalte gehören nicht zum gleichen Sachverhaltstyp soweit ihre Zeitrelation betroffen ist. Sie gehören nicht zum gleichen „Aspekt" im Sinne von Buyssens.

Während sich hinsichtlich der Verwendung der einfachen und erweiterten Verbform im « aspect ponctuel initial » ebenso wie im « aspect ponctuel final » keine Problematik ergab — in beiden Fällen stand ausnahmslos die einfache Form — taucht bezüglich der Wahl der beiden Verbformen im « aspect médial » die Forderung nach genaueren Verwendungsregeln auf, da ja in diesem Fall beide Verbformen möglich sind. Buyssens sucht hier mit der folgenden Grundregel auszukommen: « le premier aspectif est employé pour une durée indéfinie ou relativement longue, le second pour une durée limitée ou relativement courte » (S. 46). Einschränkend fügt er hinzu, daß es sich hierbei um subjektive Größen handelt.

Die Regel ist meines Erachtens für den Lehrenden und Lernenden nicht sehr hilfreich. Der Rückgriff auf die Kategorie der „Dauer", genauer auf die relative Kürze oder Länge der Dauer eines Sachverhalts, setzt in jedem Einzelfall einen Vergleichsmaßstab voraus. Wo ist dieser aber zu suchen?

In der Wendung "you disturb me" in der folgenden Textstelle handelt es sich zweifelsohne um einen Sachverhalt von begrenzter Dauer, der im Sinne von Buyssens als « aspect médial » zu bezeichnen ist:

Trench: Sh! Here they come. Get the letter finished before dinner, like a good old chappie: I shall be awfully obliged to you.
Cokane (impatiently): Leave me, leave me: *You disturb me* (Schopf 1969, S. 207).

Da die einfache Verbform gewählt worden ist, müßte man nach Buyssens voraussetzen, daß der Sprecher den Sachverhalt "you disturb me" als « relativement longue » empfindet. Vergeblich wird man sich fragen, was hier den Vergleichsmaßstab für solch eine Beurteilung abgeben könnte.

Buyssens muß denn auch zugeben, daß es eine ganze Reihe von Beispielen gibt, die seiner Grundregel widersprechen. Er selbst führt die folgenden Belegsätze an:

She pointed at a young man who had just passed where we sat. — It was during broiling weather which beat down more fiercely upon those high Burgundian hills, I think, even than it did upon the glaring stones of Paris (S. 54 ff.).

läßt sie aber als unerklärliche Ausnahmen stehen. Er begnügt sich damit, den geringen Prozentsatz dieser Ausnahmen zu zeigen. Von ca. 2.570 Beispielen seines Korpus bleiben nur 28 unerklärt. Gerade diese 28 Ausnahmen, eben jene Fälle, wo die einfache Form Sachverhalte von begrenzter Dauer bezeichnet, sind aber der Beweis dafür, daß man den Bedeutungsunterschied zwischen den beiden Aspektformen nicht nur in der („subjektiv beurteilten") Dauer der Sachverhalte im Sinne der gemessenen Zeit, die sie zu ihrer Verwirklichung brauchen, suchen darf.

In der Literatur zum englischen Aspekt ist immer wieder der Versuch gemacht worden, über die Zuordnung der Verben oder der Prädikate zu lexikalischen Klassen (z. B. *process* vs. *state* etc.) zu einer genaueren Beschreibung der Aspektwahl zu gelangen. Buyssens greift zwar auch, wie wir bereits gesehen haben, auf lexikalische Gegebenheiten zurück, jedoch tut er dies nur in zweiter Linie. Die generelle Einteilung der Verben im Hinblick auf die Aspektwahl erfolgt auf anderer Grundlage. Er unterscheidet drei Klassen. Die erste umfaßt die Verben, deren Aspektwahl ohne Schwierigkeiten aus seiner Grundregel erklärt werden kann. Sie gehören zu sehr diversen lexikalischen Klassen (« des activités, des états, des changements d'états, des positions, des relations etc.: en soi, le signifié n'a pas grande importance » (S. 39). Die zweite Klasse zerfällt in zwei lexikalisch charakterisierbare Unterklassen — die Verben des Urteilens und die Verben des Wollens: « la première présentant les verbes exprimant ou impliquant un jugement, la seconde les verbes exprimant une volonté ». Diese Verben bedürfen jeweils einer genaueren Analyse, bevor sichtbar wird, daß ihre Aspektwahl der Grundregel entspricht. Eine dritte Klasse von Verben schließlich (z. B. *contain, consist of* etc.) ist in ihrer Aspektwahl aus der Grundregel nicht erklärbar, sie sind Ausnahmen.

Zur Erklärung der Aspektwahl der Verben des Urteilens beruft er sich dann allerdings in entscheidender Weise auf lexikalische Gegebenheiten. Bei der Analyse der Aspektwahl in den Sätzen a) *That I judge utterly futile and harmful* und b) *But then Gladys was probably not judging the case but merely happened to be out of patience with him* (S. 57) weist Buyssens zutreffend darauf hin, daß *judge* sowohl den Prozeß der Urteilsfindung wie das gebildete Urteil selbst bezeichnen könne. Der Prozeß der Urteilsfindung ziele auf das Urteil selbst ab und sei deshalb von begrenzter Dauer, das gebildete Urteil dagegen sei in gewissem Sinne endgültig: « Pour ce qui est du jugement, de l'opinion qui en résulte, elle a un caractère définitif: on ne se fait pas une opinion avec l'arrière-pensée d'en changer bientôt » (S. 58).

Eine interessante lexikalische Analyse liegt auch seiner Erklärung der Aspektwahl bei den Verben der Sinneswahrnehmung zugrunde: « Ces verbes n'expriment pas simplement une sensation, une in-

fluence sur nos sens; il s'y ajoute un élément de jugement: on reconnaît l'object perçu» (S. 64):

'Fee, Fi, Fo, Fum, I *smell* the blood of an Englishman.' Jack was very
afraid, but the giant's wife said to her husband: 'Oh, no, you don't.
There's no Englishman here. You're smelling the meat I'm cooking for
you' (S. 64).

Sein Kommentar: «La conclusion est que les verbes de perception,
lorsqu'ils servent à exprimer un jugement porté sur une sensation,
se mettent au premier aspectif; ils se mettent au second lorsqu'ils
expriment une sensation, c'est-à-dire un fait momentané. Ces verbes
n'ont donc rien d'exceptionell» (S. 65).

Er gibt dieselbe Erklärung auch für *feel*: «Lorsqu'il s'agit d'opinion pure . . ., on trouve toujours le premier aspectif

We feel that, in one position at least, Britain is being admirably served
(S. 65).

Les exemples au second aspectif expriment tous un sentiment, un
état affectif, une sensation, bref un fait passager:

I'll join you when I'm feeling a little stronger (S. 66).

Keine Erklärung findet er wieder für den Umstand, daß die einfache Form auch verwendet wird, wenn der ausgesagte Sachverhalt
eine ihrer Natur nach zeitweilige Empfindung ist: *I feel perfectly
jolly now.* In seinem Material finden sich 12 Beispiele. Nicht folgen
können wir ihm, wenn er in einem ähnlichen Fall, bezüglich des
Satzes *It looks like rain, I think,* wie folgt argumentiert: «il s'agit
d'un fait de durée limitée; mais on n'envisage aucun changement»
(S. 67). Man wird vielmehr zugeben müssen, daß einfache und erweiterte Form in gewissen Kontexten ohne Bedeutungsunterschied verwendet werden: *It looks like rain today — It's looking like rain today.*

Die dritte Verbklasse schließlich stellen jene dar, «qui se com-
portent toujours irrégulièrement ou presque toujours» (S. 74), weil
sie nie oder fast nie in der erweiterten Form erscheinen, obwohl es
sich um einen Sachverhalt von begrenzter Dauer im «aspect médial»
handelt: " 'Were you ever in love?' she asked, just avoiding a
brougham which *contained* the Duchess of Dexminster" (S. 74).

Auch diese Verwendung der Aspektformen bleibt, da sie sich aus
seiner Grundregel nicht ableiten läßt, unerklärt. Er versucht lediglich eine lexikalische Klassifizierung der Verben dieser dritten
Klasse: «On arrive ainsi à la conclusion que l'idée commune aux
verbes de la troisième classe est celle d'appartenance, de liaison, de
constitution» (S. 78).

Eine einfache lexikalische Klassifizierung der Verben, die die erweiterte Form nahezu vollständig vermeiden, führt natürlich zu
keinem vertieften Verständnis der angesprochenen Phänomene.
Eine weiterführende lexikalische Analyse, die darauf abzielt, auch
jeweils das sprachliche Feld mit zu berücksichtigen, zu dem ein
Verbum gehört, wäre dringend notwendig. Es ergäbe sich dann
vielleicht, daß z. B. *contain* keinem Feld angehört, was man als
einen Ausfluß des abstrakten Charakters seines Inhalts ansehen
kann (Schopf 1969, S. 235 ff.).

Zusammenfassend kann Buyssens' Arbeit wie folgt charakterisiert
werden: Es handelt sich zweifellos um eine gründliche Studie, die
methodisch in etwa an Hatcher und Adamus anknüpft, wenn sie von
Prädikatstypen ausgeht. Noch nicht ausreichend geklärt ist, was zum
Wortinhalt zu rechnen ist, und was nur durch den Wortinhalt impliziert wird. Diese Frage ist im übrigen auch in der Semantik, wie
mir scheint, noch ungeklärt.

F. R. Palmer widmet einen erheblichen Teil seiner Studie zum
englischen Verbalsystem der Morphologie der Formen. Er verwendet gelegentlich strukturalistische Termini — so, wenn er von
den semantischen Korrelaten von present und past tense das eine,
nämlich *present time*, als merkmallos und das andere, *past time*, als
merkmaltragend bezeichnet. Den Begriff der Transformation wendet
er nur auf die Beziehung aktiv-passiv an. Bemerkenswert ist, daß
er zwischen Grundfunktion und Nebenfunktion unterscheidet, allerdings ohne eine überzeugende Grundlage für diese Unterscheidung
zu treffen. Das erweiterte Präsens z. B. ist nach seiner Ansicht in
I'm working at the moment in seiner Grundfunktion, in *I'm working tomorrow* und *I'm always working* in Nebenfunktion verwendet.

Wenig befriedigend erscheint seine Wertzuschreibung für die einfache und erweiterte Verbform: Die erweiterte Form, so sagt er,

bezeichne ein Geschehen "continuing through a period of time", also "activity with *duration*", die einfache Verbform dagegen bezeichne einen Sachverhalt "without indicating that it has duration". Diese Wertzuschreibung schwächt er zwar wie folgt ab: "There is, of course, no suggestion that there are two kinds of activity, one without and one with duration, but simply that attention is drawn in the one case to its durational aspect" (S. 61), dennoch bleibt sie unbefriedigend, und zwar vor allem deswegen, weil nicht explizit gemacht wird, in welchem Sinne "duration" zu verstehen ist. Der Leser wird den Ausdruck zunächst im Sinne von „gemessener Zeit" verstehen, was Palmers Definition der Aspektformen als verwirrend erscheinen lassen muß.

Beachtenswert sind seine Ausführungen zu einer Reihe von Einzelproblemen im Bereich des englischen Verbalaspekts. Insbesondere geht er der Frage nach, inwiefern der erweiterten Form die Bedeutungskomponente "incompleteness" (S. 83) zugeschrieben werden kann. Er betont mit Recht, daß die erweiterte Perfektform z. B. nur in Verbindung mit einem geeigneten Zeitadverb (wie in *I've been waiting here since 10 o'clock*) impliziert, daß der ausgesagte Sachverhalt bis zum Gegenwartspunkt (Augenblick des Sprechens) andauert. Ganz ohne Zweifel sagt der Satz *You've been working too hard* nicht, daß die Person, an die er gerichtet ist und die nun krank im Bett liegt, im Augenblick des Sprechens immer noch viel arbeitet. Aber auch Palmer versäumt es, genaue Regeln dafür zu geben, wann das einfache und wann das erweiterte Perfekt zu verwenden ist. Der Kontrast zwischen

> *I have cleaned my car* und
> *I've been cleaning my car*

bedarf schärferer Konturierung, insbesondere wäre genauer zu klären, wie sich die Perfektsformen von Verben mit unterschiedlicher lexikalischer Struktur in ihrer Bedeutung voneinander unterscheiden. Man vergleiche:

(1) *He has succeeded in going to the USA*
    * *He has been succeeding in going to the USA* *
(2) * *I have explored* *
    I have been exploring

(3) *He has escaped*
He has been escaping
(4) *I have washed the car*
I have been washing the car

Eine ähnliche Beobachtung macht Palmer hinsichtlich der erweiterten und einfachen Form im Past: "The progressive often suggests that the activity was unfinished, while the non-progressive normally suggests its completion" (S. 79).

> *I painted the table this morning*
> *I was painting the table this morning*

Er beläßt den Leser aber in Unsicherheit, wenn er dann seine Feststellung wie folgt einschränkt: "This is not a completely clear distinction. It is possible to say *I painted the house this morning* without meaning that I completed the painting, but simply to report the activity. But such a statement might imply the completion of the activity and invite the reply: *What? The whole of it?*" (S. 79). Schließlich beschreibt er eine weitere Funktion der erweiterten Form mit "limited duration" (S. 93), liefert dann aber über Twaddell und Joos hinaus keine neuen Einsichten.

Auch bei der Beschreibung der Verwendungsregeln für die einfache Form, wenn sie zur Bezeichnung des aktuellen Präsens ("present activities") dient, liefert er keine neuen Erkenntnisse, wenn er feststellt, daß sie in Sportkommentaren, bei der Vorführung von Maschinen, im begleitenden Text bei der Vorführung von Zauberkunststücken, bei der Mitteilung von Kochrezepten, in Bühnenanweisungen und im Koinzidenzfall stehe. Auch auf unerklärte Verwendungen weist er hin: *Yesterday he talked nonsense. Today he talks like an expert* (S. 84). Bemerkenswert ist sein Versuch, alle diese Verwendungen der einfachen Verbform im aktuellen Präsens auf einen gemeinsamen Nenner zu bringen. Mit der Feststellung, "He (der Sprecher) is merely reporting the activity, he is not indicating its duration" (S. 83) scheint er eine ähnliche Unterscheidung treffen zu wollen wie sie Bodelsen vornimmt, wenn er in Verbindung mit der erweiterten Form von "activity", in Verbindung mit der einfachen von "fact" spricht. Mit der Wendung "merely to report" scheint er die bloße Bezeichnung des lexikalischen Gehalts, des begrifflichen Inhalts eines Prädikats zu meinen im Gegensatz zur Darstellung eines Sachverhalts im Währen. Auf die Unklarheit, die dem Begriff "duration" innewohnt, wurde schon hingewiesen.

Den Begriff "report" verwendet er auch, um die Aspektwahl der sogenannten "non-progressive verbs" zu erklären. Er gliedert sie in (a) states und (b) private verbs.

Zur Erklärung der Aspektwahl der "states" zieht er bestimmte Züge ihrer lexikalischen Struktur, bestimmte kategoriale Bedeutungskomponenten heran: "The sense of duration is an integral part of the lexical meaning of the verb, and there is for this reason no need for a progressive form to indicate duration" (S. 97). Als Beispiele führt er unter anderen auch den Satz *It contains sugar* an. Wenn "contain" hier von einem Gefäß ausgesagt wird, ist jedoch nicht einzusehen, warum "duration" in höherem Maße ein integraler Bestandteil seiner Bedeutung sein soll als in "lie" im Satz *My hat is lying on the table.*

Auch bei der Erklärung der Aspektwahl der "private verbs" — den Terminus übernimmt er von Joos, obgleich sich dieser inzwischen einer anderen Terminologie bedient — greift Palmer auf bestimmte lexikalische Gegebenheiten, genauer auf bestimmte Eigenheiten der Sprechsituation zurück, in der sie verwendet werden. Ihre Aufteilung in (a) mental activities und (b) sensations ist für ihre Aspektwahl nicht von Belang, dagegen der Umstand, daß der Sprecher, wenn er "private verbs" aussagt, sich im Grunde in der gleichen Lage befindet wie der Sportkommentator im Radio, der etwas berichtet, das der Hörer nicht wahrnehmen kann:

Just as the radio commentator uses the non-progressive because his main aim is merely to report, so too the person who reports on his own mental activities or sensations is simply reporting and so uses the non-progressive form. As we have already seen, with most verbs we seldom need simply to report in the present. If we refer to a present activity it is only with reference to its duration, for there is no need to report what can be perceived by the hearer as well as the speaker. But the private verbs have the special characteristic that they refer to activities available for perception by the speaker only. He alone can report them and in so doing uses the appropriate form — the non-progressive (S. 96).

Der entscheidende Begriff in dieser zunächst verwirrenden Argumentation ist "report". Der Gegenbegriff ist "perceive". Man wird Palmers Ausführungen so verstehen können, daß er sagen will, daß kein Grund besteht, einen Sachverhalt in seinem begrifflichen „Was" zu berichten, wenn er in seiner Dauer vom Sprecher und Hörer wahrgenommen werden kann. Vorgänge oder Sachverhalte aber, die dem Hörer als Wahrnehmung nicht zugänglich sind, müssen ihm zunächst in ihrem inhaltlichen „Was" und ihrer faktischen Existenz mitgeteilt werden. Die letztere Leistung nennt Palmer "reporting" (S. 97). Insofern Palmer hier letzten Endes eine Beziehung herstellt zwischen unterschiedlichen Weisen des Erfassens von Sachverhalten, zwischen der Wahrnehmung einerseits, in der Sachverhalte mit zeitlicher Erstreckung nicht anders als in der Form der Dauer im Sinne Bergsons, Husserls und Böhmes (vgl. oben S. 10—16) gegeben sein können, und dem Erfassen ihres „begrifflichen Was" anderseits und der Aspektwahl, ist ihm zuzustimmen. Einwenden muß man freilich, daß die lexikalische Definition und Klassifizierung der sogenannten "private verbs" bei Palmer ebensowenig ausreichend weit vorangetrieben ist wie bei Joos. Wenn er dem Verbum *think* z. B. zwei Bedeutungen zuschreibt, deren eine es als "private verb" *(I think that he is ill)* ausweist, die andere dagegen nicht, weil sie mit "ponder" beschrieben werden kann *(I'm thinking about it),* so muß man fragen, ob der Sachverhalt, der mit *think* im Sinne von "ponder" bezeichnet ist, in seinem Verlauf (d. h. in allen seinen Phasen) der Wahrnehmung des Hörers besser zugänglich ist als der Sachverhalt, der von *think* in der Bedeutung "believe" bezeichnet wird. Man wird diese Frage nicht bejahen.

Es drängt sich die Vermutung auf, daß Palmer zwar mit einer Reihe von Überlegungen den richtigen Weg eingeschlagen hat, daß aber die lexikalische Analyse der "non-progressive verbs" noch nicht genau genug ist.

Wir hatten in der Arbeit von F. R. Palmer letzten Endes psychologische Gegebenheiten als die Grundlage der Aspektwahl entdeckt, wenn er "report" und "perception", d. h. aber die begriffliche Nennung eines Sachverhalts auf der einen und die lebendige Wahrnehmung auf der anderen Seite in diesem Zusammenhang für entscheidend hält (vgl. oben S. 290 f.). Freilich hatte F. R. Palmer diese

„sprachpsychologische" Grundlage seiner Argumentation nicht ausdrücklich expliziert.

Ganz bewußt auf psychologischer Grundlage baut jedoch W. Hirtle seine Untersuchung über *The Simple and Progressive Forms* (1967) auf. Ausdrücklich beruft er sich hierbei auf Gustave Guillaume, insbesondere auf dessen Buch *Temps et Verbe* (1965).

Seine weiteren methodischen Vorentscheidungen fallen zugunsten der Annahme einer Gesamtbedeutung für die lexikalische Einheit sowohl wie für die grammatische Kategorie gegen Firths Behauptung "each word, when used in a new context, is a new word" (S. 3). Allerdings versteht das Hirtle in der Weise, daß jeder sprachlichen Einheit mit Bedeutungsfunktion zwei Seinsweisen zukommen:

It must exist first, *before* any choice is made, as a limited field or area of meaning containing certain possibilities for the speaker; this is the *potential significate*. The sgnificate also exists *after* the choice has been made, as the possibility that has been actualized; this is the actual significate (S. 5).

Was ist aber die potentielle Bedeutung, wie ist sie zu erkennen, welche Seinsweise hat sie? In bezug auf diese Fragen unterscheidet er zunächst zwischen "discourse" und "tongue":

Language as a potential, offering an unlimited number of possibilities to the speaker, will be called *tongue*. Language when considered as an actualization, as what we hear and see, or more generally perceive, will be called *discourse* (S. 7).

Nach dieser Unterscheidung von Sprache und Rede beschreibt er ihr Verhältnis wie folgt:

After observing various uses of any grammatical form the analyst must try to imagine what conditions in tongue could produce the consequences observed in discourse. In other words, he must attempt to determine the potential significate (the "basic meaning"), which contains *in posse* the varied and sometimes even conflicting actual significates (contextual meaning) (S. 10).

Den Vorstoß zur geistigen Wirklichkeit einer Sprache als System sieht Hirtle als intuitiven Akt auf der Grundlage der genauen

Beobachtung der Fakten, wie sie die Rede darbietet. Dabei gilt es
vor allem einen Irrweg zu vermeiden:

The main pitfall to be avoided is that of picking out one use, one actual
significate, because of its frequency or its seniority or for any other reason,
and trying to derive all the other uses from it (S. 10).

Ein solches Verfahren würde bedeuten, daß man eine bedingte
Erscheinung auf eine andere bedingte Erscheinung zurückführt,
während die vorherrschende wissenschaftliche Verfahrensweise darin
bestehe, die verschiedenen Oberflächenerscheinungen aus einer vor-
gegebenen Ursache zu erklären: "to explain the various consequences
by some pre-existing condition" (S. 11).

Als Beispiel einer solchen Methode bezeichnet er das Verfahren
der vergleichenden indogermanischen Sprachwissenschaft, die aus
bestimmten empirischen Fakten ("regular correspondences between
different languages", S. 10) zur Rekonstruktion einer diese Fakten
bedingenden Ursache vorstieß. Auch die synchronische Beschreibung bedürfe einer solchen Methode, "a method comparable in
heuristic value to that employed in historical linguistics" (S. 10),
die nach seiner Ansicht von R. Valin in seinem Buch *La Méthode
comparative en linguistique historique et en psychomécanique du
langage* (1964) vorgelegt worden ist. An ihr hebt Hirtle besonders
hervor die Betrachtung jedes Kommunikationsaktes als "spatio-
temporal reality", der notwendigerweise eine bestimmte Zeit in
Anspruch nehme, Zeit, die für den Übergang vom System der
Sprache zur Rede erforderlich sei: "The temporal yardstick, which
is merely the time occupied by the operation of passing from the
system of tongue to the resulting utterance, Guillaume calls *operative time*" (S. 12). Dieser Zeitcharakter des Kommunikationsaktes ist nicht in der Aufeinanderfolge der Wörter im Satz zu sehen,
sondern in der Stufenfolge der geistigen Akte, in den die zur Rede
führenden kreativen Akte begleitenden oder sie konstituierenden
Vorstellungen, die nur schwer zugänglich sind:

While the analyst can observe directly the order of the act of expression
(the operation in discourse), whose words take their place one after another in a sentence, it requires considerable effort to imagine the succes-

sive stages of the operation in tongue, the act of representation, that
produced each word (S. 12).

Bei der Suche nach der Grundbedeutung der einfachen und erweiterten Verbform ("the potential significate of the simple form
and that of the progressive form", S. 13) geht er von der Hypothese
aus, daß das Verb zur Darstellung der Zeit dient. Deswegen fragt
Hirtle nach der menschlichen Zeitvorstellung und stellt fest, daß zu
unterscheiden sei zwischen der Ereigniszeit (event time), die als
Strecke (d. h. als Zeitquantum) in der unendlichen Geraden der
kosmischen Zeit (universe time) enthalten sei. Die Ereigniszeit ist
die Grundlage für das, was er Aspektsystem nennt:

The event can, on the one hand, be seen as something nascent, involving
a coming-to-be, a development towards its realization. In this case the
unrolling within the event is evoked, either as a possibility or an actuality.
On the other hand the event may strike the speaker as something spent,
no longer involving any element of development, in this case the result
phase, arising after the event's existence in time, is all that actually remains (S. 15).

Wir bemerken, daß die Grundlage der Aspektunterscheidung
ganz ähnlich ist wie bei Adamus, der ja jeden Vorgang aufgebaut
sah aus "action", "contiguity" und "result" (— ähnliche Vorstellungen finden sich im übrigen auch bei J. Kuryłowicz [1964]
S. 25 f.). Die eine Sichtweise, die das Innere des Vorgangs betrifft,
nennt er "immanent aspect", die andere Sichtweise, die den Vorgang
aus der Retroperspektive darstellt, nennt er "transcendent aspect".
Im immanenten Aspekt ergeben sich mehrere Möglichkeiten zur
Sicht eines Vorgangs:

the speaker can represent the whole of the action from beginning to end,
e. g. *He read the book*; or he can represent only part of an action, implying the rest as a possible accomplishment, e. g. *He was reading the book;*
or the event can be evoked as a whole yet to be actualized in time, e. g.
He didn't read the book.

Im „transzendenten" Aspekt ergeben sich dagegen nur zwei Möglichkeiten:

The whole event may be depicted as lying behind the result phase, e. g.
He has read the book; or only part of the event may be represented as
having produced the result, e. g. *He has been reading the book*. In either
case it is the transcendent aspect because the subject is represented in an
aftermath, involved in a result phase (as opposed to the developmental or
coming-to-be phase of the immanent aspect) (S. 15).

Aber die Ereigniszeit, die die Grundlage für die Aspekte darstellt, ist nur ein Teil der menschlichen Zeitvorstellung. Das gesamte
Zeitbild enthält als weiterer Bestandteil zwei entgegengesetzte
Richtungen des kosmischen Zeitflusses ("descending" und "ascending") und nur eine Zeitrichtung für die Ereignisse ("ascending"),
insofern sie von einem Subjekt ausgehen. Diese unterschiedlichen
Zeitrichtungen verteilen sich auf die drei Modi des Verbs wie folgt:
im „Quasi-nominalen Modus" ist die kosmische Zeit ansteigend, d. h.
im Herfließen begriffen aus dem Bereich des noch nicht Aktualisierten in den Bereich des Aktualisierten. Er repräsentiert also den kosmischen Werdeprozeß dergestalt, daß der Infinitiv das Ereignis als
in seiner Gänze nach nicht realisiert, das Partizip Präsens es als zum
Teil verwirklicht und das Partizip Präteriti es als voll verwirklicht
darstellt. Der quasi-nominale Modus hat keinerlei Beziehung zum
absoluten Jetzt des Sprechens: "one of the most important characteristics of this mood is that its tenses can be situated anywhere in
universe time. In other words, any instant in universe time can be
considered the instant of actualization, the instant where the 'not
yet' is converted into the 'already' " (S. 17).

Im "subjunctive mood" ergibt sich, da er durch finite Verbformen
dargestellt wird, eine Kombination von Zeitrichtungen dergestalt,
daß im Konjunktiv Präteriti die Aktzeit in die Zukunft gerichtet
ist, die kosmische Zeit aber entgegengesetzt verläuft, im Konjunktiv
Präsens aber sind beide Zeiten, Ereigniszeit und kosmische Zeit, in
die Zukunft gerichtet.

Während Sachverhalten im "quasi-nominal" Modus und im "subjunctive" keine Existenz zugeschrieben wird, geschieht dies im Indikativ dadurch, daß sie gewissermaßen in Beziehung gesetzt werden
zur einzig wirklichen Zeit, zur Gegenwart des Sprechers. Dadurch
wird die kosmische Zeit in zwei Zeitfelder geteilt: das "Past" und

das "Non-past". Kosmische Zeit und Ereigniszeit haben die gleiche Richtung in die Zukunft.

Den Aufbau dieser ganzen komplexen Zeitvorstellung nennt er Chronogenese. Die Chronothese dagegen liefert, wenn dieser geistige Prozeß jeweils zu Beginn, in der Mitte oder am Ende angehalten wird, die Zeitvorstellungen der Modi. Dieses ganze System aber, dem man nicht in allen Punkten zustimmen wird, betrachtet er als die Grundlage für das englische Verbalsystem.

Wo aber sind in diesem System die einfache und erweiterte Form unterzubringen? Sie entsprechen nicht Hirtles „immanentem" und „transzendentem" Aspekt.

Bei der Beantwortung der Frage nach der Funktion der einfachen und erweiterten Form weist er vielmehr auf eine weitere Gegebenheit der menschlichen Zeitvorstellung hin, die zuerst unbeachtet bleibt: das Tempo des Zeitflusses. Wenn man sich das Fließen der Zeit vorstellt, dann notwendigerweise im Bilde der Überquerung räumlicher Distanz. Je größer die Strecke ist, die man zurücklegt in der bildlichen Vorstellung, desto größer erscheint das Tempo des so vorgestellten Zeitflusses. Entscheidend im Bereich der möglichen Geschwindigkeiten ist der Grenzwert, die Geschwindigkeit, mit der die kosmische Zeit vorrückt, das Tempo — wenn man das so erläutern darf —, in dem „ich" und mit mir die Welt dauert, zugleich das „Tempo" der Gegenwart:

This representation of the present is directly based on the impression arising from an experience which is never absent from our consciousness: that of existing in the present. Our representation of the inevitable movement of universe time, tied to the instant of reality, the present, adopts the slow, measured cadence of our everyday experience (S. 24).

Anders die Ereigniszeit: "Here the stretch of time evoked (as a mental space to be traversed in the instant of operative time [in der Zeitspanne des kreativen Prozesses, der zur Äußerung führt und von eben diesen Vorstellungen begleitet ist]) can vary from an instant — e. g. *He was here at midnight* to a stretch of any length — e. g. *Queen Elizabeth reigned from 1558 to 1603*" (S. 24). Ergibt der prädizierte Sachverhalt nun in der räumlichen Vorstellung seines Zeitablaufs eine kurze Strecke, ist das Tempo des Zeitflusses gering, so daß Ereigniszeit und kosmische Zeit gewissermaßen synchron laufen mit dem Resultat "that the event seems to have no 'initiative' of its own but rather to exist with no end in view. States, for the most part, are represented with slow cadence" (S. 25).

Wenn eine größere Strecke in der Zeitspanne des kreativen Prozesses, der zur Äußerung führt, vorgestellt werden muß, dann ist auch das Tempo des Zeitflusses höher mit dem Ergebnis "that the event seems to be 'projected' into time, to make its own way regardless of the cadence of universe time" (S. 25). Sachverhalte, die schnellen Zeitfluß implizieren, sind vorwiegend Handlungen.

Von diesen Erwägungen her gesehen, kommt er zu einer ersten Wertzuschreibung für die einfache und erweiterte Form im System der Sprache (nicht in den unterschiedlichen Verwendungsweisen der Rede). Er unterscheidet, wie wir gesehen haben, grundsätzlich zwei Arten von Sachverhalten, solche, die einen raschen Zeitfluß evozieren (= Handlungen) und solche, die mit dem langsamen Fluß der kosmischen Zeit synchron laufen. Auf dem Hintergrund dieser Unterscheidung beantwortet er die Frage nach der Funktion der erweiterten Form wie folgt:

It is used for the most part to express as an event with slow cadence, one which could otherwise (in the simple form) have rapid cadence. The verb in *He pulled the trigger* expresses an action which establishes its own tempo; to reduce this to the cadence of universe time the progressive form is used: *He was pulling the trigger*. With the progressive our view of the event is limited to the time actualized by was and the cadence slowed down so that we have to await the advance of universe time to continue any further in the actualization of the event. It is not a play on words to say that the progressive generally presents the state of an action at a certain moment of its actualization. Many of the nuances in discourse can be directly related to this characteristic slow cadence of the progressive (S. 25).

Besonders bemerkenswert erscheint, daß Hirtle den unterschiedlich schnellen Zeitfluß, der sich bei der Aussage bestimmter Sachverhalte in der Vorstellung ergibt, mit der lexikalischen Struktur der verwendeten Verben und Prädikate begründet. Er stellt zunächst gegenüber Zustände ("states") und Handlungen ("actions") und bemerkt zu den Zuständen, daß sie keinerlei Änderung der Wahr-

nehmungsdaten oder der Vorstellungsbilder involvieren. Ein Zustand ist hinsichtlich der ihn konstituierenden wesentlichen Merkmale (sei es in der Wahrnehmung oder im Erinnerungs- oder Vor-
stellungsbild) in jedem Augenblick seiner Existenz vollständig. Er
sagt: "A state involves the persistence from instant to instant of an
unchanging lexical content" (S. 26).

Eine Handlung (oder ein Geschehen, so dürfen wir wohl hinzu-
fügen) dagegen involviert in jedem Augenblick ihrer Verwirklichung
einen unterschiedlichen materiellen Inhalt (Wahrnehmungsdaten
oder Erinnerungsbilder). Wenn aber das Gesamt dieser unterschiedlichen (imaginativen) Datenfolge, die das Ganze der ausgesagten
Handlung konstituiert, in der gleichen operativen Zeit ablaufen
soll, ergibt sich eine schnellere Bildfolge und damit der Eindruck
eines schnelleren Zeitflusses:

A complete action involves the actualization from the first instant to the
last instant of a developing lexical content and so requires a rapid cadence
to permit the mind to represent the whole event (S. 26).

Andererseits, wenn eine Handlung als synchron mit dem kosmischen Zeitfluß erfaßt wird, kann in der jeweiligen Jetztphase nur
die entsprechend synchrone Phase der Handlung als realisiert vorgestellt werden. Dem Subjekt der Aussage kann jeweils nur ein
Teil (der im jeweiligen Jetzt bereits verwirklichte Teil) des Sachverhalts zugeschrieben werden. Dieser partielle Charakter des vorgestellten Sachverhalts (der vorgestellten Handlung) ist es, der die erweiterte Form erfordert.

Andererseits ergibt sowohl die Vorstellung *einer beliebigen Realisationsphase eines Zustands* sowohl wie die Vorstellung *aller Reali-
sationsphasen eines Vorgangs* (oder einer Handlung) ein vollständi-
ges Bild des Wirklichkeitsgehalts ("material content") eines ausgesagten Sachverhalts:

In both cases all of the event's lexical content is depicted and it is this
impression of a whole — whether spread over a series of instants, each one
of which contributes to its wholeness, or contained in one single instant —
being attributed to the subject that calls for the simple form (S. 26).

Der Kontrast, so formuliert Hirtle abschließend, zwischen einfacher und erweiterter Form besteht im wesentlichen darin, daß der Sachverhalt in der einen als Ganzes, in der anderen nur partiell ausgesagt wird:

The opposition between simple and progressive is therefore basically one between whole and part. An event whose material significate strikes the mind as being complete, as permitting of no further additions, will be expressed by the simple form. One which gives the impression of lacking something, of leaving room for something to come, will be expressed by the progressive.

Sein Erklärungsversuch beginnt jedoch in einen Zirkel zu geraten, wenn er sagt: "Thus events *considered* (unsere Sperrung) as actions can, thanks to their material heterogeneity, be depicted as a part (progressive) or a whole (simple)" (S. 27). Wenn, wie die Wendung "consider as" im vorausgehenden Zitat es nahelegt, dem Sprecher freigestellt ist, Sachverhalte sowohl als Handlungen zu betrachten oder nicht, gibt es keine objektiven Kriterien mehr für die lexikalische Klassenbildung und damit letzten Endes für die Wahl zwischen einfacher und erweiterter Form. Zwar stellt er weiter fest, daß ein Sachverhalt, der als Zustand gesehen wird ("an event seen as a state") — man fragt allerdings, ob im lexikalischen System der Sprache oder durch den Sprecher —, nicht anders denn als Ganzes aufgefaßt werden kann: "Because of its material homogeneity a state is necessarily seen as a whole. (The very attempt to imagine part of a state smacks of the ridiculous)" (S. 27). Die Konsequenz daraus aber ist, daß Zustände unmöglich mittels der erweiterten Form ausgedrückt werden können.

Wie steht es aber, so fragt man sich angesichts dieser Ausführungen, mit den Verben zur Bezeichnung der Lage im Raum? Wenn wir *lie* von einem Gegenstand aussagen, handelt es sich dann um einen Zustand oder um eine Handlung? Wenn die lexikalische Klassifizierung dieses Sachverhalts dem Belieben des Sprechers anheimgestellt wird, warum muß dann im aktuellen Präsens die erweiterte Form stehen: *My hat is lying on the table in the hall?* Wenn man aber dieses Prädikat als "action" deklariert, um die Aspektwahl einigermaßen zu motivieren, wie unterscheidet sich dann *lie* in seinem "material content" von *know*? Sicher nicht darin, daß er sich bei *lie* von Realisationsphase zu Realisationsphase ändert, bei *know* aber nicht. Das aber war das Kriterium zur Unterscheidung von "action" und "state".

Hier wird sichtbar, daß Hirtle sich tatsächlich in einem Zirkel bewegt: *be, know* etc. sind für ihn "states" offenbar deshalb, weil sie in der Regel in der einfachen Form erscheinen; sie erscheinen in der einfachen Form, weil sie "states" sind. Andererseits müßten *"lie"*, *"stand"*, *"sit"* wegen ihrer Aspektwahl als "actions" deklariert werden.

Man kann sich mit Hirtles Erklärung der Aspektwahl noch nicht zufriedengeben. Wichtig erscheint an seiner Studie der Hinweis auf das Tempo des Zeitflusses als eine Bedingung, die die Aspektwahl steuert. Zweifellos kann die Verlangsamung oder Raffung des Geschehens, besonders in der Erzählung, mittels der Aspektwahl bewerkstelligt werden. Die Funktion der beiden Verbformen ausschließlich in diesen Bereich ansiedeln zu wollen, wäre ebenso einseitig wie Weinrichs These, einfaches und erweitertes Präteritum im Englischen dienten ausschließlich der Differenzierung des Geschehens in Hintergrund und Vordergrund.

Ein weiterer Aspekt an Hirtles Thesen scheint interessant: Einer Form wie *was going* schreibt er zwei Zeitrichtungen zu dergestalt, daß dem Partizip *going* die Richtung in die Vergangenheit, dem Hilfsverb *was* aber die Richtung in die Zukunft zukommt. Der Satz *When the bomb exploded, he was going into the basement* sieht im Zeitbezug seiner Verben dann wie folgt aus:

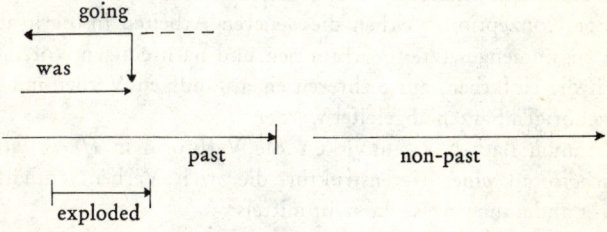

Aus der Darstellung geht mit Klarheit hervor, daß der Zeitbezug der Form *was going* faktorisiert ist, d. h. mit unterschiedlichen Bedeutungskomponenten in den morphologischen Konstituenten lokalisiert ist, was entfernt an Ansätze erinnert, wie sie die generative Grammatik vorgeschlagen hat.

Im Rahmen der Generativen Grammatik sind in neuerer Zeit mehrere Versuche zur Darstellung des englischen Verbalsystems unternommen worden. Während die Analyse der englischen Verbformen durch Noam Chomsky und ihre Weiterentwicklung sich durchaus auf der Linie der Vorschläge zu dieser Frage von W. F. Twaddell bewegen, schlagen die neueren Arbeiten auf diesem Gebiet eine grundsätzlich neue Richtung ein. Die Strukturformel Chomskys für die englischen Verbformen sah neben der Grundform eine obligatorische Kategorie Tense, Preterit und Past, vor, sodann als fakultative Konstituente eine Klasse modaler Hilfsverben, dann die weiteren fakultativen Konstituenten "phase", "aspect" und "passive". Chomsky hatte in *Syntactic Structures* die Ansicht vertreten, daß zwar die Wahl der Konstituente "passive" schweren Restriktionen unterliege, weshalb er sie aus dem Konstituentenstrukturteil herausnahm und sie im Transformationsteil einführte, für die Wahl der anderen Kategorien, nämlich "tense", "phase" und "aspect" sah er keine wesentlichen Restriktionen gegeben. Diese Ansicht wird den sprachlichen Fakten, wie die Diskussion der sogenannten "nonprogressives" in neueren Arbeiten zeigt, nicht gerecht.

In Chomskys Ansatz waren die zusammengesetzten Verbformen zwar aus mehreren Konstituenten des Auxiliarteils zusammengesetzt, die Form *is writing* z. B. aus Präsens + Aspekt + Grundform, aber die Konstituenten waren (auch mit ihren Bedeutungen) Bestandteil einer einzigen Verbphrase ein und desselben Satzes. Von dieser Konzeption weichen die neueren Arbeiten insofern ab, als die zusammengesetzten Verbformen und nach einigen Vorschlägen auch die einfachen, aus mehreren eigenständigen Verben mit ihren zugehörigen Sätzen abgeleitet werden.

Emmon Bach z. B. entwickelt die Verbform in *He is eating a sandwich* aus einer Tiefenstruktur, die zwei „Verben" enthält und die er andeutungsweise darstellt mittels:

He Pres he Pres eat a sandwich.

In etwa die gleiche Lösung findet sich bei R. Huddleston und McCawley. McCawley z. B. würde den Satz *John had been smoking*

pot aus einer Tiefenstruktur ableiten, in der die erweiterte Verbform aus zwei Satzknoten stammt, von denen der eine das Verb *be,*
der andere (unterste) die Grundform *smoke* als V (Verb) enthält,
während das Tempus, das Plusquamperfekt, durch zwei weitere
(höhere) Satzknoten jeweils mit *have* in der Verbposition erzeugt
wird.

Ähnlich ist auch das Verfahren Huddlestons. Der Satz *He is
writing* hat nach ihm die folgende Tiefenstruktur:

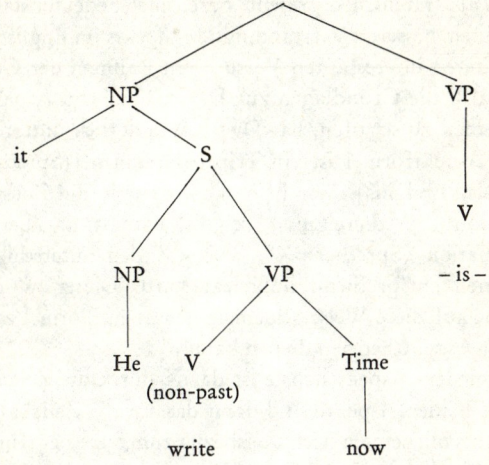

Huddleston verarbeitet hier, wie er selbst angibt, Anregungen M. A.
K. Hallidays, der das erweiterte Präsens z. B. interpretiert als
"present in present", das erweiterte Past als "present in past".
Ähnliches findet sich schon bei Maurice Grevisse (*Le Bon Usage,*
1956), der das französische « imparfait » als « le présent du passée »
bezeichnet. Es ist jedoch zu fragen, was mit solchen Formeln für
die Funktionsbestimmung der Aspekt- und Tempuskategorien geleistet ist. Offenbar sehr wenig, solange nicht die Elemente dieser
Formeln z. B. "Past" und "Present" definiert sind.

Bezeichnend in dieser Hinsicht ist die Begründung, die Emmon
Bach für seine Analyse gibt: "The semantics of tense, aspect, voice,
and so on are *sufficiently obscure* (unsere Sperrung) at present so
as to allow me to claim that my suggestions for the analysis of the

auxiliary element are not much worse from a semantic point of view than others currently available" (S. 477). Das Unzulängliche in den bisherigen Versuchen sieht er im Fehlen einer allgemeinen Tempus- und Aspekttheorie, die die "universal features underlying such language-specific notions as Present and Past" (S. 477) erarbeiten müßte. Wir stimmen zu, daß dies ein wichtiger Teilabschnitt des Weges zu einer wirklich befriedigenden Funktionsbeschreibung von Aspekt- und Tempuskategorien ist. Wenn er aber die erweiterte Präsensform als "intensified present" bezeichnet, bedeutet das keinen Beitrag zu einem besseren Verständnis des Aspekts im Englischen.

Einen weiteren interessanten Versuch, im Rahmen der Generativen Grammatik die Grundlagen zur Darstellung von Aspekt- und Tempussystemen zu schaffen, hat Dieter Wunderlich unternommen (1970). Die Aspektformel ist ein Tripel der Form [(Sprecher, X), Sprechereignis, Ereignis]. Wir bemerken, daß sie die Zeitreferenz in der Relation „Sprechereignis : Ereignis" enthält, darüber hinaus aber die Relation „Sprecher : X", wobei X den unterschiedlichen Aspekttheorien entsprechend ausgelegt wird. Dieter Wunderlich hofft, daß die auf diese Weise allgemein gehaltene Formel zur Darstellung aller Aspekttheorien dienen kann.

In Koschmieders Aspekttheorie ist das X durch die Zeitskala zu ersetzen. Die beiden Aspekte sind dann das auf die Zeitskala abgebildete Ereignis mit seinem Richtungsbezug zum Sprecher. Im imperfektiven Aspekt haben Ereignis und Sprecher die gleiche Richtung aus der Vergangenheit in die Zukunft. Der perfektive Aspekt Koschmieders dagegen sei nach Wunderlich dadurch gekennzeichnet, daß die Zeitskala mit dem auf ihr abgebildeten Ereignis sich durch den fixiert gedachten Gegenwartspunkt (des Sprechers) hindurch in die Vergangenheit bewegt. Diese Darstellung ist aber eine erhebliche Verkürzung von Koschmieders Lehre vom perfektiven Aspekt, insofern nicht berücksichtigt und in dieser Formel auch gar nicht darstellbar ist, was Koschmieder über den Begriff der Zeitstelligkeit mit seinen wichtigen Implikationen sagt, die ja eine Erklärung für die Präsensunfähigkeit perfektiver Verben des Slavischen liefern sollen.

Man darf zusammenfassend sagen, daß die Versuche zur Darstellung von Aspekt- und Tempussystemen im Rahmen der Genera-

tiven Grammatik zur Funktions- und Bedeutungsbeschreibung ihrer
Kategorien nichts beitragen, sondern in der Regel zu stark verkürz-
ten Darstellungen der bereits erarbeiteten Ergebnisse führen. Zudem
liegen eben noch keine umfassenden Darstellungen zu den einzel-
sprachigen Aspektsystemen mit zuverlässigen Verwendungsregeln
vor.

Was nun das Englische betrifft, so hat der Überblick über die wichtigste Literatur zum Aspektproblem aus dem vergangenen Jahr-
zehnt neben einer Fülle divergierender Ansätze doch auch beacht-
liche Übereinstimmungen gebracht. Viele neuere Arbeiten legen
verstärkten Nachdruck auf eine strukturelle Analyse der ausgesagten Sachverhalte, auf eine lexikalische Analyse der ausgesagten
Prädikate. Das ist unseres Erachtens eine unerläßliche und vielver-
sprechende Fragestellung. Es gibt aber auch Übereinstimmungen in
der inhaltlichen Definition der Aspektkategorien. Robert L. Allens
"inclusive" und "intrusive reference" sind durchaus in Einklang
zu bringen mit Hirtles Opposition von „totaler" und „partieller
Darstellung" der ausgesagten Sachverhalte.

Weinrichs These, das erweiterte und einfache Past diene der
Reliefgebung der Erzählung mittels der Unterscheidung von Vor-
der- und Hintergrund, beschreibt zwar nur eine der Funktionen der
Pastformen unter anderen, diese Einsicht läßt sich aber vertiefen
von Hirtles These her, daß die erweiterte Form das langsame Werden des kosmischen Zeitflusses abbilde (d. h. aber die Dauer des
Sprechers sowie die Mitdauer der umgebenden Welt), während die
einfache Form den Sturz der Ereigniszeit mit ihren die Erzählung
vorantreibenden Akten darstelle. Auch diese beiden Aussagen
lassen sich sehr wohl miteinander verbinden und stimmen überdies
mit den Ausführungen von Joos zum Erzähltempus und zum historischen Präsens überein (1964, S. 126 ff.).

Diese und ähnliche Übereinstimmungen in der Aspektliteratur
lassen hoffen, daß trotz aller Begrenzungen, die den einzelnen Darstellungen notwendigerweise innewohnen, die Zeit für eine umfassende Sichtung und Synthese der Ergebnisse der Arbeiten zum englischen Aspekt- und Tempussystem reif geworden ist. Die Heraus-
arbeitung zuverlässiger Verwendungsregeln wäre dabei unseres
Erachtens die vordringlichste Aufgabe.

B.

DER ENGLISCHE VERBALASPEKT
ALS HISTORISCHES PROBLEM

Mélanges Linguistiques Offerts à M. J. Vendryes. Paris 1925, S. 287—299.

LE RENOUVELLEMENT DE L'ASPECT EN GERMANIQUE

Par Fernand Mossé

L'idée que les langues germaniques sont capables d'exprimer l'aspect n'est pas nouvelle. Elle remonte en fait à Jacob Grimm qui, dans sa préface à la traduction de la grammaire serbocroate de Vuk (1824), fit la remarque que l'allemand moderne connaissait un emploi des préverbes analogue à celui que l'on rencontre en slave. Mais c'est le célèbre mémoire de M. Streitberg sur l'aspect perfectif et imperfectif en gotique (PBB 15, 70 sqq.) qui a attiré sur ce fait l'attention des germanistes. Depuis il a paru un nombre considérable de travaux qui ont surtout porté sur les anciens dialectes germaniques, parfois aussi sur la période moderne. Le but de toutes ces recherches a été de montrer que la catégorie de l'aspect, fondamentale en slave, n'est pas étrangère au germanique. En même temps on s'est appliqué à déterminer, à définir et à classer les divers aspects. Il en est résulté l'emploi d'une terminologie qui varie presque avec chaque auteur et qui n'est pas sans avoir introduit parfois une certaine confusion.

On a été ainsi amené à distinguer plusieurs moyens d'expression de l'aspect:

1° Par la morphologie:

gr. ἔλειπον (imp.): ἔλιπον (perf.),

v. sl. *lěsti* (imp.): *vŭzlěsti* (perf.),

got. *hausjan* (imp.): *gahausjan* (perf.),

got. *fulljan* (imp.): *fullnan* (inchoatif),

2° Par le vocabulaire:

serbe *rèći* (perf.): *kázati* (imp.),

got. *qiþan* (perf.): *rodjan* (imp.),

lat. *dicere* (perf.): *loqui* (imp.).

3° Par la sémantique: *she knows German very well* (imp.), *she knew him at once* (perf.), *je tourne la page* (ponctuel), *l'ouvrier*

tourne un pied de table (déterminé), *la terre tourne* (indéterminé)
(cf. Brunot, *La pensée et la langue*, p. 438).

L'aspect sémantique se déduit uniquement du contexte; il peut
être laissé entièrement de côté. Son étude n'intéresse pas la grammaire proprement dite, mais la psychologie du langage. Souvent
d'ailleurs c'est une question fort délicate et qui réclame une interprétation subtile des textes. Aussi n'est-ce que dans les langues
vivantes que l'on a cherché à établir cette distinction[1]. Pour des
raisons évidentes on peut de même négliger les faits de vocabulaire
dont les langues se servent parfois pour exprimer des oppositions
d'aspect. Quelle que soit la langue que l'on étudie, il convient donc
de suivre la règle posée par M. Meillet dans son *Étude sur
l'étymologie et le vocabulaire du vieux-slave* et de « n'admettre
aucune catégorie sémantique qui ne réponde à un moyen d'expression distinct dans la langue même ». C'est seulement quand la
langue emploiera un moyen morphologique pour exprimer
l'opposition de perfectif à imperfectif qu'on sera autorisé à parler
d'aspect[2].

La question revient donc à se demander dans quelle mesure le
germanique connaît l'expression morphologique de l'aspect verbal
et de suivre à travers son développement l'évolution, la disparition
et le renouvellement des moyens par lesquels s'exprime l'aspect.
Dans le présente note, on s'en tiendra à l'exposé de trois moments
particulièrement typiques à ce point de vue; le gotique, le vieil
anglais et l'anglais moderne. On laissera complètement de côté le
scandinave; quant aux autres dialectes du germanique occidental,
vieux-saxon et vieux-haut-allemand, ce que l'on pourrait en dire
ne ferait que répéter à peu de chose près ce qui apparaît avec plus
de netteté en vieil anglais.

On sait qu'en indo-européen les thèmes verbaux eux-mêmes exprimaient non pas le temps mais l'aspect. Cet état est encore celui
du grec ancien où un présent comme λείπω « je suis en train de

---

[1] Cf. Brunot, *op. cit.*, pour le français; Noreen, *Vårt Språk,* vol. V, pour
le suédois; Pollak, PBB 44, 353 sqq., pour l'allemand.

[2] Sans toutefois qu'il soit toujours possible de faire le départ entre
aspect sémantique et aspect morphologique: cf. simples perf. et imperf.

laisser » s'oppose à un parfait λέλοιπα « j'ai accompli l'action de laisser et j'en ai le résultat », un imparfait comme ἔλειπον « j'étais en train de laisser » à un aoriste ἔλιπον « j'ai laissé ». Quant au temps, c'étaient les désinences qui l'exprimaient. Si on passe au germanique on ne trouve plus rien de semblable: l'opposition des thèmes verbaux marque une opposition de temps, de présent à passé, qui n'a plus rien à voir avec la durée ou le degré d'achèvement de l'action. Pour exprimer ces oppositions, le germanique tout comme le slave, va être obligé d'avoir recours à d'autres procédés.

Les faits gotiques sont bien connus. Ils prouvent de façon indéniable que le sentiment de l'aspect existait chez Wulfila. Le gotique connaît l'opposition de perfectif à imperfectif. C'est à l'aide de préverbes que l'on peut former sur des verbes simples imperfectifs des verbes composés à valeur perfective: *bairan* « porter »: *fra-bairan* « supporter, porter jusqu'à la fin », *swiltan* « agoniser »: *ga-swiltan* « rendre l'âme », *greipan* « prendre »: *und-greipan* « saisir ». Il existe de plus des perfectifs simples auxquels l'adjonction d'un préverbe n'ajoute aucune nuance d'aspect: dans *ga-niman* « emmener », *ga-qiman* « se réunir », *ga-* conserve son sens concret. Parmi les préverbes, c'est le plus vide de sens concret, *ga-*, qui est le plus fréquemment employé pour la perfectivation. Cette distinction entre perfectif et imperfectif est utilisée pour combler les lacunes du système verbal. En particulier le présent perfectif sert à exprimer le futur: *saei hauheiþ sik silba, gahnaiwjada*: « quiconque s'élève sera abaissé », L. 14, 11; le futur imperfectif ne s'exprime que par la forme périphrastique: *fagino, akei jah faginon duginna* « je m'en réjouis et je m'en réjouirai toujours » Ph. I, 18. — D'autre part, c'est par un perfectif gotique que Wulfila rend souvent un aoriste grec. Enfin le préverbe *ga-* s'unit de préférence au participe passé des verbes perfectibles pour marquer l'achèvement de l'action dans le passé.

Cependant, il ne faudrait pas croire à l'existence en gotique d'un système rigoureux. Tout d'abord le gotique, ainsi que le germanique tout entier, ne possède pas d'itératif, d'où deux conséquences graves: 1° le présent perfectif n'a pas toujours une valeur de futur, il marque aussi le présent; 2° l'aoriste grec et le perfectif gotique ne coïncident qu'imparfaitement. L'absence d'itératif empêche la formation d'un imparfait (duratif) en face d'un parfait (perfectif).

En réalité, même dès le gotique, le germanique ne connaît qu'un emploi irrégulier de l'aspect verbal. M. Streitberg entraîné par le modèle slave a voulu voir dans le gotiques plus de régularité qu'il n'y en a. Des études plus récentes il résulte que l'emploi de composés perfectifs n'est pas un critérium infaillible. M. Beer qui a soumis les faits à une étude minutieuse (cf. PBB, 43, p. 446 sqq.) est même allé trop loin; à l'en croire les verbes simples ou composés à valeur perfective s'emploieraient sans discrimination et il en tire la conclusion que l'existence de l'aspect verbal en gotique est chose douteuse. C'est que M. Beer fait fausse route en prenant le slave pour point de comparaison. Tout son raisonnement consiste à dire: il y a dans tel cas un perfectif en slave, donc il devrait y en avoir un en gotique. Du moins il ressort nettement de ses études qu'il faut admettre une certaine latitude; le présence de *ga-* ou d'un autre préverbe ne prouve pas toujours qu'un verbe soit perfectif; ce sont parfois d'autres raisons obscures, raisons de style, de rythme qui déterminent son emploi (*loc. cit.*, p. 468). C'est ainsi que l'on trouve le verbe *gawisan* « habiter » employé là où le contexte réclamerait l'imperfectif *wisan:* Luc 8, 27, il est dit du possédé rencontré chez les Géraséniens qu' « il ne vivait pas dans les maisons mais dans les sépulcres »: *in garda ni gawas ak in hlaiwasnom*[3]. Il est difficile de voir dans ce passage une valeur de perfectif. M. Streitberg avait cru à l'existence d'imperfectibles (nicht perfektivbarer durativa); s'il en avait été ainsi rien n'aurait empêché le gotique de se constituer un système rigoureux car on sait que les itératifs slaves ne sont pas autre chose que des imperfectibles (cf. Mazon, *Morphologie des aspects du verbe russe,* p. 6).

Enfin si l'aspect gotique présente un semblant de régularité, beaucoup plus grande que dans les autres dialectes germaniques, cela tient non seulement à son caractère plus archaïque, mais surtout

---

[3] Faut-il attribuer de même le *giuuonên* que l'on rencontre dans Tatian, uniquement en cet endroit (alors que *uuonên* s'y trouve employé fréquemment avec valeur perfective) à une question de rythme? Cf. Tatian 53, 3: *mit giuuatu ni giuuatita síh noh in huse ni giuuoneta, ouh in grebirun.*

à ce fait que nous ne possédons du gotique qu'un seul texte dû à un seul écrivain qui a normalisé un parler gotique et qui s'est appliqué à traduire avec une fidélité extrême et le plus littéralement possible le grec du texte sacré (cf. Meillet, *Caractères généraux des langues germaniques*, p. 6). Et pourtant les variantes des manuscrits montrent déjà une hésitation troublante au sujet de l'aspect; que serait-ce si nous possédions toute une collection de textes gotiques!

Cette latitude qui caractérise l'emploi de l'aspect verbal en gotique, il faut s'attendre à la retrouver dans les autres dialectes germaniques. A sa période la plus ancienne le vieil anglais n'est pas très éloigné de l'état gotique. La perfectivation à l'aide de préverbes et de *ge-* en particulier, y est courante; *sēon* « voir »: *gesēon* « apercevoir », *frignan* « demander »: *gefrignan* « apprendre une nouvelle », *slēan* « frapper »: *ofslēan* « tuer », *ceorfan* « couper »: *āceorfan* « trancher, décapiter », mais elle va en s'affaiblissant. L'analogie généralise parfois l'emploi du préverbe *ge-* et brouille les notions. C'est ainsi qu'il n'y a pas de différence sensible entre *dōn* et *gedōn* « faire », *þolian* et *geþolian* « souffrir ». Dès le XIᵉ siècle on ne peut plus conclure qu'un verbe a une valeur perfective de ce qu'il est composé avec *ge-*. Les différences dialectales dans le traitement de *ge-* sont assez nettes. Plus on va vers le nord de l'Angleterre moins la fonction du préverbe est sentie. Tandis que le *Poema morale* (sud) maintient bien la différence entre simple et composé, la distinction n'est déjà plus aussi nette chez Layamon (Worcestershire). Dans la chronique de Peterborough la valeur du préverbe est faible; elle l'est encore plus (peut-être sous l'influence du scandinave qui semble indifférent à l'aspect) dans l'*Orrmulum* (Midland septentrional). Enfin en Northumbrien, dans l'évangile de saint Mathieu c'est la confusion complète entre simple et composé (cf. Weick: *Das Aussterben des Präfixes ge- im Englischen*). D'autre part, l'usure phonétique finit par faire de *ge-* un préverbe dépourvu de toute valeur; elle aboutit à *i-*, *y-*, qui ne sert plus qu'à la formation du participe passé pour s'amuir enfin complètement. Le moyen le plus clair que possédait le germanique pour se constituer des perfectifs est alors aboli. On arrive ainsi vers la fin du XIIIᵉ siècle à un état où la langue ne possède plus aucun moyen morphologique de marquer l'opposition des aspects.

Cependant en vieil anglais même, alors que les anciennes distinctions disparaissent, il est curieux de voir apparaître un nouveau procédé pour marquer la durée, procédé qui sera repris en anglais moderne avec un très grand développement: c'est la forme périphrastique: verbe être + participe présent: *he wæs feothende* « il combattait » (imp.). Son origine est incertaine et il n'est pas très sûr que l'on n'ait pas à faire au calque d'une construction latine (*he wæs lærende: erat docens*). Il est à remarquer qu'en gotique aussi on rencontre la périphrase *wisan* + participe présent employée avec une valeur durative. Mais il paraît bien que le gotique ne fait que calquer la tournure grecque correspondante; car on ne trouve ce tour que fort rarement employé là où il n'apparaît pas dans l'original grec. Rare dans la poésie anglo-saxonne et les œuvres originales, la tournure se rencontre fréquemment dans les textes — nombreux, on le sait — qui sont traduits du latin. Le vieil anglais l'emploie surtout au passé avec une valeur d'imperfectif et il faut voir là un essai fait par la langue pour se créer un passé à valeur durative. Mais la tentative échoue; de bonne heure ces formes périphrastiques s'emploient avec trop d'irrégularité pour qu'il soit permis d'en tirer une conclusion certaine. Dans *Apollonius de Tyr* (XIe s.), à côté de *Mid-þȳ-þe he Pās Ping wæs sprecende to him selfum* « pendant qu'il se disait ces choses à lui-même » on trouve *Mid-þȳ-þe hē ōhte hwone hē biddan meahte* « pendant qu'il se demandait qui il pourrait implorer » En bien des cas on a l'impression que cet emploi est plutôt une question de style que d'aspect.

Un autre procédé apparaît également en vieil anglais pour indiquer dans certains cas l'aspect verbal. C'est la périphrase composée de *wesan, weorþan, habban* + participe passé (généralement non fléchi). La périphrase avec *habban* avait une valeur imperfective, avec *wesan* ou *weorþan* une valeur de résultatif. Ici encore il n'y a rien de systématique, rien de régulier; c'est un procédé de fortune et qui se manifeste trop tard pour avoir chance de se maintenir; il dénote néanmoins que le participe passé avait encore une valeur de prédicat et servait à marquer l'achèvement de l'action. Mais cet état ne dure pas; d'une part la périphrase avec *weorþan* est souvent remplacée par *wesan* et il n'y a même pas une

distinction bien nette entre *wesan* et *habban*. *Habban* s'emploie là
où, du point de vue de l'aspect, on attendrait *wesan*. Enfin le participe passé perd toute valeur de prédicat pour ne garder que celle
de temps grammatical et même les verbes à sens nettement imperfectif forment leur participe passé avec *ge-*. Ainsi sont nés les
temps composés du germanique qui, créés à l'origine pour marquer
une nuance d'aspect, ne sont plus du jour où le sentiment de l'aspect
disparaît, que des temps grammaticaux.

A mesure que l'on avance dans le développement du vieil anglais
ce sentiment de l'aspect disparaît progressivement mais il est in-
téressant de constater que même à l'époque où l'aspect ne se manifeste plus que très faiblement dans la morphologie, il continue
néanmoins à exercer une influence indirecte sur le système verbal.
En effet, ce n'est que du jour où le sentiment de l'aspect est éteint,
vers 1150—1200, que l'anglais peut se constituer un véritable futur
périphrastique: aussi longtemps qu'un présent a pu encore être
employé avec une valeur de futur on ne voit rien de semblable.
Pour la même raison le vieil anglais ne possède pas de présent
historique; on ne commence à le trouver qu'au xiiie siècle et son
apparition est en rapport étroit avec la disparition de l'aspect.

C'est à cette époque en effet que l'on peut fixer le moment où
toute expression morphologique de l'aspect semble avoir complètement disparu de la langue anglaise. Pendant une période de
quatre siècles, du xiiie au xviie siècle, durant lesquels la langue
moderne se constitue, on observe une neutralité complète à l'égard
de l'aspect verbal. Les quelques faits sporadiques que l'on a pu re-
cueillir en moyen anglais sont trop rares pour qu'on puisse en
tirer une conclusion. A ne considérer que la langue de 1200 à 1600
on pourrait croire que la catégorie de la durée est devenue tout à
fait étrangère au verbe anglais.

Mais à partir du xviie siècle, l'anglais se reconstitue des moyens
d'exprimer l'aspect. On laissera ici de côté le développement
historique et on négligera volontairement quelques détails d'importance secondaire pour ne montrer que le point où en est actuelle-
ment parvenue la langue.

En anglais moderne le verbe simple peut avoir trois valeurs
différentes:

1° perfective: *to accept, to reply.*
2° imperfective: *to like, to feel.*
3° neutre: *to die, to drink, to run.*

Les deux premières catégories ne sont pas très nombreuses. Les perfectifs purs se reconnaissent à ce qu'ils ne peuvent admettre de forme dérivée à valeur imperfective. Les imperfectifs simples se reconnaissent à ce qu'ils sont imperfectibles.

Mais la plus grande partie des verbes simples anglais se compose de verbes neutres: on veut dire par là que par eux-mêmes ils n'expriment aucun aspect particulier. Le contexte peut souvent leur donner une valeur perfective[4], mais cela tient au fait que *drink* est phonétiquement le représentant de vieil anglais *drincan* aussi bien que de *gedrincan*. Seulement, le plus souvent, il est possible de former sur ces verbes simples neutres un perfectif et un imperfectif.

C'est la forme périphrastique *I am drinking* qui sert à former l'imperfectif. Elle apparaît nettement dès le XVIIe siècle, mais son origine est obscure; il est douteux qu'elle continue la forme correspondante du vieil anglais, car il y a une solution de continuité de plusieurs siècles entre la disparition de *he wæs feohtende* et l'apparition de la formule moderne *he was fighting.* On admet généralement aujourd'hui qu'elle représente l'ancienne tournure *he was on fighting, he was a-fighting,* puis, avec amuissement complet de la préposition, *he was fighting,* tournure dans laquelle le nom verbal a cessé d'être senti comme tel, s'est confondu morphologiquement avec le participe présent et l'expression tout entière a été comprise comme une forme verbale périphrastique d'où on a tiré une conjugaison complète qui s'oppose à la conjugaison simple et à laquelle les grammairiens anglais ont coutume de donner le nom de « conjugaison progressive ».

A côté de cet imperfectif *I am drinking* on peut tirer de la forme simple *I drink* des perfectifs à l'aide d'adverbes: *I drink up, I drink out, I drink off* etc., perfectifs qui ont la plupart du temps

---

[4] En voici un exemple très clair: *I saw a dog* swimming *across the river* (imp.), mais: *I saw the stag* swim *across the river and disappear in the forest on the other side* (perfectif déterminé) (Krüger, *Englische Syntax,* § 2563).

une valeur terminative ou ponctuelle. L'emploi quasi régulier de la forme périphrastique du type *I am drinking* pour indiquer l'aspect imperfectif est la véritable innovation de l'anglais moderne parmi les langues germaniques. L'emploi d'adverbes comme moyen de perfectivation correspond à peu près exactement à la préfixation verbale du slave, du germanique ancien ou de l'allemand moderne. L'anglais connaît d'ailleurs encore des perfectifs composés à l'aide de préverbes tels que *to outask* « finir de publier les bans », *to outhear, to outplay, to uplay, to overcover* « recouvrir complètement », etc. mais ils sont d'emploi rare et surtout poétique et la langue courante les remplace par les formes *to lay up, to play out* etc. plus conformes à la syntaxe de l'anglais moderne et dans lesquelles les adverbes sont des mots semi-autonomes. De tous ces adverbes c'est *up* qui s'est le plus facilement vidé de son sens et qui s'est le mieux adapté à former des perfectifs sans ajouter de sens concret au verbe simple: *to dig* « creuser » : *to dig up* « déterrer, exhumer » ; *to eat* « manger » : *to eat up* « dévorer, engloutir » ; *to look* « regarder » : *to look up* « 1° chercher et trouver (*I looked it up in the dictionary*) 2° faire attention (*look up!*) » ; *to make* « faire » : *to make up* « confectionner ».

Tous ces verbes perfectifs peuvent à leur tour former des imperfectifs: *I am digging up potatoes, the fire is dying out*.

Tel est, brièvement esquissé, le système anglais.

Il est curieux que ce soit celle des langues germaniques où la morphologie est la plus appauvrie qui se soit recréé des moyens très nets pour exprimer des oppositions de perfectif à imperfectif avec une régularité assez grande pour que l'on puisse affirmer que l'aspect occupe une place importante dans les formes du verbe anglais. Il faut que le sentiment de l'aspect, évanoui durant la période moyen-anglaise, soit redevenu bien fort à l'époque moderne pour que la langue ait mis à sa disposition quelques-uns des très rares morphèmes qu'elle possède encore.

Cependant depuis un certain nombre d'années une nouvelle source de confusion s'est introduite en anglais, qui pourra mettre en péril son système d'aspect. La forme périphrastique tend en effet à prendre de plus en plus une valeur affective. Dans des phrases comme *I am telling you the truth* « (je vous jure que) je vous dis

la vérité », *I'm not feeling very well to-day*, la forme périphrastique ne comporte plus aucune valeur d'aspect. Il est facile de
se rendre compte comment ce double emploi a pu se produire. La
forme périphrastique prend assez fréquemment une valeur itéra-
tive soit seule, soit accompagnée d'adverbes; *he is always grum-
bling* peut aussi bien être interprété comme exprimant un itératif (il
grogne sans cesse) que comme exprimant une valeur intensive ou
affective (quel grognon! cf. encore: *he is always coming here!*).
Pour le sujet parlant à l'heure actuelle ce double emploi ne présente
pas encore la moindre ambiguïté, mais il est certain qu'il y a déjà
là une rupture d'équilibre. A peine l'anglais moderne s'est-il con-
stitué un système d'oppositions régulières que ce système est menacé
d'être détruit. Ceci n'a d'ailleurs rien d'étonnant. Étant donné le
petit nombre de moyens morphologiques que l'anglais possède,
d'une part il cherche à en tirer le plus grand parti possible, et
d'autre part cet emploi très fréquent des mêmes morphèmes les
voue forcément à une usure sémantique rapide.

On s'est contenté dans ce qui précède d'esquisser les vicissitudes
de l'aspect en germanique depuis le type gotique jusqu'à celui de
l'anglais d'aujourd'hui. On a voulu montrer sur quelques points
du domaine combien l'aspect est chose instable et fragile et pourtant
on a choisi à dessein ceux où il apparaît avec le plus de fréquence
et le plus de netteté. Doit-on en conclure comme on le fait souvent
que le garmanique ne connaît que des « traces » d'aspect? Quand
on parle ainsi c'est que l'on a présent à l'esprit le système rigoureux
des langues slaves. On a en effet pour coutume de prendre ce dernier
comme point de comparaison. Mais ceci est très dangereux. Cela
mène en général à la conclusion que l'aspect est un phénomène
particulier au slave. C'est oublier que l'état auquel est parvenu le
russe moderne, par exemple, est le point d'aboutissement d'une
longue spécialisation, que c'est un état extrême et non point un
état normal. Le russe emploie l'aspect avec une finesse, une subtilité
dont les raisons échappent souvent aux étrangers. Le vieux slave
ne présente pas encore cette rigueur puisqu'on y trouve des aoristes
imperfectifs, des participes présents et des imparfaits perfectifs (cf.
Mazon, *op. cit.*, p. 2). Et dans les langues slaves du sud, le futur
duratif a supplanté parfois le futur perfectif. Sur le domaine où

il est le mieux représenté l'aspect connaît donc des fluctuations, des irrégularités, des contradictions. M. Beer qui est Tchèque a pu redire après M. Mourek également Tchèque, que pour sentir l'aspect il faut être slave de naissance et qu'il s'agit de distinctions « die man gleichsam mit der Muttermilch eingesogen haben muß » (PBB 43, p. 450 n.). Nous ne le croyons pas. Sans vouloir enlever au slave ce qui constitue un de ses traits les plus originaux, il est permis de considérer l'aspect comme une catégorie générale, et si l'on veut bien oublier un instant le slave et se rappeler que bien des langues, indo-européennes ou autres, présentent dans leur système verbal des distinctions d'aspect, on arrivera à une conception peut-être plus juste de la catégorie de la durée. L'aspect apparaîtra avec le temps comme une des deux bases possibles du système verbal. Dans certaines langues comme en slave l'aspect l'emporte sur le temps; dans d'autres comme en latin c'est le temps qui prédomine. Le germanique paraît occuper une situation intermédiaire: aspect et temps coexistent et se complètent. Mais tandis que s'élabore lentement un système de temps qui se rapproche peu à peu de celui des langues romanes (sans jamais d'ailleurs atteindre à sa précision) l'aspect demeure, s'affaiblit et disparaît pour reparaître à nouveau. De l'indo-européen où l'aspect était associé aux thèmes verbaux, au germanique ancien qui connaît la perfectivation par préverbes et à l'anglais moderne qui se crée une forme spéciale pour exprimer l'imperfectif, il y a un renouvellement incessant de l'aspect. Ce renouvellement montre à la fois la persistance et la fragilité de ces notions. Mais, mieux que la rigueur systématique des langues slaves, cette antinomie nous paraît caractéristique de l'aspect.

Gerhard Nickel, *Die Expanded Form im Altenglischen*. (= Kieler Beiträge zur Anglistik
und Amerikanistik, Bd. 3. Neumünster 1966, S. 268—300.)*

ZUR ENTSTEHUNG DER EXPANDED FORM
IM ALTENGLISCHEN

Von Gerhard Nickel

Unsere Untersuchung über Vorkommen und Funktion der *EF* im
Altenglischen hat u. a. gezeigt, daß die *EF* eine in der Entwicklung
begriffene Verbalform ist, die aber im Ansatz bereits den heutigen
Gebrauch aufweist. Andere germanische Sprachen mit Ausnahme
des Isländischen kennen die Fügung in dieser Form nicht. Wir müssen uns daher die Frage stellen, warum gerade das Altenglische
diese Konstruktion entwickelt hat und wie es dazu gekommen ist.

Die Mehrzahl der Forscher sah bisher in der altenglischen *EF* ein
in der altenglischen Übersetzungsliteratur aufgekommenes Kunst-
mittel, um eine Reihe von dem Altenglischen fremden lateinischen
Fügungen möglichst getreu zu übertragen. Für sie war damit das
Problem der Entstehung einfach gelöst: die im Altenglischen vorhandenen Hilfsverben *beon* bzw. *wesan* und das Partizip Präsens
wurden „zusammengefügt", um zunächst den lateinischen Typus
erat docens, dann auch den Typus *locutus est*[1], schließlich aber
auch noch einfache Deponentialformen sowie verschiedene Partizi-

---

* Dieser Beitrag ist hinsichtlich der Anmerkungen und der Verweise
innerhalb des Textes für den vorliegenden Sammelband so eingerichtet
worden, daß er als selbständige Veröffentlichung gelesen werden kann
und der Leser nicht unbedingt gezwungen ist, das Buch, dem er entstammt, *Die Expanded Form im Altenglischen* (Neumünster, 1966), zum
Verständnis hinzuzuziehen. Weiterhin ist ein Abschnitt (S. 270—274 der
Buchfassung) ausgelassen worden, da dem Autor heute die dort dargestellten Überlegungen als zu hypothetisch erscheinen und zudem für den Gang
der Untersuchung irrelevant sind. Abkürzungen s. am Ende des Beitrages.

[1] Vgl. F. Mossé, *Histoire de la forme périphrastique être + participe
présent en Germanique.* 2 Bände (Paris, 1938) I, § 156.

pialkonstruktionen[2] wiederzugeben. Raith, der die *EF* als „das Ergebnis einer in den Klöstern aufgekommenen Übersetzungstechnik, die um eine möglichst wortgetreue Wiedergabe der lateinischen Vorlage bemüht war"[3], bezeichnet, hält sie aber wohl nicht für so „lateinisch" wie andere Partizipialkonstruktionen, wenn er über ihre Verwendung im *Vespasian Psalter* und den *Lindisfarne* sowie *Rushworth Evangelien* sagt, daß sie u. a. dazu diene, „die zahlreichen lateinischen Partizipialkonstruktionen, die dem germanischen Sprachgefühl stracks zuwiderlaufen", wiederzugeben. „Ein appositives Partizip wird so in ein prädikatives verwandelt: ascendens *wæs stigende*; ähnlich wird ein absolutes Partizip aufgelöst: illo loquente *miððy he wæs sprecende*"[4]. Nach kurzer Untersuchung der Möglichkeiten zur Entwicklung der *EF* aus dem prädikativen und appositiven Partizip, die eine einheimische Entwicklung „durchaus denkbar" erscheinen ließen, legt sich aber Raith doch wieder auf lateinischen Einfluß fest[5]. Mossé stellt der *EF* andere, mit Hilfe von Verben des Zustandes und der Bewegung zusammengesetzte Umschreibungen zur Unterstützung („appui mutuel") zur Seite, betrachtet aber letztere deswegen nicht als Vorläufer der *EF*[6].

Unsere Untersuchung des altenglischen Materials hat aber ergeben, daß besonders in Werken wie *Orosius, Trostschrift des Boethius* und den *Soliloquien* von einer sklavischen Nachahmung der lateinischen Formen nicht die Rede sein kann und daß selbst die Übersetzung von Bedas Kirchengeschichte freier ist, als man bisher anzunehmen geneigt war. Zudem zeigte sich, daß die *EF*

---

[2] Vgl. *ib.*, § 148 ff. J. Raith, *Untersuchungen zum englischen Aspekt* (München, 1951), S. 107, A. Püttmann, ‚Die Syntax der sogenannten progressiven Form im Alt- und Frühmittelenglischen', *Anglia*, 31 (1908), S. 427 f. Vgl. auch O. Jespersen, *MEG* IV, 12. 1 (3): "Why then were the translators so fond of a construction which was foreign to their natural speech-instinct?"

[3] J. Raith, *Untersuchungen*, S. 109.

[4] *Ib.*, S. 41.

[5] *Ib.*, S. 108 f.

[6] F. Mossé, *Histoire* I, § 267 ff.; Zitat: § 271.

im Gebrauch bereits ein Maß an Eigenständigkeit besaß, das durch die Annahme einer Entstehung durch lateinischen Einfluß einfach nicht erklärt werden kann[7].

Eine Reihe von Forschern hat dies wohl mehr gefühlsmäßig erkannt und bekannte sich in verschieden starkem Maße zu einer einheimischen Entwicklung[8]. In Widersprüche verwickelt sich Pessels[9]. Für einheimischen Ursprung setzt sich wohl auch H. Sweet ein[10]. Ähnlich äußert sich auch H. Koziol in seiner Besprechung von Mossés *Histoire:*

... denn es ist nicht zulässig, aus dem ü b e r m ä ß i g e n Gebrauch in den Übersetzungen zu schließen, daß die Verbindung den germanischen Sprachen überhaupt fremd war. Nicht die Verbindung selbst, sondern nur ihr häufiger Gebrauch in den Übersetzungen geht auf die fremdsprachigen Vorlagen zurück[11].

[7] *Die Expanded Form im Altenglischen* (Neumünster, 1966) Kapitel III und IV.

[8] A. Püttmann (*op. cit.*, S. 451), impliziert dies wohl, wenn er bei der Diskussion zu der Funktion der *EF* sagt: „.... doch scheint der lateinische einfluß nicht so stark zu sein, daß der übersetzer sich nicht der bedeutung der angelsächsischen konstruktion bewußt gewesen ist."

[9] C. Pessels, *The Present and Past Periphrastic Tenses in Anglo-Saxon* (Diss. Straßburg, 1896), S. 81: "The Latin periphrasis . . . is, as we should expect, rendered by the parallel Anglo-Saxon construction, with which it is identical both in form and meaning." S. 82: "The influence of the Latin has tended to greatly increase the employment of the periphrasis...", aber auf S. 74: "If the periphrasis is not native, the freedom and frequency of its use shows that it was early naturalized and thoroughly." *Ib.:* "The influence of Latin appears chiefly in extending its use . . ." Auch Mossé ist hier auf Grund seiner Feststellung in der Schlußbetrachtung seiner *Historie I* (S. 114) nicht ganz auszuschließen: « Tour importé du latin ou simplement vivifié par l'usage latin . . . » Diese Schlußbetrachtung überrascht nach dem vorausgegangenen Untersuchungsgang sehr.

[10] H. Sweet, *A New English Grammar.* 2 Parts (Oxford, 1891 [impression], 1955), § 2204.

[11] H. Koziol, *Anglia Beiblatt,* 50 (1939), S. 263 (allerdings berücksichtigt Koziol dabei wohl nicht die oben erwähnte Schlußbetrachtung Mossés). Ähnlich C. A. Bodelsen, 'The Expanded Tenses in Modern Eng-

Neben Aronstein[12] hat sich in besonders nachdrücklicher Weise W. van der Gaaf für einen einheimischen Ursprung der altenglischen *EF* ausgesprochen:

Why, then, should all sorts of juggling tricks be resorted to, in order to account for the occurrence of this construction, which I consider to be English 'pure and undefiled'[13].

Allerdings ist von den Forschern, die eine einheimische Entwicklung ansetzen, nur wenig oder gar nichts über den Entwicklungsgang gesagt worden.

Beim Versuch einer Definition der *EF* zeigt sich, daß einige Strukturen schwer von der *EF* abzugrenzen sind:

a) Strukturen mit adjektivischem Partizip
b) Strukturen mit appositivem Partizip
c) Strukturen mit *nomen agentis* auf *end(e)*.

Es liegt die Vermutung nahe, daß diese Übergangsmöglichkeiten bei der Entstehung der *EF* eine Rolle gespielt haben könnten. Dieser Gedanke soll im folgenden einmal gründlich überprüft werden.

Das prädikative Adjektiv

H. Sweet sieht in der *EF* eine Entwicklung in Analogie zur Struktur *be* + *Adj.*: "... so that such a paraphrase as *hīe wǣron blissiende* 'they were rejoicing' was felt to be intermediate between *hīe blissodon* 'they rejoiced' and *hīe wǣron blīþe* 'they were glad'"[14]. Ähn-

lish', *ESt*, 71 (1936/37), S. 220; in *ESts*, 32 (1951), S. 261 (Besprechung von Raiths *Untersuchungen*) scheint Bodelsen aber wieder mehr Mossé zuzustimmen.

[12] P. Aronstein, ‚Die periphrastische Form im Englischen‘, *Anglia*, 42 (1918). Aronstein postuliert, allerdings ohne Beweise dafür zu geben, „gemeingermanischen, ja indogermanischen" Ursprung für die *EF* (S. 83).

[13] W. van der Gaaf, 'Some Notes on the History of the Progressive Form', *Neophilologus*, 15 (1930), S. 205. [Siehe auch in diesem Band S. 361 f.]

[14] H. Sweet, *op. cit.*, § 2204.

324 Gerhard Nickel

lich sieht auch Curme die Entwicklung: "Originally the present participle in this construction was a predicat adjectiv with pure adjectiv force"[15].

Wenn Aristoteles sagt, daß sich jede Rede in der Form *Subjekt-Kopula-Prädikat* ausdrücken läßt, so hat er wohl vom Standpunkt der Logik für seine folgenden Partizipialbeispiele recht. Eine andere Frage ist jedoch, ob die einzelnen Sprachen von dieser partizipialen Form der Aussage Gebrauch machen. Machen sie davon Gebrauch, dann erhebt sich immer noch die Frage, ob das partizipiale Pattern und die finite Verbalaussage ohne Kopula bedeutungsgleich nebeneinanderstehen. Man vergleiche die Aussage von Aristoteles mit den zwei Übersetzungen:

Griechisch: ἄνθρωπος   ὑγιαίνων ἐστίν...
ἄνθρωπος   ὑγιαίνει...
ἄνθρωπος   βαδίζων ἐστιν ἢ τέμνων...
ἄνθρωπος   βαδίζει ἢ τέμνει.

Deutsch:
Denn es macht keinen Unterschied „der Mensch ist ein Gesunder" und „der Mensch gesundet" oder „der Mensch ist ein Gehender oder Schneidender" und „der Mensch geht oder schneidet"[16].

Englisch:
For there is no difference between 'the man is recovering' and 'the man recovers' nor between 'the man is walking' or 'cutting' and 'the man walks' or 'cuts'...[17]

Ob Aristoteles dabei die Konstruktion als *EF* (Typus: ἦν διδάσκων) auffaßte, ist fraglich.

[15] G. O. Curme, 'Development of the Progressiv Form in Germanic', *PMLA*, 28 (1913), S. 159.
[16] Zitiert nach der Übersetzung von P. Gohlke, Aristoteles, *Metaphysik* (Paderborn, 1951), z. St. 1017 a, S. 158. Gohlkes Übersetzung ist nicht recht glücklich. Man übersetzt wohl besser „der Mensch ist gesund-seiend" und „der Mensch ist gesund". Vgl. auch Boethius, *De interpretatione lib. V*, cap. 67: „Nihil enim differt dicere uel hominem ambulare uel hominem ambulantem esse." Zitiert bei K. Meyer, *Zur Syntax des Participium Praesentis im Althochdeutschen* (Diss. Marburg, 1906), S. 7.
[17] W. D. Ross, *ed.*, The Works of Aristotle, Bd. VIII: *Metaphysica* (London [4. *repr.*], ²1960), z. St. 1017 a/28 ff.

Die deutsche Übertragung verwendet substantivierte Partizipien in Verbindung mit dem *verbum substantivum* und verletzt durch diese ungewöhnlichen stilwidrigen Konstruktionen unser Sprachempfinden. Die englische Übersetzung gibt die von Aristoteles für den Ausdruck seiner philosophischen Konzeption gebrauchte Konstruktion wörtlich und gleichzeitig natürlich wieder, weil die Konstruktion im Englischen eine ganz vertraute ist. Gleichzeitig wird die Aussage aber ironischerweise unsinnig, denn im Englischen besteht einfach ein Unterschied zwischen 'the man is recovering' und 'the man recovers'[18].

Die Annahme Sweets und Curmes, die *EF* sei in Analogie zum prädikativen Adjektiv entstanden, hat viel für sich. Sie selbst machen den Weg dahin allerdings nicht recht einsichtig.

Die traditionelle Grammatik unterscheidet acht und mehr Wortarten. Syntaktisch gesehen kommt man jedoch mit vier Grundwortarten aus: Substantiv, Verb, Adjektiv und Adverb.

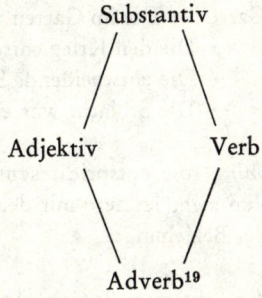

                    Substantiv

        Adjektiv   Verb

                    Adverb[19]

Die übrigen Wortarten der traditionellen Grammatik fungieren entweder als Substituenten oder als Transformanten. So sind auch

[18] W. D. Ross nimmt dazu in seinem umfangreichen Kommentar nicht Stellung. Für einen philosophisch ungeschulten Engländer ist die Gleichsetzung, wie ich es selbst durch Befragung erleben konnte, unverständlich. Für ihn sind beide Konstruktionen semantisch differenziert.

[19] J. Kuryłowicz, *The Inflectional Categories of Indo-European* (Heidelberg 1964), S. 19. Vgl. auch L. Tesnière, *Eléments de syntaxe structurale* (Paris, 1959).

Partizipien und Infinitive transformierende Kategorien. Das Partizip dient u. a. dazu, einen Satz zu einer syntaktischen Gruppe zu kondensieren, indem es die Verbalaussage dem Subjekt als ‚Eigenschaft' beilegt[20].

The rose blossoms → The blossoming rose.

Diese Transformation ist zunächst auf reine Intransitiva beschränkt[21]. Natürlich können auch Sätze mit transitiven Verben + Nominalphrase oder mit intransitiven Verben + *Lok* etc. transformiert werden, allerdings mit etwas anderem Ergebnis:

The roses grow in the garden → The roses growing in the garden.
This battle decided the war → The battle deciding the war.

Vergleiche aber die Verhältnisse im Deutschen:

Die Rosen wachsen im Garten → Die im Garten wachsenden Rosen.
Die Schlacht entschied   → Die den Krieg entscheidende Schlacht.
den Krieg   → Die entscheidende Schlacht.
                            → Die Schlacht war entscheidend.

Die Fügung *the blossoming rose* entspricht syntaktisch genau der Fügung *the red rose*. Nun steht letztere mit dem Satz *The rose is red* in transformationeller Beziehung:

[20] Vgl. auch J. Jolly, ‚Zur Lehre vom Partizip', *Sprachwissenschaftliche Abhandlungen* [hervorgegangen aus G. Curtius' Grammatischer Gesellschaft] (Leipzig, 1874), S. 89: »... dem nominalen Grundwesen des Particips entspricht sein a t t r i b u t i v e r Gebrauch, vermöge dessen es wie die Adjectiva dem dazugehörigen Substantiv eine Eigenschaft beilegt ..." Für das Germanische: M. Callaway, 'The Appositive Participle in Anglo-Saxon', *PMLA*, 16 (1901), S. 141 ff. I. Dal, ‚Zur Entstehung des Englischen Participium Praesentis auf -ing', *Norsk Tidsskrift for Sprogvidenskap*, 16 (1952), S. 18.
[21] Da es hier nur um das Prinzip geht, sollen die Möglichkeiten an englischen Beispielen aufgezeigt werden, mit dem Proviso, daß sie nicht der historischen Wirklichkeit des Neuenglischen entsprechen.

The rose is red → The red rose[22].

Hier nun macht sich die Wirkung der Analogie bemerkbar. Die großen Gemeinsamkeiten der beiden Strukturen in attributiver Stellung konnten leicht zur Überführung des Partizips in prädikative Stellung führen; das Nebeneinander von:

The rose is red → The / red / rose
      ?   → The / blossoming / rose führt zu:
The rose is blossoming → The blossoming rose.

Chronologisch gesehen ist die Pfeilrichtung natürlich umgekehrt zu denken. Im Altenglischen haben die Partizipien in dieser Stellung zunächst wahrscheinlich rein adjektivischen Charakter gehabt. Deshalb ist wohl auch der adjektivische Gebrauch vom verbalen im Altenglischen so schwer abzugrenzen. Partizipien, die zu adjektivischer Verwendung neigen, sind u. a.:

byrnende, fleonde, gewitende, scinende, þearfende, ðeonde, wallende, yrnende, yðgiende etc.

Die bisherigen Ausführungen können zwar die Entstehung der prädikativen Stellung des Partizips erklären, nicht aber dessen vorwiegend verbalen Gebrauch in dieser Stellung. Als Erklärung dafür können mehrere Gründe angeführt werden: einmal der Einfluß des rein verbal gebrauchten appositiven Partizips, von dem weiter unten ausführlicher die Rede sein soll, zum anderen aber die unseres Wissens noch nie berücksichtigte Tatsache, daß bereits eine periphrastische Fügung mit einem Partizip (Partizip Präteritum) innerhalb der Verbalflexion existierte, die zudem bei intransitiven Verben mit dem Hilfsverb *beon* bzw. *wesan* gebildet wurde, so daß nebeneinander standen:

---

[22] Vgl. O. Jespersen, *The Philosophy of Grammar* (London [repr.] 1958), S. 114: "The relation between *the dog barks* and *a barking dog* is evidently the same as that between *the rose is red* and *a red rose*." Jespersen hat wohl deutlicher als jeder andere Grammatiker seiner Zeit die inneren Sprachbeziehungen erahnt.

he is cumen   hit is gewiten
he is cumende   hit is gewitende.

Mit der allgemeinen Struktur:

$$\text{Nominalphrase} + \text{beo} + \begin{Bmatrix} \text{en} \\ \text{ende} \end{Bmatrix} + \text{Verbum}$$

Anzeichen für die funktionale Ähnlichkeit der beiden Partizipien ist z. B. die Tatsache, daß dem Deutschen *er kam geflogen* ae. *he com fleogende* entspricht. Nachdem der verbale Gebrauch der Fügung einmal im Ansatz vorhanden war, konnten leicht auch intransitive Verben mit lokaler Ergänzung oder transitive Verben folgen[23].

Die oben geschilderten Verhältnisse liegen aber z. T. auch in anderen Sprachen vor. Damit aber bleibt weiterhin die Frage offen, warum gerade das Altenglische diese Sonderentwicklung durchgemacht hat. Sprachen wie das Französische und Deutsche[24] machen reichlichen Gebrauch vom attributiven und, in einigen Verwendungsformen, auch vom prädikativen Partizip. Es fehlt ihnen aber die *EF*, d. h. ihre Eingliederung in das Konjugationssystem.

Das appositive Partizip

Es gibt Fälle, bei denen schwer zu entscheiden ist, ob eine *EF*-Konstruktion oder ein appositives Partizip vorliegt:

he wæs on temple lærende
Nominalphrase + beo + Lokativergänzung + Verbum-ende appositiv
he wæs on temple lærende
Nominalphrase + beo + ende + Verbum + Lokativergänzung prädikativ

---

[23] Ist einmal die *EF* in der Sprache vorhanden, dann ist auch die umgekehrte Entwicklung *EF* → Kopula + Adjektiv (also Partizip → Adjektiv) möglich, insbesondere bei transitiven Verben: *The book is interesting me — The book is interesting.* Vgl. O. Jespersen, *MEG* II, 15. 481. Allgemein zur Möglichkeit der Entwicklung Adjektiv → Partizip, Partizip → Adjektiv

Diese Übergangsmöglichkeit könnte die Vermutung nahelegen, daß auch historisch gesehen ein Übergang appositives Partizip → prädikatives Partizip (*EF*) stattgefunden hat. Jolly z. B. sieht die Entwicklung der Funktionen des Partizips in der Stufenfolge attributives Partizip → appositives Partizip → prädikatives Partizip. Unter einem appositiven Partizip versteht er (etwas vage) „seine Verwendung in loseren Zusätzen zum Substantiv", wobei es sich schon „aufs genaueste an das Verbalsystem" anschließt[25]. Damit ist gemeint, daß es Genusdifferenzierung, Aktionsart des Verbs und verbale Kasusrektion annimmt. Dieser Stufe folge dann die „höchste Stufe", der prädikative Gebrauch der Partizipien. M. Callaway sieht für das Altenglische die chronologische Reihenfolge der einzelnen Entwicklungsstufen in etwas veränderter Form: attributives Partizip → appositives Partizip ohne Objekt → prädikatives Partizip → appositives Partizip + Objekt[26]. Allerdings sieht er in der Reihenfolge weniger eine stetige Entwicklung als vielmehr eine weitgehend unabhängige chronologische Aufeinanderfolge.

Callaway führt die appositive Verwendung des Partizips im großen und ganzen auf lateinischen Einfluß zurück, zieht aber für die Verwendung gewisser Partizipien wie *blissigende, libbende, being, sleeping*[27] in adjektivischer und in temporaler Funktion eine einheimische Entwicklung in Betracht. Nun ist Callaway, der ins-

---

vgl. K. Brugmann, *Kurze vergleichende Grammatik der Indogermanischen Sprachen* (Straßburg, 1904), S. 319.

[24] Vgl. M. Grevisse, *Le bon usage* (Paris, [8]1964), §§ 767 ff. O. Behaghel, *Deutsche Syntax*, Bd. II Heidelberg, 1924), §§ 754 ff., H. Glinz, *Die innere Form des Deutschen* (Bern, [2]1961), S. 143. Für das Französische vgl. auch die beiden Dissertationen: H. Klemenz, *Der syntaktische Gebrauch des Partizipium Praesentis und des Gerundium im Altfranzösischen* (Diss. Breslau, 1884), und F. Pfeiffer, *Umschreibung des Verbums im Französischen* (Diss. Göttingen, 1909).

[25] J. Jolly, *op. cit.*, S. 89.

[26] M. Callaway, *op. cit.*, S. 149 f.

[27] *Ib.*, S. 299 und S. 301. Callaway spricht dort von "slightly verbal participles". Man sieht, wie immer wieder eine Skala von Partizipschattierungen aufgestellt wird.

gesamt in seinen gründlichen Arbeiten über einige altenglische Konstruktionen die Theorie starken lateinischen Einflusses verficht, dennoch auch bei den übrigen Partizipien und Funktionen derselben innerhalb des appositiven Rahmens hinsichtlich der Annahme lateinischen Einflusses sehr vorsichtig[28].

Es ist auf Grund der Primärfunktion der Partizipien als Transformanten auch gar nicht einzusehen, weshalb sich nicht auch das appositive Partizip im Altenglischen selbständig entwickelt haben könnte[29]. Daß der Gebrauch des appositiven Partizips im Altenglischen durch lateinischen Einfluß gefördert wurde, steht außer Zweifel.

Der Übergang

X + beo + Lokativergänzung + Verbum-ende + Y → X + beo + Verbum-ende + Lokativergänzung + Y ist besonders dann leicht möglich, wenn auf der Ebene der manifestierten Strukturelemente das *verbum substantivum* nach der Lokativergänzung zu stehen kommt:

þa he on temple wæs / lærende his discipulas.

In anderen Fällen setzt er eine freie Wortstellung voraus, die im Altenglischen im Gegensatz zum Neuenglischen noch in weitem Maße vorlag[30]. Man muß sich daher vor einer voreiligen Beurteilung folgender altenglischen Sätze vom Standpunkt des heutigen Englisch hüten:

n æ r o n on hie h e r g e n d e buton þrie dagas; 7 Gallie w æ r o n ær siex monað binnan þære byrig h e r g e n d e, 7 þa burg b æ r n e n d e;

(Or 94/1 f.)

---

[28] *Ib.* Dagegen lehnt Callaway kategorisch den Gedanken einer einheimischen Entstehung des prädikativen Partizips nach Verben der sinnlichen Wahrnehmung ab; vgl. *The Infinitive in Anglo-Saxon* (Washington, 1913), S. 288. Auch für die Entstehung der absoluten Partizipialkonstruktionen im Nominativ und Akkusativ nimmt Callaway lateinischen Ursprung an; vgl. *The Absolute Participle in Anglo-Saxon* (Diss. Baltimore, 1899), S. 3.

[29] Für die modale Funktion des appositiven Partizips setzt Callaway bei a l l e n Verben eine einheimische Entwicklung an *(The Appositive Participle*, S. 300). Vgl. dagegen E. Einenkel, *Streifzüge durch die mittelenglische Syntax* (Münster, 1887), S. 273 f.

[30] Allgemein dazu R. Quirk, und C. L. Wrenn, *An Old English Grammar* (London, [repr.] 1963) § 137.

Die Antithese, auf die es hier ankommt, unterstützt die Annahme einer *EF*:

n æ r o n ... h e r g e n d e buton þrie dagas; Gallie w æ r o n ... h e r g e n d e siex monað [mit vorgenommener Umstellung]³¹.

Weiterhin:

þa þu ærest w æ r e mid þone ecan frean sylf s e t t e n d e þas sidan gesceaft (*Christ* 355)³², ³³.

On þæm dagum on Tracia þæm londe w æ r o n twegen cyningas ymb þæt rice w i n n e n d e.   (*Or* 114/15)³⁴

Aufschlußreich ist der folgende Beleg aus *HE*:

f u i t uirgo uirtutum,	W æ s heo seo fæmne Drihtne
s e r u i e n s Domino in	þ e o w i e n d e in þæm mynstre ...
monasterio . . . (S. 142)	(172/11 f)

Auch hier zeigen sich die fließenden Grenzen zwischen appositivem Partizip und *EF*, wobei strukturell in der altenglischen Fassung eine *EF* vorliegt, im Lateinischen dagegen ein appositives Partizip. Wenn der Beleg aus *Beowulf: þær wæs on blōde brim weallende* (847) weder von Raith noch von Mossé angeführt wird, so ist es möglich, daß beide appositive oder auch attributive Funktion des Partizips annahmen³⁵.

Bei der freien Wortstellung im Altenglischen besteht zwischen

³¹ Vgl. auch *HE* 172/11 und dazu *Bed* 142/11.
³² In *ASPR,* Band III, S. 13.
³³ F. Mossé, *Histoire* I, § 194, hält das Partizip hier für appositiv. Da sich sinngemäß *ærest* auf den Schöpfungsvorgang *(settende)* bezieht, liegt eine Interpretation auf *EF*-Grundlage wohl näher. Vgl. die neuenglische Übersetzung von E. K. Gordon, *Anglo-Saxon Poetry* (London [repr.] 1962), S. 139 "... when first Thou Thyself wast with the eternal Lord establishing this wide creation ..."
³⁴ Vgl. auch die variable Position der Adverbialbestimmung des Ortes bei Mark. 5, 5 und Luk. 19, 47 in den verschiedenen MSS der *Lindisfarne Evangelien.*
³⁵ Der Beleg beweist übrigens, wie die flexible Wortanordnung im Altenglischen hier rein stellungsmäßig grundsätzlich drei syntaktische Inter-

dem appositiven Partizip in Strukturen mit einer Form des Verbums *beon* bzw *wesan* + Lokativergänzung und der prädikativen Verwendung des Partizips in der *EF* auf der Ebene der manifestierten Strukturmerkmale oft kein Unterschied. Ist diese strukturelle Identität auch für die Beurteilung altenglischer Partizipialverhältnisse von großer Wichtigkeit, so glaube ich doch nicht, daß sie als wesentliche Quelle für die *EF* gedient hat. Es kamen aus der Reihe der möglichen appositiven Fügungen nur Strukturen in Frage, in denen das Verbum *beon* bzw. *wesan* erschien. Das aber ist ein von vornherein begrenzter Teil. Außerdem kann ja die Loslösung dieser mit einer *EF* identischen Strukturen aus dem Verband des appositiven Partizips auf dem Wege der Analogie nur durch eine b e r e i t s b e s t e h e n d e *EF*-Kategorie oder zumindest prädikative Fügung erfolgen. Schließlich hätte man bei einer Entwicklung appositives Partizip → *EF* auch hier die Tatsache der viel ausgeprägteren Entwicklung der *EF* im Altenglischen gegenüber der in den übrigen germanischen Sprachen zu erklären, zumal sich die appositive Verwendung des Partizips in den übrigen germanischen Sprachen mit der im Altenglischen weitgehend deckte[36]. Man wird in dieser Fügung keine Q u e l l e der altenglischen *EF* sehen dürfen[37]. Dagegen wird wohl nicht zu bestreiten sein, daß sie die *EF* gefördert hat.

EF-ähnliche periphrastische Fügungen

Eine weitere Stärkung konnte die *EF* durch die Kombination von Verben des Zustandes bzw. der Bewegung mit dem Partizip erfahren haben. Wenn auch im frühen Altenglisch zunächst durch-

pretationen des Partizips zuläßt. Er zeigt auch, wie leicht durch die mögliche Nachstellung des Verbaladjektivs im Altenglischen appositive Partizipien entstanden. Wir würden daher im Gegensatz zu Callaway in viel größerem Maße die Auffassung einer einheimischen Entwicklung auch für das appositive Partizip vertreten.

[36] M. Callaway, *The Appositive Participle*, S. 351.

[37] J. Raith, *Untersuchungen*, S. 107, zählt als die beiden Wege, die zur *EF* führen können, den des adjektivischen und den des appositiven Partizips auf.

gängig der Infinitiv nach Verben der Bewegung stand[38], so trat
bald das Partizip in Konkurrenz[39], vergleiche z. B. das Nebeneinander von *bið ... fleogende* in der Prosaübersetzung des *Boethius*
und *fleogende windað* in den *Metra*[40].

Der Parallelismus zwischen Konstruktionen mit Infinitiv und solchen mit Partizipien ist darin begründet, daß beide transformatio-
nelle Kategorien sind. Ein Satz mit Infinitiv oder Partizip ist das
Ergebnis einer zweibasischen Transformation, d. h. er ist aus zwei
Sätzen abgeleitet, von denen der eine semantisch oder syntaktisch
untergeordnet ist.

I saw the boy. The Boy swam	→ I saw the boy swim
	→ I saw the boy swimming
He com. He wæs fleogende	→ He com fleogan
	→ He com fleogende
He sæt. He lærde	→ He sæt lærende
The boy who sat in the library	→ The boy sitting in the library

Der Typus *he com fleogende* berührte sich auch insofern mit dem
Typus *he wæs fleogende*, als *beon* neben anderen Bedeutungen auch
die von ‚kommen‘ im Altenglischen hatte[41]. Die weit wichtigere
Annäherung ergab sich aber dadurch, daß die genannten Verben
in der Bedeutung abgeschwächt wurden und fast den Charakter von
Hilfsverben annahmen[42]. Die Bedeutung dieser Konstruktionen für
die *EF* darf man aber nicht überschätzen. Der Bedeutungsinhalt der
genannten Verben wird selten so reduziert werden, daß sie dem
bedeutungsleeren *verbum substantivum* gleichzusetzen wären. In
einem Satz wie *He sat reading* bleibt die Beziehung zu den Kern-
sätzen *He sat* und *He read* eben immer spürbar. Dagegen kann *He
was reading* nicht auf *He was* + *He read* zurückgeführt werden.
Außerdem weisen das Altnordische und Althochdeutsche, obwohl
sie von Anfang an in solchen Verbindungen nur das Partizip Prä-

---

[38] M. Callaway, *The Infinitive*, S. 89 ff.
[39] M. E. in größerem Maße als Callaway es annimmt.
[40] Vgl. auch neuenglisch: He sat reading — He was reading.
[41] Vgl. E. Wülfing, *Die Syntax in den Werken Alfreds des Grossen*
(1. Teil, Bonn, 1884), Teil II, § 381.
[42] F. Mossé (*Histoire* I, § 269) spricht vom Typ des 'semiauxiliaire'.
Weitere Beispiele *ib.*, § 272 ff.

sens verwendeten[43], bei weitem nicht den hohen *EF*-Frequenz-
koeffizienten des Altenglischen auf. Man wird auch in diesen
Fügungen nicht mehr als eine Stütze der *EF* erblicken können[44].

Der Typus ‚beon (wesan) + nomen agentis'[45]

Während sowohl das prädikative Adjektiv als auch das appositive Partizip schon von früheren Forschern als mögliche Ent-
stehungsquellen der altenglischen *EF* in Erwägung gezogen worden
sind, hat man bisher, soweit uns bekannt ist, noch nie eine der wohl
wichtigsten Konstruktionen angeführt, die sowohl die Entstehung
als auch die hohe Frequenz der *EF* im Altenglischen erklären kann,
nämlich die Fügung mit kopulativem *beon / wesan + nomen agentis*.

In seiner Untersuchung zum germanischen Sprachstil stellte Klaeber fest, daß schon im Altgermanischen bei Übersetzungen aus dem
Lateinischen bzw. Griechischen einfache Verben durch eine Verbindung von Nomen und Verb wiedergegeben wurden, wobei das
gewichtige Nomen Bedeutungsträger wird, während das Verbum,
das in erster Linie nur der Verbindung dient, sehr häufig „in Gestalt der farblosen Zeitwörter ‚sein' und ‚werden' erscheint"[46]. Wenn
man das Altenglische daraufhin untersucht, stößt man in der Tat
auf besonders viele Belege[47]. Aus der von mir untersuchten altenglischen Literatur seien nur einige genannt:

Soliloquien:
f a t e o r   Ic eom geþafa ðu... andætta
                             w e r e. Vgl. auch 56/17 und 54/7.

---

[43] I. Dal. *op. cit.*, S. 81.

[44] Vgl. F. Mossé, *Histoire* I, § 271.

[45] Um hiernach längere Formulierungen wie ‚nomen agentis auf -end'
(im Gegensatz zu den mit anderen Morphemen gebildeten *nomina agentis)* zu vermeiden, sei vereinbart, daß unter dem Begriff *nomen agentis*
im weiteren Verlauf der Ausführungen — wo nicht anders vermerkt —
nur noch der -*end*-Typus (feohtend) verstanden wird.

[46] F. Klaeber, ‚Zum germanischen Sprachstil: das Nomen', *Archiv*, 183
(1943), S. 73.

[47] *Ib.*, S. 74.

Boethius:
a s s e n t i o r

ic e o m genog wel g e þ a f a (78/27)
Vgl. auch *HE* 394/29.

HE:
ut vitam suam … s e r v a r e t

him f e o r h y r d e w æ r e (126/17)

CP:
non quia d o m i n a m u r

ne sint we nane w a l d e n d a s
(115/24) Vgl. auch 119/24 und 121/3.

d o m i n a b i t u r

is ðin W a l d e n d (207/13)

non a c q u i e s c u n t

nyllað g e ð a f a n b e o n (305/15)

quia dum rectis persuasionibus
a c q u i e s c i t

he b i ð simle ryhtes geðeahtes
g e ð a f a (306/14)[48]

f o r n i c a t a e s u n t

hi w æ r o n ðær f o r l e g e n e
(403/34)[49]

Orosius:
e x s u l a b a t

þa w æ s mid him an w r æ c c e a
(78/33)[50]

cum … a b i r e n t

o n þ æ m f l e a m e (216/20)
Vgl. auch 206/19.

Hierher gehören auch präpositionale nominale Fügungen an Stelle
lateinischer Verben:

Orosius:
a u f u g i t

w e a r ð … o n f l e a m e (158/28)

ut … a d f l i c t a r e n t u r

an m o n n c w e a l m e l æ g a n
(106/10)

c u n c t a n t e m

þær he o n t w e o g e n d l i c a n
o n b i d e w æ s (204/28 f.)

Vergleiche auch: *on fultume* (144/26), *on firde wæron* (156/34), *on
fore wæron* (168/35), *wæron … on anbide* (136/4), *on fire sætt*

[48] Vgl. dazu *(ib.)* die neuenglische Übersetzung von H. Sweet: "He is
always the supporter of good designs."
[49] Vgl. J. R. Clark Hall, *A Concise Anglo-Saxon Dictionary* (Cambridge, ⁴1960), wo *forlegen* mit *adulterer, fornicator* übersetzt ist.
[50] Wegen mehrerer *wrecca-beon*-Belege u. a. in *HE* vgl. *BT*, *s. v.*
wrecca.

(198/12), *on þære hergunge* (188/13)[51]. Selten gibt es Belege für die umgekehrte Richtung: lateinisches Nomen → altenglisches Verbum, vergleiche:

CP:

e r u d i t o r e s	l æ r d o n (255/7)
qui d i s p e n s a t o r e s s u n t	ðe hit him b r y t t i a n s c e o l d o n (320/4)
sint p a r t i c i p e s	hie d æ l e n (373/7)

Soliloquien:

qualis s i s a m a t o r	þæt þu l u f a s t (42/17)

Orosius:

t r a n s g r e s s o r	to eacan þæm monigfealdum bismrum þe he d o n d e w æ s (260/29)
c o n t r a d i c t o r e m	se þe þæt n o l d e (94/24 f.)

Die Belege zeigen einen flexiblen Austausch zwischen verbaler und nominaler Ausdrucksweise in altenglischen Übersetzungen aus dem Lateinischen. Der Weg lateinisches Verbum → altenglisches Nomen wird dabei wesentlich häufiger begangen. Hierzu könnte man auch die „Zerdehnung"[52] eines Verbalbegriffes in Verbum und bedeutungsstarkes substantivisches Objekt zählen, wie sie auch in der altenglischen Poesie häufig erscheint:

gewin drugon	kämpften *(Beowulf* 798);
sið drugon	reisten *(ib.* 1966);

feorh alegde *(ib.* 851) neben vielen anderen[53].

Im Gedicht *Maldon* (Z. 55) steht: *fyl gename.* Vergleiche auch *Orosius: micel geflit hæfdon* (290/24), *geþoht hæfdon* (200/10).

---

[51] Es fällt dabei auf, daß der *Orosius* besonders reich an solchen nominalen Erweiterungen ist. Vgl. G. Nickel, *op. cit.,* S. 119.

[52] F. Klaeber, ‚Zum germanischen Sprachstil', S. 77. Zur Zerlegung des Verbalbegriffes im modernen Englisch vgl. P. Aronstein, *Englische Schulstilistik,* Ausgabe B (Leipzig, 1930), S. 14 f.

[53] *Ib.,* S. 77 (S. 76 über die Häufigkeit in der Stabreimdichtung allgemein).

Die kleine Auswahl an Belegen läßt deutlich eine Neigung im Altenglischen zu periphrastischen Fügungen, besonders nominaler Natur, erkennen[54]. In Verbindung mit dieser Tendenz und durch die zahlreichen formalen und funktionalen Berührungspunkte mit dem Partizip konnte das *nomen agentis* einen nicht zu unterschätzenden Einfluß ausüben.

In Funktion und Bedeutung berühren sich oft beide Gruppen[55]. So sagt man im Mexikanischen statt ‚ich bin Kaufmann': ‚ich (bin) ein jemandem etwas Verkaufender'[56]. Interessant ist auch die Gleichsetzung von Substantiv *(nomen agentis)* und Partizip bei Ælfric: *amans* l u f i g e n d e is ægðer ge nama ge PARTICIPIVM, *amantis* (Zupitza 61/8 f.); und an späterer Stelle allerdings wieder: eft *amans deum* l u f i g e n d e g o d is PARTICIPIVM, and *amans dei* is nama, þæt is *amator dei*, g o d e s l u f i g e n d ; and *amans uirtutis* m i h t e l u f i g e n d (Zupitza 255/7 ff.). Vergleiche auch die neuenglische Übersetzung von *CP* (306/14): "He is always the supporter of good designs", wo auch eine *EF* gesetzt werden könnte: "He has always been supporting good designs"[57].

---

[54] Zum Nominalstil im heutigen Englisch vgl. J. Gelhard, *Englische Stillehre* (Wiesbaden, [8]1961), § 26, Y. Olson, *On the Syntax of the English Verb with Special Reference to 'Have a Look' and Similar Complex Structures.* Gothenburg Studies in English 12 (Göteborg 1961), S. 215 ff.

[55] Allgemein über ‚Nominalität' und ‚Verbalität' bei P. Hartmann, *Probleme der sprachlichen Form* (Heidelberg, 1957), S. 245 ff. Ders. über nominalisierte Verbalformen in *Wortart und Aussageform* (Heidelberg, 1956), S. 155. A. Schmitt, ‚Der nominale Charakter des sogenannten Verbums der Eskimosprache', *KZ*, 73 (1956), S. 27 ff. F. N. Finck, *Die Haupttypen des Sprachbaus* (Leipzig, [2]1923), S. 35 und S. 79.

[56] W. v. Humboldt, *Über die Verschiedenheit des menschlichen Sprachbaues und ihren Einfluß auf die geistige Entwicklung des Menschengeschlechts* (Darmstadt, 1949), S. 239.

[57] B. Thorpe übersetzt die *EF hienende wæs* (Or 130/30) mit 'was the oppressor'. Im heutigen Englisch wäre eine *EF* hier durchaus möglich. Vgl. auch die neuenglischen Übersetzungen von *Beowulf* 3028 *(secggende wæs);* J. R. Clark Hall und C. L. Wrenn, *Beowulf and the Finnsburg Fragment, a Translation into Modern English Prose* (o. O. [6. impr.] 1963): ' a t e l l e r of grievous tales'; R. K. Gordon, *op. cit.*, S. 60: ' t o l d evil tidings'.

Auf die Frage *What are you doing in this house?* könnte sehr
wohl die nominal gefaßte Antwort kommen *I am a visitor;* vergleiche *If I had been a passenger on the boat . . .* und *If I had been
going on the boat . . .* Die Zahl der Gegenüberstellungen ließe sich
vermehren. Im Neuenglischen besteht eine regelrechte transfor-
mationelle Beziehung zwischen verbalen und nominalen Prädikaten, vergleiche:

He's selling the car.	He's the seller of the car.
He sells cars.	He's a salesman.
He's cooking the meat.	He is the cooker of the meat.
He cooks (for a living).	He's a cook[58].

Man vergleiche auch im Deutschen: „Wer fährt heute den Bus?"
und: "Wer ist heute der Fahrer des Busses?"[59]

Während das Partizip in der Regel auf ein Verbaladjektiv zu-
rückgeht, kann es theoretisch auch aus einem *nomen agentis* entwickelt sein. So haben die *nomina agentis* auf *-tar-* im Vedischen
eine zweifache Entwicklung genommen: *dātar-* regiert wie das finite
Verb das direkte Objekt, verhält sich also wie ein Partizip, dagegen
steht *dātár* mit Genitivobjekt[60]. Das Rumänische hat das vom lateinischen *nomen agentis* auf *-tor* abgeleitete Adjektiv auf *-torius*
als Verbaladjektiv übernommen, das „eine vage, auf die Handlung
bezogene Grundbedeutung hat (cantatoriu > rum. *cîntător* ‚auf das
Singen bezüglich') und so auch die Funktion eines Partizips des
Präsens (‚der singt', ‚singend') übernehmen kann"[61]. Die Berührung
zwischen *nomen agentis* und Partizip kommt vor allem dadurch zu-

---

[58] R. B. Lees, *The Grammar of English Nominalizations* (The Hague
[3. pr.] 1964), S. 69. Wegen einiger interessanter Einzelbeispiele vgl. G.
Kirchner, *Die zehn Hauptverben des Englischen im Britischen und Amerikanischen* (Halle, 1952): *come-outer* (S. 157), *never-wasers* (S. 106),
who-duniter (S. 211), *go-getter* (S. 280).

[59] M. Sandman führt die Transformation eines verbalen Ausdrucks in
einen nominalen in der Theorie an einem deutschen Beispiel durch: er
tötet → er ist bei der Tötung von → er bewirkt Tötung von → er ist Töter
von (*Subject and Predicate* [Edinburgh, 1954], S. 203).

[60] J. Kuryłowicz, *op. cit.,* S. 167.

[61] H. Lausberg, *Romanische Sprachwissenschaft*, Bd. III, Teil 2 (Berlin
1962), S. 197. f.

stande, daß beide als deverbative Transformate einen Satz mit ver-
balem Prädikat voraussetzen,

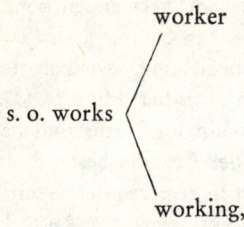

s. o. works

worker

working,

d. h. sie sind ‚nexus'-Bildungen im Sinne von O. Jespersen[62].

Unter den germanischen Sprachen weist das Altenglische die
größte Aktivität des -*end*-Morphems, Kennzeichen vieler *nomina
agentis*, auf. Eine von uns durchgeführte Zählung aller im Wörterbuch von Clark Hall vorkommenden Substantive dieser Kategorie
ergab mit Einschluß der Komposita eine Anzahl von über 330
Wörtern. Nur ein kleiner Teil davon entstammt kontinentalem Erb-
gut. Der überwiegende Teil ist altenglischen Ursprungs. Gering ist
das Vorkommen dieser Worttypen in den anderen germanischen
Sprachen[63]. Wichtig ist jedoch die Tatsache, daß das *nomen agentis*
im Altenglischen ähnlich wie im Neuenglischen an einer produktiven
Transformationsregel beteiligt ist[64]. Die überaus starke Verbreitung
dieses Nominaltypus im Altenglischen ist auch Ausdruck der oben
geschilderten Vorliebe für den Nominalstil. Ein Grund für die besonders hohe Frequenz im Altenglischen könnte wohl der "oral-
formulaic character"[65] der umfangreichen altenglischen erzählenden
Poesie sein. Man kann sich vorstellen, wie leicht es dem vortragen-

---

[62] O. Jespersen, *Philosophy of Grammar*, S. 114. ff.

[63] Vgl. W. Streitberg, *Urgermanische Grammatik* (Heidelberg, 1943),
§ 164. Für das Altsächsische: J. H. Gallée, *Altsächsische Grammatik*
(Halle, ²1910), § 338. Für das Althochdeutsche: W. Braune, *Althochdeutsche Grammatik* (Halle, ⁸1955), § 236. Für das Gotische: J. Wright,
Grammar of the Gothic Language (Oxford [*repr.*] 1962), § 379 (ausführlicher: K. Kärre, *Nomina agentis in Old English* (Diss. Uppsala, 1915),
S. 213, da auch eine Übersichtstabelle auf S. 215).

[64] Vgl. G. Nickel, *op. cit.*, S. 52.

[65] Vgl. F. P. Magoun, Jr., 'Oral-Formulaic Character of Anglo-Saxon

den Sänger fallen mußte, durch Anfügung des Morphems *-end* von einem Verbum das ausdrucksstarke *nomen agentis* zu bilden[66], das er wiederum in verschiedenen Patterns bequem verwenden konnte *(formulae)*.

Noch enger ist im Altenglischen die Beziehung zwischen dem *nomen agentis* und dem Partizip in syntaktischer Hinsicht. Das germanische Partizip war ursprünglich nominaler Natur und deswegen nicht verbaler Rektion fähig[67]. In der Rektion bestand also kein Unterschied: Partizip und *nomen agentis* regieren den Genitiv, der in erster Linie der Kasus nominaler Rektionen ist[68]. Auch das Lateinische hatte die Möglichkeit, das Partizip Präsens mit dem Genitiv zu verbinden, wenn „der substantielle Begriff bei ihm in den Vordergrund tritt"[69].

Im Altenglischen sind die Übergänge zwischen nominaler und verbaler Rektion beim Partizip fließend:

> Das Partizip des Praesens wird sehr häufig als Hauptwort verwendet; bei einigen ist in solcher Verwendung das Gefühl für den Ursprung vollständig geschwunden, andere werden noch ganz als Partizip gefühlt und sogar oft mit dem Kasus verbunden, den das Zeitwort bei sich zu haben pflegt; die Grenze ist schwer festzustellen[70].

Narrative Poetry', *Speculum*, 28 (1953), S. 446 ff. Vgl. auch B. Greenfield, 'The Formulaic Expression of the Theme of 'Exile' in Anglo-Saxon Poetry', *Speculum*, 30 (1955), S. 205.

[66] K. Kärre ermittelte, daß diese Formen vor allem in der altenglischen Poesie vorkommen und sagt über sie: "The *end*-nouns clearly bear the stamp of being occasional formations" (*op. cit.*, S. 229).

[67] Vgl. I. Dal, *op. cit.*, S. 19.

[68] K. Brunner, *Die Englische Sprache*, Bd. II (Tübingen, 1962), S. 27.

[69] F. Stolz und J. H. Schmalz, *Lateinische Grammatik* (München, [4]1910). Neubearbeitung von M. Leumann und J. B. Hofmann (München, [5]1928), S. 367. Die Zahl der den Genitiv regierenden Partizipien war im Altlateinischen viel größer *(ib)*. O. Jespersen, *The Philosophy of Grammar*, S. 163: "In Latin we have the rule that participles in *-ns* take their object in the accusative when the verbal feeling is strong: *amans patriam*, but in the genitive (like adjectives such as *tenax*) when they denote a more constant characteristic: *amans patriae*."

[70] E. Wülfing, *op. cit.*, Teil II, § 505.

Bei der Betrachtung der *EF*-Belege im Beowulf stößt man auf eine bemerkenswerte Erscheinung: zwei *EF*-Konstruktionen (*myndgiend*[71], *secggende*[72]) regieren klar, eine (*ehtende*[73]) aller Wahrscheinlichkeit nach den Genitiv. Weder Raith, Mossé, noch irgendeiner der in der Einleitung genannten Forscher lehnt die *secggende*-Umschreibung wegen der Genitivrektion ab. Nimmt man aber für die *EF* lateinischen Ursprung an, so bedarf die Genitivrektion bei diesem Belege einer besonderen Erklärung[74]. Auch außerhalb des *Beowulf* finden sich Hinweise auf die Genitivrektion des Partizips, die bisher bei den Untersuchungen zur *EF* nicht beachtet wurden[75]. Der interessanteste Beleg steht im *Orosius*:

Eft þa Alexander gefaren wæs, 7 he ham cóm, þa tugon hie hiene þære burge witan þæt he heora s w i c d o m e s wið Alexander f r e m m e n d e wære, 7 hiene for þære tihtlan ofslogon (168/15 ff.)[76].

Ebenfalls im *Orosius* findet sich der folgende Beleg:

Geornor we woldon, cwæð Orosius, iowra R o m a n a b i s m r a b e o n forsugiende þonne s e c g e n d e (122/9 ff.).

---

[71] *Beowulf* 1105. *BT, s. v. myndgiend:* one who reminds.

[72] *Beowulf* 3028 f. Vgl. J. Hoops *Kommentar zum Beowulf* (Heidelberg, 1932), z. St. 3028 f., S. 313. Hoops faßt *secgende* als halbes Substantiv auf. Vgl. auch F. Klaeber, ed., *Beowulf and the fight at Finnsburg* (Boston,³1950): "... semi-substantival function ..." (Kommentar z. St.). Hall-Wrenn übersetzen: "a teller of grievous tales." E. v. Schaubert vertritt hier auch die Auffassung einer halbsubstantivischen Funktion des Partizips (*Beowulf*, 2. Teil, Kommentar [Paderborn, ¹⁷1961], z. St. 3028 f., S. 166).

[73] Beowulf 159 f. Wegen der Formgleichheit des Genitivs und des Akkusativs beim nachfolgenden Objekt kann die Entscheidung hier nur auf Grund weiterer Belege getroffen werden. Sie deuten aber für die Poesie auf Genitivgebrauch hin. I. Dal. *op. cit.*, S. 19, nimmt Genitiv an.

[74] Da es sich hier nur um eine vorübergehende Tätigkeit handelt, hätte im Lateinischen kein Genitiv folgen können.

[75] Im folgenden werden die Belege nur kurz besprochen. Im einzelnen sei auf die *EF*-Tabellen im Anhang von G. Nickel, und allgemein zur Rektion aller Verben in den Werken Alfreds auf E. Wülfing verwiesen (*op. cit.*, Teil I, § 11).

[76] Das Verbum *fremman* steht sonst mit dem Akkusativ, vgl. *ib.*, Teil II, § 102.

Während *forsugian* sowohl den Akkusativ als auch den Genitiv
regieren kann — im *Orosius* lassen sich nur Belege für Genitivrektion finden —, steht *secgan* in den finiten Formen nie mit dem
Genitiv[77]. Zwar kann die Satzkonstruktion auch als elliptische Konstruktion aufgefaßt werden, bei der aus ökonomischen Gründen
das Akkusativobjekt bei *secgende* wegfiel, es ist aber auf Grund
des weiter oben gebrachten *Beowulf*-Beleges auch die Annahme einer
Genitivrektion von *secgende* nicht ausgeschlossen.

Das Verbum *beran* in der Bedeutung von ‚tragen‘ regiert den
Akkusativ und steht nie in der *EF*. Dagegen regiert es den Genitiv
in der Bedeutung von ‚hervorbringen‘, ‚gebären‘ und ist hier auch
als *EF* anzutreffen; u. a. *HE* 26/5:

swylce eac þeos eorþe is b e r e n d e m i s s e n l i c r a f u g e l a[78].

Unter den Verben mit verschiedener Rektionsfähigkeit, die auf
Grund ihrer großen Häufigkeit eine Vermittlerrolle zwischen *nomen
agentis* und Partizip übernehmen konnten, findet sich das Verbum
ehtan:

hie h i s s i ð ð a n w æ r a n swa swiðe e h t e n d e swa... *(Or* 134/14)
he bebead his aldormon(n)um þæt hie w æ r e n c r i s t e n r a
m o n n a e h t e n d *(Ib.* 264/27)[79].

Es besteht eine syntaktische Homonymität zwischen dieser Fügung
im Plural und der *EF*. Wülfing wertet die *-end*-Formen mit einigem
Schwanken auch als Partizipien[80] und die mit ihnen gebildeten Konstruktionen dementsprechend wohl auch als *EF*-Fügungen. Wie

[77] *Ib.,* Teil I, § 102 *s. v. forsugian* und § 112 *s. v. secgan.* Anmerkung:
bei allen Rektionsangaben aus Wülfing sind die Feststellungen nur auf
die Werke des Alfred-Zyklus zu beziehen.
[78] J. Raith, *Untersuchungen,* S. 45, schließt das Beispiel auf Grund der
Rektion für den Kreis der *EF* aus. Dann jedoch hätten konsequenterweise
die *Beowulf*-Belege auch ausgeschlossen werden müssen.
[79] Vgl. auch *ib.* 190/24, 262/5. Es wurde, wie der *Or*-Tabelle im Anhang zu meinem Buch zu entnehmen ist, nur die Form 134/14 auf Grund
des Morphems *-ende* als *EF* betrachtet.
[80] Vgl. E. Wülfing, *op. cit.,* Teil I, § 116.

später noch ausgeführt werden wird, ist auf Grund des häufigen
Zusammenfalls der beiden Morpheme *-end* und *-ende* eine klare
Entscheidung tatsächlich oft kaum möglich. Interessant für den Ge-
samtcharakter[81] des *Orosius* ist wiederum, daß sich in ihm im Falle
von *ehtende* nur die ältere, auf einheimischer Entwicklung be-
ruhende Genitivrektion findet. In *HE* tritt das Verbum *ehtan* nur
mit Akkusativrektion auf, vergleiche den *EF*-Beleg:

Be Dioclitianus rice, 7 þæt he c r i s t e n e m e n w æ s e h t e n d e (6/16).

Bei einer Betrachtung der übrigen *EF*-Belege im *Orosius* ergibt
sich, daß bei Verben mit mehrfacher Rektionsmöglichkeit vor allem
von der Genitivrektion Gebrauch gemacht wird[82]. So findet sich die
EF von *biddende* im *Orosius* im Gegensatz zu dem Gebrauch in den
anderen Werken nicht mit Akkusativrektion:

þæt he eft w æ s b i d d e n d e a n e s l y t l e s t r o g e s ... (*Or* 84/14 f).

Die *EF* von *þyrstende* findet sich nur im *Orosius* (30/27 und 76/33)
und da in Verbindung mit dem Genitiv; in den übrigen Werken
erscheint keine *EF* dieses Verbums, und die Rektion ist bis auf eine
Ausnahme in der *CP* durchweg die des Akkusativs.
Bemerkenswert ist auch der folgende Beleg im *Orosius*:

þeh hie him þ æ s g e þ a f i e n d e n æ r e n (88/21).

Es ist der e i n z i g e Beleg für die Genitivrektion des Verbums
geþafian und gleichzeitig der einzige *EF*-Beleg dieses Verbums in
den Werken des Alfred-Zyklus.
Weitere Beobachtungen zum Gebrauch des Genitivs in Verbindung mit der *EF* in den besprochenen Prosawerken Alfreds sind:
die einzige *EF* des Verbums *w(e)aldan* im *Boethius* ist mit einem
Genitiv verbunden. Die *SF* (u. a. *Boethius* 106/21) wird dagegen
häufig mit dem Akkusativ gekoppelt. Die Verben *wilnian* und
wenan können den Akkusativ und Genitiv regieren. Die *EF*-Be-
lege weisen jedoch keine Akkusativrektion auf.

---

[81] Vgl. G. Nickel, *op. cit.*, S. 115 ff.
[82] Vgl. E. Wülfing, *op. cit.*, Teil I, § 10 ff.

ðeh ðe he w i l n i e n d e w æ r e 7 w e n e n d e R o m a n a
                                        a n w e a l d e s (Or 194/21 ff).

Dasselbe gilt für *gemunan*. Die *EF*-Belege enthalten, sofern sie ein
Objekt aufweisen, nur Genitive:

nu ic wille eac þ æ s m a r a n A l e x a n d r e s g e m u n e n d e b e o n
                                                          (Or 110/10 f.)

n æ r o n g e n o m i n g e m u n e n d e (CP 151/21)

þ i n r a s y n n a n e w e o r ð e i c g e m u n e n d e (CP 413/21 f.).

Eine große Anzahl von Formen dieses Verbums erscheint in der *SF*
und mit dem Akkusativ. Das Verbum *ðencean* wird einmal mit
einer *EF* umschrieben (*HE* 194/15) und regiert da den Genitiv,
während es in der *SF* auch mit Akkusativ vorkommt.

Neben mehreren *EF*-Belegen von *brucan* in Verbindung mit Ge-
nitiven (vgl. u. a. *HE* 210/14; 230/2; 240/17) findet sich nur einer
mit Dativobjekt[83] (*HE* 378/18).

Schließlich sollen auch die vorwiegend mit Genitivrektion gebrauchten Verben wie *gefeonde, lustfulliende, dælneomende*, die
öfters mit einer EF umschrieben werden, nicht unerwähnt bleiben.

Zusammenfassend kann über die Rektion der in der *EF* vorkommenden Verben folgendes gesagt werden:

1. Es läßt sich in mehreren Fällen eine Bevorzugung der Genitivrektion in Verbindung mit der *EF* feststellen.

2. Die Bevorzugung ist besonders auffallend im *Orosius*. Dieser Zug
   gesellt sich zu anderen Merkmalen, auf Grund derer man dem
   Orosius vielleicht eine besondere Bedeutung in seiner Aussage
   über altenglische Sprachverhältnisse, insbesondere hinsichtlich der
   EF, beimessen kann.

3. Auf Grund der ursprünglichen Genitivrektion des Partizips ergab sich im Altenglischen der mit dem Strukturtyp ,*verbum substantivum + nomen agentis + Genitiv*' vielfach identische Typus
   ,*verbum substantivum + Part. Präs. + Genitiv*', aus dem sich dann
   die Übernahme akkusativischer Rektion[84] durch das Partizip der

---

[83] E. Wülfing (*op. cit.*, Teil I, § 98) sieht hier nach anderer Lesart
einen Akkusativ.

[84] Hier sind wohl die finiten Verbformen zunächst vorangegangen und
haben die Partizipien nachgezogen.

Typus ‚*verbum substantivum* + *Part. Präs.* + *Akk.*‘ entwickelt
haben konnte. Bei dem Prozeß des Rektionswechsels kann das
Lateinische beschleunigend mitgewirkt haben. Die allgemeine
Tendenz zur Akkusativrektion lag aber im Altenglischen selbst
auch vor.

Das *nomen agentis* auf -*end* und das Partizip waren also hinsichtlich der Rektion lange Zeit nicht getrennt. Aber auch in der
paradigmatischen Dimension gab es Berührungspunkte.

Die *nomina agentis* auf -*end* gehören zu den -*nt*-Stämmen und
hatten, mit Ausnahme von *freond* und *feond*, folgende Flexion[85]:

Sg. N. V. A. ehtend   Pl. N. V. A. ehtend, -e, as[86]
    G. ehtendes   G. ehtendra
    D. ehtende   D. ehtendum

Die für die *EF* in Frage kommende starke Deklination des Partizips
lautete[87]:

	Mask		Neutr	Fem
Sg. N. V.	ehtende		ehtende	ehtendu, -o
G.		ehtendes		ehtendre
D.		ehtendum		ehtendre
A.	ehtendne		ehtende	ehtende
I.		ehtende		
Pl. N. V. A.	ehtende		ehtendu, -o	ehtenda, e
G,			ehtendra	
D.			ethendum	

Oft tritt für *ehtendu, ehtendne* die unflektierte Form *ehtende* ein.
Man kann nach Ansetzen dieser verbreiteten Form auf -e in Nominativ und Akkusativ Plural feststellen, daß *nomen agentis* und Partizip häufig im gesamten Plural übereinstimmten, zumal die ad-
jektivisch gebildete Form *ehtende* für Nominativ und Akkusativ

[85] Vgl. E. Sievers, *Altenglische Grammatik*, neubearbeitet von K. Brunner (Halle, ⁴1942), § 286.
[86] *Ib.*, § 286, Anm. 3. Vgl. *HE* 398/6: hiene grette 7 þa ymbsit-
tend. MS C: ymbsittende, MS Ca: ymbsittendan.
[87] *Ib.*, § 305.

Plural der *nomina agentis* im Altenglischen oft vertreten war. Eine
Übereinstimmung zwischen beiden Typen ergibt sich auch für den
Genitiv Singular. Aber auch im Nominativ Singular gab es eine
Annäherung: mehrmals kommt auch *-end* für das Partizip vor.
Während Callaway für den Alfred-Zyklus nur einen Beleg er-
bringt[88], glaube ich, daß die Form häufiger vorkommt. Es gehört
z. B. wahrscheinlich ein Teil der *ehtend*-Formen dazu, u. a. *Orosius*
190/24[89].

Als weiterer Beleg könnte betrachtet werden: *waldend* (*Bo*
106/21)[90]. Vergleiche auch *HE* 72/3:

þætte oft þæt wiðerworde yfel a b e o r e n d e 7 æ l d e n d bewereð.

Interessante Hinweise geben auch Varianten in den verschiedenen
MSS. So hat in *HE* MS *Ca lustfulliend*, MS O dagegen *lustfulliende*
(432/30), MS *B æfterfylgend*, die anderen MSS *æfterfylgende*
(48/14). Auch das mehrfach erwähnte *myndgiend* (*Beowulf* 1105)
gehört hierher. Besonders häufig sind *-end*-Formen in den nord-
humbrischen Evangelienversionen zu finden[91]. Dort sind die Formen ohne *-e* auf früheren Endungsabfall zurückzuführen. Als wichtigen Grund für den Abfall des *e* [ə] in der Partizipialendung
-ende wird man weiterhin die phonetische Abschwächung der End-
silbe ansehen müssen. In einigen Fällen kommt wohl auch Apokope
vor vokalisch anlautendem Folgewort in Frage. Daneben wird
man aber auch einen gewissen Analogieeinfluß des *-end*-Morphems
des *nomen agentis*, das mit dem Partizip in Funktion und Rektion
oft zusammenfiel, in Betracht ziehen dürfen.

[88] Vgl. M. Callaway, *The Appositive Participle*, S. 150: "...7 þus
singend cwæð:..." (*Bo* 8/5). Vgl. auch E. Kärre, *op. cit.*, S. 83.
[89] Vgl. E. Wülfing, *op. cit.*, Teil II, § 509: „...ob man dies Partizip
[*ehtend*] stets als Hauptwort auffassen kann, ist unsicher."
[90] Vgl. für *Boethius* auch S. Fox, *King Alfred's Anglo-Saxon Version
of Boethius: with an English Translation* (o. O., 1829): (46/25): *weg-
ferende* und W. J. Sedgefield: *wegferend* (33/9).
[91] *Lindisfarne Evangelien:* u. a. *sprecend* (Joh. 15, 22); *fylgend*
(Mark. 1, 36); *stiorend* (Mark. 4, 39); vgl. auch Matth. 18, 15 (Ausgabe:
W. W. Skeat, ed., *The Holy Gospels, in Anglo-Saxon, Northumbrian
and Old Mercian Versions* (Cambridge, 1871—1887).

Umgekehrt gab es eine Reihe von *nomina agentis*, die im Singular auf *-ende* ausgingen: das MS O hat *æfterfylgende* für:

se wæs trumheres æ f t e r f y l g e n d (*HE* 250/19).

Nicht klar ist in *HE:*

þe his gefera wæs f u l t u m i e n d e þæs godcundan wordes (250/23),

wo appositives Partizip oder *nomen agentis* vorliegen kann. MSS *B,* O und *Ca* haben *fultumend* (lat. *cooperator*). Allerdings fehlt bei substantivischer Auffassung die koordinierende Konjunktion *ond,* wie sie *BT* bringt:

þe his gefera wæs and f u l t u m e n d[92].

MS *B* hat:

wæs l u f i e n d e geworden, für wæs geworden l u f i e n d *(HE* 208/13).

Für *Orosius* 84/33 findet sich im *Lauderdale-MS* ‚mid þæm þe s p r e c e n d w æ s‘, im *Cotton-MS* dagegen: *sprecende wæs*[93]. Damit vergleiche man *HE* (200/23 f.):

þisses wundres endebyrdnesse nænig tweonde s e c g e n d , ac se getreowesta mæssepreost usse cirican, Cynemund hatte.

Auch die Hinzuziehung der lateinischen Vorlage bei der Entscheidung über den syntaktischen Charakter des *-end* bzw. *-ende-*Morphems, wie es oft bei Untersuchungen zur altenglischen Syntax geschieht[94], führt häufig nicht weiter. Man vergleiche folgenden Beleg aus *HE*:

| potestis etiam panis sancti, cui ille p a r t i c i p a b a t , e s s e p a r t i c i p e s. | þonne magon ge eac swylce þæs halgan hlafes d æ l n e o m e n d e b e o n, swa he d æ l n e o m e n d e w æ s (112/14 f.). |

[92] *BT s. v. fultumend* (MS *B* hat *fultumiend*).
[93] Wegen Belegen aus Glossen und Poesie vgl. E. Kärre, *op. cit.*, S. 111 ff.
[94] Vgl. z. B. S. O. Andrews, *Syntax and Style in Old English* (Cambridge, 1940), u. a. S. 36.

Die Form *participabat* unterstützt weder eine partizipial-verbale, noch eine substantivische Interpretation. Es gibt eine Reihe von Belegen, die beweisen, daß lateinische Verben oft nominale Entsprechungen im Altenglischen finden. Damit ist die Unzuverlässigkeit der Entscheidung auf Grund der lateinischen Vorlage bewiesen. In den *Rushworth Glossen* steht für lat. ‚si non esset m a l e - f a c t o r ': ‚gif ne were ðes y f e l - w y r c e n d e ' (Joh. 18, 30). Trotz des klaren substantivischen Charakters von *malefactor* ist auf der altenglischen Seite ein adjektivisches Partizip gewählt worden[95], obwohl die Bildung des *nomen agentis* näher gelegen hätte. Abgesehen davon, daß auf Grund der z. T. recht freien Übersetzung das Lateinische ohnehin oft nicht als Maßstab genommen werden kann, hat man auch selbst bei den wörtlichen Übersetzungen einen wichtigen linguistischen Gesichtspunkt übersehen, der für die älteren Sprachstufen genauso wie für moderne gilt: die Reaktion (‚response') der Sprachgemeinschaft[96]. Selbst wenn eine Übertragung eines lateinischen Nomens durch ein *nomen agentis* oder *Partizip* nominal gemeint war, wird dies die Mehrzahl der Lateinkundigen nicht gehindert haben, die Konstruktion in muttersprachlichen Begriffen in Analogie zu einem häufigen, formgleichen Muster zu interpretieren und sie als Partizip mit Akkusativrektion aufzufassen.

Um das Schwanken zwischen den Strukturen ‚*verbum substantivum* + *nomen agentis* + *Gen*' und ‚*verbum substantivum* + *Part* + *Gen*' deutlich zu machen, seien einige der eben genannten Beispiele noch einmal gegenübergestellt:

(ac se) æ g l æ c a   ē h t e n d e   wæs . . . d u g u þ e   o n d   g e o g o þ e
                                            (*Beowulf* 159 f.)

þæt he þara æ l c e s   e h t e n d   wolde b e o n (*Or* 190/24)
þæt he c r i s t e n e   m e n   wæs   e h t e n d e (*HE* 6/16)
Swa se secg hwata s e c g g e n d e   wæs l ā ð r a   spella
                                            (*Beowulf* 3028 f.)

---

[95] Vgl. auch *HE* 208/13: ‚wæs geworden l u f i e n d'; MS *B*: ‚wæs l u f i e n d e geworden'; MS *O*: *lufode*. In den *Soliloquien* ist lat. *habitatorem* (S. 14) durch die *EF si wyniende* (14/7) wiedergegeben..

[96] Vgl. C. C. Fries, *The Structure of English* (London [4. impr.], 1963), S. 33 f., und L. Bloomfield, *Language* (New York, 1933), S. 27.

þisses wundres endebyrdnesse nænig tweonde s e c g e n d
(*HE* 200/23)
sume swiðe ondryslicu . . . ða þe he geseah, s e c g e n d e
w æ s   (*HE* 24/1 f.)
þæt he heora s w i c d o m e s . . . f r e m m e n d e w æ r e (*Or* 168/17)
m a n i g f e a l d g e l i g r e f r e m m e n d e w æ s (*Or* 30/29)
æ w y r d l a n w æ s w y r c e n d e þ æ r e þe is d e a ð e s w y r c e n d e
/ ð e i s d e a ð w y r c e n d e (*HE* MS ca. 110/23)[97].

Kärre, der den Versuch unternimmt, innerhalb der *nomina agentis*
zwei Typen zu trennen, nämlich den Typus 1:

> *helpend,* sb. m. 'helper'

und den Typus 2:

> *drincende,* ptc. sb. m. 'drinker', 'one who drinks',

muß gewisse Mischkonstruktionen einräumen

"due to a blending of different constructions, viz:
þe his f u l t u m i e n d wæs   þe him f u l t u m i e n d e wæs
se wæs Trumheres   se wæs Trumhere
   æ f t e r f y l g e n d   æ f t e r f y l g e n d e".

Er irrt aber, wenn er in der Anmerkung feststellt: "It is more surprising that there are not more such blendings in the whole of
O. E. literature"[98]. Wir haben aufgezeigt, daß die Zahl der Kon-
taminationen größer ist. Kärre schließt, obwohl er Mischkonstruktionen durchaus zugesteht, in seiner Suche nach *nomina agentis* im Altenglischen viele *nomina agentis* zu kategorisch gegenüber
den Partizipien ab[99]. In Flexion und Rektion oft gleich, lassen sie
sich gar nicht klar abgrenzen, ganz zu schweigen von den vielen
Fällen, in denen überhaupt kein Objekt folgt oder aber sich ein
Nebensatz anschließt. Der Angelsachse wird sich wahrscheinlich bei
der Frage nach dem Unterschied in derselben Lage befunden haben

[97] Zitiert bei E. Kärre, *op. cit.,* S. 116.
[98] *Ib.,* S. 116.
[99] *Ib.,* S. 157: "Words [nomina agentis] with wholly substantival
character." Vgl. auch C. Pessels, *op. cit.* (u. a. S. 29), der unmotiviert
leogende (*CP*) zum Substantiv erklärt.

wie der moderne Engländer, wenn man ihn heute nach den Unterschieden zwischen Partizip Präsens, Gerund und Verbalsubstantiv in
Kontexten fragt, in denen eine Unterscheidung nicht ersichtlich
ist[100]. Da auch die Setzung des Artikels im Altenglischen bei Sub-
stantiven noch weitgehend ungeregelt war[101], können vom heutigen
Standpunkt aus Sätze wie: *wǣron feohtende* und *wǣron sǣlīðende*
sowohl substantivisch als auch verbal interpretiert werden. Wie sie
damals ‚gemeint‘ waren, läßt sich natürlich heute nicht sagen. Man
könnte aber die Behauptung wagen, daß es sich bei der partizipial-
verbalen Auffassung um die volkstümlichere handelte, die andere
dagegen die literarische war, was sich im besonders häufigen Vorkommen der *-end*-Substantive in der Poesie zeigt[102]. Vielleicht hat
die Verbreitung der *-ende*-Formen in der *EF* zu dem tatsächlich im
späten Altenglischen eingetretenen auffallenden Rückgang des *-end*-
Morphems beigetragen[103]. In engem Zusammenhang damit steht
sicher die Ausbreitung der *nomen agentis*-Bildungen auf *-ere*[104].
Das germanische Suffix **-ārija* ($<$ lat. *-ārius*) diente ursprünglich
dazu, Personenbezeichnungen von Nomina zu bilden (Denominativ-
bildung). Da viele der zugrunde liegenden Nomina mit Verbal-

---

[100] E. Kruisinga und P. A. Erades, *An English Grammar.* Band I.
(Groningen, [8]1953), S. 247 ff.: "The verbal ing." Ähnliches gilt auch z. B.
hinsichtlich der Unterscheidung von Demonstrativ- und Relativpronomen
und Demonstrativpronomen und Artikel im Altenglischen. Zu letzterem
vgl. Quirk-Wrenn, *An Old English Grammar,* § 117 ff.

[101] Vgl. u. a. *ib.* Eine entgegengesetzte Entwicklung Partizip → *nomen
agentis* zeigt sich im Mittelhochdeutschen, wo innerhalb von *EF*-Kon-
struktionen der Artikel gesetzt wird. Parzival 539, 6: "do sprach der
unde ligende bistu nu der gesigende?" Dazu J. Grimm, *Deutsche Grammatik* (Göttingen, 1837), S. 6: "Einigemal steht der art. noch vor dem
part. und dann nähert sich der sinn dem substantivischen . . ."

[102] In diesem Zusammenhang möchte ich mich klar gegen die von
I. Dal (*op. cit.*, S. 102) vertretene, aber nicht bewiesene Theorie aus-
sprechen, daß *wæs on feohtinge* volkstümlicher gewesen sein soll als *wæs
feohtende.* Ich nehme eher das Gegenteil an.

[103] Vgl. dagegen E. Kärre, *op. cit.*, S. 232 f.

[104] Über die Bildung auf *-ere* vgl. H. Marquardt, *Die altenglischen
Kenningar. Ein Beitrag zur Stilkunde altgermanischer Dichtung* (Halle,
1938), S. 125.

wurzeln in etymologischer Beziehung standen, konnten die *-ere-*
Bildungen die Funktion von deverbativen *nomina agentis* übernehmen. Dies ist gleichbedeutend mit einer Änderung der transformationellen Beziehungen.

Ursprünglich denominativ:	dream → dreamere
	fugol → fugelere
	hearp → hearpere
	scip → scipere
später deverbativ:	hearpan → hearpere
	bacan → bæcere
	drincan → drincere
	fugelian → fugelere

Sie konnten somit die Aufgabe der *nomina agentis* auf *-end* übernehmen, die sie auch im heutigen Englischen noch besitzen:

1. Stufe   beon + Nomen -ere   beon + Verb -end   beon + Verb -ende

2. Stufe   beon + Nomen -ere   beon + Verb -ere   beon + Verb -ende

Die Entwicklung der *verbum substantivum + nomen agentis-*
Konstruktion zum weit verbreiteten *verbum substantivum* + Partizip-Typus konnte nur erfolgen, wenn zwei Bedingungen erfüllt
waren:
1. eine hohe Frequenz des Vorkommens der *nomina agentis;*
2. ein weitgehender Formenzusammenfall von *nomen agentis* und
   Partizip.
Beide Bedingungen wurden, wie dargelegt, im Altenglischen erfüllt.
In den übrigen germanischen Sprachen dagegen war schon der erste
Punkt nicht erfüllt, da die Häufigkeit wesentlich geringer war. Auf
die zahlreichen mit dem Buchstaben *b* beginnenden altenglischen
nomina agentis auf *-end* kommt z. B. im Althochdeutschen nur
eines, *bachant* aus mittellateinisch *bachari*[105]. *Wenn auch die Fre-*

---

[105] Der Buchstabe *b* wurde deswegen gewählt, weil mit ihm viele der
altenglischen *nomina agentis* beginnen. Benutzt wurde dabei das *Althoch-*

quenz im Altnordischen und Altsächsischen höher als im Althochdeutschen ist, so erreicht sie doch bei weitem nicht die des Altenglischen. Die zweite der obengenannten Bedingungen erfüllen sie alle nicht, denn es werden deutliche Unterschiede in der Flexion zwischen den beiden Kategorien gemacht[106].

Zusammenfassung

Hinsichtlich des Vorkommens wie auch der Verwendung der *EF* ragt das Altenglische weit aus der Familie der übrigen germanischen Sprachen heraus. Da auch für diese Sprachen die Voraussetzungen wie lateinischer Einfluß, andere Umschreibungen mit Hilfe von Verben der Bewegung und des Zustandes, adjektivische Partizipien und appositive Partizipialkonstruktionen gelten, kann in diesem letztgeschilderten Punkt vielleicht die Erklärung für die Ausnahmestellung der *EF* im Altenglischen gesucht werden. Schon J. Holmberg fiel bei seiner Untersuchung der *EF* in kontinentalgermanischen Sprachen ein wesentlicher Unterschied in Vorkommen und Gebrauch gegenüber dem Altenglischen auf:

Während die entwicklung im kontinentalgermanischen in funktionelle indifferenz auslief, schlug sie im englischen eine richtung nach immer deutlicherer differenzierung ein. Diese verschiedenheit kann darauf hindeuten, daß die Form im englischen im laufe der zeit an innersprachlichen bildungen stärkere stütze fand, eine annahme, die ihrer endgültigen bestätigung noch harrt[107].

deutsche Wörterbuch von O. Schade (Halle, 1872—82). Für andere germanische Sprachen vgl. Tabelle bei E. Kärre, *op. cit.*, S. 215.

[106] Vgl. für das Altsächsische J. H. Gallée, *op. cit.*, § 338 und § 351; für das Gotische: W. Braune, *Gotische Grammatik* (Tübingen, [15]1956), § 115 und § 133; für das Althochdeutsche: W. Braune, *op. cit.*, § 236 und § 257; für das Altnordische: S. Gutenbrunner, *Historische Laut- und Formenlehre des Altisländischen* (Heidelberg, 1951), § 158 und: A. Heusler, *Altisländisches Elementarbuch* (Heidelberg, 1913), § 348 und § 241.

[107] J. Holmberg, *Zur Geschichte der periphrastischen Verbindung des Verbum Substantivum mit dem Partizipium Praesentis im Kontinentalgermanischen* (Uppsala, 1916), S. 225.

Die Erklärung für diese Erscheinung im Altenglischen in einer Ein-
wirkung des keltischen Substrats zu suchen, erübrigt sich deswegen,
weil das Keltische gar kein Partizip Präsens und damit auch nicht
die mit ihm zusammengesetzte EF besitzt[108].

Der keltische Typus der Umschreibung (kymrisch: *yr wyf fi yn
canu* — ist beim Singen) enthält die Kopula ‚sein‘ und ein Verbalsubstantiv[109] und kommt damit höchstens für eine Hinzuziehung bei
Erklärungsversuchen der mittelenglischen Gerundkonstruktion in
Frage[110]. Im Altenglischen könnte sie allenfalls indirekt zur För-
derung der Entstehung von Konstruktionen für den Ausdruck des
imperfektiven Aspekts beigetragen haben. Selbst die überzeugtesten
Vertreter der Auffassung eines großen Einflusses des keltischen Substrats auf das Englische stellen die Wirkung desselben im allgemeinen erst für das Mittelenglische fest[111].

Das Bild der Entstehung der altenglischen EF ist, wie wir im
Laufe unserer Darlegungen zu erklären versucht haben, komplexer
Natur. Mehrere Konstruktionen haben in verschiedenem Maße mit-
gewirkt[112]. Es soll nicht geleugnet werden, daß die Konfrontierung

---

[108] H. Pedersen, *Vergleichende Grammatik der keltischen Sprachen,*
Bd. II (Göttingen, 1913), § 629.

[109] W. Preusler, 'Keltischer Einfluß im Englischen', *IF,* 56 (1938),
S. 181. Vgl. im heutigen Kymr. *mae yn dysgu.*

[110] Ein Objekt steht dabei im Genitiv; vgl. ir. *tá sé ag dúnadh an
dorais* 'er ist beim Schließen der Tür'.

[111] *Ib.,* S. 190. Lediglich W. Keller, 'Keltisches im englischen Verbum,
Anglica', *Palaestra,* 147 (1925), S. 60, sieht den Beginn keltischen Einflusses schon im Altenglischen, schließt aber dabei die EF nicht mit ein.
Für die genannten Forscher ist die neuenglische EF eine Entwicklung aus
der Gerundivkonstruktion und deshalb wird die altenglische EF gar nicht
berücksichtigt. In einer der jüngsten Arbeiten über das Keltische von
H. Wagner, *Das Verbum in den Sprachen der britischen Inseln* (Tübingen, 1959), zählt der Vf. in seinem Kapitel 'Hauptzüge des neuenglischen
Verbums' eine Reihe gemeinsamer Züge auf, sieht aber auch Gegensätze
und spricht vorsichtig in allgemeiner Form von einer "innere[n] Ver-
wandtschaft" (S. 112).

[112] Vgl. auch G. Nickel, "An Example of a Syntactic Blend in Old
English", *IF,* 72 (1967), S. 261—274.

mit lateinischen Texten und den darin enthaltenen analytischen Partizipialfügungen zu einer Vermehrung und Stärkung der Verwendung der altenglischen *EF* beigetragen haben kann. In unserem Kapitel über das Vorkommen der *EF* im Altenglischen wurde aber wiederholt darauf hingewiesen, daß sich schon aus den Belegen heraus eine gewisse Selbständigkeit für die altenglische *EF* ergibt. Eine Untersuchung der Funktionen hat dies bestätigt. Man hat die altenglische *EF* bisher nicht genügend im Zusammenhang mit dem Gesamtstil der altenglischen Sprache gesehen[113].

Abkürzungen

ASPR = The Anglo-Saxon Poetic Records, ed. G. P. Krapp und K. van Dobbie. 6 Bde. New York, 1931—1953. / *Bed = Venerabilis Bedae Historiam Ecclesiasticam Gentis Anglorum,* ed. C. Plummer. 2 Bde. Oxford, Nachdruck 1961. / *Bo = King Alfred's Old English Version of Boethius de Consolatione Philosophiae,* ed. W. J. Sedgefield. Oxford, 1899. — Lateinische Belege werden zitiert nach K. Büchner, ed., *Anicius Manlius Severinus Boethius Philosophiae Consolationis.* Heidelberg, 1960. / *BT =* J. Bosworth and T. N. Toller, *An Anglo-Saxon Dictionary.* Oxford, Neudruck 1954. / *CP = King Alfred's West Saxon Version of Gregory's Pastoral Care,* ed. H. Sweet. Part I and Part II. *EETS,* Nr. 45 und Nr. 50. London, Nachdruck 1958. — Lateinische Belege werden zitiert nach G. Leonhardi, ed., *S. Gregorii Papae Cognomine Magni Regulae Pastoralis Seu Curae Pastoralis Liber.* Leipzig, 1873. / *EETS =* Early English Text Society. / *EF =* Expanded Form. / *ESt =* Englische Studien. / *ESts =* English Studies. / *HE = The Old English Version of Bede's Ecclesiastical History of the English People,* ed., T. Miller. *EETS,* Nr. 95/96. London, 1890—1891. / *IF =* Indogermanische Forschungen. / *KZ =* Zeitschrift für vergleichende Sprachforschung. / *MEG =* O. Jespersen, *A Modern English Grammar on Historical Principles.* Part IV.

---

[113] Zu zusätzlichen Aspekten hinsichtlich der eigenständigen Entstehung der *EF* im Altenglischen und vor allem zu ihrer kontinuierlichen Weiterentwicklung bis hin zum Gegenwartsenglischen vgl. D. Nehls, *Synchron-diachrone Untersuchungen zur Expanded Form im Englischen. Eine struktural-funktionale Analyse.* Linguistische Reihe, Band 19 (München, im Druck).

London and Copenhagen, Nachdruck 1965. / *Or* = *King Alfred's Orosius*, ed. H. Sweet. *EETS,* Nr. 79. London, Nachdruck 1959. — Nach dieser Ausgabe werden die altenglischen Belege mit Seite und Zeile, die lateinischen Belege nur nach Seite zitiert. / *PMLA* = Publications of the Modern Language Association. / *SF* = Simple Form. / *Sol* = König *Alfreds des Großen Bearbeitung der Soliloquien des Augustinus,* ed. W. Endter. Bibliothek der angelsächsischen Prosa, Bd. 11. Hamburg, 1922.

Neophilologus 15/1930, S. 1–215.

SOME NOTES ON THE HISTORY OF THE
PROGRESSIVE FORM

By W. van der Gaaf

For several years I have been in the habit of making a note of
every instance of the progressive form and the gerundial construction I came across in Old English, Middle English, and Anglo-
Norman texts, with a view to forming a definite opinion as to
certain problems in connection with the origin and history of
these syntactical peculiarities of the English language. Though
my collection of quotations has become very considerable, I do
not yet feel equal to dealing with every detail of this difficult chapter
of historical syntax; I have no faith in theories or explanations based
on a limited amount of material. When, to mention one thing,
I began to form my collection of examples a good many years ago,
I quite expected to find a considerable number illustrating the
origin of "I have been *a-talking* to him about it"; I have, however,
been disappointed. Instances of *be* + *in* or *on* + *-ing* seem to be
comparatively rare.

The following remarks are, consequently, of a tentative nature;
they are mere suggestions, and will, I trust, be regarded as such.

The phonetic side of the problem

There is no consensus of opinion as regards the origin of the progressive form. At one time it was considered to be the descendant
of Old English *beon (wesan)* + *present participle.* Now-a-days there
are various theories one can choose from. Some scholars hold that
the modern construction has nothing whatever to do with the O. E.
periphrastic form, but has developed from *on* + verbal noun in
-ung, -ing; others think it is the result of these two modes of ex-

pression having got mixed up or blended. A brief survey of the various theories, and of what had been written on the subject until 1918, is given by Aronstein, an adherent of the blend theory, in his well known essay, *Die periphrastische Form im Englischen*, Anglia XLII (Geschichtliche Betrachtung, p. 6 ff.). Einenkel, *Hist. Syntax*, § 3, p. 6, expresses his firm belief, that an uninterrupted development of the modern durative participle from the O. E. periphrastic participle without a decisive influence of the Romance gerund, is out of the question. He does not explain, however, how *he was fighting* really originated. "Die Geschichte der Verdrängung des alten Particips durch das neue auf *-ïng* soll noch geschrieben werden" (*l. c.*, p. 11).

The ending *-ing* is, of course, the real difficulty. How was it that *-ing* took the place of *-ende, -inde?* It is difficult to believe that it was owing to substitution, or to confusion, or to blending. It is true there is a genuine English construction *on hunting ben*, which can be traced back to late Old English. This construction was sometimes imitated in M. E., as in *he was on sleping*, but, as far as I can judge, such analogues are of rare occurrence. The preposition might be pronounced with little stress; this may account for the spelling *an* in *La3*. B, 12304, *he was an hontyng*, where the A text has *he wes an slæting*. Further weakening, or the regular loss of final *n*, would result in the preposition being reduced to *a*, as in *La3*. A 29170, *Gurmund mid his du3eðe ... riden a slatinge* (not in B), but this *a* is seldom met with in M. E.; we practically always find *on hunting ben (faren, gon, riden)*, even in late texts. This justifies our being a little sceptical as to modern English *he is hunting* having developed from M. E. *he is on hunting*, in other words, as to the progressive form having anything to do with O. E. *on* + verbal noun. If we assume that a M. E. idiom like *he was in spekinge* (*in* owing to Roman influence?) became *he was a spekinge*, and later on *he was speaking*, we are confronted with the same difficulty. An assumption proves nothing; it should be demonstrated that this *a* + *-ing* occurs, not once or twice, but fairly frequently, particularly in early texts, i. e. in texts written at a time when the progressive form as we know it now, was practically non-extant — supposing that there ever was such a period.

If it could be proved that a phonetic development of *end(e)*, *ind(e)* into *ing(e)* was possible not only, but that it actually took place, even if this happened only in certain parts of the country, matters would be greatly simplified. It is certainly remarkable, that in the Northern dialect the participle in *-and* and the gerund in *-ing* were kept apart; confusion is extremely rare. That there was no confusion or blending in the North can only be owing to the circumstance that the great difference between the two forms made this impossible. In those areas in which the present participle ended in *-inde*, confusion was easier, unless we are to assume that the ousting of *-inde* by *-ing(e)* was the result of a phonetic change. Van Lagenhove has attempted to clear up the phonological difficulty. In his treatise *On the Origin of the Gerund in English*, Gand and Paris, 1925, he devotes Chapter II, pp. 39—85, to the endings of the present participle. He adduces a large amount of material, but a good deal of it is only distantly connected with the subject in hand, and I do not think he has succeeded in proving satisfactorily that *-inde* developed regularly into *-ing(e)*. — Jordan, *Handbuch*, § 174, states that the Southern participial ending *inde* became *inge* about 1200. Evidence in support of this statement is not given.

In studying this problem one is hampered by the circumstance that *inde* is practically always the ending of a present participle; there is no other group of words the development of which is analogous to that of this verbal form. The phonetic development of Old English names of agents would probably have enabled us to settle the question, if these words had not either become obsolete or adopted the suffix *-ere* before or in the early Middle English period. Fortunately at least one of them survived long enough to share the change the O. E. ending *end(e)* was undergoing, namely *scieppend, sceppend*. In the *Ancren Riwle*, p. 260 it occurs in the form *schuppinde*; the new formation *schuppare* is *found* on p. 138.

It is *suppinde* in line 19 of the *Sayings of Bede*, dating from the latter part of the thirteenth century (edited by Horstmann in *Alt. Eng. Leg., Neue F.*, p. 505 ff.). As *suppinde* rhymes here with *þinge*, we were justified in assuming that the original reading was *schuppinge,* or rather *scheppinge*[1]. Unfortunately the present participle does not occur in a rhyme in this poem, but in l. 83 we find *wepinde,* a form that certainly belongs to the dialect in which the poem has come down to us, but may be due to the scribe.

There are a few more isolated forms that deserve attention. The word *thousand* is often found with *i* in the last syllable: *þousind, þousynd.* In a group of poems which probably originated in or near London, it frequently rhymes with *find, bihind,* etc. Such rhymes are of particularly frequent occurrence in *Arthour and Merlin* and in *Kyng Alisaunder.* In the latter poem we find the curious rhyme *comyng* (pres. part.) : *thousyng,* 2003 f. The original may have had *comind(e) : thousind(e),* as *inde* is one of the endings of the present participle in *Kyng Alisaundre,* but *comyng : thousing* need not be rejected as impossible, because present participles in *-ing* are also found in this poem; in at least eight rhymes a present participle is coupled with a word ending in *-ing.*

The following two lines in the M text of *Beves of Hamtoun* are noteworthy: "Had ye neuer so gode *gamyng.* As ye shal se, whan we ar *samynge*", l. 2139 f. Query: is *samyng* an occasional form of the adverb *same?* The rhyme *same : game* occurs in M 3711 f. Or does *samyng* stand for the past participle *samend, samind,* brought together, which may no longer have been felt to be a past participle?

The *O. E. D.* records *wesing, wesyng* as 15th century forms of *weasand,* and gives an instance of *wesing* from *Two 15th cent. Cookery Bks.*

Finally M. E. *tiþinge* may be referred to; it may have developed quite regularly from *tiþinde,* while *tidinge* may go back to *tidinde* with *d* from *tid*).

From a phonetic point of view a change of [nd] into [ŋg] is easy to account for. Both combinations consist of a nasal followed

---

[1] The *u* of *suppinde* was introduced by the scribe, whose dialect belonged to an *ü* area, while the original had *i < y,* as is shown by the rhymes *sunne* (sin): *monkunne : biwinne : wiþinne,* 7 ff.; *heued — sunne : wiþinne : kunne : wiþerwinne,* 67 ff.; *sunne : þerinne : wiþer-winne : pine,* 237 ff.

by a homorganic stop, the difference being due to the difference in the place of articulation. If [nd] is backed, it becomes [ŋg]. In those parts of England in which the present participle ended in *ende*, the resulting **enge* would soon become *inge*.

The material that has been adduced is, of course, far too scanty to render it safe to draw any definite conclusions; all that can be said is that it points to the change of *ind(e)* > *ing(e)* being possible.

It may be reserved for the study of place names to supply the facts required. The sound group [iŋ] in many modern place names represents M. E. *en, in. Huntingdon,* for instance, is from M. E. *Huntendun, Huntindon,* etc. < O. E. *Huntandun.* The modern spelling is found as early as the first half of the thirteenth century; seven instances of it occur in the Charter of the liberty of the honour of Huntingdon, dated 1233, printed in the *Estate Book of Henry de Bray* (Camden Soc.), p. 18, and the same spelling occurs in another charter, dated 1235, *l. c.,* p. 17. This change, which occurs in non-stressed syllables, is found in place names in many counties. Among the Essex place names from the *Doomsday Book,* given by Vinogradoff, *English Society in the eleventh Century,* p. 499 ff., there are nine instances; from the quotations from the *Doomsday Book* in this work I have collected upwards of forty place names of this type, several Midland and Southern counties being represented. What is of more importance is that in non-stressed sound groups [nd] seems to have become [ŋg]. *Poslingford* (in Suffolk) is spelt *Poslindewrda* in *Doomsday Book,* Facsimile Suffolk part, p. 182, and *Poslingewrda, Ibid.,* p. 233[2], and *Wormingford* (in Essex) occurs as *Widemondefort* in the *Doomsday Book*[3]. In *Pangbourne (*in Berkshire), spelt *Pandebore* in the *Doomsday Book*[4] we see an instance of the sound change under consideration in a stressed sound group.

Much more material of a similar nature may lie hidden in quarters that are inaccessible to met at the present moment.

---

[2] Skeat, *Place Names of Suffolk,* p. 36.

[3] *Vinogradoff, l. c.,* p. 500.

[4] *Vinogradoff, l. c.,* p. 377, note 2.

The continuity of the progressive form

There is no denying the fact in the earliest Middle English texts the progressive form is not often met with. According to Püttmann, *Die progressive Form im AE. und Frühme.*, *Anglia* XXXI, there are only six instances in the *Ancren Riwle* (p. 450), but it should be borne in mind that in a didactic text the progressive form cannot be used so extensively as in a descriptive or narrative one. In the *Orrmulumm* there does not seem to be a single instance; this may be owing to Scandinavian influence. But even if no foreign influence has to be reckoned with, the non-occurrence of the progressive form in this text does not justify the conclusion that this mode of expression was unknown in the dialect spoken in Lincolnshire about 1200, no more than the circumstance that Orm expresses duty, obligation, by *(it) birrþ, (it) birrde,* and not by forms of *aʒhenn,* implies that the latter verb was no longer used in this sense. As a matter of fact the few original texts produced between the Conquest and the beginning of the thirteenth century do not enable us to form a correct idea of the structure of the English spoken in that period, nor do we know the extent of the vocabulary in use then. When in the thirteenth century the seemingly dead trunk of English literature began to send forth shoots again, many genuine English words and idioms, not recorded in texts from about 1100 till about 1200, appeared to be still in use. It must not be forgotten that during that period English continued to be spoken by at least nine tenths of the population, although, judging from the number of texts that have come down to us, it almost ceased to be a written language. Now if a word or idiom seems to have disappeared after the end of the Old English period, but turns up again in a thirteenth century text, nobody will ascribe this reappearance to some extraneous influence, even though such a word or idiom has undergone a considerable phonetic change. The progressive form never really disappeared; it only underwent a morphological change, which may, after all, be phonetic. Why, then, should all sorts of juggling tricks be resorted to, in order to account for the occurrence of this construction, which I consider to be English 'pure and undefiled', in thirteenth century and later texts?

In present day English the progressive form is frequently found in statements containing an adverbial adjunct like *always, constantly,* etc.: "I cannot bear a snob, who *is always telling* you how many people he knows" (Sweet, *Elementarbuch,* 124.12). This characteristic mode of expression already existed in Old English, as will be seen from the following quotations.

> *Past. C.,* 58.5, ðæs modes storm, se *symle* bið *cnyssende* ðæt scip ðære heortan.

> *Orosius,* 19.33, þæt scip *wæs ealne weg yrnende* under segle.

> *Bede* (Schipper), 560.232, he . . . . *a wæs gangende* and *hleapende* and Dryhten *herigende.*

> *Augustine's Sol.* (Endter), 30.17, Forðam he is simle to biddanne þæt he *simle beo fultumiende.*

> *Ibid.,* 32.1, he is seo hea sunne; he *byð simle scynunde* (sic!) of hys agnum leohte.

> *Ibid.,* 57.4, sege þeah hwet [ic] þe æfter ascode, hwæðer ic *a lybbende wære.*

> *Greg. Dial.,* 107.14, C., *symble* he *wæs smeagende* ymbe hine sylfne.

> *Ibid.,* 233.12, soþe martyras, þe in þære sibbe godes folces *a swincende wæron.*

> *Ibid.,* 264.6, he *byþ a teoriende* and *þrowiende* and swa þeh gestandeþ and þurhwunaþ in þam ungeændedlican wite.

> *A. S. Chron.,* 755, A, hie *simle feohtende wæran,* oþ hie alle lægon; B, C, D, E similar.

> *Blickl. Hom.,* p. 19, þæt mennisc gecynd *biþ a færende.*

> *Ibid.,* p. 75, ... gif we *willaþ beon symle efenþrowgende* oþres earfoþum.

> *Ibid.,* p. 127, þæt *bið a* dæges and nihtes *byrnende* for þære swaþa weorþunga.

> *Ibid.,* p. 223, he *a* to æghwylcum soð and riht *sprecende wæs* and *donde.*

> *Ibid.,* p. 229, he *wæs simle* hine to Drihtne *gebiddende* mid myclum wope.

> *O. E. Martyrology,* 76.2, Sanctus Arculfus sæde þæt þær hangade unmæte leohtfæt, and þæt *wære a byrnende* dæges and nihtes.

Wulfst., 237.14, ða sæde he him . . . heo *wære herigende
æfre* on hire life urne drihten.

Ælfric, *Hom.*, I, 276, Hi *næron æfre wunigende,* ac God hi
gesceop.

Id., *Ibid.,* I, 408, Eadig bið se man þe *symle bið forhtigende*
(future!).

Id., *Ibid.,* II, 46, Uton habban ægðer ge ðære cul-
fran unscæððignysse and dæs fyres bryne, þæt we
beon æfre scinende on bilewitnysse, and *weallende* on Godes
lare.

Id., *Ibid.,* II, 608, forðan ðe þa manufullan *beoð æfre cwyl-
migende* on helle susle (fut.!).

Id., *Ibid.,* I, 160, heo . . . . bið gehealden to ðam ecan deaðe,
þær þær heo *æfre bið* on piningum *wunigende* (fut.!).

Further instances of *æfre beon (þurh)wunigende:*

Id., *Ibid.,* I, 200; I, 272; I, 276; I, 282; I, 606 (fut.!);
II, 64. Id., *Hexameron,* 41, Full dysig byð se mann . . . .
se ðe nele gelyfan ðæt se lifigenda God *æfre wære wunigende.*

The following M. E. quotations show that ever + progressive
form, which was still in use in the eleventh century, had not disappeared after the Conquest.

   I. *North Eng. Leg.,* 12.98, þis gudman Nicholas god *euir
   prayand was.*

   Ibid., 156.6, wills saint Martin lifed in land, Saint Brice *was
   euir* to him *seruand.*

   Curs. M., 23466, C, Hele wit - vten seke or sare *sal be
   lastand euermare.* F and G similar, but T: *shal be lastyng.*

   Ibid., 27866, C, For *euer* þe plight *es foluand* pain.

   Ibid., 28982 ff., Vr þraing þen es tosai . . . þat we in
   liuelade right be ai, þat es to *be* here *ai ȝerand,* þat ilk live
   is ai lastand, For rightwis man *is praiand ai,* and he is tald
   for ai praiand, þe man þat *euer is* wel *doand.*

   Brunne, *Handl. S.,* 5832, wulde þei bidde hym sytte or
   stand, *Euer* he *wolde be bowande.*

   Id., *Chron.,* 4667, *euere* was fresche folk *comande,* And dide
   þe Romayns ageyn stande.

Perfect Form of Living, Yorksh. Wr. I, p. 15, þou syns noght slepand, if þou *be euermare wakande* withouten outrage of mete & drynk (in 3 MSS.).

Seven Sages (Campbell), 2172, þe fire *was ay brinand.*

Prick of Consc., 627, an aldeman to dede drawand May noght wake, bot *es ay slepand.*

Ibid., 1474, als þis lyfe *es ay passand,* Swa *es* þe worlde *ilk day apayrand.*

Ibid., 6941, swa þai *salle be ay gnawand.*

Ibid., 7043, þase þat *salle be ay smytand,* þe bodyse of synfulle with melles in hand.

Ibid., 7107 f., Ffor-whi þai *salle ay be gretand,* And þair teres *salle be ay flowand.*

Ibid., 7558, þe firmament . . . . þe clerkes bi skylle hevens calles þe whilk er *ay moueand.*

Ibid., 8916, alle manere of melody . . . . *War continualy* þar-in *sownand.*

Towneley Pl., 26.10, Thou *was alway well wirkand.*

II. *A. S. Chron.*, 1100 he *æfre* þas leode mid here and mid ungylde *tyrwigende wæs.*

Lamb. Hom., p. 99, Heore cynde is unto-deledlich *efer wuniende* on ane godnesse.

Trin. Hom., p. 175, De se *is eure wagiende.*

E. E. Poems (Furnivall 1862), p. 153, Str. 6, Hail be ȝe freris wiþ þe white copis . . . . *euir ȝe beþ roilend* þe londes al a-boute.

III. *Vices and Virt.*, 135.32 ff., ðe gode-mann *is niht and daiȝ þeinkinde* hu he muȝe gode icwemen, and him betst hersumen; alswa *is* ðies beswikene mann *niht and daiȝ þeinkinde* hwu he muȝe fellen [h]is unȝesali beli mid swete metes and drenches.

Havelok, 946, Of alle men *was* he most meke, *Lauhwinde ay,* and bliþe of speke.

IV. Brunne, *Handl. S.*, 1734, Comunly she *wyl* neuer blynne, But *euer be brennyng* yn here synne.

St. Augustine, in Horstmann, *A. E. Leg,* 187, On him *was euere* his modur *þenkyng.*

Elucidarium, p. 23, Aftir he apperide to to his owne modir, þat *was euer wepinge,* & ful of sorowe.

Ipom. A, 5561, The quene *was euer more lokyng oute.*

Fourteenth Cent. Bibl. Version (Paues), 2 *Tim.,* III, 7, *efermore* þei *beþ lernynge.*

XI *Pains of Hell,* in O. E. *Misc.,* 318, And hunder men þaȝ þer (= þey?) *were* truly Fro þe bekyny[n]q of wor[l]d *ay spekyng* And vche a. C. tungis had soþly þai myȝt not tel þe payne in hel duryng.

Chaucer, *Cant. T.,* A, 91 *Singinge* he *was* and *floytinge al the day.*

Id., *Ibid.,* B, 1217, Ther was a monk . . . . That *ever in oon was drawing* to that place.

Mandev., *Trav.,* 96,11, The water *is euermore boyllynge* for the gret hete.

Secr. Secret., 3.15 *euyr* he *was stodiyng* in god and gracious thewes.

Ibid., 14.4, þe tribute of þat lond, and þe rentis of þe *kyng ben euermore growyng* and *encresyng.*

Bokenam, *Legends,* 144.714, *euere* on hym she *was waytyng.*

Id., *Ibid.,* 186.31, Heuene aftyr phylosophyrs speche *Is* uoluble a *euere turnyng.*

Id., *Ibid.,* 186.36, by cheryte Ardently *brennyng euere was* she.

As we see, the practice of expressing the continuity or the frequency of an action by a progressive form accompanied by an adverb like *ever, always,* etc., is very old. The instances adduced render it impossible to draw any other conclusion than that this practice has been in use without a break from the latter part of the ninth century until the present day. There was no 'revival' after the Conquest, and even if such a thing had happened, it could only have been due to the reading of older texts, a possibility that need not be reckoned with. If it is suggested that the progressive form in the case under consideration may have remained in use through Anglo-Norman influence, it should be proved that there was a perfectly analogous type of expression in Anglo-Norman.

Until now I have not succeeded in hunting up a single instance of such an expression in any early Anglo-Norman text.

In all periods of English there has been a marked preference for the progressive form in the case of verbs denoting rest or motion. Verbs denoting the idea of living, dwelling, at a place are used very often, and are, therefore, particularly suitable for illustrating the continuity of the progressive form. The following examples speak for themselves. It will be observed that among the M. E. instances there is not one in which the present participle ends in *inde*. This is not surprising, as in those dialect varieties in which this ending is the usual one, verbs of the second weak class, especially those with an originally short stem, mostly have *ende* in the present participle, if the *i* has been preserved.

Old English.

Orosius, 220.2, he on a[n]re stowe beforan þæm geate *wæs wuniende*, oþ he his lif forlet.
Bede (Schipper), 352.426, he *wæs* on þam foresprecenan wicum mid ane breþer *wuniende* (commoraretur).
A. S. Chron. 855 A, (Æþelwulf cyning) ferde to Rome . . . . and þær *wæs* XII monaþ *wuniende*; B and C similar, but D, E, F *wunode, wunade*.
Greg. Dial., 218.24, sum broþor *is* gyt in ðisum mynstre mid me *wuniende* and *lifigende*, se is . . . .
Ibid., 228.10, sum mæden wearð lama and syððan *wæs wuniende* in Sante Petres cyrican.
Ibid., 272.12, ic wæs . . . . secgende . . . . þæt Benedictus . . . . *wære* geseted and *wuniende* swiþe feorr fram Capuane þære byrig.
Ibid., 273.17, ic þa gyt *wæs wuniende* ealling *in* þam mynstre.
Further instances: *Ibid.*, 274.2; 283.13; 317.16.
Blickl. Hom., p. 75, Lazarus, þe Crist awehte ðy feorþan dæge ðæs ðe he on byrgene *wæs* ful *wunigende*.

Ibid., p. 133, *Wæron* ealle ða apostolas *wunigende* on anre stowe.

Ibid., p. 165, He on his modor bosme *wunigende wæs.*

In Ælfric's works *wunian* often means 'exist', 'continue', as in: *Hom.*, I, 20, Adam þa *wæs wunigende* on ðisum life mid geswince.

Ibid., I, 302, Him is gemæne mid stanum, þæt he *beo wunigende.*

Further instances: *Ibid.*, I, 322; II, 236; *Lives of Saints,* I, 294.148; *Gen.* XVI, 1.

Middle English.

I. *North Eng. Leg.*, 25.8, Saint Grisogon . . . . In þat cete *was wonand þan.*

Ibid., 42.4, þan sal we carp . . . . of . . . . saynt Thomas þat here in Ingland *wunand was.*

Ibid., 132.15, In a cete *wonand* þai *war* Þat þan was named Naddabar.

Ibid., 138.13, Now in Perse þai *war wonand.*

Cursor M., 3220, C, þare his frendes *were wonand;* F: *dwelland.*

Ibid., 3800, C, our lauerd . . . þat i wist noght *es wonnand here.*

Further instances: *Ibid.*, 4806; 7917; 8664; 10643; 11313; 12491; 23545; 29419.

Ibid., 4086, C, þair breþer . . . . Amang þas felles *dwelland ware;* F and G similar; T: *dwellyng were.*

Ibid., 6356, C, þis meracle sagh þai all aperte þat *was dwelland* in þat desert.

Ibid., 20820, C, bring vs til þat ilk blis Wit hir sun þar scho *dwelland is.*

Ibid., 18629, C, four hundred and four al hale *Was* adam *bidand* in his bale.

Brunne, Handl. S., 1760, noun of hem myght ondyrstonde Wher þe dragun *was wunande* (D: *dwellande*).

Pr. of Consc., 1032, man *suld be* þar-in *wonnand.*

Ibid., 1044, An es þis dale, whar we er *wonnand* Further instances: *Ibid.*, 6831; 9303.

Ibid., 1077, what mught men by þe world understand If na worldishmen *war* þar-in *dwelland?*

Ibid., 2826, Loverd, deliver out of helle hande Alle crysten saules þat þer *er dwellande.*

Seven Sages (Weber), sho wist noght of what land, Ne in whate stede he *was wonand* (Same in Campbell).

Cleanness, 293, þenne in worlde *watȝ* a wyȝe *wonyande* on lyue.

Barbour, *Bruce*, III, 728, Quhen the folk that thar *wonnand war*, Saw men off Armys in ther cuntre in-to sic quantite Thay fled in hy.

Id., *Ibid.*, IX, 501, than in gallovay *war wonnand* Schir yngerame.

Further instances: *Ibid.*, XIV, 14; XV, 320; XV, 532; XVI, 342; XVII, 184 and 190.

Towneley Pl., 337.370, Ther hope I that they *be dwelland.*
Ibid., 340.75, with the *was dwelland* none.

II. *Early Eng. Hom,* (12th cent.), 29.33, Seo burhware *wæs wunigende* on woruldlicre sibbe, þa heo orsorhlice wæs underþeodd flæslican lusten.

Ibid., 31.1, se þwyre sawle *is* on sybbe *wunigende* on hire dæige.

Ibid., 80.36, sibb se mid þe Josep, a mid eallen þan þe mid þe *byð zounigende.*

Ibid., 88.18, he *wæs* gelomest *wunigende* on þære ceastre Libie.

Lamb. Hom., p. 41, and þa scawede mihhal to sancte paul þa wrecche sunfulle þe þer *were wuniende.*

Ibid., p. 97, Ni[s] na þe halia gast *wuniende* on his icunde (from Ælfric, *Hom.* I, 322).

Ibid., p. 225, Adam þa *wes wniende* on þises life mid ȝeswince (from Ælfric, *Hom.*, I, 20).

Trin. Hom., p. 33, Al mankin *was wonende* on mochele wowe . . . . forteþat ilke time þat ure louerd ihesu crist hem þarof aredde.

Ibid., p. 51, Ac efter þan þe hie *weren wuniende* in ieru-salem . . . . þo hie forleten godes lore.

Laȝ., 1161, A, þe wile þeo on þan eit-londe *wes* fole *woniende*, heo wurðeden þat anlicnes; B: *weren . . . . lib-bende.*

Ibid., 7589, A, heo *wolden* . . . . faren into Flandre and *beo* þer *wuniende;* B: þare he wolde abide.

Ibid., 19217, A, þreo dæies *wes* þe king *wuniende* þere; B: *was* . . . . *woniende.*

Ibid., 21954, A, þat fole þer to-delden, ælc mon to þan ende þer he *wes wuniende;* not in B.

Ibid., 29278, A, þa sparwen . . . . fluȝen to heore innen ȝeond þare burȝen þær heo ar *wuneȝende weoren;* not in B.

Vices and Virt., 21.4, To ȝeu ic clepiȝe iec ðe *bieð wuniȝende* mid gemaneliche hlauerde gode.

Ibid., 21.13, alle ðe halȝen ðe . . . . nu mid ure lauerde gode *wuniȝende bieð,* ic clepie.

Ibid., 37.7, Dus behet Crist . . . . þat he and his fader hine *scolden* luuiȝen and mid him *wuniende b[i]en.*

Ibid., 57.12, mid sume men hie *is wunende.*

Gen. and Ex., 2742, Raquel Ietro dat riche man, *wes wuni-ende* in madian.

St. Katherine, 65, In þis ilke burh *wes wuniende* a meiden swiðe ȝung of ȝeres.

III. *Arth. and Merl.*, 7411, Al so þai *were* þere *soiourninge,* Abouten & undren com gret cartinge.

Brunne, Handl. S., 1742, þer ys an Ile be-ȝunde þe see þer men *were wunt wunyng to be.*

Id., *Ibid.*, 8500, þe abbot knew [wel] alle þe pas where þe olde man *wonyng was.*

Early Eng. Poems (Furnivall, 1862), 121.93, Whon *were* þou in eorþe *dwellyng.*

Ibid., 143.210, But what in that place I saw . . . . Per-aventure ȝe nolde desyre to know, And who *was dwellyng* hem a-mong.

Ibid., 144.231, 233, But dame envy *was* there *dwellyng* . . . . And a nother lady *was* there *wonnvng.*

Fourteenth Cent. Bibl. Version, Acts, IX, 32, Peter, whanne he . . . . schulde kume to þe holy folke, þat *wore dwellynge* at Lydde, he fonde þer a man whos name was Eneam.

Ibid., Ibid., XIII, 17 þei *were* comelynges ande *dwellynge* in þo lande of Egipte.

Ibid., 2 *Peter,* II, 8, þorow syȝt & herynge ryȝt-wyse he *was dwellynge* a-monges hem.

Ibid., I John, I, 10, his word *is* noȝt *dwellynge* in ous.

Piers Pl., B, V, 129, Amonges Burgeyses *haue* I *be dwellynge* At Londoun.

Chaucer, *Anel. and Arc.,* 72, Anelida the quene Of Ermony *was* in that toun *dwellinge.*

Id., *House of F.,* 608, I that in my feet have thee . . . . *Am dwelling* with the god of thonder.

Id. *L. G. W.,* 710, Ther *weren dwellinge* in this noble toun Two lordes.

Id., *Cant T.,* A, 3187, Whylom ther *was dwellinge* at Oxenford A riche gnof.

Further instances, Id., *Ibid.,* A 3190; A 3925; B 4011; D 1299; E 1245.

It deserves mention that verbs that mean 'to dwell' are also occasionally found in the progressive form in Anglo-Norman. I have noted one instance in *Horn*: un uent . . . ki en Bretaigne lest mist v'hunlaf *fu manant* (line 106), one in *Tristan*: Tristan *ert* la *sejornanz* Priveement en souzterrin (line 3028), and also one in the *Vie de St. Gile:* En cel *fud* li abbes *manant* (line 2268). There are three instances in Gaimar's *Est. des Engl.:* 604, un marchant, A Grimesbi *est remanant,* Mult est prodom; 1543, Iloc *fu* tuz jors *remanant*; 3361, La V paens *erent manant.* The following instance occurs in a letter dated 1283 (Tanquerey, *Lettres anglofranç.,* No. 38): gens de Seinte Eglise ki *sunt demurranz* pres de vus.

As to verbs of motion, *come* and *go* occur oftenest and are, therefore, the most suitable ones for our purpose. That I have selected *come,* is owing to the circumstance that in all periods of English *to be coming* sometimes refers to the future (more frequently than *to be going*), and consequently affords an opportunity to illustrate the continuous use of the progressive form as a substitute for the future. The instances in which a form of *to be* + *coming* stands for the future or the conditional are marked with an asterisk.

Old English

Bede (Sch.), 51.1102 (heading), þæt Augustinus *wæs cumende* on Breotone ærest on Tenet.

Ibid., 135, 674, Eac hi *wæron cumende* wið Westseaxene þeode to gefeohte.

Ibid., 405.1652, þa ongan þæs cynelican modes man him ondredan ðone he to deaþe *cumende wære*.

* *Ibid.*, 524.4367, he him þurh witedomes gast eall þa þing openade and sægde þa þe ofer hine *cumende wæron*.

Greg., Dial., 14.15, þa gelamp hit, þæt sum ealdorman wæs Daria gehaten, se *wæs* mid here *cumende* of Gotena þeode.

Ibid., 188.26, þa sume dæge *wæs* sum Iudeisc man farende of Campianaland, and to Rome *comende*.

* *Blickl. Hom.*, p. 209, þonne of ðæm þeodlande þæm þe þær ymbsyndon ða folc þær *cumende beoð*.

Middle English

I.* *Cursor M.*, 10554, C, þi lauerd *es cumand* als suith; G same; Laud and T *is comyng*.

* *Ibid.*, 14543, C, yeit was noght commen þat dai þat he him wald to ded be don, þof it was *cummand* efter son; F and G same; T *was comynge*.

Ibid., 15719, C, wit mikel folk nu *cumand es* he þat es mi fa; F and G same; T *comyng is*.

Ibid., 17908, G, he to me *was cumand* nei; Arundel, Laud, and T *was comyng*.

Ibid., 26086, C, Grace it *es* be-for *cumand;* F same (only in 2 MSS.).

    * Brunne, *Chron.*, 8237, war þe wel fro fyr ffro Constantes childre, þat *ar comand*.

    Id., *Transl. Langt.*, p. 276, þe Anglis wille not wene, þat ʒe *be comand* now.

    Pr. of Consc., 1547, I dred þat þai may takens be Of gret hasty myscheves . . . þat tyll þe world *er* nere *command*.

    Ibid., 4003, þe day of dome *es* fast *comande*.

    Ibid., 4009, We shuld make us redy here, Als þe day of dome *war command* nere.

    Barbour, *Bruce*, V, 604, the tratour[is] *ves* neir *cumand*.

    * Id., *Ibid.*, VI, 467, he tald had that tithing How that shir amer *was cumand*.

    Id., *Ibid.*, VI, 609, He said: "ʒon V *ar* fast *cumand*".

    Story Holy Rood, 562, þe tyme *was* nere *cumand*.

    Seven Sages (Campb.), 492, þe childe *was* nere *cumand*.

    Towneley Pl., 174.292, youre knyghtys *ar comand*.

II. *Ancr. R.*, p. 376, þes þreo Maries, hit seið, þet is, þeos bitternesses, *weren kuminde* worto smurien ure Louerd.

    Ibid., p. 378, þes *beoð kuminde* uorto smurien ure Louerd.

    Owl and N., 1220, Jesus Coll. MS., Hwanne ic i-seo þer sum wrechede *is cumynde* neyh, i-noh ic grede.

    * *South Eng. Leg.*, 416.469, Ich *am cominde to* þine feste: ase þou me erore bede.

    * *Ayenb.*, p. 248, þet is þet pays and þe blissinge þet ssel by ine þe wordle þet *is cominde*.

    * *Ibid.*, p. 263, yef þe uader of þe house wyste huyche time þe þyef *were comynde*: uor-zoþe he wolde waky.

III*. *Flor. and Blanchefl.*, C, 573, Quaþ blauncheflur, "ihc *am cominge*"; Cott. Vitell. MS. same.

    Robert of Glouc, (Hearne), p. 142, þo Octa hit onderstod, þat heo *comyng were*, He sei wel, þat power nas noʒt aʒeyn hem þere.

    Kyng Alis., 924, Nicolas is nought tarying; With moche ost he *is comyng*.

    Ibid., 1803, *Comyng* he *is* to thy lond.

    Ibid., 2003, Darie *was* byhynde *comyng* With fif (hondreth) thousyng.

Ibid., 3441, There they wol Alisaundre abyde, And he *is comyng* wel god speid.

Gamelyn, 799, Whil Gamelyn *was comyng* ther the Iustice sat . . . forȝat he nat . . .

Arth. and Merl., 7851, þese (scil. steden, 'horses') beþ al so fast *cominge.*

* *Ibid.*, 8576, sum (profecies) beþ passed, & sum *coming* onto you.

* *Cantic. de Creat.*, 1156, þe tyme *is cominge* riȝt þat it shal beren þe kyng of myȝt.

* *Lyff of Adam and Eve*, Horstmann, *A. E. Leg.*, 227.9, þat bitokeneþ þe reste of þe world þat *is cominge.*

St. Augustine, Horstmann, *A. E. Leg.*, 942, Oþur wymmen *schulde beo* to hem *comyng.*

* *Sir Cleges*, 218, yt ys tokynnyng Of more harme that *ys comynge.*

Fourteenth Cent. Bibl. Version (Paues), *James* III, 15, þis wysdom *is* not *comynge* from a-boue.

Towneley Pl., 43.94, Now *was* I *commyng.*

* *Ibid.*, 356.108, I go, and to you *am* I *commyng.*

Ellis, *Orig. L.*, II, I, IV, I prei zou . . . bot ther buᵈ help *comig* (sic!), that we have an answer.

Id., *Ibid.*, II, I, V, zef ther *is* eny help *comyng*, hast hem with al haste toward ous.

Chaucer, *Troil. and Cr.*, II, 559, as I *was cominge*, Al sodeynly he lefte his compleyninge.

Id., *Cant. T.*, E., 805, thus moche I wol yow seye, My newe wyf *is coming* by the weye.

* *Past. L.*, VIII, they herd tydynges that the freyr *was comyng.*

Further instances: *Ibid.*, 418; 638; * 836.

I have not come across any instances of *estre venant* in those early Anglo-Norman texts I have gone through. A thirteenth century example is found in *Boeve* 3513, "lur enfans, ke de bataile *sont venant*", and another in the fourteenth century *Chron. of London*, p. 42, le dit sire Hughe le fitz robba par mer dromondez et autre niefs à graunt nombre d'avoir qe *furent venaunt* vers Engeltere." — The future is probably referred to in *Boeve* 3411, "Arundel est pris; mal vus en *est venant*".

Was English influenced by Anglo-Norman as regards the use of the progressive form?

As is well known, the progressive form is sometimes used in Old English in cases where present-day English would not tolerate it. A careful scrutiny of all the instances of the progressive form in Old English would, however, probably lead to the conclusion that the percentage of the cases in which the progressive form cannot possibly denote duration, is comparatively small. In Middle English the progressive form was no longer used without there being a definite reason for its use. All the M. E. examples that have been adduced in these 'Notes', give one the impression of being modern; if they are modernized, it will be seen that in all of them the progressive form must, or at any rate, may be used in the English of to-day.

Could the English learn anything from the Normans with regard to the progressive form? First of all it should be observed that in early Anglo-Norman prose it is difficult to find an instance of *estre + present participle* corresponding to the English progressive form. There is not one in *Quatre Livre des Reis*, a text which in Curtius's edition takes up 225 octavo pages, and which is recognized to be a very idiomatic rendering of the Vulgate text. Let the reader judge for himself. I have noted: I, XV, 22, Quides tu que á Deu plus plaised oblatiun é sacrefise que l'um *seit obeïssant* a sun plaisir é á sun cumandement? (Melior est . . . obedientia). I, XVI, 17, Alcun ki bien *seit chantant* purveez é devant mei le menez! (bene psallentem, 'who can sing well'). II, XIII, 21, Li reis sout l'afaire é forment en *fud dolenz* (contristatus ést). II, XVI, 19, Si cume *fui* á tun pere *obeïssant,* tut issi obeïrai á tei (parui patri tuo).

No more have I met with any examples in the *Oxford Psalter*. Constructions like those in the following quotations are not progressives: *Ps.* XIII, 3 and LII, 3, Li Sire del ciel esguardat sur les filz des humes, que il veiet si *est entendanz* u *requeranz* Deu (si *est intelligens,* aut *requirens* Deum). XXXIV, 11; LXX, 22, and LXXXVIII, 9, Sire, chi *est semblanz* a tei? (quis similis tibi). XLIX, 22, Tu aasmas felunessement que je *serai semblanz* à tei (quod ero tui similis).

Even in later prose texts instances seem to be rare. This also holds good with regard to letters written in Anglo-Norman (with one exception all dating from after 1250). One instance has been quoted from Tanquerey's *Recueil;* there is another in No. 147, dated 1284. Stereotype phrases consisting of *estre + aidant, entendant, conseillant,* etc., which are often found in certain types of letters (and which were imitated in letters written in English), cannot be called progressives.

When reading early Anglo-Norman poetry, it also strikes one how rarely the progressive form is used. I have found no instances of the genuine progressive in the *Reimpredigt* (774 short lines), *Deu le Omnipotent* (732 short lines), *Amis e Amilun* (1250 lines), the *Mystery of Adam* (945 lines), *Folie de Tristan,* Oxford text (978 lines), *Roman des Romans* (1920 short lines), although in the last-mentioned poems instances of *estre + present participle* occur pretty frequently (at least 12 times). One instance has been found in *Tristan* (4487 lines); there are two in the *Vie St. Gile* (3794 lines), in the *Bestiary* (3194 lines), in *Josaphar* (2954 lines), in *Petit Plet* (1780), but at least four in *Set Dormanz.*

In Gaimar one meets with a considerable number of instances, but the loose way in which he employs the progressive form, reminds one of the Old English practice. Gaimar's *Estorie* is in substance an Anglo-Norman version of the *A. S. Chronicle*; he must, consequently, have been able to read Old English, and it is quite possible that some of his progressives reflect Old English, rather than Anglo-Norman usage.

In poems consisting of laisses there are sometimes many lines that end in a present participle. In *Horn,* which is divided into 245 laisses, there are 19 of which every line ends in *-ant, -anz,* and in each of these 19 laisses there are one or more lines containing a form of *estre + present participle;* in laisse 3 there are ten, in laisse

123 we find thirteen, and in laisse 144 there are even fourteen; in all I have counted 113 such lines among a total of 4594 lines. It seems hardly safe to take instances from such poems to illustrate the use of the progressive form in Anglo-Norman. One cannot draw the line between what is normal, and what is artificial; in other words one never knows whether the employment of the progressive form in an -ant laisse may not be due to the requirements of the rhyme.

Although only a detailed comparison of the progressive form in Anglo-Norman and in Middle English can definitely answer the question to what extent the English took over or translated Anglo-Norman progressives (they certainly did so in some cases), and, conversely, to what extent later Anglo-Norman shows traces of English influence (for this is quite possible too!), it does not seem too risky to assert that the English could learn nothing from the Normans as to the guiding principle in the use of the progressive. Further it seems safe to say that there is no evidence that this mode of expression would have died out in English, if William the Conquerer had left England alone.

Owing to the scantiness of the material at my disposal I must refrain from making any remarks about the influence of the Romance en + — ant construction upon English.

Wiener Beiträge zur englischen Philologie 65/1957, S. 155—174.

RÉFLEXIONS SUR LA GENÈSE DE LA
« FORME PROGRESSIVE »

Par Fernand Mossé

L'étude historique que j'ai consacrée en 1938 à la *Forme péri-phrastique (verbe « être » + participe présent) en germanique*[1], a donné lieu à un certain nombre de comptes rendus. Au moment où les admirateurs et les amis de M. Karl Brunner se réunissent pour lui apporter leur hommage, il m'est agréable de me souvenir qu'il rendit compte de mon livre dans le *Literaturblatt für germanische und romanische Philologie*, 1941, pp. 25—28, avec autant d'impartialité que de compréhension. De toutes mes recensions que suscita le livre, celle de mon éminent collègue de l'Université d'Innsbruck m'a toujours paru être celle qui marque le mieux ce que j'avais voulu faire, les points sur lesquels j'avais réussi à jeter quelque lumière, les hypothèses proposées et aussi les problèmes qui attendaient encore une solution définitive. Quand on publie un gros travail, l'important n'est pas tant de se sentir approuvé que compris. Avec le grand bon sens qui caractérise le savant de haut mérite que nous fêtons dans ces *Mélanges*, Karl Brunner sut parfaitement apprécier l'étendue et les limites de mes recherches. Je suis heureux de pouvoir dire aujourd'hui publiquement la reconnaissance que je lui en garde.

I

Depuis 1938, la question de la « forme progressive » en anglais et de ses origines a fait l'objet de nouveaux travaux. Deux au moins d'entre eux me paraissent valoir la peine d'être discutés,

---

[1] Paris, 1938. Citée ci-après *HFP*.

parce qu'ils portent sur le problème central qui se pose en anglais:
y a-t-il eu passage de la forme du participe présent vieil-anglais
en *-end* à la forme en *-ing* en moyen-anglais, et sous quelles influences; ou bien le participe présent moderne en *-ing* continue-t-il
une forme en *-ing/-ung* du vieil-anglais?

C'est ce problème qu'ont essayé de résoudre, il y a quelques
années, M. Erik Rooth et, plus récemment, Melle Ingerid Dal.

Je voudrais profiter de l'occasion que m'offre cette *Festschrift*
pour discuter quelques points soulevés par ces deux philologues
et apporter de nouveaux témoignages à l'appui de la thèse que
j'ai soutenue jadis.

Plusieurs théories, on le sait, ont été proposées pour expliquer
la formation de cette forme périphrastique « être + forme en *-ing* »,
qui a pris au cours des siècles une si grande extension en anglais.
On peut les ramener à six:

1. La théorie d'E. Einenkel qui y voit avant tout un calque du
français, ou, plus exactement, de l'anglo-normand: *he is singing*
est fait sur le modèle de *il est chantant*.

2. La théorie de Morgan Callaway pour qui c'est le latin tardif
erat cantans qui est à l'origine du vieil-anglais *wæs singende*
auquel s'est substitué ensuite *was singing* quand le participe présent est devenu une forme en *-ing*.

3. Van Langenhove s'est ensuite appliqué à démontrer que le
passage de *-end(e)* à *-ing(e)* peut s'expliquer comme un simple
processus phonétique. Du moins la seule partie de ses recherches
qu'il ait publiée est-ce celle qui se rapporte à l'aspect phonétique
du problème (*On the Origin of the Gerund in English*, I. Phonology, Gand, 1925).

4. George Curme, savant original, mais qui cultivait volontiers
les paradoxes linguistiques, fait remonter l'origine du gérondif
jusqu'en vieil-anglais: il affirme qu'il existe dès cette époque un
véritable nom verbal en *-ung/-ing* qui peut être suivi d'un objet
à l'accusatif.

5. Pour Otto Jespersen, c'est de la tournure vieil-anglaise *ic
wæs on huntunge* « j'étais à la chasse » qui persiste en moyen-
anglais (*he was on hontyng*, Lawman, *Brut* B 12304) que sortent
les formes *riden a slatinge* (Lawman, *Brut* B 29170) et plus tard

to be a-hunting, tour populaire et familier qui, par aphérèse, donne la forme progressive moderne *to be hunting*[2].

6. J'ai essayé, dans *HFP,* de montrer que le problème est plus complexe, que la phonétique, la syntaxe, l'influence de tournures étrangères ou parallèles ont joué un rôle dans l'élaboration de cette forme q u i a m i s d e s s i è c l e s à s e s t a b i l i s e r et . . . qu'il y a du vrai dans la plupart des hypothèses que l'on a avancées (sauf peut-être celle de Curme qui, à mon avis, ne repose sur rien de solide). Mais j'ai également tenté de montrer que, sur le plan structural, ce problème était important et que l'aspect verbal — comme c'est assez naturel — avait joué un rôle capital dans son développement. Le vieil-anglais conservait encore avec l'emploi des préverbes, et en particulier de *ge-,* des survivances d'un système d'aspect verbal dans lequel l'opposition aspective était entre verbe simple et verbe composé avec préverbe, la première forme exprimant l'aspect indéterminé et duratif, la seconde l'aspect déterminé, perfectif ou momentané: c'était donc un système binaire. Or, on a tellement abusé de *ge-* que ce préverbe s'est vidé de tout sens et de toute valeur grammaticale. Aucune force n'agissant plus pour le maintenir, il s'amenuise en *i-* et, le plus souvent, disparaît, entraînant dans sa ruine les autres préverbes à valeur aspective *a, æt-, for-, of.* Les statistiques que j'ai publiées (*HFP* II § 40) sont frappantes. Dans la première moitié du XIIIe siècle, on a le sentiment qu'il n'y a plus d'expression morphologique de l'aspect en anglais.

En réalité, il y a substitution d'un nouveau système à l'ancien. Ce système n'est plus morphologique (emploi de préverbes), mais syntaxique. Il va utiliser la forme périphrastique qui s'est abondamment développée en vieil-anglais sous l'influence du latin. Le type *he wæs feohtende* va gagner peu à peu la langue parlée et s'imposer, mais il faudra des siècles pour qu'il s'étende à toute la conjugaison et que l'on aboutisse ainsi à un nouveau système

---

[2] Jespersen m'écrivait à la date du 22 Septembre 1938, après avoir lu mon ouvrage: « I must confess that when I wrote my theory of the influence of the combination *is on (a) -ing,* I had to some extent a bad conscience . . . Now you have demonstrated that I certainly underrated the frequency of the expanded form in OE. and ME. »

binaire où l'opposition est entre verbe simple *(he fights)* et verbe
périphrastique *(he is fighting)*[3]. Je n'ai pas la prétention de résumer
ici cette histoire qui occupe dans *HFP,* tome II, les pages 28 à 168.
Je rappelle seulement que je n'ai voulu négliger aucun des mul-
tiples aspects du problème.

II

L'histoire de la « forme progressive » en anglais est étroitement
liée à celle du participe présent et du gérondif. On conçoit donc
qu'il puisse être tentant de résoudre d'un seul coup l'ensemble
du problème. Après Curme, c'est ce que vient d'essayer Melle Ingerid Dal[4].

Se fondant sur quelques exemples connus, I. Dal affirme l'existence en vieil-anglais, dès 850, d'un véritable nom verbal en
-ung/-ing, capable de prendre un complément d'objet direct à
l'accusatif et par conséquent déjà intégré au système du verbe.
Bref, le gérondif de l'anglais moderne aurait déjà eu son proto-
type au IXe siècle, même si son usage ne s'est vraiment développé
que beaucoup plus tard: c'est une nouvelle valeur prise par le
nom abstrait en *-ung/-ing.* Mais alors que ces noms abstraits ne
pouvaient être tirés que de certains verbes faibles, à tout radical
verbal, fort ou faible, correspond un gérondif.

I. Dal combine cette hypothèse proposée par George Curme
(ESt 45, 351 et suiv.) avec la théorie d'Eugen Einenkel *(Anglia*
37 et 38). Suivant ce dernier, le substantif verbal employé comme
gérondif aurait éliminé l'ancien participe présent en *-ende/-inde*
de ses positions. Seulement, pour Einenkel il y a eu confusion
phonétique, de *-ind* et *-ing* au profit de ce dernier; en outre, l'influence française aurait joué un rôle important.

Écrivant en 1952, Melle Dal préfère y voir un processus d'ordre
fonctionnel: « Morphemvermengungen und Zusammenfall sind

---

[3] M. Karl Brunner est l'un des rares critiques, parmi tous ceux qui ont
rendu compte de mon livre, qui ait compris l'importance que j'attribuais
à cette substitution de systèmes aspectifs du point de vue structural.

[4] « Zur Entstehung des englischen Participium Praesentis auf *-ing* »,
Norsk Tidsskrift for Sprogvidenskap, 16, pp. 1—112.

a priori eher aus funktionellen als aus lautlichen Berührungspunkten zu erklären » (p. 15) et encore « Die divergierenden Lautformen der Endungen des Part. Präs. sind ja nur verschiedene Realisierungen eines im System der Sprache einheitlichen Morphems und haben keine sprachliche d. h. symbolische Relevanz » (p. 10). Pour employer la terminologie d'aujord'hui, *he wæs huntende* et *he wæs on huntunge* seraient deux « allomorphes » d'un même morphème.

Après l'argument fonctionaliste, l'argument sociologique. Pour I. Dal, p. 102, le sujet parlant vieil-anglais avait à sa disposition quatre paires de tournures:

A	B
I. *spræc wepende*	*spræc on wepinge*
II. *com ridende*	*com on ridinge*
III. *wæs feohtende*	*wæs on feohtinge*
IV. *geseah hine ridendne*	*geseah hine on ridinge*

Mais le type A est de la langue élevée et écrite, tandis que le type B appartient à la langue populaire et parlée; ce ne sont pas les mêmes couches sociales qui employaient ces deux types de tournures.

Dernier argument: le substrat celtique (p. 107 et suiv.) ne serait pas étranger au succès de la « forme progressive » en anglais: l'existence de périphrases à valeur durative « verbe être + préposition + nom verbal » en irlandais comme en gallois anciens et modernes est pour Melle Dal la preuve de l'influence celtique:

« Die versklavte keltische Bevölkerung, die englisch lernen mußte, hat in der neuen Sprache ihre angestammten syntaktischen Gewohnheiten beibehalten. Diese galten in der altenglischen Periode als Eigenheiten der niederen Sprache, und waren in der Literatur verpönt. Nach den sozialen Umwälzungen, die der normannischen Eroberung folgten, drangen diese Keltizismen im Laufe der mittelenglischen Zeit in die oberen Schichten empor » (p. 110).

André Martinet, dans son récent *Traité de Phonologie diachronique* (Berne, 1955, p. 250, n. 5), trouve très « suggestive » cette hypothèse « qui fait bien comprendre, dit-il, comment l'action d'un substrat peut se manifester avec un retard considérable » (un retard, ajouterai-je, d'une dizaine de siècles!)[5].

Tel est, très brièvement résumé, le point du vue de Melle Dal. Je crains qu'il n'y ait entre elle et moi une différence de tempérament. Je n'ai aucun goût pour les hypothèses (même si elles sont à la mode du jour) quand elles ne reposent pas sur des faits contrôlables et bien contrôlés. Dans mon *Histoire de la forme périphrastique,* j'ai déjà cité presque tous les textes qu'utilise Melle Dal — et bien d'autres encore — et je les ai discutés. C'est d'ailleurs à mon travail, comme elle ne le cache pas, qu'elle emprunte la plupart d'entre eux. De temps en temps, un chercheur découvre un ou deux exemples qui avaient échappé aux précédentes investigations[6]. Mais dans l'ensemble, les documents vieil- et moyen-anglais qui peuvent éclairer l'origine et le développement de la « forme progressive » ont été recueillis, scrutés et analysés. Tout revient donc à une question d'interprétation.

Ainsi I. Dal prend comme base de son argumentation deux exemples tirés du « Psautier Vespasien » que l'on date communément du milieu du IXe siècle. Ce sont les deux exemples déjà utilisés par Curme (*ESt* 45, p. 351 et suiv. et à nouveau *Anglia* 38, p. 491). Les voici:

101, 23 *in gemoetinge*	*folc*	*in annesse*
in conueniendo	populos	in unum
118, 9 *in haldinge*	*word*	*ðin*
in custodiendo	sermones	tuos

On pourrait encore y ajouter dans le Psautier d'Eadwine 9, 4:

in forcyrringe	*feond*	*minne*
in convertendo	inimicum	meum.

---

[5] Pour une discussion complète et impartiale de l'influence celtique, je renvoie le lecteur à mon *HFP* II § 100—112. J'y renvoie surtout M. Walther Preusler qui, à deux reprises (*Beiblatt zur Anglia* 52, p. 104 et *Indogerm. Forsch.* 61, p. 325) a prétendu, sans avoir, d e s o n p r o p r e a v e u, lu mon ouvrage, que j'ignorais le problème de l'influence celtique. Sur ce point comme sur d'autres, Melle Dal se sert, en leur donnant une autre interprétation, des citations et des arguments que j'ai publiés.

[6] C'est, par exemple, le cas de M. Th. Visser, *English Studies* 34, p. 78.

Quelle valeur peut-on leur attribuer? Aucune, à mon avis, sur le plan syntaxique. C'est un peu comme si on prenait le calque grossier des parfaits déponents de ce texte, du type 2, 2 *smeagynde synt:* « meditate sunt », pour d'authentiques formes périphrastiques! Je m'étonne que l'auteur (avec son maître J. Sverdrup) de l'excellente *Tysk Syntaks i historisk fremstilling,* Oslo, 1942 (qui a eu en 1952 les honneurs d'une traduction allemande sous le titre de *Kurze deutsche Syntax*) se laisse aller à prendre pour une phrase idiomatique de vieil-anglais une glose qui décalque mot à mot, et souvent sans se préoccuper d'accord ou de construction, le texte latin. Quand le glossateur le fait, le complément du nom en *-ung/ -ing* est au génitif. Ainsi:

9, 4 (Vespasien)	*in forcerringe*	*fienda*	*min*
	in convertendo	inimicum	meum
18, 12 (Cambridge)	*on gehylde*	*þære*	
	in custodiendo	illa	
101, 23 (Cambridge)	*on gemetinge*	*folca*	*on annysse*
	in conueniendo	populos	in unum

Dans le cas suivant:

54, 21	*on geedleanunge*	*him*
	in retribuendo	illis

le substantif est suivi du datif *him* et non de l'accusatif. Pourquoi? Simplement parce qu'on « traduit » littéralement le datif *illis*.

Comparons encore la traduction de 118, 9 du *Psautier Vespasien,* citée plus haut, avec celle des autres glossaires: « in custodiendo sermones tuos » est rendu dans le ms. Junius 27 par *gehelde word þine,* de même dans le Psautier Bosworth *geheldo word þine.* Melle Dal irait-elle jusqu'à soutenir que le substantif *geheld* gouverne l'accusatif sous prétexte qu'il est suivi de *word?* Non, n'est-ce pas. Il n'y a pas traduction de la phrase, mais traduction mot à mot, voilà tout. Les psautiers des Mss. Stowe 2, Royal 2. B. 5, Arundel 60, donnent correctement *gehealdnesse spræca þina* parce que le glossateur a traduit le groupe syntaxique, sans parler du psautier de Paris en vers (Bibl. nat. fonds latin 8824) qui fournit enfin une version idiomatique *þonne he þine witan word gehealde.*

Pour affirmer qu'en vieil-anglais le substantif en -*ung*/-*ing* est un nom verbal qui gouverne l'accusatif, il faudrait se fonder sur d'autres textes que des gloses. Or, comme je l'ai déjà écrit, « on a beau fouiller la littérature vieil-anglaise proprement dite, on ne trouve pas cette construction » (*HFP* II § 171).

Morgan Callaway Jr., « Concerning the Origin of the Gerund in English » *Klaeber Miscellany* 32 et suiv., est enclin à poser dès l'époque vieil-anglaise l'existence d'un nom verbal en -*ung*/-*ing* (je crois, pour ma part, cf. *HFP* II §§ 165—175, que ce n'est vrai qu'à partir du XIIe siècle). Mais c'était un savant trop respectueux des faits pour farder la vérité, et il écrit (*art. cit.*, p. 44):

« Of the over eight hundred examples of the verbal noun in -*ung* (-*ing*) as cited by Wülfing, *not one has an accusative object in construction* [c'est moi qui souligne]. I have myself looked up every occurrence of each noun in -*ung* (-*ing*) listed in W. J. Sedgefield's Glossary to his *King Alfred's OE. Version of Boethius* . . . but have found no instance of accusative regimen by the noun in -*ung* (-*ing*). Nor have I found a clear example of a verbal noun in -*ung* (-*ing*) governing an accusative object in construction in *Beowulf* or in the more original OE. prose (the *Chronicle* and *Wulfstan*). »

En fait, ce n'est que peu à peu que le participe présent d'abord (et en vieil-anglais), le nom verbal en -*ing* ensuite (et en moyen-anglais) ont acquis le pouvoir de gouverner un objet à l'accusatif.

Melle Dal, qui n'ignore pas la faiblesse de ses arguments, nous dit que le nom verbal en -*ung*/-*ing* avec un objet à l'accusatif devait être déjà courant à l'époque vieil-anglaise dans la langue parlée et familière. C'est bien possible, mais comme nous ignorons tout de la langue parlée de cette époque, c'est indémontrable. En outre, étant donné qu'il s'agit de mots a b s t r a i t s , appartenant presque tous au style savant et littéraire, je considère que c'est peu probable.

Melle Dal affirme encore (d'après quels critères? c'est ce qu'on voudrait bien savoir) que les tournures du type B citées plus haut, p. 4, appartiennent en vieil-anglais à la langue populaire. Si elle entend par là qu'elles sont plus rares que les tournures du type A, on le lui accordera volontiers, mais c'est un raisonnement spécieux et contestable que d'établir a priori un lien entre la rareté d'une

tournure et son caractère « populaire ». Si la littérature vieil-
anglaise était plus familière à l'auteur, peut-être trouverait-elle que
he ferde ut on huntað (Ælfric, *Lives of Saints*, 25, 28) était d'une
langue plus simple que **he ferde ut on huntunge,* pour la même
raison que ci-dessus, parce qu'en vieil-anglais *huntung* fait plus
savant que *huntað*. Elle ne peut ignorer (cf. *HFP* II § 179) qu'il
faut attendre le *Colloque* d'Ælfric, œuvre scolaire, donc assez
savante, de la première moitié du XIe siècle pour rencontrer
gyrstandæg ic wæs on huntunge traduisant « heri fui in uenatione »
(éd. Garmonsway, p. 24) « hier je suis allé à la chasse », à côté de
Wære þu todæg on huntoþe?: « Fuisti hodie in uenatione? »
(ibidem) et de *Hwæt dest þu be þinre huntunge?* « Quid facis de
tua uenatione? » « Que fais-tu de ton gibier? » (p. 25). Visiblement,
et pour des activités très concrètes, le substantif *hunting* « chasse,
produit de la chasse » est en train d'entrer dans la langue courante
et d'y concurrencer *huntað, huntnoð*. Ce n'est peut-être pas tout
à fait un hasard si, en moyen-anglais, on rencontre cette locution
(ou d'autres analogues), d'abord quand il s'agit de la chasse comme
ici (*hunting,* Lawman, *Brut* A 6630, B 12304, *slæting* id., *ibid.,*
A 12304, A 12326) ou de pêche. Mais comme l'indiquent les variantes *huntað, huntnoð,* il n'y a encore rien d'un « gérondif » dans
huntung.

J'en dirai autant de l'autre exemple, beaucoup plus ancien
(seconde moitié du IXe siècle) que brandit Melle Dal et qui est
tiré de l'*OE Martyrology* (EETS 116, p. 124, 41): *cwæð sum halig
biscop ða he wæs on sawlunga* « quand il était près de mourir »;
sawlung, terme expressif, est fait sur *saw(o)l* et correspond au verbe
sawlian « rendre l'âme » qu'emploie à plusieurs reprises Ælfric[7].
Si le *Martyrologe* est ancien, les manuscrits que nous possédons
sont, comme le reconnaît l'auteur, p. 38, postérieurs de 100 à 150
ans à sa rédaction qui a été faite d'après un original latin que
Herzberg, l'éditeur, n'a pas cherché à déterminer. Pour I. Dal *he*

---

[7] Le substantif *sowlynge* « obitus vel exalacio » se rencontre encore
au milieu du XVe siècle, recueilli par le *Promptorium Parvulorum,* après
quoi il disparaît (Le mot dialectal moderne *souling* a été tiré à nouveau
de *soul,* avec un autre sens, cf. *OED*).

wæs on sawlunga est le premier exemple connu de ce qui sera quelques siècles plus tard le tour *he was (a-)hunting,* source à ses yeux de la forme progressive moderne.

« Wir haben hier eine Fügung, die in der ganzen folgenden altenglischen Periode unterdrückt worden ist, erst im Mittelenglischen allmählich auftaucht, dann einige Jahrhunderte auch in der Schriftsprache geduldet wird, während sie heute wieder auf die dialektische und vulgäre Sprache beschränkt ist, wo sie kräftig fortlebt. Diese Fügung ist also schon in der ältesten englischen Überlieferung vorhanden, ist aber in der vom Alfredischen Westsächsisch beherrschten Periode aus der Literatur verbannt gewesen » (p. 38).

Ceci appelle quelques observations. D'abord, comme le contexte le montre, *þa he wæs on sawlunga* ne veut pas dire « when he was expiring », mais, ainsi que le traduit Herzfeld dans son édition de l'EETS « when he was on the point of expiring ». Pour s'en persuader, il suffit de remonter à l'original latin du trait que cite l'*OE. Martyrology* à propos de Saint Arsène (19 juillet)[8]. Il se trouve dans les *Vitae Patrum* (Migne, *Patrologia Latina,* t. LXXIII, col. 861) où l'on peut lire, *Verba Seniorum* III, 5:

Sanctae memoriae Theophilus archiepiscopus c u m m o r i t u r u s e s-s e t, dixit: Beatus es, abba Arseni, quia semper hanc horam ob oculos habuisse.

OE. Martyrology, p. 124, 20:

Cwæð sum halig biscop, þ a h e w æ s o n s a w l u n g a , be þeossum fæder: « Arsenius, þu wære eadig, forðon þu hæfdest á þas tid beforan þinum eagum. »

C'est donc bien « quand il était près de mourir ». Il y a une nuance importante. Ce n'est pas encore la forme progressive, sinon rien n'aurait empêché l'auteur d'écrire **þa he sawlende wæs.* Ceci

[8] A ce propos, on souhaiterait une nouvelle édition de ce texte qui serait accompagnée des sources latines au complet. « C'est une vérité devenue banale, tant on a dû la répéter, que les notices historiques des martyrologes n'ont pas d'autre valeur que celle de leurs sources » a écrit Dom H. Quentin, *Les Martyrologes du moyen âge,* Paris, 1908, p. 56.

prouve qu'avant d'échaufauder des théories linguistiques, il faut prendre la précaution de vérifier leur exactitude philologique et leur contexte.

Ensuite, si cette citation est intéressante, parce qu'elle réunit le verbe « être », *on* et une forme en -*ung*, il serait inexact tout comme pour *ic wæs on huntunge* d'y voir une préfigure, de *I was a-hunting*. La forme est à peu près la même; le contenu est encore tout différent; *sawlung, huntung* ne sont que des substantifs abstraits « le trépas », « la chasse », ils alternent, nous l'avons vu, avec *huntað, huntnoð*, qui n'ont rien d'un gérondif. Des siècles s'écouleront avant qu'il en puisse aller autrement, et encore selon le contexte syntaxique; *hunting*, substantif, veut encore aujourd'hui dire « la chasse ». Melle Dal en convient: « die Abstraktbildungen sind noch [im Altengl.] reine Substantive » (p. 44), mais elle affirme aussitôt « dennoch ist zugleich eine verbale Auffassung *überall möglich* » [c'est moi qui souligne], et malgré la restriction qui suit « ohne daß man sagen kann, wie weit sie sich um diese Zeit noch geltend machte », elle fait comme si celle valeur verbale était démontrée. Agir ainsi, c'est proprement solliciter les textes. Il faut s'élever énergiquement contre de telles interprétations. *Wicode þreo niht on anbidunge* veut seulement dire « il demeura trois jours dans l'attente », *Crist clypode on his bodunge* (Ælfric) « Jésus s'écria dans sa prédication », *hie selfe wæron on þære ondrædinge* (Orose) « eux-mêmes étaient dans l'angoisse ». Et c'est encore le cas en moyen-anglais: *me thought in my sleping* (Chaucer) « il me sembla dans mon sommeil », *þis chirch was in bylding* (Mirk, *Festial*) « cette église était en construction ». On cite souvent, et Melle Dal le fait p. 45, l'exemple de *Sir Beues of Hamtoun* (Ms. M) 2647 *that contre is in quakynge;* mais les mss. S et N lisent: *Than was þe contre al in dout* (pour rimer avec *about*). Il s'agit d'un dragon qui ravage le pays, lequel vit « dans la terreur » (cf. OED s. v. *doubt,* Sb. 3). J'ai la conviction que pour le contemporain *in quakynge, in dout* étaient synonymes. En tout cas, parler de gérondif avant le XIIe siècle, laisser croire que le germe de *he was a-hunting* existait dès le vieil-anglais, c'est ressusciter des erreurs d'interprétation auxquelles on croyait bien avoir tordu le cou.

Il n'en reste pas moins vrai que le développement de la « forme progressive » depuis le moyen-anglais a été favorisé par l'accession du nom en -*ing* à la rection verbale et par la fusion des deux morphèmes -*end* et -*ing* au profit de ce dernier (cf. *HFP* II § 175).

Mais ceci n'est pas nouveau: Van Langenhove, Åkerlund et moi-même, sans parler d'autres linguistes, avons essayé de le démontrer. Sur le plan diachronique comme sur le plan fonctionnel, je crois avoir apporté suffisamment de preuves et des dénombrements chronologiques qui ont plus de force qu'un exemple qu'on cueille de ci, de là.

Enfin, si -*ing* l'emporte sur -*end*, c'est, je crois, pour diverses raisons qui peuvent paraître contradictoires; mais, dans le faisceau de forces dont la résultante est le triomphe du morphème -*ing*, il n'est pas étonnant que tout ne soit pas orienté exactement dans le même sens (sinon il n'y aurait pas lieu de parler de « résultante »). Seulement ici nous quittons le terrain des faits pour entrer dans le domaine de l'hypothèse.

En principe, il aurait été naturel que l'anglais conservât, comme toutes les autres langues germaniques, un participe présent en -*nd(-)*. C'est sa disparition qui est anormale et qu'il faut expliquer. On oublie trop souvent que la substitution de formes en -*ing* à l'ancien participe présent est un phénomène très progressif dans le temps comme dans l'espace. Le participe présent en -*ing* apparaît timidement dans les textes vers la fin du XIIIe siècle, dans la région du Sud-Ouest. Il faut attendre la fin du XIVe siècle pour qu'il s'impose dans la langue de Londres. C'est seulement au cours du XVe siècle que cette nouvelle forme, s'établit définitivement dans la langue commune, tandis que les dialectes du Nord et l'écossais conservent -*and*. Nier, comme certains veulent le faire, l'élément phonétique du problème est inadmissible. Mais il est sans cesse et indissolublement lié à des phénomènes d'ordre morphologique ou syntaxique. Il a fallu qu'en moyen-anglais précoce la formation des noms abstraits en -*ing* — peut-être sous l'influence scandinave — l'emporte sur celle en -*ung* et qu'au même moment et dans les mêmes régions le morphème participe présent passe de -*end(e)* à -*ind(e)* par fermeture de la voyelle.

C'est alors que, dans ces régions (Centre et Sud), commence la rivalité entre -*ind(e)* et -*ing(e)*. Or, même dans le Sud, la période d'hésitation va durer longtemps: on peut suivre dans les textes les étapes de cette lutte.

Autre circonstance favorable: vers la fin du vieil-anglais, on voit poindre la tournure *he wæs on huntunge* qui devient à partir du XIIIe siècle[9] *he was a-huntinge,* dont la valeur durative rejoint tout naturellement *he was huntinde* quand la forme en *-ing* a pris une valeur verbale.

C'est à partir de ce moment qu'un autre phénomène phonétique indéniable va exercer une action de plus en plus puissante: Dans la langue parlée, *-ind* et *-ing* se confondent en *-in* sans jamais se heurter à aucune ambiguïté fonctionnelle. C'est ce que Van Langenhove et moi-même (*HFP* II § 147 et suiv.) avons montré.

La meilleure preuve de cette confusion, c'est l'incertitude des graphies. Dès la fin du XIIe siècle, dans les *Homélies* du Ms. B 14 de Trinity College, Cambridge, on écrit *-ende* là où il s'agit de toute évidence d'un gérondif. Ainsi on lit *þe þridde is menende his synnes bifore gode* (*Old English Homilies,* Second Series, 65, 24) « the third [way] is bewailing his sins before God », et de même p. 157, 23. Un siècle plus tard, on trouve encore dans *þe desputisoun bitwen þe bodi and þe soule* (Ms Laud 375): *Merci criende lutel availede* « Crying mercy availed little », et vers 1325 dans la *Metrical Chronicle* de Robert de Gloucester, v. 3964: *wiþ pleynde atte tables oþer atte chekere* « by playing at tables or chess ».

Dès le XIIIe siècle, la partie était virtuellement gagnée. Il était inscrit dans le devenir d'une langue comme l'anglais, qui tend à réduire sa morphologie au strict minimum, que l'on fît l'économie d'un des deux morphèmes, puisque tous deux faisaient, en moyen-anglais, partie du système du verbe et que, loin d'être « mutuellement exclusifs », ils se prêtaient soutien. Or, si l'on admet ce que George K. Zipf[10] a baptisé le « principe du moindre effort »

---

[9] Le plus ancien exemple connu de la réduction de *on* à *a -inge* se trouve vers 1205 dans le *Brut* de Lawman, v. 29170 *Hit was in ane dæie þat Gurmund mid his duȝeþe . . . riden a slatinge* (cité par Th. Visser, *English Studies* 34, p. 78).

[10] Cf. George K. Zipf, *Human Behavior and the Principle of Least Effort.* An Introduction of Human Ecology, Cambridge, Mass., 1949. Et aussi du même *The Psycho-Biology of Language, Boston,* 1935.

et ce que, à sa suite, A. Martinet appelle l'« économie des changements » linguistiques, il était normal que -*ing* l'emportât sur -*ind,*
parce qu'il était plus riche en emplois possibles et qu'il n'y avait
aucun inconvénient du point de vue fonctionnel à ce que *ing*
remplaçât *ind.* Tandis que -*ind* était presque toujours resté con-
finé dans l'emploi d'adjectif verbal, -*ing* n'avait cessé d'accroître
ses valeurs: comme nom abstrait, il s'était progressivement étendu
à *tous* les verbes; en tant que substantif verbal, il s'était installé
de plus en plus solidement dans le système du verbe. Les influences
françaises et latines se conjuguent avec une force croissante pour
assurer la victoire du nouveau venu -*ing.* Pourtant, que de textes
des XIIIe et XIVe siècles où l'on rencontre, côte à côte, -*ind(e),*
-*end(e)* (et même -*and(e)*) et -*ing(e)* avec la même valeur! Mais,
à mesure que l'on avance dans le temps, les graphies en -*nd*- font
un effet démodé. Bien que les prononciations de -*ind/-end/-ing* se
valent, la graphie -*ing* finit par l'emporter. Plus tard, quand le
livre et l'instruction se répandront, on apprendra à employer -*ing,*
à l'exclusion de tout autre morphème, mais on le prononcera -*in*
jusqu'au début du XIXe siècle, puis, comme aujourd'hui, -*iŋ.*

Victoire sûre, mais très lente et pour laquelle, au cours du temps,
il faudra la convergence de phénomènes phonétiques, morphologiques et syntaxiques parfois difficiles à dissocier. Tenter, comme
l'a fait Ingerid Dal, de tout ramener à un fait de syntaxe et d'en
reculer la genèse jusqu'au IXe siècle, me paraît, tout bien pesé,
aventureux. Il est possible qu'avant le XIIe siècle, des tournures
périphrastiques, comme celles que nous venons de discuter, aient
eu cours dans l'anglais parlé. Mais c'est peu probable et nous n'en
savons rien. Curieuse façon d'écrire la grammaire historique que
de spéculer sur ce qui a pu exister dans des états de langue parlée
dont nous n'avons gardé aucune trace.

III

Qu'on m'entende bien. Je ne prétends pas que tout, dans ce
problème complexe de l'extension de -*ing,* soit résolu. Loin de là.
Mais, à mes yeux, le savant et habile mémoire de Melle Dal ne

fait pas avancer la question. Reste à savoir s'il sera jamais possible d'expliquer, autrement que par des hypothèses — un peu comme je l'ai fait ci-dessus — comment et pourquoi *-ind* a été absorbé par *-ing*. Une partie importante des changements linguistiques résiste aux tentatives d'élucidation. Aussi comprend-on l'intérêt et la curiosité que suscite toute nouvelle méthode générale d'investigation telle, par exemple, que la phonologie ou phonématique. Mais la phonétique traditionnelle n'en conserve pas moins ses droits et son rôle.

On n'a pas assez remarqué un article où M. Erik Rooth[11] essaie d'apporter des précisions supplémentaires à la solution phonétique du passage de *-ind* à *-ing*. Pour éclairer le changement qui se produit en moyen-anglais, il s'appuie sur ce que l'on peut observer dialectalement en Scanie méridionale[12]. Par déplacement du point d'articulation dorsal, il y a palatalisation de la nasale dans *nd, nn, ng* qui se confondent en *n* ou *nn: synd* « péché » y devient *syn, kvinna* « femme » > *kvinna, länga* « rangée » > *länna, äng* « prairie » > *än*. Et, par réaction d'hypercorrection, on a aussi *syŋ, kviŋa*.

Or une tendance analogue est attestée à une date ancienne dans le groupe anglo-frison-saxon, c'est-à-dire le westique côtier de la mer du Nord. On n'en trouve que des traces sporadiques, bien sûr, puisque la tendance ne s'est pas généralisée. C'est ainsi qu'en v saxon *nd* > *nn* (J. H. Gallée, *Gramm.*, § 212, 4) et encore en moyen-bas-allemand (A. Lasch, *Gramm.*, § 323 et suiv.). Faut-il rappeler ici que, sur un domaine voisin, cette tendance s'est imposée au point de devenir la prononciation normale en danois et norvégien moderne? Q'il ait pu y avoir en westique palatalisation de la nasale, c'est ce que montrent à des époques plus récentes des formes comme *lanje = lande* (où *nj* est la transcription de *n* mouillé) dans l'ancienne aire ingvéonique sur la Basse-Elbe et encore en moyen-néerlandais et, dialectement, en néerlandais moderne[13].

---

[11] « Zur Geschichte der englischen Partizip Praesens Form auf *-ing* », *Studia Neophilologica* 14 (1941—1942), pp. 71—85.

[12] *Loc. cit.*, p. 82, n. 2.

[13] Et aussi en haut-allemand, cf. E. Rooth, « Det primära *i*-omljudet

Toujours en néerlandais, *e* avec épanthèse de *i* devient sporadiquement *ei* devant *n* + dentale: ainsi *eind* « fin », v. sax. *endi*[14] et encore *heinde,* v. fris. occ. *heynd* « près » à côté de v. angl. *(ge)hende.* Chose curieuse, l'*OED* signale en anglais, au XVIe siècle, la graphie *heynd* pour *end.* Ces formes et ces graphies semblent bien indiquer qu'il y a eu antérieurement mouillure de la nasale.

D'autre part, comme le rappelle E. Rooth[15], il y a les formes du francique salien, telles que *chanzisto,* qui peuvent noter (si *z* représente ɜ) une palatalisation de *ŋ* dans **xangist-* > **xanjist-:* cf. v. angl. *hengest* avec *dj* puis *dž*[16]. Bref, *nd* et *ŋ* sont confondus dans certains cas en *nj.* Or, E. Rooth rappelle opportunément ce que dit Olaf Broch[17] des phénomènes de mouillure en russe: « Das erwähnte Gleitelement kann bleiben, während die Weichheit des Konsonanten, die es hervorruft, schwindet ». Il n'est donc pas impossible qu'en moyen-anglais précoce, la confusion de *-ind* et *-ing* en *-in* ait pu être favorisée par une mouillure temporaire de la nasale. C'est une hypothèse séduisante, mais ce n'est qu'une hypothèse.

IV

De cette confusion j'ai cité, après Van Langenhove et d'autres, un grand nombre d'exemples (*HFP* II § 147 et suiv.). Je voudrais profiter de l'occasion où je reviens sur ce problème pour en ajouter quelques autres que j'ai rencontrés au cours de mes lectures ou que j'avais omis de mentionner dans mon ouvrage.

Le plus ancien témoignage de l'affaiblissement du groupe *nd* et de sa tendance à faire l'« économie » du second élément occlusif se rencontre dans les manuscrits gotiques, soit vers les Ve à VIe

och frågan om muljerade Konsonanter och *i-* epenteser i väst- och nordgermanskan », *Vetenskapssocietetens i Lund Årsbok,* 1935, p. 10, n. 1.

[14] Cf. M. Schönfeld, *Hist. Gramm. van het Nederlands*[5], Zutphen, 1954, p. 75.

[15] *Loc. cit.,* p. 11.

[16] Cf. v. b. franc. *heingist,* m. néerl. *heinxt,* flam. mod. *heingst.*

[17] *Slavische Phonetik,* Christiania, 1911, p. 219.

siècles: on trouve 14 fois *-ns* pour *-nds* ou, par fausse régression, *-nds* pour *-ns*. Ainsi là où le texte A porte *afslahands* (E 2, 16), *fauragaggands* (T 3, 4), *galeiþands* (T 1, 3) — il s'agit, on le voit, de participes présents — le texte B donne *afslahans, fauragaggans, galeiþans;* par contre on trouve par hypercorrection *waurstwjands* (L 10, 2) pour *waurstwjans* « ouvriers » (nom. pl. de *waurstja*).

En vieil-anglais, dès le XIe siècle, dans les manuscrits d'Ælfric, de Wulfstan (cf. Sievers-Brunner, *Altengl. Gramm.* 2 § 425, Anm. 2) et de la *Règle de saint Benoît,* par exemple, on rencontre assez souvent une confusion entre l'indicatif *synd* et l'optatif *syn,* une forme étant employée pour l'autre. Il ne peut être question de songer dès cette époque à un affaiblissement de l'expression de la modalité puisqu'on ne trouve pas seulement *synd* là où l'on attendrait *syn,* mais aussi bien *syn* là où il faut *synd*. Voici quelques exemples typiques qu'a bien voulu relever pour moi un de mes élèves, M. Antoine Culioli, qui achève une thèse de doctorat sur les subordonnées de 1000 à 1400: *Règle de saint Benoît, éd.* Schröer, 81, 15: þylæs þe þa geremmede *synd* [ms A; ms W: *beon*]. — *Heptateuque,* éd. Crawford, Gén 11, 4: ær ðam ðe we *synd* [ms B; ms C: *beon,* ms L: *sin*] todælede geond ealle eorðan. Inversement, on a *syn* avec valeur d'indicatif dans Wulfstan, *Hom.,* éd. Napier, 65, 17: be Christes agenum naman *syn* [ms B: *synd*] cristene genamode. Il serait facile de multiplier la piste de ces hésitations. Elles prouvent seulement que, dans la langue des scribes, au XIe siècle, l'articulation de *ind* et celle de *in* tendaient déjà à se confondre. La question mériterait d'ailleurs une étude à part accompagnée de dénombrements.

Sur le domaine anglais, la tendance à réduire *-ing* à *-in* dans la langue parlée de toutes les classes, et en particulier celle des classes cultivées jusqu'au XIXe siècle[18] est bien connue (cf. Jespersen, *Modern English Grammar,* 1, 13, 11—15). Pour la fin du

---

[18] Pour les classes dirigeantes, cf. A. S. C. Ross, « Linguistic Class-Indicators », *NMitt* 55 (1954), p. 39: « *in* for *iŋ* in verbal forms was undoubtedly once an upper-class-indicator and it still survives among a few very elderly upper class speakers; among younger ones, it seems, to-day, to be altogether dead ».

394 Fernand Mossé

XVIIIe siècle, je renvoie à des passages de la correspondance ou du Journal de H. C. Robinson que H. Flasdieck a cités dans le *Beiblatt zur Anglia*, 52 (1941), p. 181. Des rimes *ing* : *in* échappent aux plus grands des romantiques, Wordsworth (*robin* : *sobbing* « The Redbreast chasing the Butterfly »), Byron (*alarming* : *harm in* « Beppo », st. 29), Keats (*sobbings* : *robins* « Sonnet written at the end of The Floure and the Lefe »)[19].

La tendance inverse *-in* > *-ing* est également très fréquente. Pour les noms de lieux, le regretté Max Förster, dans son vaste travail sur le nom de la Tamise, en a cité un certain nombre que je n'avais recueillis[20]. Je note encore d'après l'*OED* les formes anciennes de *cony* « lapin »: vfr. *con(n)in*, angl. norm. *coning*, ma. *conyng, cunyng*, et celles de *carrion* « charogne » où l'on a aux XIVe—XVe siècles *careyn/caraing*, au XVIIe *carrine/carring*, aux XVe—XVIIe *caryon/cariong*.

Dans les dialectes de la région de Cologne, Th. Frings[21] note que le nom du vin est passé de *vin* à *viŋ, veŋ*, et Adolf Bach[22] signale que sur une vaste aire germanophone (Haute Souabe, Bavière, Autriche, Bohème méridionale), dans beaucoup de noms de lieux *-in* > *iŋ*: *Husmannin* > *Hausmanning, Kramolin* > *Gramaling*, etc.

On trouverait sur le continent bien des exemples typiques, mais isolés, du passage de *ind* à *ing*: d'abord, c'est mha. *slinden*, nha. *schlingen* dont le succès est dû à l'emploi qu'en a fait Luther, alors que, dans des textes imprimés au XVIe siècle en allemand supérieur *(ver)schlinden* l'emporte encore. C'est, dit E. Rooth[23], la forme dialectale hypercorrecte qui s'est introduite dans la langue des classes supérieures. En allemand moyen, dialectalement, on trouve

[19] Cf. *American Speech*, April 1933, 71—72.
[20] Max Förster, « Der Flußname Themse und seine Sippe » (*Sitzungsberichte der bayerischen Akademie der Wissenschaften*, 1941, Bd. 1), pp. 45—47, et les références abondantes qui y sont fournies.
[21] *Grundlegung einer Geschichte der deutschen Sprache*[2], Halle, 1950, p. 8.
[22] *Deutsche Namenkunde* II, Die deutschen Ortsnamen, Heidelberg, 1953, 1, § 202, I.
[23] « Zur Geschichte der Partizip Praesens Form », p. 83.

aussi *bingen* pour *binden, Linge* pour *Linde* « tilleul ». La carte 60
hinten du *Deutscher Sprachatlas* de Wenker-Wrede-Mitzka[24] est
intéressante à considérer: s'opposant aux formes du sud *hinten,
henda,* il existe une zone Thuringe-Haute Saxe-Silésie où le mot
est *hingen(e).* C'est, dit Th. Frings[25], la continuation d'une zone
avec -*ng* en allemand-moyen-occidental dont le point de départ
est sur le Rhin[26].

Voici enfin d'autres traces que j'ai relevées de l'hésitation *nd/ng*
en moyen-anglais. Dans *Piers Plowman*, pour *tallying* « compte
sur une taille » le texte A 9, 74 porte *taylende,* et B 8, 82 *tailende*
(Ms. Laud). L'adjectif ma. *alange, elenge* « tedious, remote,
dreary », va. *ælenge* est confondu à partir du XVe siècle avec
alyande, elende, et, dans les dictionnaires (*Prompt. Parv.,* Phil-
lipps) on lui donne le sens d'« étranger ».

Je signale aussi que, sur le domaine néerlandais du sud, J. Du-
pont[27] a essayé d'expliquer certaines tournures idiomatiques ou
proverbiales par la confusion dans la langue parlée de *vinder* « in-
specteur des denrées sur les marchés » avec *vinger* « doigt » par
suite d'une fausse régression.

C'est à dessein que j'ai donné des exemples de changements phonétiques empruntés à divers domaines du germanique et surtout du
westique, anglais d'une part, tudesque[28] de l'autre. Je veux aussi
souligner que tout se passe comme si *ind/in/ing* était une fluctuation
très générale et pour ainsi dire pan-westique, une sorte d'état instable qui varie suivant la netteté de l'articulation, mais dont on
peut dire que, d'une façon générale, elle joue contre *ind* et au profit
de *ing*. On peut donc parler, en westique, d'une véritable tendance

[24] Kluge-Goetze, *Etym. Wörterbuch der deutschen Sprache*[15], Berlin,
1951, s. v. *schlingen.*

[25] *Die Grundlagen des Meissnischen Deutsch,* Halle, 1936, p. 10.

[26] Cf. encore Otto Bertram, « Der Wandel *nd* zu *ng* am Oberrhein »
(*Zeitschrift für Mundartforschung* 11 [1935] pp. 6—12).

[27] Bulletin de la Commission Royale [Belge] de Toponymie et de Dia-
lectologie, 24 (1950), pp. 16—17.

[28] Je rappelle que j'emploie en français *tudesque* = *deutsch* pour l'ensemble de l'aire germanique continentale. haut-, moyen- et bas-allemand,
ainsi que néerlandais.

-ind > *-ing*. Si, en anglais littéraire et dans la Received pronunciation, dans le cas d'un morphème très important, il y a eu finalement stabilisation en faveur de *-ing*, c'est en partie parce qu'on ne pouvait rester indéfiniment dans l'indécision et aussi parce que, comme « forme correcte », *-ing* était phonétiquement mieux fait que *-ind*. Mais il y a plus. Le succès de *-ing* est peut-être dû à l'a b s e n c e c o m p l è t e d e r e n d e m e n t f o n c t i o n n e l du groupe *-ind*. Sur ce point, nous n'avons malheuresement que des statistiques modernes. Il est bien certain que si, par exemple, pour le nom verbal, *-ind* l'avait emporté sur *-ing*, les données numériques de ces statistiques de fréquence seraient renversées. Je crois cependant qu'on peut en tirer une indication très précieuse, car si *-ind* avait été courant dans l'ancienne langue, il en serait resté quelque chose dans la langue moderne. Or il suffit de consulter le travail bien connu établi en 1923 par Godfrey Dewey *Relative Frequency of English Speech Sounds*. C'est un relevé qui porte sur 100.000 mots de texte. Si on l'ouvre à la p. 92, on peut constater qu'avec un rendement variable, on trouve en anglais moderne les syllabes [ænd], [end], [ɔnd], [und], [ʌnd], [ənd], [aind], [aund], [eind], mais on s'aperçoit d'autre part que la syllabe [ind] y est totalement inconnue[29], tandis que, mise à part la très grande fréquence de *-ing* comme morphème, la syllabe [iŋ] est honorablement représentée, et par des mots qui étaient déjà courants au moyen âge. N'oublions pas non plus que dès avant la fin de la période vieil-anglaise, le groupe *ind* avait disparu pour faire place à *īnd*, source du [aind] moderne, de sorte qu'en moyen-anglais, le morphème

---

[29] L'absence de *wind* (subst.) chez Dewey est étonnante, puisque, d'après H. Bongers, *The History and Principles of Vocabulary Control*, Woerden, 1947, p. 255, ce mot figure dans le second groupe de mille mots parmi les plus fréquents de la langue. Mais ce substantif occupe, du point de vue phonétique, une position marginale. C'est seulement au cours du XVIIIᵉ siècle « in polite speech » (*OED*) que s'est produite la régression de [wəind] à [wind] qui s'est ensuite généralisée. Or, à ce moment-là, le sort de *-ind* / *-ing* était réglé depuis longtemps. Quant aux prétérits et participes passés *dinned, grinned, pinned, sinned, thinned, tinned, twinned*, ce n'est pas la même chose: c'est un [d] de flexion qui vient s'ajouter à [in]. La fréquence de ces formes doit d'ailleurs être très faible.

-*ind* était déjà très isolé et par conséquent vulnérable et qu'il était en outre concurrence sur une partie de l'aire linguistique par -*end* et -*and*. En fin de compte, l'impulsion initiale de ce changement d'une si grande portée qui s'est produit dans l'histoire de l'anglais, il faut peut-être la chercher dans le passage du morphème de participe présent de -*end* à -*ind* dans le Sud de l'Angleterre au début du moyen-anglais. C'est de cette « iotisation » que découlerait toute la suite.

Le rôle joué par la syntaxe au cours de l'histoire du morphème -*ing* est incontestable; celui de la phonétique, de la phonologie et de l'orthophonie également. C'est tout ce que j'ai voulu dire.

AUSWAHLBIBLIOGRAPHIE

Zusammengestellt von ALFRED SCHOPF

Adamus, Marian: *On the Participles, Finite Verbs and Adjectives of the Germanic Languages.* Wrocław, 1962.

Agrell, Sigurd: *Aspektänderung und Aktionsartbildung beim polnischen Zeitwort.* (Acta Universitatis Lundensis, Nova Series IV, 1908). Diss. Lund, 1908.

Åkerlund, Alfred: *On the History of the Definite Tenses in English.* Lund, 1911.

Allen, R. L.: *The Verb System of Present-Day American English.* Den Haag, 1966.

Ames, L. B.: ›The Development of the Sense of Time in the Young Child‹. *Journal of Genetic Psychology* 68 (1964), 97 ff.

Aron, Albert W.: *Die „progressiven" Formen im Mittelhochdeutschen und Frühneuhochdeutschen.* Frankfurt, 1914.

Aronstein, Ph.: ›Die Periphrastische Form im Englischen‹. *Anglia,* XLII, N. F. XXX (1918), 1—84.

Azzalino, Walther: ›Wesen und Wirken von Aktionsart und Aspekt‹. *Neuphilologische Zeitschrift,* II (1950), 105—110; 192—203.

Bach, Emmon: ›*Have* and *be* in English Syntax‹. *Language* XLIII (1967), 462 ff.

Bacquet, P.: *La structure de la phrase verbale à l'époque Alfredienne.* Paris, 1962.

Barbelenet, D.: *De l'aspect verbal en latin ancien et particulièrement dans Térence.* Paris, 1913.

— *De la phrase à verbe être dans l'ionien d'Hérodote.* Paris, 1913.

Barrett, L. C.: ›Two Notes on the Latin Present Participle.‹ *Transactions and Proceedings of the American Philological Association,* XL (1909), xviii-xxi.

Barrett, William: ›The Flow of Time.‹ Richard Gale hrsg.: *The Philosophy of Time* (London, 1968), 355 ff.

Baud-Bovy, S.: ›Impératif et aspect en grec moderne‹. *Revue des Etudes Grecques,* LII (1939), 589—594.

Bauer, H.: ›Die Tempora im Semitischen‹. *Beiträge zur Assyriologie und vergleichenden semitischen Sprachwissenschaft*, VIII, (1912).

Baustad, T.: ›Expanded Forms in Present-Day English‹. An Inquiry into the Choice between Expanded and Non-Expanded Forms. Unveröffentlichtes Manuskript.

Bazell, C. E.: ›On the Neutralization of Syntactic Opposition‹. *Recherches structurales 1949* (Travaux du Cercle linguistique de Copenhague, 1949), 77 ff.

Bechtel, Georg: *Hittite Verbs in -sk-. A Study of Verbal Aspect.* Ann Arbor, 1936.

Beer, A.: *Tři studie o videch slovesného děje v gotštině.* (Sitzungsberichte der böhmischen Gesellschaft der Wissenschaften, philosophisch-historisch-philologische Klasse, 1914). Prag, 1915.

Bender, Hans hrsg.: *Parapsychologie: Entwicklung, Ergebnisse, Probleme.* Darmstadt, 1966.

Bergeder, F.: *Die periphrastische Form des englischen Verbums im 17. Jahrhundert.* Diss. Halle, 1914.

Bergson, Henri: *Zeit und Freiheit.* Meisenheim/Glan, 1949.

— *Time and Free Will* (An Essay on the Immediate Data of Consciousness). Transl. by F. L. Pogson. New York and Evanstown, 1960.

— *Materie und Gedächtnis* (Matière et mémoire). Jena, 1908.

Björck, G. B.: HN ΔΙΔΑΣΚΩΝ. *Die periphrastischen Konstruktionen im Griechischen.* (Skrifter utgivna av. K. Humanistiska Vetenskaps-Samfundet i Uppsala, XXXII, ii). Uppsala, 1940.

Black, Max: ›Linguistic Relativity: The Views of Benjamin Lee Whorf‹. *Philosophical Review* 58 (1959).

Bloch, Bernard: ›English Verb Inflection‹. *Language*, XXIII (1947), 399 ff.

Bodelsen, C. A.: ›The Expanded Tenses in Modern English. An Attempt at an Explanation‹. *Englische Studien*, LXXI (1936/37), 220—238.

Böhme, Gernot: *Über die Zeitmode* (Eine Untersuchung über das Verstehen von Zeit als Gegenwart, Vergangenheit und Zukunft mit besonderer Berücksichtigung der Beziehungen zum zweiten Hauptsatz der Thermodynamik). Göttingen, 1966.

Bolinger, D. L.: ›More on the Present Tense in English‹. *Language,* XXXIII (1947), 434—436.

Bowers, Frederick: ›A Transformational Description of the Elizabethan be + V-ing‹. *Orbis,* XVII, i (1968).

Brand, Gerd: *Welt, Ich und Zeit* (nach unveröffentlichten Manuskripten Edmund Husserls). Den Haag, 1955.

Brockelmann, C.: ›Die ‚Tempora‘ des Semitischen‹. *Zeitschrift für Phonetik und allgemeine Sprachwissenschaft,* V (1951), 133—154.

Brunner, Karl: ›Expanded Verbal Forms in Early Modern English‹. *English Studies*, XXXVI (1955), 218—221.

Brusendorff, A.: ›The Relative Aspect of the Verb in English‹. A *Grammatical Miscellany Offered to Otto Jespersen* (Copenhagen, 1930).

Budich, W.: *Aspekt und verbale Zeitlichkeit in der I. Novgoroder Chronik.* Graz, 1969.

Bühler, Karl: *Sprachtheorie: Die Darstellungsfunktion der Sprache.* Jena, 1934.

Bull, W. E.: *Time, Tense and the Verb (A Study in Theoretical and Applied Linguistics with Particular Attention to Spanish).* Berkeley and Los Angeles, 1960.

Busch, U.: ›Die Zeit und das Tempus im Russischen (dargestellt an Tolstois Erzählung ‚Ein Gefangener im Kaukasus‘)‹. *Die Welt der Slaven*, IV (1959), 21—27.

Buyssens, Eric: *Les deux aspectifs de la conjugaison anglaise au 20ᵉ siècle. Etude de l'expression de l'aspect.* Bruxelles, 1968.

Calver, Edward: ›The Uses of the Present Tense Forms in English‹. *Language*, XXII (1946), 317—325.

Castagnou, J. D.: ›Some problems of the verbal aspect in the Slavonic languages‹. *Actes du Xᵉ Congrès Int. des Linguistes* 2. Bukarest 1970, 771—76.

Chantraine, P.: ›Remarques sur les rapports entre les modes et les aspects en grec‹. *Bulletin de la Société de Linguistique de Paris*, XL (1939), 69—79.

Charleston, Britta M.: *Studies in the Emotional and Affective Means of Expression in Modern English.* (Schweizer anglistische Arbeiten, XLVI). Bern, 1960.

— ›A Reconsideration of the Problem of Time, Tense and Aspect in Modern English‹. *English Studies*, XXXVI (1955), 263—278.

Chomsky Noam: *Syntactic Structures.* The Hague, 1964.

Close, R. A.: ›Concerning the Present Tense‹. *English Language Teaching* XIII (1959), 57 ff.

Conrad-Martius, H.: *Die Zeit.* München, 1954.

Crystal, D.: ›Specification and English Tenses‹. *Journal of Linguistics* 2 (1966), 1 ff.

Curme, G. O.: ›Development of the Progressiv (sic) Form in Germanic‹. *PMLA*, XXVIII, N. S. XXI (1913), 159—187.

— ›Some Characteristic Features of Aspect in English‹. *JEGP*, XXXI (1932), 250—255.

Dal, Ingerid: ›Zur Entstehung des englischen Participium Praesentis auf -ing‹. *Norsk Tidskrift for Sprogvidensskap*, XVI (1952), 5—116.

Daum, E. und Schenk, W.: *Die russischen Verben. Grundformen, Aspekte, Rektion, Betonung, deutsche Bedeutung.* Leipzig, 1954.

Dennis, Leah: ›The Progressive Tense. Frequency of its Use in English‹. *PMLA,* LV (1940), 855—865.

Deutschbein, Max: ›Die Einteilung der Aktionsarten‹. *Englische Studien,* LIV (1920), 80—87.

— ›Aspekte und Aktionsarten im Neuenglischen‹. *Neuphilologische Monatsschrift,* X (1939), 129—148 und 190—201.

Dietrich, G.: *Erweiterte Form, Präteritum und Perfektum im Englischen. (Eine Aspekt- und Tempusstudie).* München, 1955.

Diver, William: ›The Chronological System of the English Verb‹. *Word,* XIX (1963), 141—181.

Dostál, A.: *Studie o vidovém systému v staroslověnštině.* Praha, 1954.

Faddegon, B.: ›The Categories of Tense or Time, Manner of Action, and Aspect, as Expressed by the Verb‹. *Donum natalium Schrijnen.* Nijmwegen, 1929. 116—129.

Fehr, B.: ›Substitutionary Narration and Description, a Chapter in Stylistics‹. *English Studies,* XX (1938), 97—106.

Ferrell, James: ›The Meaning of the Perfective Aspect in Russian‹. *Word,* VII (1951), 104—135.

Forsyth, J.: *A Grammar of Aspect. Usage and Meaning in the Russian Verb.* (Studies in the Modern Russian Language, Extra Volume). London, 1970.

Fridén, Georg: *Studies on the Tenses of the English Verb from Chaucer to Shakespeare with Special Reference to the Late Sixteenth Century.* Uppsala, 1948.

Friedrich, H.: *Gibt es eine intensive Aktionsart im Neuenglischen?* (Beiträge zur Englischen Philologie, Heft 31). Diss. München; Leipzig, 1936.

Gaaf, W. van der: ›Some Notes on the History of the Progressive Form‹. *Neophilologus,* XV (1930), 201—215.

Gale, R. M. hrsg.: *The Philosophy of Time* (A Collection of Essays). London, 1968.

Galton, Herbert: *Aorist und Aspekt im Slavischen.* Eine Studie zur funktionellen und historischen Syntax. Wiesbaden, 1962.

Garey, H. B.: ›Verbal Aspect in French‹. *Language* XXXIII (1957), 91 ff.

Goedsche, C. R.: ›Aspect versus *Aktionsart*‹. *JEGP,* XXXIX (1940), 189—196.

Goedsche, C. R.: ›Verbal Aspect in German‹. *JEGP*, XXXIII (1934, 506—519.

Goldstone, Sandford und Goldfarb, Joyce Levis: ›The Perception of Time by Children‹. Aline H. Kidd, Jeanne L. Rivoire eds.: *Perceptual Development in Children*. New York, 1966.

Gonda, Ian: *The Aspectual Function of the Rgvedic Present and Aorist*. 's-Gravenhague, 1962.

Grubor, Duro: *Aspektna značenja*. Zagreb, 1953.

Grünbaum, Adolf: ›The Status of Temporal Becoming‹. Richard Gale ed.: *The Philosophy of Time* (London, 1968), 322 ff.

Guillaume, Gustave: *Temps et verbe: Théorie des aspects des modes et des temps*. Paris, 1929.

— *Langage et Science du Langage*. Paris & Quebec, 1964.

Guseva, E. K.: *Sistema vidov v sovremennom korejskom jazyke*. Das Aspektsystem in der modernen koreanischen Sprache. Moskva, 1961.

Hatcher, Anna Granville: ›The Use of the Progressive Form in English‹. *Language*, XXVII (1951), 254—280.

Hattendorf, R.: *Der Gebrauch der progressiven Form in Katherine Mansfields Kurzgeschichten*. Diss. Kiel, 1959.

Heger, Klaus: *Die Bezeichnung temporaldeiktischer Begriffskategorien im französischen und spanischen Konjugationssystem*. Tübingen, 1963.

Heidegger, Martin: *Sein und Zeit*. 11. Aufl. Tübingen, 1967.

Hermann, Eduard: ›Objektive und subjektive Aktionsart‹. *Indogermanische Forschungen*, XLV (1927), 207 ff.

— ›Aspekt und Aktionsart‹. *Nachrichten von der Gesellschaft der Wissenschaften zu Göttingen, Philologisch-Historische Klasse*, V (1933), 470—480.

— ›Aspekt und Zeitrichtung‹. *Indogermanische Forschungen*, LIV (1936), 262—264.

von Hermann, Friedrich-Wilhelm: *Bewußtsein, Zeit und Weltverständnis*. Frankfurt a. M., 1971.

Hill, A. A.: *Introduction to Linguistic Structures (From Sound to Sentence in English)*. New York, 1958.

Hirtle, W. H.: *The System of the English Verb*. Diss. Québec, 1963.

— *The Simple and Progressive Forms, an Analytical Approach*. Québec, 1967.

Hockett, Ch. F.: ›English Verb Inflection‹. *Studies in Linguistics*, I (1942).

Hofmann, Erich: ›Zu Aspekt und Aktionsart‹. *Corolla Linguistica. Festschrift Sommer*. ed. H. Krahe, Wiesbaden, 1955. 86—91.

Hollmann, Else: *Untersuchungen über Aspekt und Aktionsart unter be-*

sonderer Berücksichtigung des Altenglischen. Diss. (Maschinenschrift), Jena, 1935. Teildruck Würzburg, 1937.

Holmberg, J.: *Zur Geschichte der periphrastischen Verbindung des Verbum Substantivum mit dem Partizipium Praesentis im Kontinentalgermanischen.* Uppsala, 1916.

Holt, J.: *Etudes d'aspect.* (Acta Jutlandica, XV, ii). Kopenhagen, 1943.

Hönigswald, R.: *Die Grundlagen der Denkpsychologie.* 2. Aufl. Leipzig, Berlin, 1925.

Hornby, A. S.: ›Non-Conclusive Verbs. Some Notes on the Progressive Tenses‹. *English Language Teaching,* III (1949), 172 ff.

Houghton, H. P.: *Aspects of the Amharic Verb in Comparison with Ethiopic.* Northfield, Minn., 1949.

Huddlestone, Rodney: ›Some Observations on Tense and Deixis in English‹. *Language* XLV (1969), 777 ff.

Husserl, Edmund: *Zur Phänomenologie des inneren Zeitbewußtseins* (1895—1917), hrsg. v. Rudolf Boehm. Den Haag, 1966.

Ivanova, I. P.: *Vid i vremja v sovremennom anglijskom jazyke.* Leningrad, 1961.

Jacobsohn, H.: ›Aspektfragen‹. *Indogermanische Forschungen,* LI (1933), 292—318.

Jakobson, Roman: ›Zur Struktur des russischen Verbums‹. *Charisteria Guilelmo Mathesio.* Prag, 1932. 74—84.

— *Shifters, Verbal Categories, and the Russian Verb.* Cambridge, Mass., 1957.

Jespersen, Otto: ›The Expanded Tenses‹. *Society for Pure English Tract No.* XXXVI, Oxford, 1931.

Johanson, L.: *Vorstudien zu einer Beschreibung des türkischen Aspektsystems.* Stockholm, 1971.

Joos, M.: *The English Verb. Form and Meaning.* Univerity of Wisconsin, 1964.

Juilland, Alphonse and Macris, James: *The English Verb System.* The Hague, 1962.

Kamp, Hans: *On Tense Logic and the Theory of Order.* Diss. Univ. of California, Los Angeles.

Katranides, A. A.: ›Co-occurrence Restrictions of Aspect and Tense in Modern Greek Subjunctive Constructions‹. *Xème Congrès International des Linguistes. Résumés des Communications.* Bucarest, 1967. 176 ff.

Kirsten, H.: ›Besprechung von Ivanova, I. P., *Vid i vremja v sovremen-*

non anglijskom jazyke. Leningrad, 1961‹. *Zeitschrift für Phonetik, Sprachwissenschaft und Kommunikationsforschung,* XV (1962), 160—164.

Klitscher, H.: ›Ausdrucksformen und Sinn der Modi, Aktionsarten und Aspekte‹. *Die neueren Sprachen,* Beiheft V (1959), 41—58.

Kopečný, F.: ›Dva příspěvky k vidu a času v češtině‹. *Slovo a slovesnost,* X (1947/48), 151—158.

— *Slovesný vid v češtině.* Praha, 1962.

Koschmieder, E.: ›Studien zum slavischen Verbalaspekt I‹. *Zeitschrift für vergleichende Sprachforschung,* LV (1927), 280—304.

— ›Studien zum slavischen Verbalaspekt II‹. *Zeitschrift für vergleichende Sprachforschung,* LVI (1928), 78—95.

— ›Czem jest aspekt?‹ *Sprawozdania Polskiej Akad. Um.,* XXXIV (1929), 21—23.

— *Zeitbezug und Sprache. Ein Beitrag zur Aspekt- und Tempusfrage.* (Wissenschaftliche Grundfragen, xi). Leipzig — Berlin, 1929.

— ›Durchkreuzung von Aspekt- und Tempussystem im Präsens‹. *Zeitschrift für slavische Philologie,* VII (1930), 341—358.

— *Nauka o aspektach czasownika polskiego w zarysie. Próba syntezy.* Wilno, 1934.

— ›Zu den Grundfragen der Aspekttheorie‹. *Indogermanische Forschungen,* LIII (1935), 280—300.

— ›Zur Bestimmung der Funktion grammatischer Kategorien‹. (Abhandl. d. Bay. Ak. d. Wiss., Philos.-hist. Abt. N. F. 25, 1945) Neu abgedr. in: Koschmieder, E.: *Beiträge zur allgemeinen Syntax* (Heidelberg, 1965), 9 ff.

— ›Das türkische Verbum und der slavische Verbalaspekt‹. Münchner Beiträge zur Slavenkunde. *Festgabe für Paul Diels.* München, 1953. 137—148.

— ›Der Begriff des 'Zeitstellenwertes' in der Lehre vom 'Verbalaspekt' und 'Tempus'‹. *Die Welt der Slaven,* V (1960), 31—44.

— ›Der Verbalaspekt im Russischen. Die theoretische Grundlegung‹. *Mitteilungsblatt des Allgemeinen Deutschen Neuphilologenverbandes,* XIV (1961), 77 ff.

— ›Aspekt und Zeit‹. *Slavistische Studien zum V. Internationalen Slavistenkongreß in Sofia 1963.* ed. M. Braun und E. Koschmieder, Göttingen, 1963. 1—22.

— ›Primäre und sekundäre Funktionen‹. *Die Welt der Slaven,* VII (1962), S. 409 ff.

— ›Zu den Zeitkonzeptionen in den balkanischen Sprachen‹. Beiträge *zur Südosteuropa-Forschung.* ed. Arbeitskreis Südosteuropa-Forschung bei der Deutschen Forschungsgemeinschaft, München, 1966. 24—34.

— und Schmidt, Käthe: *Vergleichende griechisch-slavische Aspektstudien.* (Slavistische Beiträge, xiii). München, 1967.

Koschmieder, Käthe: ›Das Praesens Historicum im Bulgarischen‹. *Slavistische Studien zum V. Internationalen Slavistenkongreß in Sofia 1963.* ed. M. Braun und E. Koschmieder, Göttingen, 1963. 23—35.

Koziol, H.: ›Bemerkungen zum Gebrauch einiger neuenglischer Zeitformen‹. *Englische Studien,* LXX (1935/36), 153—166.

Kratzel, G.: *Grundzüge des Aspektgebrauchs in der russischen Gegenwartssprache.* Hamburg, 1970.

Krüger, G.: ›Über Kants Lehre von der Zeit‹. *Anteile, Festschrift für Martin Heidegger.* Frankfurt a. M., 1950.

Kümmel, Friedrich: *Über den Begriff der Zeit.* Tübingen, 1962.

Kuryłowicz, Jerzy: *The Inflectional Categories of Indo-European.* Heidelberg, 1964.

Laan, Jacobus van der: *An Enquiry on a Psychological Basis into the Use of the Progressive Form in Late Modern English.* Gorinchem, 1922.

Lakoff, G.: ›Stative Adjectives and Verbs in English‹. *Mathematical Linguistics and Automatic Translation,* Report No NSF-17, Section I. (Cambridge, Mass., 1966).

Leech, G. N.: *Meaning and the English Verb.* London, 1971.

Leisi, Ernst: ›Die Progressive Form im Englischen‹. *Die neueren Sprachen,* N. F. IX (1960), 217—226.

Lienhard, S.: *Tempusgebrauch und Aktionsartenbildung in der modernen Hindi.* Stockholm, 1961.

Lindemann, J. W. R.: ›Old English Preverbal ȝe-: A re-examination of some current doctrines‹. *JEGP,* LXIV (1965), 65—83.

Lorck, Etienne: ›Passé défini, Imparfait, Passé indéfini, eine grammatisch-psychologische Studie‹. *Germanisch-Romanische Monatsschrift,* VI (1914), 43—52, 100—113, 177—191.

Lyer, S.: ›Le participe présent latin construit avec *esse*‹. *Revue des Études Latines,* VIII (1930), 241—249.

Maclennan, L. J.: *El problema del aspecto verbal.* Estudio critico de sus presupuestos. Madrid, 1962.

Manning, Clarence A.: ›English Tenses and Slavic Aspects‹. *Slavistica* 34 (1959).

Marchand, Hans: ›On a Question of Aspect: A Comparison between the Progressive Form in English and that in Italian and Spanish‹. *Studia linguistica* IX (1955), 45 ff.

Martin, Robert: *Temps et Aspect. Essai sur l'Emploi des Temps Narratifs en Moyen Français*. Paris, Klincksieck, 1971.

Martinet, André: *La notion de neutralisation dans la morphologie et le lexique*. (Travaux de l'Institut de linguistique, vol. 2). Paris, 1958.

Maslov, Ju. S.: ›Zur Entstehungsgeschichte des slawischen Verbalaspektes‹. *Zeitschrift für Slawistik*, IV (1959), 560—568.

— *Morfologija glagolnogo vida v sovremennom bolgarskom literaturnom jazyke*. Moskau — Leningrad, 1963.

Matz, Werner: *Der Vorgang im Epos. Mit einer Abhandlung über Aspekt und Aktionsart des Verbs im Aufbau der Erzählung*. Hamburg, 1947.

Mazon, A.: L'aspect des verbes slaves (principes et problèmes). *Contribution to the 4th Intern. Congress of Slavists*. Moscow, 1958.

McCawley, James D.: ›Tense and Time Reference in English‹. Fillmore, C. and Langendoen, D. T. hrsg.: *Studies in Linguistic Semantics*. (New York, 1971).

Meyer, K. H.: *Perfektive, imperfektive und perfektische Aktionsart im Lateinischen*. (Berichte über die Verhandlungen der königlich-sächsischen Gesellschaft der Wissenschaften zu Leipzig, phil.-hist. Klasse, LXIX, vi). Leipzig, 1917.

Meyer, R. W. hrsg.: *Das Zeitproblem im 20. Jahrhundert*. Bern und München, 1964.

Meyer, Rudolf: ›Die Philosophie in Auseinandersetzung mit der Relativitätstheorie‹ in R. W. Meyer (1964).

Mihailović, M.: *Tempus und Aspekt im serbokroatischen Präsens*. (Slavistische Beiträge, V). München, 1962.

Milewski, T.: ›O genezie aspektów słowiáńskich‹. *Rocznik Slawistyczny*, XV (1939), 1—13.

Mirowicz, A.: *Die Aspektfrage im Gotischen*. Wilno, 1935.

Mossé, F.: *Histoire de la forme périphrastique être + participe présent en Germanique*. Paris, 1938.

— ›Le renouvellement de l'aspect en Germanique‹. *Mélanges Linguistiques Offerts à M. J. Vendryes*. Paris, 1925. 287—299.

— ›Réflexions sur la genèse de la 'forme progressive'‹. *Studies in English Language and Literature Presented to Prof. Dr. Karl Brunner*. ed. S. Korninger. (Wiener Beiträge zur Englischen Philologie, LXV), Wien — Stuttgart, 1957. 155—174.

Němec, F.: ›Kategorie determinovanosti a indeterminovanosti jako základ slovanskí kategorie vidu‹. *Slavia* 25 (1956), 496 ff.

Nickel, G.: ›The Contrast 'He is reading' — 'He is interesting' and Related Problems‹. *Wortbildung, Syntax und Morphologie. (Festschrift*

zum 60. Geburtstag von H. Marchand) ed. H. E. Brekle und L. Lipka. 150—160.
— *Die Expanded Form im Altenglischen.* Neumünster, 1966.

Olsson, Y.: *On the Syntax of the English Verb.* Gøteborg, 1961.
Ota, Akira: *Tense and Aspect in Present-Day American English.* Tokyo, 1963.

Palmer, F. R.: *A Linguistic Study of the English Verb.* London, 1965.
Panzer, Baldur: ›Die Begriffe ‚Aktualität‘ und ‚Nichtaktualität‘ in der Aspekt- und Tempustheorie des Slavischen‹. *Aus der Geisteswelt der Slaven* (Dankesgabe an Erwin Koschmieder), München, 1967.
— *Die Funktion des Verbalaspekts im Praesens historicum des Russischen.* München, 1963.
Pedersen, H.: ›Zur Lehre von den Aktionsarten‹. *Zeitschrift für vergleichende Sprachforschung,* XXXVII (1904), 219—250.
Pessels, C.: *The Present and Past Periphrastic Tenses in Anglo-Saxon.* Diss. Straßburg, 1896.
Piaget, Jean: *Die Bildung des Zeitbegriffs beim Kinde.* Zürich, 1955.
Pilch, H.: ›Das altenglische Präverb ʒe-‹. *Anglia,* LXXI (1952/53), 129—139.
Poldauf, J.: ›Zum Begriff ‘Nichtaktualität’ im tschechischen Aspektsystem‹. *Welt der Slaven* IX (1964). 53 ff.
Pollak, W.: *Studien zum „Verbalaspekt" im Französischen.* (Sitzungsberichte der Österreichischen Akademie der Wissenschaften, philosophisch-historische Klasse, CCXXXIII, 5. Abh.). Wien, 1960.
Poutsma, H.: *The Character of the English Verb, and the Expanded Form.* Groningen, 1921.
Prior, A. N.: *Time and Modality.* Oxford, 1957.
Püttmann, A.: ›Die Syntax der sogenannten progressiven Form im Alt- und Frühmittelenglischen‹. *Anglia* XXXI (1908), 405—452.

Quirk, Randolph: ›Aspect and Variant Inflection in English Verbs‹. *Language,* XLVI (1970), 300 ff.
— ‚Greenbaum, Sidney; Leech, Geoffrey; Svartvik, Jan: *A Grammar of Contemporary English.* London, 1972.

Raith, J.: ›Aktionsart und Aspekt‹. *Praxis des Neusprachlichen Unterrichts,* IX (1964), 185—190.
— *Untersuchungen zum englischen Aspekt.* (Studien und Texte zur Englischen Philologie, I). 1. Teil, München, 1951.

Rallides, Charles: *The Tense Aspect System of the Spanish Verb*. Den Haag, 1971.

Raybould, Edith: ›Of Jane Austen's Use of Expanded Verbal Forms‹. *Studies in English Language and Literature Presented to Prof. Dr. Karl Brunner*. ed. S. Korninger. (Wiener Beiträge zur englischen Philologie, LXV). Wien — Stuttgart, 1957. 175—190.

Recupää, Yrjö: *Über die Zeit*. (Acta philosophica Fennica, XIX). Helsinki, 1966.

Reichenbach, Hans: *Die Kausalstruktur der Welt und der Unterschied von Vergangenheit und Zukunft*. München, 1925.
— *The Direction of Time*. Berkeley & Los Angeles, 1956.

Renicke, H.: ›Die Theorie der Aspekte und Aktionsarten‹. *Beiträge zur Geschichte der deutschen Sprache und Literatur*, LXXII (1950), 150—193.

Rogovin, Syrell: ›Restrictions on the Occurrences of Some Tenses in English‹. Linguistic Society of America: Winter 1963. /Unveröffentlicht/

Rooth, Eric: ›Zur Geschichte der englischen Partizip Präsens Form auf -ing‹. *Studia Neophilologica*, XIV (1941/42), 71—85.

Roussel, Louis: *L'aspect en grec attique*. Paris, 1958.

Rundgren, F.: *Intensiv- und Aspektkorrelation. Studien zur äthiopischen und akkadischen Verbalstammbildung*. Uppsala, 1959.
— *Das althebräische Verbum. Abriß der Aspektlehre*. Stockholm, 1961.

Ružić, R. H.: *The Aspects of the Verb in Serbo-Croatian*. Berkeley — Los Angeles, 1947.

Ružička, Rudolf: *Der Verbalaspekt in der altrussischen Nestorchronik*. Berlin, 1957.

Safarewicz, J.: ›Stan badań nad aspektem czasownikowym w języku litewskim‹. *Balticoslavica*, III (1938), 1—27.

Satchell, T.: ›Expanded Tenses‹. *English Studies*, XXI (1939), 214—217.

Schaltenbrandt, G.: *Zeit in nervenärztlicher Sicht*. Stuttgart, 1963.

Schelesniker, H.: ›Entstehung und Entwicklung des slavischen Aspektsystems‹. *Die Welt der Slaven*, IV (1949), 390—409.
— ›Aspekt und Aktionsart der ‚Iterativa' im Altkirchenslavischen‹. *Die Sprache*, II (1952), 215—221.

Scherer, Philip: ›Aspect in Gothic‹. *Language*, XXX (1954), 211—223.
— ›Aspect in the Old English of the Corpus Christi MS‹. *Language*, XXXIV (1958), 245—251.
— ›Aspect in the Old High German of Tatian‹. *Language*, XXXII (1956), 423—434.

— ›The Theorie of the Function of the Gothic Preverb *ga-*‹. *Word,* XX (1964), 222—245.

Schibsbye, Knud: *Om de udvidede Verbalformers Begreb og Anvendelse i moderne Engelsk.* Kopenhagen, 1936.

Schlachter, W.: ›Der Verbalaspekt als grammatische Kategorie‹. *Münchner Studien zur Sprachwissenschaft,* XIII (1959), 22—73.

— ›Intratemporale und terminative Aktionsarten‹. *Ural-Altaische Jahrbücher,* XXXI (1959), 375—386.

— ›Ein Aktionsartkriterium im Neuhochdeutschen‹. *Zeitschrift für deutsche Wortforschung,* XVII (1961), 1—51.

Schoonfeld, C. H. van: ›The Aspect System of the Old Church Slavonic and Old Russian verbum finitum *byti*‹. *Word,* VII (1951), 96—103.

Schopf, Alfred: *Untersuchungen zur Wechselbeziehung zwischen Grammatik und Lexik im Englischen.* Berlin, 1969.

Scovel, Thomas: ›Some Aspect Markers in Thai and Mandarin‹. *Xème Congrès International des Linguistes. Résumés des Communications.* Bucarest, 1967. 324—325.

Seiler, Hansjakob: *L'aspect et le temps dans le verbe néo-grec,* Paris, 1952.

Senn, Alfred: ›Verbal Aspects in Germanic, Slavic and Baltic‹. *Language,* XXV (1949), 402—409.

Serebrennikov, B. A.: *Die Tempus- und Aspektkategorien in den finnougrischen Sprachen der Perm- und Wolga-Gruppe.* /russ./ Moskau, 1960.

Skrabec, S.: ›Zum Gebrauch der Verba perfectiva und imperfectiva im Slovenischen‹. *Archiv für slavische Philologie,* XXV (1903), 554—564.

Sørensen, S.: *Aspect et temps en Slave.* Aarhus, 1949.

Sonderegger, Erwin: *Die Fügung von 'to be' mit dem Partizipium Praesentis bei Shakespeare.* Diss. Innsbruck, 1954.

Söll, L.: ›Zeit und Aspekt in neuerer Sicht‹. *Die neueren Sprachen,* N. F. XIII (1964), 79—84.

Spagis, A. A.: *Die Bildung und Anwendung der Verbalaspekte in der russischen Sprache.* /russ./ Moskau, 1961.

Spitzbardt, H.: ›Aspekte und Aktionsarten‹. *Zeitschrift für Anglistik und Amerikanistik,* I (1954), 56—60.

Stein, J.: ›Czasowniki niedokonane i dokonane we wsólczesnym literackim języku polskim‹. *Inter arma.* (Festschrift für Nitsch). Krakau, 1946. 93—106.

Stern, William L.: ›Psychische Präsenszeit‹. *Zeitschrift für Psychologie und Physiologie der Sinnesorgane* 13 (1897), 255 ff.

Stojicevic, A.: *Značenje i imperfekta u srpskohrvatskom jeziku.* Laibach, 1951.

Streitberg, W.: ›Über perfektive und imperfektive Aktionsart im Germanischen‹. *Beiträge zur Geschichte der deutschen Sprache und Literatur*, XV (1889/90), 70—177.

Swinburne, Richard: *Space and Time*. London, 1968.

Szemerényi, Oswald: ›Unorthodox Views of Tense and Aspect‹. *Archivum Linguisticum* Bd. 17, 1969, 161—171.

Trávníček, F.: *Studie o českém vidu slovesném*. (Rozpravy české Akad. Věd a Umění. Třída, III, číslo 53). Praha, 1923.

Trnka, B.: *On the Syntax of the English Verb from Caxton to Dryden*. Prag, 1930.

— ›Some Remarks on the Perfective and Imperfective Aspects in Gothic.‹. *Donum natalium Schrijnen*. Nijmwegen, 1929. 496 ff.

Twaddell, W. F.: *The English Verb Auxiliaries*. 2. bearb. Aufl. Rhode Island, 1963.

Uldall, H. J.: ›Notes on the English Tenses‹. *English Language Teaching*, II (1948), 122—128; 147—153.

Valin, R.: *Petite introduction à la psychomécanique du langage*. Québec, 1955.

Vendler, Zeno: ›Verbs and Times‹. *Philosophical Review*, LXVI (1957), 143—160.

Wagner, Heinrich: *Das Verbum in den Sprachen der Britischen Inseln*. Tübingen, 1959.

Weinrich, H.: *Tempus. Besprochene und erzählte Welt*. Stuttgart, 1964.

von Weizsäcker, C. F.: *Das Problem der Zeit als philosophisches Problem* (Erkenntnis und Glaube, Bd. 28). Berlin, 1967.

— *Gestalt und Zeit*. 2. Auflage. Göttingen, 1960.

Weyl, Hermann: *Mathematische Analyse des Raumproblems. Was ist Materie?* Darmstadt, 1963.

Whiteman, Michael: *Philosophy of Space and Time (and the inner Constitution of Nature)*. London & New York, 1967.

Whitrow, G. J.: *The Natural Philosophy of Time*. London, 1961.

Whorf, Benjamin Lee: ›An American Indian Model of the Universe‹. *International Journal of American Linguistics* 16 (1950), 67 ff.

— *Language, Thought and Reality: Selected Writings of Benjamin Lee Whorf*. Ed. with an introduction by John B. Carroll. Cambridge and New York, 1956.

Wijk, N. van: ›'Aspect' en 'Aktionsart'‹. *De Nieuwe Taalgids*, XXII (1929), 225 ff.

Wunderlich, Dieter: *Tempus und Zeitreferenz im Deutschen*. München, 1970.

Zeit und Zeitlichkeit (Freiburger Dies Universitatis Bd. 8). Freiburg, 1961.

Herbert Koziol

Grundzüge der Geschichte der englischen Sprache

1967. 242 S., kartoniert.
ISBN 3-534-04449-5
Bestellnummer **4449**
Reihe: Grundzüge, Bd. 9

Die Darstellung bietet einen allgemeinen Überblick über die Entwicklung der englischen Sprache, der es vor allem ermöglicht, das Englische der Gegenwart als historisch Gewordenes zu begreifen. Eine solche Betrachtungsweise, die auch politische, soziale, wirtschaftliche und kulturelle Faktoren in Betracht ziehen muß, führt zu Erkenntnissen über die Struktur der Sprache in unserer Zeit, die nicht nur aus wissenschaftlich-theoretischen, sondern vor allem aus praktischen Gründen, zur Erlernung der Fremdsprache, erforderlich sind. Die Gliederung des Buches entspricht den Teilgebieten der historischen Grammatik. Den einzelnen Ausführungen werden viele erklärende Beispiele beigegeben; zu den Belegen aus alt- und mittelenglischer Zeit wird eine deutsche Übersetzung geboten. Dieses Buch weist immer wieder auf heutige Spracherscheinungen hin und sucht sie historisch zu erhellen. In seiner knappen, übersichtlichen Form bietet es eine gründliche Einführung und zugleich eine systematische Zusammenfassung für den Studierenden und Lehrenden.

WISSENSCHAFTLICHE BUCHGESELLSCHAFT
61 DARMSTADT · POSTFACH 1129

LINGUISTIK

(Stand vom 1. 7. 1974)

HANS EGGERS (Hrsg.)
Der Volksname Deutsch
(Wege der Forschung, Bd. CLVI.) 1970. X, 408 S. Gzl. **Nr. 4019**

RUDOLF FREUNDLICH
Einführung in die Semantik
Die semantische Struktur der natürlichen Sprache. 1972. VII, 72 S., kart. **Nr. 4867**

HERBERT KOZIOL
Grundzüge der Geschichte der englischen Sprache
(Grundzüge, Bd. 9) 1967. 242 S., kart. **Nr. 4449**

REINHOLD KONTZI (Hrsg.)
Zur Entstehung der romanischen Sprachen
(Wege der Forschung, Bd. CLXII.) Etwa 400—500 S., Gzl. **Nr. 4073**

HUGO MOSER (Hrsg.)
Das Ringen um eine neue deutsche Grammatik
Aufsätze aus drei Jahrzehnten (1929—1959). (Wege der Forschung, Bd. XXV.) 1962. VII, 526 S., Gzl. **Nr. 941**

HANS NAUMANN (Hrsg.)
Der moderne Strukturbegriff
Materialien zu seiner Entwicklung 1930—1960. (Wege der Forschung, Bd. CLV.) 1973. VI, 434 S., Gzl. **Nr. 4015**

LOTHAR SCHMIDT (Hrsg.)
Wortfeldforschung
Zur Geschichte und Theorie des sprachlichen Feldes. (Wege der Forschung, Bd. CCL.) 1973. XVIII, 501 S. mit Strichzeichn., Gzl., **Nr. 4740**

RÜDIGER SCHMITT (Hrsg.)
Indogermanische Dichtersprache
(Wege der Forschung, Bd. CLXV.) 1967. VII, 343 S., Gzl. **Nr. 4108**

ERNST SCHWARZ
Kurze deutsche Wortgeschichte
1967. VIII, 242 S., kart. **Nr. 4009**

HUGO STEGER (Hrsg.)
Vorschläge für eine strukturale Grammatik des Deutschen
(Wege der Forschung, Bd. CXLVI.) 1970. XXII, 585 S., 2 Abb. auf Falttaf., Gzl. **Nr. 3982**

KLAUS STRUNK (Hrsg.)
Probleme der lateinischen Grammatik
(Wege der Forschung, Bd. XCIII.) 1973. IX, 459 S., Gzl. **Nr. 3425**

OSWALD SZEMERÉNYI
Einführung in die vergleichende Sprachwissenschaft
(Die Altertumswissenschaft.) 1970. XIV, 311 S., kart. **Nr. 4216**

Wissenschaftliche Buchgesellschaft

61 Darmstadt   **Postfach 1129**